A EDUCAÇÃO DAS
VIRTUDES
HUMANAS
E sua avaliação

Conheça nossos clubes

Conheça nosso site

@editoraquadrante
@editoraquadrante
@quadranteeditora
Quadrante

Título original
A educação da virtudes humanas e a sua avaliação

Copyright © David Isaacs, 2015

Capa
Gabriela Haeitmann

Dados Internacionais de Catalogação na Publicação (CIP)

Isaacs, David
A educação das virtudes humanas e sua avaliação /
David Isaacs — 2ª ed. – São Paulo: Quadrante Editora, 2023.

ISBN: 978-85-7465-546-8

1. Educação – Finalidades e objetivos 2. Educação em valores 3.
Educação moral 4. Valores (Ética) I. Título

CDD–370.114

Índices para catálogo sistemático:
1. Educação em valores 370.114
2. Valores na educação 370.114

Todos os direitos reservados a
QUADRANTE EDITORA
Rua Bernardo da Veiga, 47 - Tel.: 3873-2270
CEP 01252-020 - São Paulo - SP
www.quadrante.com.br / atendimento@quadrante.com.br

David Isaacs

A Educação das VIRTUDES HUMANAS
E sua avaliação

2ª edição

SUMÁRIO

PRÓLOGO
O VALOR PERMANENTE DA FAMÍLIA 9

INTRODUÇÃO
A FORMAÇÃO DOS FILHOS NAS VIRTUDES HUMANAS 27

I
A EDUCAÇÃO DA GENEROSIDADE 49

II
A EDUCAÇÃO DA FORTALEZA 67

III
A EDUCAÇÃO DO OTIMISMO 87

IV
A EDUCAÇÃO DA PERSEVERANÇA 105

V
A EDUCAÇÃO DA ORDEM 125

VI
A EDUCAÇÃO DA RESPONSABILIDADE 147

VII
A EDUCAÇÃO DO RESPEITO 167

VIII
A EDUCAÇÃO DA SINCERIDADE 187

IX
A EDUCAÇÃO DO PUDOR 209

X
A EDUCAÇÃO DA SOBRIEDADE 233

XI
A EDUCAÇÃO DA FLEXIBILIDADE 253

XII
A EDUCAÇÃO DA LEALDADE 271

XIII
A EDUCAÇÃO DA LABORIOSIDADE 291

XIV
A EDUCAÇÃO DA PACIÊNCIA 315

XV
A EDUCAÇÃO DA JUSTIÇA 337

XVI
A EDUCAÇÃO DA OBEDIÊNCIA 357

XVII
A EDUCAÇÃO DA PRUDÊNCIA 377

XVIII
A EDUCAÇÃO DA AUDÁCIA 399

XIX
A EDUCAÇÃO DA HUMILDADE 415

IX
A EDUCAÇÃO DA SIMPLICIDADE 433

XXI
A EDUCAÇÃO DA SOCIABILIDADE 451

XXII
A EDUCAÇÃO DA AMIZADE 469

XXIII
A EDUCAÇÃO DA COMPREENSÃO 491

XXIV
A EDUCAÇÃO DO PATRIOTISMO 509

ANEXO I
AS VIRTUDES HUMANAS NAS ESCOLAS 523

ANEXO II
**ENUMERAÇÃO DAS DESCRIÇÕES OPERATIVAS
DAS 24 VIRTUDES HUMANAS** 535

À minha família

PRÓLOGO
O VALOR PERMANENTE DA FAMÍLIA

«A família está em crise»: é uma frase que, hoje em dia, se ouve e se lê por toda parte, e com a qual se pretende dar a entender que a família corre o risco de desaparecer; a ideia é que este modelo já cumpriu a sua função, e que a sociedade dispõe hoje de alternativas mais adequadas para assumir as responsabilidades tradicionalmente assumidas pela família. Contudo, basta recorrermos às nossas capacidades de observação para compreendermos que a pessoa nasce numa família, que nela estabelece os seus primeiros contatos biológicos e afetivos, e que dela depende em termos de segurança até sua emancipação.

Ao mesmo tempo, e de outro ponto de vista, é fácil perceber que uma pessoa pode muito bem nascer fisicamente fora da família, que os seus primeiros contatos biológicos e afetivos podem perfeitamente ocorrer fora do seio da família, e que se pode criar uma relação de segurança noutro tipo de organização. Assim, temos de perguntar: haverá valores que são específicos da família? Ou haverá, pelo menos, valores que podem ser descobertos e vividos de modo especial devido às características específicas da família?

O ser humano pode responder a este tipo de pergunta a partir de diferentes perspectivas. Assim, alguns darão uma resposta baseada numa reação emotiva, quase instintiva, que resulta de uma experiência

A EDUCAÇÃO DAS VIRTUDES HUMANAS

positiva vivida em família, uma experiência que não precisa de mais explicações; foi a própria vida que lho demonstrou, e tal resposta é válida para estas pessoas. Mas pode haver momentos na vida em que é necessário um esclarecimento racional. Com efeito, as realidades da existência devem ser captadas por todas as componentes da pessoa, a fim de que ela possa desenvolver-se de forma «integral»; isto significa que o valor da família, que apalpamos desde a infância, deve ser submetido a uma análise intelectual, para se avaliar se é ou não é válido, se tem ou não tem fundamento.

Para se fazer uma avaliação, é preciso dispor de informação, e a informação raras vezes será «objetiva». Pelo contrário, sofrerá sempre, de uma maneira ou de outra, a influências das motivações da pessoa que deu essa informação, do seu estado emocional, do seu conhecimento real do assunto etc.; segue-se que é sempre difícil obter uma informação suficientemente completa. Por outro lado, é difícil distinguir fatos de opiniões, o importante do secundário; por outras palavras, para se avaliar corretamente, tem de se dispor de critérios que permitam identificar aquilo que tem mais valor e aquilo que tem menos valor, aquilo que não tem valor nenhum e até aquilo que encarna um contravalor.

No que diz respeito ao possível valor da família, o cristão deve ter em consideração, de acordo com os critérios do que é uma informação de valor, as declarações explícitas da hierarquia da Igreja sobre este tema; ora, na declaração *Gravissimum educationis momentum*, do Concílio Vaticano II, encontramos a seguinte passagem: «Os pais, que transmitiram a vida aos filhos, têm uma gravíssima obrigação de educar a prole e, por isso, devem ser reconhecidos como seus primeiros e principais educadores. Esta função educativa é de tanto peso que, onde não existir, dificilmente poderá ser suprida. Com efeito, é dever dos pais criar um ambiente de tal modo animado pelo amor e pela piedade para com Deus e para com os homens, que favoreça a completa educação pessoal e social dos filhos. A família é, portanto, a primeira escola das virtudes sociais de que as sociedades têm necessidade. Mas é sobretudo na família cristã, ornada com a graça e os deveres do sacramento do Matrimónio, que os filhos devem ser ensinados desde os primeiros anos, segundo a fé recebida no Batismo, a conhecer e a adorar Deus e a amar o próximo; é aí que eles encontram a primeira experiência, quer da sã sociedade humana, quer da Igreja; é pela família, enfim, que eles são pouco a pouco introduzidos no consórcio civil dos homens e no povo de Deus. Caiam, portanto, os pais na conta da importância da família verdadeiramente cristã na vida e no progresso do próprio povo de Deus.» Saber que a Igreja foi tão explícita sobre esta matéria pode ser informação suficiente para muitos cristãos. Mas interessa-nos agora procurar uma justificação pragmática da família e comprovar a sua necessidade do ponto de vista da eficácia.

A eficácia da família

Naturalmente que, para falar de eficácia, temos primeiro de esclarecer que sentido damos a este termo. O conceito de eficácia pode ser entendido de três pontos de vista:

A EDUCAÇÃO DAS VIRTUDES HUMANAS

1. como rendimento, o que significa conseguir os mesmos resultados com menos esforço, conseguir os mesmos resultados em menos tempo, conseguir melhores resultados com o mesmo esforço etc.

2. como satisfação pessoal, dado que a eficácia também pressupõe um certo resultado para o protagonista da ação; com efeito, este pode render muito, mas sem realizar uma ação eficaz, dado que não tem uma satisfação pessoal que lhe permita envidar esforços futuros.

3. como desenvolvimento pessoal, uma vez que a eficácia não se esgota em si mesma, mas aponta para o futuro, o que significa que a situação não pode permanecer estática; de fato, uma das componentes de qualquer situação é o próprio protagonista, que tem de «crescer» da mesma maneira que o objeto da sua ação. Deste modo, para que haja uma eficácia real, tem de haver um desenvolvimento pessoal como consequência da ação.

Assim sendo, se a vida em família não implicar mais rendimento, satisfação pessoal e desenvolvimento pessoal, esta organização não se justifica. Vamos pois considerar alguns fatos distintivos da família enquanto tal.

A família como conjunto de intimidades

Os membros de uma família vivem no mesmo local, partilhando o mesmo espaço, as mesmas refeições, os mesmos utensílios etc.; nesta vida de relação, os comportamentos de cada um são, na sua maior parte, imprevisíveis. Isso significa que os membros da família não cumprem funções determinadas, pelo que, no

O VALOR PERMANENTE DA FAMÍLIA

quadro da família, a pessoa é mais considerada por aquilo que é do que por aquilo que faz.

Em contrapartida, no convívio social nota-se um desejo permanente de «classificar» as pessoas, por exemplo no quadro de uma profissão e, dentro de uma profissão, de uma especialização; ou pretende-se saber o lugar de origem de cada um, ou o seu estado civil. Contudo, todas estas características ou variáveis são repetíveis. A princípio, aceitamos as pessoas porque se vestem bem — ou porque se vestem mal —, porque têm o mesmo título acadêmico que nós, porque nasceram no mesmo lugar, e por aí fora; só na sequência de um período maior de convivência podemos conhecer e aceitar estas pessoas naquilo que são *de forma irrepetível*.

Pelo contrário, na família, a aceitação da função, a aceitação da pessoa classificada, coincide com a aceitação da própria pessoa. Assim, a mãe de família aceita o filho, mas ao fazê-lo aceita simultaneamente o *seu* filho; e a este filho, nesta relação, basta-lhe ser filho.

Neste sentido, pode-se considerar que a família é um conjunto de relações em que aquilo que se relaciona é o mais profundo e o mais específico da pessoa, a saber, a sua intimidade.

Quanto mais os pais de família centram-se naquilo que os filhos *valem* relativamente às funções sociais, menos sentido tem a família. Na verdade, há muitas famílias em que vigora uma aceitação condicional dos filhos, nomeadamente uma aceitação que depende das notas que têm na escola, do cumprimento de certas normas superficiais de conduta, do acatamento submisso das exigências paternas.

Mas a família é a base de um tipo de relação em que tem de vigorar a aceitação incondicional, porque se trata de relações que não são controladas pelas pessoas: nem os pais escolhem os filhos, nem os filhos escolhem os pais ou os irmãos. Também existe a possibilidade da recusa incondicional; mas esta recusa é antinatural, e não estamos a tratar aqui dos casos patológicos. Temos de ter em consideração a importância deste fato num mundo competitivo como o nosso, em que o valor supremo consiste em *valer para a sociedade*. Na família, a pessoa tem a segurança de ser aceita e amada por aquilo que é de forma irrepetível; não é isto que se passa em outras organizações da sociedade.

A segurança e a permanência

Já dissemos que as relações na família são fundamentalmente naturais e que, por isso, a aceitação dos diversos membros se dá em função das características pessoais de cada um. Mas agora podemos acrescentar a esta aceitação — que é casual porque não é possível planificar as características dos diferentes membros da família — outro dado.

Pela sua natureza própria, esta aceitação terá de ser permanente; porque aquilo que se aceitou, aquilo que se aceita nos outros não é transitório. Com efeito, a raiz da pessoa nunca muda, apenas se desenvolve, quando ela descobre pessoalmente os valores que já fazem parte do seu ser e decide cuidar deles e educá-los.

Um casal pode procriar, mas também tem de educar, para que o ato e o processo de procriação não sejam meramente animais. Isso significa que a educação e o melhoramento da prole estão implícitos na procriação humana.

O VALOR PERMANENTE DA FAMÍLIA

A criança será, como já observamos, aceita no seu ser irrepetível, e esta aceitação incondicional produz a segurança de que todos necessitamos para podermos melhorar. Fora da família, a pessoa só poderá confiar e querer melhorar enquanto os outros reconhecerem o seu valor para a sociedade ou a organização em que funciona. Pelo contrário, o valor da pessoa na família é o que é; por este motivo, a aceitação da pessoa é permanente, o que não significa que, na prática, se tenham de aceitar todos os atos e todas as opiniões dos filhos.

Em relação ao Matrimônio, o Concílio Vaticano II declara na constituição *Gaudium et spes*: «Esta união íntima, já que é o dom recíproco de duas pessoas, exige, do mesmo modo que o bem dos filhos, a inteira fidelidade dos cônjuges e a indissolubilidade da sua união.» Note-se que o Concílio justifica a fidelidade e a indissolubilidade no dom recíproco, e não, por exemplo, no fato de o Matrimônio ser um sacramento. Este dom recíproco pressupõe que a mulher se entregue ao marido e vice-versa; deste modo, cada um deixa de ser seu e passa a ser do outro. Com os filhos acontece algo parecido; neste caso, dá-se uma entrega do casal aos filhos, de tal maneira que, pela própria permanência e consequente segurança do laço criado, os filhos confiam plenamente em que os pais são deles.

Compreende-se que, na prática, este fato gere aquilo a que podemos chamar pessoas otimistas. O otimista é uma pessoa que, em qualquer situação em que se encontre, distingue em primeiro lugar aquilo que é positivo em si e as possibilidades de aperfeiçoamento, e a seguir identifica as dificuldades que se opõem a esse

A EDUCAÇÃO DAS VIRTUDES HUMANAS

aperfeiçoamento, aproveitando o que pode aproveitar e afrontando o resto com desportivismo e alegria. Mas não é possível fazer nada disto sem confiar: sem confiar razoavelmente nas próprias possibilidades e qualidades, e sem confiar no amor e na permanente aceitação dos pais.

Percebemos, pois, que, por sua natureza própria, a família cria uma situação de confiança, que tem por base a permanência daquelas relações que permitem o desenvolvimento da pessoa tal como é, com a sua liberdade pessoal.

O estilo pessoal

É razoável que uma pessoa que não tem estabilidade nas suas relações com os outros acabe por ser instável noutros aspectos da sua vida. Para crescer, a pessoa tem de ter raízes — raízes emotivas, raízes históricas, de pertença a um processo que começou há muito tempo e que prosseguirá no futuro. A família, assente na confiança a que já fizemos referência, permite este enraizamento de base de que todos temos necessidade. Mas a confiança, embora seja o elemento mais importante para criar as condições que permitem este enraizamento de base, pode ser complementada com muitos outros aspectos. Para dar um exemplo, a pessoa é muito influenciada pela própria disposição física dos objetos numa casa: a fotografia do avô, a jarra de louça da bisavó etc., mostram aos membros da família que eles estão inseridos num trajeto. Por outro lado, quando saem para o mundo os filhos deparam com desgostos e desilusões; ao chegar a casa, embora se queixem deles, têm necessidade de encontrar a

O VALOR PERMANENTE DA FAMÍLIA

segurança e a aceitação dos pais e a permanência das relações familiares, que se plasmam em pormenores, como por exemplo a permanência dos referidos objetos palpáveis de decoração, que contribuem para criar o ambiente específico dessa família, que não se repete noutras famílias. Por isso, podemos afirmar que, na família, cada membro tem a possibilidade de se desenvolver com o seu estilo pessoal, não sendo empurrado ao acaso por influências externas, mas persuadido pela descoberta de valores diferentes, que se traduzem em critérios e em virtudes.

Sendo uma organização *natural*, a família confere a possibilidade de viver de forma específica certos valores, que ficam assimilados no mais fundo da intimidade de cada um; valores como a generosidade, a sinceridade, a lealdade, a fortaleza etc.

A família como primeira escola das virtudes humanas

Já referimos aquele documento que afirma que «a família é, portanto, a primeira escola das virtudes sociais de que as sociedades têm necessidade». Mas como podemos justificar esta afirmação?

Sendo uma organização natural, a família não é uma organização cultural; por esse motivo, contribui para o processo de aperfeiçoamento dos seus componentes com um sistema que deverá ser congruente com as características da própria organização — neste caso, com o fato de se tratar de uma organização natural. Isto significa que a aprendizagem de tipo cultural, que assenta na aquisição de diferentes dados que, colocados em determinados contextos, levam o homem a compreender melhor os fatos e a utilizá-los de forma sensata, não é o principal tipo de aprendizagem que ocorre no interior da família.

O que se faz na família é desenvolver e ajudar a desenvolver nos outros aquilo que é mais natural: a intimidade de cada um. Para desenvolver a intimidade (e, com ela, a liberdade pessoal), o primeiro passo a dar é o conhecimento pessoal, o conhecimento das potencialidades de cada um, para melhor se promover o aperfeiçoamento possível. Este processo será sempre feito em relação com os bons hábitos operativos, que são necessários para o autodomínio e depois a entrega. Os três passos do progresso do ser irrepetível de cada um são: conhecer-se, para se autodominar, para se entregar. Aquilo que permite a cada pessoa dar estes passos é o desenvolvimento das virtudes humanas. Precisamente por isso, pode-se afirmar que a maturidade natural do homem resulta do desenvolvimento harmonioso das virtudes humanas.

É evidente que a sociedade precisa destas virtudes em desenvolvimento; mas é difícil conceber a possibilidade de se conseguir um desenvolvimento harmonioso destas virtudes sem a família.

Para se desenvolver uma virtude é preciso levar em conta dois fatores: a intensidade com que se vive a referida virtude e a retidão das motivações que levam a pessoa a vivê-la. Normalmente, aquilo que se encontra na sociedade é um interesse no desenvolvimento das virtudes motivado pelo desejo de alcançar maior rendimento; na família, em contrapartida, haverá uma eficácia real, com base na descrição anterior. Na família, pode-se conseguir que as pessoas desenvolvam as virtudes motivadas pelo amor, por saberem que todos os membros da família têm o dever de ajudar os outros membros a melhorar, porque quando a pessoa convive com outras intimidades numa organização natural, aquilo que cresce ou aquilo que adoece é um mesmo corpo, uma mesma entidade: a família.

Neste sentido, é a família que ajuda os seus membros a interiorizar as influências externas, culturais e sociais; a família ajuda a traduzir aquilo que é relevante no contexto, considerando-o como elemento significativo para o eu irrepetível de cada um.

A unidade da família

Mas convém refletir sobre alguns abusos que podem ocorrer no seio da própria família.

Será lícito desenvolver e proteger uma família de tal maneira, que os seus membros sejam beneficiados, mas em detrimento dos restantes membros da sociedade? É indubitável que, numa hierarquia de valores, a pessoa deve, antes de mais, proteger e cuidar da sua própria família, porque é aí que encontra a força e a paz interior que lhe permitem ajudar eficazmente os outros; mas também deve chegar aos outros.

Por isto, a unidade da família não pode ser entendida como uma consequência de se ter feito dela um sistema fechado, sem contatos com o exterior; a família é, pela sua natureza própria, um sistema aberto, que pode influenciar os outros e ser influenciada por eles.

A unidade da família não assenta no seu distanciamento de outras realidades; mas também não assenta no comportamento tipificado dos seus membros. A família não é uma fábrica de comportamentos.

A EDUCAÇÃO DAS VIRTUDES HUMANAS

Os comportamentos devem ser uma consequência das convicções profundas.

Isso quer dizer que pode haver famílias cujos membros se comportem habitualmente de uma certa maneira, dando a impressão de que existe unidade nesta família. Mas a unidade não resulta do planejamento dos pais; também não reside na realização de atividades conjuntas. A unidade consiste no fato de todos os membros da família partilharem e respeitarem uma série de critérios retos e verdadeiros; se houver acordo nestes critérios e no que eles significam, depois cada um pode comportar-se de acordo com o seu estilo pessoal. Se todos os membros de uma família aceitarem que têm de se ajudar mutuamente a melhorar, depois cada um agirá nesse sentido como lhe parecer melhor, com iniciativa e pedindo ajuda. É evidente que a união que produz melhores resultados é aquela em que todos os membros consideram que convém desenvolver ao máximo — cada um ao seu estilo — uma série de virtudes.

Precisamente por isso, percebe-se na prática que uma família tem estilo quando todos os seus membros se esforçam por desenvolver determinadas virtudes. As famílias sem estilo são aquelas em que não há unidade de propósito, em que não existe uma intencionalidade específica.

Um valor que se descobre na família é o desejo de aperfeiçoamento pessoal ao serviço dos outros. Mas isto só acontecerá se os pais não anularem as possibilidades de convívio de um conjunto de intimidades, na busca da maturidade espiritual de todos os seus membros.

O principal modo de anular estas possibilidades consiste em centrar a atenção dos membros da família em comportamentos triviais e desprovidos de sentido. Na verdade, há muitas famílias às quais preside uma visão mesquinha da vida, o que leva a que a vida em família se traduza numa loucura de invejas, censuras, desgostos e humilhações. No seio de uma família onde há confiança pessoal nos outros e confiança no futuro, nas potencialidades das pessoas por serem únicas e valiosas, pode-se elevar o olhar dos filhos, de tal modo que eles impregnem os seus atos de amor, e acabem por amar o mundo apaixonadamente.

Neste ponto, talvez possamos olhar para trás e analisar quais são, em termos de eficácia, os valores permanentes que a família deve descobrir por si mesma.

A modo de conclusão

A eficácia exige rendimento, satisfação pessoal e desenvolvimento pessoal. Referimos diferentes características específicas da família, tais como: a família como conjunto de intimidades; a segurança e a permanência; o estilo pessoal; a família como primeira escola de virtudes humanas; a unidade da família. Onde encontramos maior rentabilidade? Isto é, a pessoa e a sociedade podem alcançar os mesmos resultados com menor esforço sem contar com a família? Ou melhores resultados com o mesmo esforço?

A pessoa conta com uma série de qualidades e de características, com uma série de potencialidades, às vezes adormecidas. Mas a pessoa que melhor poderá servir os outros é aquela que melhor conseguiu desenvolver as suas possibilidades; estamos a falar de uma pessoa que foi *integralmente* formada. Devido à existência de laços *naturais*, a família favorece o desenvolvimento do irrepetível na pessoa, da sua intimidade, das virtudes humanas de que todas as sociedades têm necessidade.

Se concebermos o homem como um ser livre, ele tem necessidade da família para conhecer as suas limitações pessoais e as suas potencialidades, a fim de superar umas e aproveitar outras; e tudo isto com o objetivo de alcançar um maior autodomínio, para melhor servir os outros. Se concebermos a sociedade como um conjunto de seres livres, também precisamos da família para que a sociedade vá adquirindo a sua própria qualidade, de acordo com a riqueza individual dos seus membros. Naturalmente que, se não considerarmos a sociedade como um conjunto de seres livres, a pessoa estorva, e portanto a família também estorva; neste caso, o objetivo é anular qualquer organização passível de promover um estilo pessoal, substituindo-a por uma organização de comportamento, em que cada membro serve de acordo com a sua função, e não de acordo com aquilo que é.

A segunda pergunta a que temos de responder é: que grau de satisfação uma pessoa consegue alcançar no seu contato com a família? Note-se que a satisfação não é um estado passivo de bem-estar; a pessoa tem necessidade de uma série de condições: de um mínimo de rendimento, de asseio, de luz, de alimentos etc. Contudo, a satisfação não se encontra ao nível daquilo que o corpo e os apetites solicitam de forma elementar, mas ao nível de uma compensação concordante com as potencialidades da pessoa e o esforço que ela realizou para utilizar bem aquilo que é. Deste modo, a satisfação reside a dois níveis: ao nível do bem-estar e, principalmente, ao nível do bem-ser.

O VALOR PERMANENTE DA FAMÍLIA

Esta satisfação profunda não reside no domínio do artificial, mas no domínio do natural, quando a pessoa descobre a finalidade para a qual foi criada e se esforça por superar as dificuldades que a busca dessa finalidade encoberta pressupõe.

A família é uma organização natural, de relações entre diferentes pessoas, que podem descobrir de modo natural a sua finalidade — ajudar os outros a aperfeiçoarem-se e amá-los. É na família que se encontra o primeiro âmbito de aprendizagem da virtude da generosidade, com a consequente satisfação profunda que resulta da preocupação com os outros. Ao mesmo tempo, a pessoa recebe a atenção e o amor dos outros ao mais profundo do seu próprio ser.

É certo que não basta a família para se encontrar esta satisfação; também é preciso trabalhar, porque o homem foi criado para trabalhar; e também é preciso ter amigos e colegas, porque a pessoa pode alcançar maior plenitude humana e espiritual em todas essas relações; e também são necessárias, de modo especial, as relações com Deus (recorde-se a passagem que citamos do documento onde se destaca a importância da família neste crescimento espiritual). Apesar de tudo isto, é na família que a pessoa pode encontrar uma satisfação inicial básica, porque nela é sujeito de um amor incondicional pelos aspectos irrepetíveis do seu ser.

A seguir, precisa da satisfação de um trabalho bem feito, de sentir-se apreciada pelos seus amigos, de se entregar aos outros. Mas a satisfação pessoal que permite velar pelo bem-ser e o bem-estar dos outros nasce de a pessoa estar bem consigo mesma, que é uma consequência de estar a cumprir a finalidade para a qual foi criada. Esta finalidade descobre-se nos aspectos mais naturais da vida: na família, nas relações com os outros, no trabalho, e na própria natureza, na qual a pessoa se sente pequena perante a imensidão da criação, mas tem consciência de que é uma peça do conjunto e de que tem a missão inalienável de glorificar a Deus.

E passamos à terceira pergunta: em que grau se encontra o desenvolvimento pessoal no seio da família?

Já dissemos que a família é sede do desenvolvimento das virtudes humanas. Pelo que observamos atrás, percebe-se que, sem a família, dificilmente se conseguem desenvolver estes hábitos operativos bons com a intensidade adequada e uma retidão de motivação.

Mas convém ter em conta que, em muitas famílias concretas, não se encontram estas orientações específicas para os valores que se podem viver de maneira especial no seio da família. Por isso, convém esclarecer que a organização familiar conta, pela sua natureza própria, com uma série de potencialidades que podem ser comparadas com a noção de elementos estruturais da pessoa; posteriormente, estes elementos podem ser preenchidos com uma coisa ou outra, de acordo com o conceito da vida e do homem que cada um tenha. Deste modo, a família recupera o seu sentido quando o homem se apercebe das suas potencialidades. Haverá famílias concretas felizes, unidas, satisfeitas, em desenvolvimento; e haverá famílias concretas em crise, infelizes e insatisfeitas. Mas nem por isso podemos afirmar que a família está em crise. Há muitas famílias que estão em crise porque os seus membros não conhecem todas as potencialidades da instituição

O VALOR PERMANENTE DA FAMÍLIA

familiar, nem querem pensar na finalidade da sua vida; mas também há muitas famílias unidas e alegres.

Raciocinamos sobre a possível eficácia da organização familiar referindo-nos a diferentes valores que se podem viver no seu seio de um modo especial. Mas talvez nem seja necessário fazer apelo à razão. Talvez baste o sorriso confiado de uma criança pequena, a recordação dos males sofridos com amor e desportivismo, a memória dos sonhos e dos projetos partilhados, a evocação da paz e da alegria com que se diz «a minha casa», para se afirmar de forma incondicional o valor permanente da família.

INTRODUÇÃO

A FORMAÇÃO DOS FILHOS NAS VIRTUDES HUMANAS

Esclarecimento terminológico

Para começar, talvez convenha esclarecer alguns termos que vamos utilizar. O tema das virtudes é um tema complexo: falamos de virtudes teologais, de virtudes cardeais etc., mas talvez não tenhamos bem presente a diferença entre umas e outras. Neste momento, gostaríamos de esclarecer apenas duas ou três questões.

Há três virtudes *teologais*: a fé, a esperança e a caridade. De acordo com São Tomás, podemos considerar que estas virtudes são hábitos operativos infundidos por Deus nas potências da alma, com o objetivo de as dispor a agir segundo os ditames da razão iluminada pela fé. Trata-se de virtudes infusas, que são recebidas diretamente de Deus e têm por objeto o próprio Deus. Há outro tipo de virtudes que também são infusas: as virtudes *morais* sobrenaturais, que não têm por objeto o próprio Deus, mas que ordenam retamente os atos humanos ao fim último *sobrenatural*. As virtudes morais naturais são *adquiridas*; ou seja, o homem pode esforçar-se por desenvolvê-las mais e melhor. A diferença entre virtudes adquiridas e virtudes infusas reside no fato de estas se ordenarem ao fim último *sobrenatural* dos seres humanos, enquanto as virtudes adquiridas melhoram a pessoa a nível natural.

A EDUCAÇÃO DAS VIRTUDES HUMANAS

Nesta obra, limitaremos a nossa análise às virtudes adquiridas que são virtudes morais naturais ou humanas. Há quatro delas que se chamam virtudes cardeais — a prudência, a justiça, a fortaleza e a temperança — porque são aquelas em torno das quais giram as outras, quer por serem necessárias para o desenvolvimento harmonioso da virtude cardeal, quer por serem espécies diferentes, subordinadas à virtude cardeal, quer ainda por se tratar de virtudes anexas à virtude cardeal.

Como o leitor terá reparado, ainda não utilizamos a expressão «virtude *social*». É que, em termos estritos, não há virtudes sociais. Este adjetivo é utilizado apenas para salientar que há determinadas virtudes que facilitam o serviço aos outros e à sociedade. Pessoalmente, parece-me que distinguir o indivíduo da sociedade pode gerar confusão, dado que a sociedade só existe em função das pessoas que a constituem, e a pessoa é um ser social que precisa dos outros. Por isto, convém-nos pensar em todas as virtudes como virtudes sociais, embora haja algumas que nos pareçam mais sociais que outras. Falaremos, pois, de um conjunto de virtudes que ajudam cada pessoa a ser mais senhora de si mesma, para melhor servir os outros.

Suponho que todos os pais de família — entre os quais me incluo — gostariam que os seus filhos fossem mais ordenados, generosos, sinceros, responsáveis, leais etc.; mas há uma grande diferença entre um desejo difuso que se reflete num «oxalá» e um resultado desejado, previsto e alcançável, pelo menos em parte (que é a definição daquilo que é um objetivo). Para que a formação dos seus filhos nas virtudes humanas seja uma realidade operativa, os pais terão de pôr uma grande *intencionalidade* no seu desenvolvimento. Para tal, têm de estar convencidos da sua importância.

Por que os pais devem se preocupar com as virtudes

Afirmamos no Prólogo que a família é uma organização natural onde se relaciona o mais profundo de cada pessoa, ou seja, a sua intimidade. Precisamente por isso, é na família que a pessoa pode ser aceita tal como é, predominantemente por aquilo que é e não por aquilo que faz. Se pensarmos noutras organizações da sociedade, veremos que as pessoas são aceitas pela sua *funcionalidade*. Por exemplo, um jogador de futebol será aceito enquanto marcar gols; quando deixar de marcar gols, será afastado. Numa escola, em princípio, os alunos serão aceitos enquanto estudarem; quando não estudam, são afastados. Na família, pelo contrário, cada pessoa tem a oportunidade de ser aceita por aquilo que tem de único.

As escolas não são organizações naturais; são organizações culturais que, através da cultura, apoiam os pais na formação dos alunos. Mas os pais, sendo os primeiros educadores dos seus filhos e convivendo com eles na instituição natural que é a família, devem atender, em termos educativos, a tudo aquilo que lhes é conatural, nomeadamente ao desenvolvimento dos hábitos operativos bons que são as virtudes humanas. Não devem portanto considerar que é lícito delegarem esta função à escola que os filhos frequentam.

O fato de o desenvolvimento intencional das virtudes humanas ser conatural à família é motivo de peso para os pais se dedicarem a este desenvolvimento.

A EDUCAÇÃO DAS VIRTUDES HUMANAS

Mas também temos de reconhecer que a maturidade humana a nível natural é uma consequência do desenvolvimento harmonioso das virtudes humanas; essa maturidade humana que é «comprovada principalmente por uma certa estabilidade de ânimo, pela capacidade de tomar decisões ponderadas, e por um juízo reto sobre os homens e os acontecimentos» (Concílio Vaticano II, decreto *Optatam totius*, 11). Para esclarecer o que acabamos de dizer, podemos afirmar que o ideal (não realista) seria que as crianças entrassem para a escola com todas as virtudes de tal maneira desenvolvidas, que só fosse preciso ajudá-las a interiorizar a cultura. Como a realidade não é assim, a escola complementa os pais neste labor, mas a ação dos pais é a mais importante.

Por outro lado, tendo falado de objetivos, talvez tenhamos dado a impressão de que a abordagem deste livro vai ser bastante técnica. Mas não é assim. O aspecto mais importante dos objetivos não é a sua formulação por escrito ou o planeamento de atividades com vista à sua consecução; é querer fazer o esforço por alcançá-los. Se este querer não estiver presente, o objetivo deixa automaticamente de o ser e entra no campo dos sonhos. Por vezes, é conveniente recorrer à técnica de formular um objetivo por escrito ou de planificar atividades para alcançar determinados resultados; mas a base da questão reside no grau de intencionalidade na busca dos objetivos.

O que queremos destacar aqui é que, para formarem os seus filhos nas virtudes humanas, mais do que planificarem grandes atividades, os pais deverão aproveitar os acontecimentos do cotidiano da vida familiar. Mas têm de aumentar a sua intencionalidade a respeito do desenvolvimento das virtudes, e para tal podem refletir sobre dois aspectos constitutivos da mesma virtude: *a intensidade* e *a retidão das motivações com que se vive.*

Como aumentar a intencionalidade

Ao refletir sobre qualquer hábito operativo bom, percebemos que o referido hábito pode ser vivido com mais ou menos intensidade. Assim, pode-se viver a generosidade só com os amigos ou com as pessoas que mais precisam de atenção; pode-se ser generoso apenas quando se está muito bem disposto, ou também quando se está cansado. Se nós, os pais, nos apercebemos das possibilidades de cada virtude, teremos muito mais facilidade para agir em congruência com o que desejamos. Mas o que está em causa não é apenas a intensidade com que os nossos filhos vivem as virtudes; é também a retidão das suas motivações. Por exemplo, dois rapazes entregam uma certa quantia em dinheiro a um colega; o primeiro o faz porque sabe que o pai do colega está doente e que a família não tem que comer, e o segundo o faz porque o primeiro lhe disse que, se não o fizer, lhe bate. A diferença das motivações faz com que os dois atos sejam completamente diferentes. Nós, os pais, também temos de pensar nas motivações que são mais adequadas a cada idade.

Se tiverem uma noção clara do significado de cada uma das virtudes que pretendem desenvolver nos seus filhos, os pais terão muito mais facilidade em fazer aumentar o grau de intencionalidade das mesmas. Por esse motivo, refletiremos adiante na definição ou descrição operativa de umas quantas virtudes.

Também se pode aumentar a operacionalidade reconhecendo quais são os meios com que os pais contam para ajudar os filhos. Já se sabe que um dos meios mais importantes na educação é o exemplo; há mesmo quem diga que se educa mais pelo que se é do que pelo que se faz, embora esta ideia não me pareça inteiramente correta. Na minha opinião, educamos pela relação intrínseca entre ser a fazer, razão pela qual o exemplo que educa não é necessariamente o exemplo da pessoa perfeita, mas o exemplo da pessoa que luta por se superar pessoalmente, para chegar a ser mais e melhor. Esta luta consigo próprio pressupõe uma autoexigência relativamente à vontade, mas também um esclarecimento da inteligência. E é nestes dois campos que se têm de educar os jovens.

Para se adquirir um hábito é preciso repetir muitas vezes um ato; e só se repete um ato se houver algum tipo de exigência a promover essa repetição. Os pais podem exigir aos filhos que façam coisas — exigência operativa — ou que não façam coisas — exigência preventiva. Este último tipo de exigência destina--se a que a criança não corra perigos desnecessários e não desenvolva maus hábitos operativos.

É lógico que tenha de haver uma exigência operativa para se conseguirem desenvolver determinadas virtudes, como por exemplo a ordem ou a perseverança. Para além da exigência no fazer, também existe a possibilidade de se exigir no pensar; esta atividade preside às orientações positivas. Um orientador recebe e dá informação a diferentes pessoas; ao fazê-lo, exige que o interessado pense, e depois apoia-o afetivamente. Este tipo de exigência — dar explicações, perguntar o porquê, investigar as motivações — parece mais adequada a outras virtudes — a lealdade, por exemplo — e a outras idades.

Dois problemas

Com tantas referências à questão da exigência, alguns educadores poderão considerar que há aqui uma série de perigos, por exemplo, o de privar a criança de espontaneidade e criatividade, isto é, de lhe tirar a liberdade; outro problema consiste na possibilidade de estes hábitos se tornarem, na prática, uma rotina sem sentido.

No que se refere à liberdade, há uma explicação muito clara. Um dos componentes da liberdade é a capacidade de escolher entre várias possibilidades. Imaginemos que se trata de escolher entre jogar tênis e não jogar tênis: se a pessoa *sabe* jogar, tem a possibilidade de escolher; se não sabe, não é *livre* para escolher nesse momento. O mesmo se passa com as virtudes. Um jovem chega aos dezesseis anos e quer ser generoso, mas nunca aprendeu a sê-lo: o que vai acontecer? Não será generoso porque não tem opção; não pode adquirir este hábito de uma hora para a outra, porque é a própria repetição de atos que permite falar de um hábito.

Em relação ao segundo problema: a rotina pode ser entendida como a realização de uma atividade sem sentido; e certamente que haverá rotina se encararmos a virtude como um fim em si mesma, e não como um meio para alcançar o Bem. Não se trata de ser ordenado por ser ordenado, mas para conseguir uma convivência agradável ou para alcançar uma real eficácia no trabalho, por exemplo. Ora bem, há certos atos que, de acordo

A EDUCAÇÃO DAS VIRTUDES HUMANAS

com o desenvolvimento da virtude e portanto a idade da criança, estão mais orientados para determinado fim. Por exemplo, uma criança pequena desenvolve a virtude da perseverança apertando os cordões dos sapatos; nesse gesto, há uma finalidade muito clara para a criança. Pelo contrário, um adulto aperta os sapatos quase sem se aperceber do que está fazendo — pode mesmo estar pensando em outra coisa —, mas não é por isso que temos de afirmar que este ato, que se tornou rotineiro, perdeu o sentido; neste caso, depois de ter adquirido esta competência, o adulto pode agora esforçar-se pela aquisição de outras coisas mais importantes, ou mais adequadas às suas possibilidades. Numa palavra, temos de aproveitar o que já conseguimos fazer para continuarmos a melhorar.

Virtudes, idades e motivações

Há duas virtudes que presidem às restantes: a prudência e a fortaleza, sem as quais não há virtude possível. «A prudência consiste em escolher o Bem; não o abandonar, a despeito dos obstáculos, das paixões e da soberba, constitui, respectivamente, a fortaleza, a temperança e a justiça.»[1] E estamos perante as chamadas virtudes cardeais.

A nível operativo, a prudência pressupõe que não se perca de vista a razão de ser da ação; sem prudência, a virtude pode acabar por se transformar num fim. Pensemos na virtude da ordem. Uma pessoa que se proponha ser ordenada como um fim, e não como um meio, pode acabar por se transformar em maníaca da

---

[1] Celaya y Urrutia, «Virtudes», in *Gran Enciclopedia RIAPL*, t. 23, p. 607.

A FORMAÇÃO DOS FILHOS NAS VIRTUDES HUMANAS

ordem. A sinceridade sem prudência pode traduzir-se numa falta de comedimento verbal. Há sempre dois vícios que contrariam determinada virtude: «um abertamente contrário, e outro que tem a aparência da referida virtude»[2]; por exemplo: ordem / excesso de ordem e desordem; laboriosidade / trabalho imoderado e preguiça.

Na prática, é mais razoável desenvolver a virtude da prudência na sua relação com outras virtudes, pelo que ela tem de ser incluída em todas as idades. O mesmo se passa com a fortaleza, que, com a sua dupla vertente de acometer e resistir, permite, mediante a vontade, o esforço necessário para a aquisição do hábito. Seja como for, pode-se insistir de modo especial em cada uma destas virtudes, de acordo com uma série de variáveis que analisaremos adiante.

Para decidir que virtudes devem ser consideradas prioritárias em cada momento, temos de ter em conta diferentes fatores:

1) as características estruturais da idade em questão,
2) a natureza de cada virtude,
3) as características e as possibilidades reais do jovem que está a ser educado,
4) as características e as necessidades da família e da sociedade em que o jovem vive,
5) as preferências e as capacidades pessoais dos pais.

Em seguida, sugeriremos uma distribuição das virtudes tendo em conta os dois primeiros fatores, mas sem contar com os seguintes; por esse motivo, vale a pena fazer um breve comentário aos outros fatores. Os pais não devem assentar rigidamente a sua atuação

---

2   Santo Agostinho, Apost. 167, 8.

num esquema de virtudes a incutir de modo preferencial nos filhos; mas podem recorrer a um esquema deste gênero como base flexível, sobre a qual podem refletir, para depois concretizarem a sua atuação em cada situação particular.

Entre os fatores a ter em consideração, contam-se as características e as possibilidades reais do jovem, por um lado, e as preferências e capacidades pessoais dos pais, por outro. O problema que se coloca é o da harmonização entre aquilo que se *deve* fazer (de acordo com as necessidades do jovem) e aquilo que se *quer* e se *pode* fazer (de acordo com as preferências e as capacidades dos pais). Poderíamos ter a tentação de pensar que o importante é ter em conta apenas aquilo de que o jovem necessita; mas a realidade mostra que, muitas vezes, atuamos melhor em coisas que nos *agradam* ou que nos *apetecem*.

Por esse motivo, será necessário estabelecer um certo critério que nos permita perceber que fator deverá prevalecer em caso de desacordo (por exemplo, quando uns pais se apercebem de que um filho é demasiado irresponsável, mas gostariam muito que ele fosse generoso, e perguntam a si próprios: «Qual das virtudes devemos considerar prioritária?»). Não é possível apresentar uma solução concreta para estes casos; apenas podemos apontar, a modo de sugestão, algumas ideias a ter em conta.

Não convém que os pais idealizem um modelo de comportamento pré-estabelecido, a que os seus filhos devem aspirar. O que têm de saber é quais são os critérios fundamentais que querem partilhar com eles; se conseguirem partilhar esses critérios, constituirão uma família unida, mas cujos membros atuarão de

A FORMAÇÃO DOS FILHOS NAS VIRTUDES HUMANAS

acordo com o seu próprio estilo pessoal. Neste sentido, o desenvolvimento das virtudes numa família não pressupõe comportamentos idênticos, mas uma unidade de propósitos.

Concretamente, podemos pensar que se trata de cultivar de modo preferencial a virtude que dá mais hipóteses ao jovem de desenvolver os seus pontos fortes ao serviço dos outros e, ao mesmo tempo, fortalecer os seus pontos débeis. Neste sentido, a virtude está em função da eficácia, do bom funcionamento de cada pessoa; a virtude a que se deve prestar mais atenção em determinado momento será aquela que produz maior rendimento, mais satisfação pessoal e mais desenvolvimento pessoal.

As preocupações dos pais podem, pois, centrar-se na percepção dos aspectos positivos dos filhos — as virtudes que eles já têm razoavelmente desenvolvidas —, bem como nas suas insuficiências. Em segundo lugar, a família é uma organização natural, que exige o contributo de todos os seus membros. Para conviver, aprender com os outros e ajudá-los a melhorar (como é dever de todos os membros da família), é necessário cultivar determinadas virtudes que promovem a ajuda mútua. Por último, cientes de que as virtudes se complementam, podemos considerar, nessa unidade, a *alegria* como consequência do desenvolvimento harmonioso das virtudes, e utilizá-la como critério. Em que virtudes devem insistir os pais? Naquelas que produzem maior alegria em toda a família. Quando falta alegria na família, é porque as virtudes não estão a ser especialmente cultivadas, ou porque não existe um equilíbrio razoável no seu desenvolvimento (recordem-se os vícios causados por excesso ou por serem contrários à virtude).

A EDUCAÇÃO DAS VIRTUDES HUMANAS

Em uma palavra, o importante é fazer coincidir os gostos pessoais com as necessidades e os gostos dos outros, precisamente pelo fato de se partilharem determinados critérios fundamentais. Neste ponto, sugerimos dois: o dever que cada membro da família tem de ajudar os outros a melhorar, e a alegria.

Tendo em conta que as famílias são todas diferentes, e que cada filho e cada pai exigem uma atenção diferente, vamos agora analisar de forma breve um esquema de virtudes por idades, tendo em conta as características estruturais de cada idade e a natureza das virtudes.

Até aos sete anos
Obediência
Sinceridade
Ordem

Antes dos sete anos, as crianças não têm ainda pleno uso da razão, por isso a melhor coisa que podem fazer é obedecer aos seus educadores, tentando viver este dever com carinho. Mas, pelo fato de salientarmos esta virtude em relação às crianças, não estamos querendo dizer que os adultos não tenham de a cultivar; acontece apenas que, à medida que os anos vão passando, o discernimento pessoal deverá melhorar de tal maneira que a pessoa passa a agir corretamente por vontade e decisão próprias, sem ter de receber tantas indicações concretas dos outros. Seja como for, e independentemente da idade, o mérito consiste em obedecer à pessoa que detém autoridade em tudo aquilo que não se oponha à justiça. A obediência

A FORMAÇÃO DOS FILHOS NAS VIRTUDES HUMANAS

fundamenta-se numa exigência operativa racional por parte dos pais: é necessário exigir muito mas em poucas coisas, dando indicações muito claras, que não se prestem a confusões.

As crianças podem obedecer por medo, ou porque não têm outro remédio; qualquer destas motivações é muito pobre. O importante é incentivá-las a cumprir por amor, para ajudarem os pais, dando assim os primeiros passos no sentido da virtude da generosidade.

Ao mesmo tempo, convém desenvolver nos jovens a virtude da sinceridade, porque esta exigência no fazer deverá ir-se traduzindo paulatinamente numa exigência no pensar, numa orientação, e essa orientação dos pais só tem sentido se ocorrer em torno de uma realidade conhecida. Com efeito, a sinceridade tem muito a ver com o pudor, virtude em que voltaremos a insistir já na adolescência.

Finalmente, incluímos também a virtude da ordem, por vários motivos: 1) porque, se esta virtude não for desenvolvida desde a primeira infância, é muito mais difícil adquiri-la mais tarde; 2) porque é uma virtude necessária a uma convivência feliz; 3) porque tranquiliza as mães — e este é um fator da maior relevância.

As motivações para o cultivo da ordem podem ser racionais — compreender a conveniência do ato ordenado —, embora seja habitualmente mais razoável fazê-lo com base no amor, no desejo que a criança tem de agradar aos pais. Também se pode promover esta virtude por sentido do dever, como acontece quando se utiliza um sistema de tarefas para a desenvolver.

Estas três virtudes constituirão uma base sólida para a criança se abrir a outras virtudes na etapa seguinte.

Dos oito aos doze anos
Fortaleza
Perseverança
Laboriosidade
Paciência
Responsabilidade
Justiça
Generosidade

Como se percebe, deparamos aqui com quatro virtudes que giram em torno da virtude cardeal da fortaleza; uma que gira em torno da justiça; e uma que está relacionada com a virtude teologal da caridade.

Nesta idade, e com o advento da puberdade, as crianças passam por uma série de mudanças de tipo biológico, pelo que se torna conveniente desenvolver de modo especial a vontade, para fortalecer o caráter. Nesta altura, os jovens começam a tomar mais decisões pessoais, mas precisam de critérios para verificar se estão a dirigir-se adequadamente ao objeto do seu esforço.

Complementamos as virtudes relacionadas com a fortaleza com a introdução de umas quantas virtudes diretamente relacionadas com os outros: a responsabilidade, a justiça e a generosidade.

Nesta idade, é natural que as crianças se centrem mais no ato que no destinatário, porque ainda não têm plena consciência da sua intimidade. Neste sentido, o objetivo é conseguir que os jovens sejam perseverantes, não porque têm a atenção de determinada pessoa centrada neles, por exemplo, mas pela satisfação de terem ultrapassado um obstáculo. É a idade dos desafios (mas razoáveis). Como a criança tem uma consciência

A FORMAÇÃO DOS FILHOS NAS VIRTUDES HUMANAS

profunda das regras do jogo na relação com os colegas e com os outros em geral, será conveniente estimulá-la a desenvolver as virtudes por uma questão de sentido do dever perante os colegas, por exemplo, mas sem deixar de a entusiasmar com um ideal que valha a pena alcançar; deste modo, terá a satisfação do esforço de superação pessoal.

Para todas estas virtudes, é necessário o uso da vontade. Quando se leem as correspondentes descrições, percebe-se que se trata de «aguentar as dificuldades», «esforçar-se continuamente para dar aos outros», «alcançar a meta proposta», «resistir a influências nocivas» etc. Para realizar estes objetivos, é preciso elevar o olhar e não estar preso a interesses limitados e quase mesquinhos.

Esta é uma idade crucial para «puxar para cima», ou seja, para elevar o olhar das crianças para Deus, e conseguir que estas virtudes humanas revertam para bem da fé em desenvolvimento.

Talvez se fique com a sensação de que são muitas virtudes, sobretudo quando se considera que o objetivo é alcançá-las em simultâneo; mas a verdade é que elas estão muito relacionadas entre si, de tal maneira que, quando o educador se centra numa delas, é muito provável que a criança vá melhorando simultaneamente nas outras.

À medida que os anos passam, os jovens vão precisando de cada vez mais raciocínios, de cada vez melhores razões para fazerem o esforço que é necessário para adquirirem hábitos operativos bons.

Com o despertar da intimidade, entramos na adolescência, um período em que o jovem tem de assumir como próprias coisas que, até aqui, realizou por imitação ou por simples exigência exterior. A partir desta altura, o jovem compromete-se consigo próprio, e tudo o que faz adquire uma nova dimensão.

Dos treze aos quinze anos
Pudor
Sobriedade
Simplicidade
Sociabilidade
Amizade
Respeito
Patriotismo

Entre os oito e os doze anos, aproximadamente, destacamos virtudes relacionadas com a fortaleza e com a justiça, que pressupõem a adaptação do comportamento a determinadas indicações concretas. Entre os treze e os quinze anos, parece conveniente — no contexto da descoberta mais clara da própria intimidade que ocorre neste período — insistir preferencialmente em virtudes relacionadas, antes de mais, com a temperança, a fim de não se perder de vista o Bem em consequência do descontrole das paixões. Os pais percebem com muita clareza que, na sociedade atual, há muitas pessoas que dão exemplos nefastos aos jovens, pelo fato de se deixarem levar a extremos na busca do prazer superficial.

Se anteriormente insistimos na fortaleza, agora trata-se de utilizar esta força para proteger aquilo que cada ser tem de mais precioso: a sua própria intimidade. E quando falo de intimidade, não me refiro apenas aos aspectos do corpo, mas também à alma, aos

A FORMAÇÃO DOS FILHOS NAS VIRTUDES HUMANAS

sentimentos e aos pensamentos. As virtudes do pudor e da sobriedade podem resumir-se no reconhecimento do valor de cada um, para depois poder ser bem utilizado, de acordo com critérios retos e verdadeiros.

Que motivações devemos dar aos nossos filhos? Parece-me que temos de lhes dar razões. Não se trata de uma solução nova. Mas a verdade é que, de uma maneira geral, nós, os pais, aprendemos a portar-nos como nos portamos imitando os nossos educadores; e agora, os nossos filhos não estão dispostos a imitar--nos. Elas pedem razões, e muitas vezes nós não temos razões para lhes dar; ou pelo menos não temos razões que eles possam compreender adequadamente. Como é sabido, não há receitas feitas para a orientação familiar; porém, relativamente ao modo como se deve dar informação aos jovens, eu me atreveria a propor uma receita: dar-lhes uma informação clara, curta e concisa, e a seguir mudar de assunto.

Para além destas virtudes relacionadas com a temperança, também é conveniente insistir noutras, que têm a ver com a intimidade da pessoa e as suas relações com os outros. É por esse motivo que chamamos a atenção para a sociabilidade, a amizade, o respeito e o patriotismo, quatro virtudes que pressupõem um interesse muito concreto pela própria intimidade e pelo bem dos outros. É neste domínio que reside a principal ajuda que os pais podem dar aos seus filhos; refiro-me à orientação de dar aos jovens para que concretizem a sua preocupação com os outros em atos específicos de serviço ao próximo. Convém ter em conta que os adolescentes são, pela sua natureza própria, idealistas, e que têm necessidade de viver novas experiências; se nós, os pais, não lhes damos uma ajuda nesse sentido,

43

é muito provável que surjam influências externas, *intencionais* e prejudiciais, que tentem tirar partido deste seu modo de ser.

Incluímos outra virtude nesta idade: a *simplicidade*, que é uma virtude de que o adolescente tem necessidade para se comportar de modo congruente com os seus ideais e para se aceitar tal como é.

Dos dezesseis aos dezoito anos
Prudência
Flexibilidade
Compreensão
Lealdade
Audácia
Humildade
Otimismo

As primeiras virtudes que destacamos nesta idade assentam na capacidade de raciocinar com inteligência; significa isto que seria quase impossível desenvolver plenamente as virtudes na ausência de uma certa capacidade intelectual. Refiro-me às virtudes da prudência, da flexibilidade, da compreensão, mas também da lealdade e da humildade. Nas descrições operativas destas virtudes, o leitor poderá ver que tipos de atividades as atualizam; alguns exemplos: «recolher continuamente informação», «ponderar as consequências», «proteger um conjunto de valores», «reconhecer os diversos fatores que têm influência numa situação», «reconhecer as próprias insuficiências» etc. Por este motivo, é conveniente insistir nestas virtudes quando os jovens têm mais capacidades intelectuais. Na idade anterior,

A FORMAÇÃO DOS FILHOS NAS VIRTUDES HUMANAS

destacamos a importância de informar os jovens sobre a importância destes conceitos; nesta idade, será necessário repetir a informação, mas com maior insistência. Com efeito, se anteriormente os perigos provinham de um «deixar andar» relativamente às paixões, agora provirão seguramente de *ideias* erróneas. Nesta altura, é preciso flexibilidade para se poder aprender com diferentes situações, mas sem abandonar os critérios pessoais de atuação. Igualmente importante é a virtude da prudência, que pressupõe que o jovem abra os olhos para aquilo que o rodeia, procurando informação adequada e ponderando as consequências antes de tomar decisões. Os pais devem ter em consideração que, nestas idades, já é muito difícil exigir aos filhos que *façam* coisas — e nem é conveniente fazê-lo; é preferível exigir-lhes que pensem antes de tomarem as suas próprias decisões, recordando-lhes continuamente a importância de estabelecerem critérios com base nos quais possam decidir com razoabilidade. É preciso obrigar os jovens a perceber seriamente a razão de ser da sua própria vida, para poderem agir em coerência com estes valores — donde a importância da lealdade.

Como o leitor terá observado, depois de três virtudes relacionadas com a prudência, destacamos uma virtude relacionada com a justiça, outra relacionada com a fortaleza e outra relacionada com a temperança. Com efeito, já estamos numa idade mais madura, em que aquilo que procuramos com o desenvolvimento das virtudes é um equilíbrio entre um sólido apoio no permanente, um reconhecimento realista das próprias possibilidades como pessoa, e uma atuação audaz com vista ao bem autêntico — ou seja, lealdade, humildade e audácia.

45

A EDUCAÇÃO DAS VIRTUDES HUMANAS

Mas não gostaria de terminar sem fazer referência a mais uma virtude, que é uma virtude muito importante numa sociedade como a nossa, que se caracteriza pelo ódio e o desespero; refiro-me ao otimismo. Trata-se de uma virtude que é necessário promover nas crianças pequenas e em todas as idades, mas que incluímos preferencialmente nesta altura porque, com o exercício da vontade, é possível adquirir o hábito de ver primeiro as coisas positivas, desde que se saiba o que é o bem. Por outro lado, trata-se de distinguir o que é o melhor nos outros e, se possível, de ajudá-los a melhorar. Nestas idades, os jovens deveriam voltar-se para o serviço aos outros, um serviço animado pela esperança sobrenatural e a certeza de que vale a pena.

Conclusão

Para concluir esta introdução em torno da educação nas virtudes humanas, gostaria de voltar a destacar que a vida familiar é uma situação espontânea, cheia de amor e de alegria. As indicações que dei não pretendem ser um plano, mas uma série de sugestões para ajudar os pais a decidir com prudência aquilo que é melhor para eles e para os filhos. Às vezes, contudo, é conveniente tentar esquematizar a vida espontânea, a fim de a conhecer melhor, e portanto de a amar mais. Por esse motivo, incluímos no final do livro um quadro das virtudes por idades, bem como uma descrição operativa das vinte e quatro virtudes que analisamos neste livro.

Não é muito relevante destacar uma virtude ou outra; o que nos interessa é o conjunto das virtudes em

A FORMAÇÃO DOS FILHOS NAS VIRTUDES HUMANAS

desenvolvimento. Por isso, pede-se aos pais uma luta de superação pessoal com o objetivo de adquirirem as virtudes que querem inculcar nos filhos.

De qualquer maneira, cada pessoa terá as suas preferências. Quais são as virtudes que se recomendam especialmente aos pais de família? A perseverança, a paciência e o otimismo.

A EDUCAÇÃO DA GENEROSIDADE

«Age em favor dos outros de forma desinteressada e com alegria, tendo em conta a utilidade e a necessidade do contributo dado a essas pessoas, mesmo que lhe custe.»

* * *

A generosidade é uma virtude que dificilmente se pode apreciar com objetividade nos outros. Com efeito, quando temos de julgar os atos das outras pessoas, centramos geralmente a nossa atenção em quem recebe ou nas características do bem que se dá. Por exemplo, se sabemos que uma pessoa deu dinheiro a um parente com necessidades, é lógico que concluamos que foi generosa; contudo, é muito provável que essa doação não lhe tenha custado grande esforço, e desconhecemos a motivação do ato: terá sido por reconhecer a necessidade do parente, para não se sentir culpada, ou por outra razão qualquer? Ou seja, podemos identificar diferentes formas de levar a cabo um ato de generosidade, mas tal ato será, ou não, uma prova de generosidade, de acordo com a intensidade com que esta virtude for vivida e com a retidão das motivações.

Há muitas coisas que podemos fazer pelos outros, como por exemplo: dar coisas, dar tempo, emprestar objetos, perdoar, escutar (dar atenção), cumprimentar, receber etc., e todos estes atos pressupõem uma decisão em determinado momento. Sabemos que a vontade tende por natureza para o bem; mas a generosidade pressupõe a utilização da vontade para a aproximação ao bem. Trata-se de uma entrega, de uma decisão livre de entregar aquilo que se tem; não se trata de dividir aquilo que se possui de qualquer maneira, de abandonar esses pertences.

Dar valor ao que se tem

Por este motivo, podemos salientar que uma das facetas básicas da generosidade consiste em apreciar o valor do que se possui. Em certas ocasiões, a dificuldade radicará numa confusão superficial, em não saber identificar adequadamente os nossos pertences ou as nossas possibilidades. Esta circunstância nota-se claramente em expressões como: «não seria capaz de», «não tenho tempo para», «não sei fazer» etc., quando a verdade é que, em muitos casos, o problema não reside na capacidade, no tempo ou em saber fazer, mas na falta de confiança nas próprias possibilidades ou na falta de apreciação daquilo que a pessoa é realmente capaz de fazer. Por outro lado, um problema muito comum reside no valor que cada um atribui a estes pertences: o que «vale» mais, um brinquedo caro ou duas horas do meu tempo? Para responder a esta pergunta, têm de se estabelecer critérios de avaliação; assim, se o critério de avaliação for «a alegria de um filho», certamente que as «duas horas do meu tempo» serão mais valiosas.

Precisamente porque a avaliação daquilo que temos se tornou problemática, vamos considerar alguns

A EDUCAÇÃO DA GENEROSIDADE

aspectos com mais atenção. No que se refere aos pertences tangíveis, o dinheiro e os objetos, é evidente que podemos dá-los, oferecê-los, emprestá-los etc.; mas temos tendência para dar o que sobra, e não para dar de acordo com as necessidades das outras pessoas. Convém esclarecer que também não se trata de chegar ao extremo oposto, isto é, de distribuir os próprios pertences de tal maneira que a nossa família deixe de ter o suficiente para viver condignamente. A primeira responsabilidade de um pai de família é para com a sua mulher e os seus filhos; os outros vêm a seguir.

Outro perigo consiste em oferecer objetos materiais como mal menor, para a pessoa não ter de se incomodar a oferecer uma coisa que lhe custe mais. Um exemplo desta atitude é o do pai que oferece muitas coisas aos filhos para os compensar do fato de passar pouco tempo com eles.

E também se pode dar tempo, como dissemos. Na verdade, a disponibilidade pode ser definida como a generosidade em relação ao próprio tempo. Ser generoso com o tempo significa estar disposto a sacrificar para bem dos outros algo que se guarda para utilização pessoal; significa, por exemplo, estar disposto a deixar de ler o jornal quando um filho precisa de alguém que o escute; passar algum tempo com o cônjuge num ambiente tranquilo; atender um amigo etc. As pessoas costumam valorizar o tempo por sua rentabilidade e pelos resultados que podem apreciar com nitidez e a curto prazo, e consequentemente estabelecem critérios de pouco valor intrínseco; ou seja, valorizam o tempo pela quantidade de dinheiro que podem ganhar ou pelo número de contatos profissionais que podem fazer, em vez de pensarem que um tempo bem empregue é aquele em que conseguem, por exemplo, fazer sorrir um filho que estava triste ou desgostoso.

Podemos ser generosos com o tempo enchendo-o de atividades ou criando em casa um ambiente propício à sensação de lar, de sossego, de tranquilidade, de segurança e de unidade. Neste sentido, podemos falar — especialmente neste caso — do valor da presença do pai em casa.

A atitude generosa de uma pessoa que está disposta a esforçar-se para tornar a vida agradável aos outros — cumprimentando outra pessoa com quem, em princípio, não se dá bem, prestando atenção a uma série de pormenores que sabe que vão agradar a uma terceira — torna-se notória.

Mas não se trata apenas de dar. Também se pode identificar a falta de generosidade de uma pessoa que não está disposta a receber, que não permite que os outros sejam generosos com ela. Neste sentido, observa-se que algumas mães de família se excedem na atenção aos filhos, não permitindo que eles contribuam para o bem da família, o que leva as crianças a centrarem-se exclusivamente no seu próprio êxito e no seu bem-estar. Pode parecer que esta mãe age com bons motivos; mas, quando pensamos que as pessoas têm necessidade de sair de si e se entregarem aos outros, percebemos que, na realidade, esta atitude se torna prejudicial para os filhos. Matizando esta dificuldade percebemos também que, em determinadas ocasiões, é mais fácil os pais realizarem uma série de tarefas do que ajudarem os filhos a realizá-las; nestas situações, o que os pais estão a fazer é a substituir desnecessariamente os filhos, restringindo as oportunidades de

A EDUCAÇÃO DA GENEROSIDADE

estes adquirirem bons hábitos operativos relacionados com a generosidade.

Centramos estas considerações em torno de diferentes atos de generosidade que os pais e os filhos podem realizar, e vimos que todos eles requerem algum esforço. Mas há um ato de generosidade que pode requerer ainda mais esforço que os anteriores; refiro-me à necessidade de perdoar, para a qual é necessário ter uma grande segurança interior e um grande desejo de servir os outros. Não se trata de tirar importância ao que os outros possam eventualmente ter-nos feito, nem de ser ingênuos; trata-se de reconhecer a necessidade que essas pessoas têm de receber amor, de receber a nossa generosidade (relativamente a alguma coisa em que nos tenha ofendido); trata-se de nos esforçarmos por lhes mostrar que não as expulsamos da nossa vida em consequência daquilo que nos fizeram; trata-se, em suma, de lhes mostrarmos que, a despeito de nos terem feito determinada coisa, as aceitamos e confiamos nas suas possibilidades de melhorar.

Motivações para a generosidade

Por tudo aquilo que foi dito, é evidente que a pessoa precisa de motivações para se esforçar por ser generosa; que tem de utilizar seriamente a vontade e de a orientar com os seus raciocínios. Mas concretizemos um pouco mais outros aspectos da definição inicial. Dissemos que a pessoa generosa age «em favor dos outros de forma desinteressada».

Nas crianças pequenas, não é habitual encontrarmos uma generosidade especialmente desenvolvida, porque a criança não reconhece o valor do que tem, nem

A EDUCAÇÃO DAS VIRTUDES HUMANAS

as necessidades dos outros; e, de uma maneira geral, também não tem grande capacidade de se esforçar. Em consequência de todas estas características, tem um sentimento de posse bastante desenvolvido, e não aprecia que os outros tenham parte nos seus pertences; ou então, é desprendida, dando os seus pertences ao acaso, sem pensar nas necessidades dos outros. Eis alguns exemplos de situações típicas que encontramos, quer nas crianças, quer noutras idades:

— só praticam atos «generosos» quando têm uma relação afetiva desenvolvida;

— praticam atos «generosos», mas esperam contrapartidas;

— praticam atos «generosos» interesseiros.

Analisemo-las por partes.

É muito mais fácil agir a favor de outra pessoa quando essa pessoa nos é simpática; é por isso que as crianças (e os adultos) tendem a agir em favor de um irmão, de um amigo etc., mas não em favor de estranhos. E, se é normal deparar com esta situação em crianças pequenas, o mesmo se passa na adolescência. A grande diferença é que os adolescentes tendem a ver tudo a preto e branco, julgando as pessoas sem nuances; para eles, as pessoas são boas ou más, simpáticas ou antipáticas, e os seus atos de generosidade — que por esta altura já são intencionais — visam as primeiras.

É indubitável que a pessoa generosa não é aquela que só se esforça com as pessoas que lhe são simpáticas, mas aquela que, com base numa hierarquia de valores, presta atenção aos que mais precisam.

Por outro lado, é evidente que não é possível conseguir este grau de desenvolvimento desde pequeno. Inicialmente, a criança terá de aprender a esforçar-se

A EDUCAÇÃO DA GENEROSIDADE

em relação às pessoas que lhe são simpáticas, procurando agradar-lhes. Por isso, pode-se dizer que uma das motivações reais para a generosidade é ver o resultado positivo que ela tem na outra pessoa; assim, quando os pais sorriem ou agradecem entusiasticamente pequenos esforços dos filhos, estão a motivá-los para continuarem a praticar esses atos, primeiro com eles e depois com os outros.

A segunda situação referia-se aos atos «generosos», mas em que se esperam contrapartidas. Podemos observar, uma vez mais, que uma criança que tem uma coisa de que um amigo precisa lho empresta, mas no pressuposto de que, no dia seguinte, quando ela precisar de alguma coisa, o amigo tem a obrigação de emprestar a ela. Neste caso, a motivação é a própria contrapartida, e numa criança pequena isso não tem mal nenhum; não podemos pedir a uma criança que dê mais do que aquilo que pode dar. Neste sentido, o importante é proporcionar às crianças muitas possibilidades de se esforçarem com motivações que, em princípio, são insuficientes; desse modo, adquirem o hábito de perdoar, de dar etc., e depois já se pode procurar cimentar a retidão da motivação e desenvolver a intensidade com que se vive a virtude.

A questão poderá tornar-se mais clara com uma história a propósito. Um rapazinho de sete anos recebe uma caixa de bombons na noite de Natal. No dia seguinte, vão almoçar a sua casa doze familiares e a mãe diz-lhe: «E se oferecesses um bombom às pessoas?» O rapazinho sabe que a caixa tem quinze bombons e, fazendo rapidamente as contas, conclui que, se cada parente tirar um, lhe sobrarão três; como esta hipótese lhe desagrada, responde à mãe: «Não quero.» A mãe se aborrece com ele e, pegando na caixa de bombons, oferece-os aos presentes, dizendo ao filho: «Tens de aprender a ser generoso.» Como seria de esperar, a criança pensa: «Se ser generoso é isto, não quero, não me agrada.»

Nesta situação, a mãe podia ter-lhe sugerido que oferecesse um bombom a cada um dos primos (que são cinco) e, se esse esforço ainda fosse excessivo para a criança, deveria aceitar a situação com calma, sem contudo deixar de explicar ao filho por que razão teria sido agradável ele oferecer os bombons; quando voltasse a apresentar-se uma situação semelhante, voltaria a tentar estimular o filho a ser generoso.

A generosidade interesseira é muito diferente, pois não costuma levar ao desenvolvimento da virtude da generosidade. Significa que a pessoa pensa, antes, nas consequências que o ato terá para si, e só em segundo lugar (muito em segundo lugar) nas consequências que terá para a outra pessoa. A generosidade interesseira conduz sempre ao egoísmo. Por outro lado, as crianças tendem a ser egocêntricas, a considerar que o mundo gira à sua volta; este egocentrismo não será problemático se, quando começam a descobrir que há outras pessoas, e pessoas que precisam delas, deixam de estar centradas em si.

Vimos que as motivações para a generosidade são: agradar a outra pessoa, por simpatia ou em troca de algo.

Mas os pais podem abrir horizontes aos filhos, sugerindo-lhes atos que sejam uma prova de generosidade ou explicando-lhes a necessidade que determinada pessoa tem de receber isto ou aquilo, a fim de que eles se esforcem e desenvolvam o hábito de agir em

A EDUCação Da GENEROSIDaDE

favor dos outros. Será muito mais fácil conseguirem este desenvolvimento se as crianças observarem nos pais um exemplo neste sentido e, consequentemente, se viverem num ambiente familiar de participação e de serviço. É precisamente por isto que têm sentido as tarefas familiares. E os pais também podem ensinar aos seus filhos o valor daquilo que possuem: o dinheiro, os objetos materiais, a sua possibilidade de perdoar, o seu tempo etc.

Assim, os jovens poderão adquirir o hábito de dar, assente numa apreciação do valor daquilo que possuem e das suas possibilidades; mas esta educação só ficará completa com um esclarecimento daquilo que significam as necessidades dos outros.

As necessidades dos outros

A generosidade nunca nos deve levar a satisfazer os caprichos dos outros; o que significa que é necessário ter prudência. Já sabemos que nenhuma virtude tem sentido sem uma base de prudência; neste caso, trata-se de uma atitude de serviço, mas de um serviço que é levado a cabo mediante decisões prudentes. Temos de ter uma informação adequada sobre a nossa própria situação e a situação da outra pessoa; temos de saber o que a outra pessoa quer e de agir em conformidade.

E aqui, podemos centrar a nossa atenção sobretudo nos adolescentes. A partir dos treze anos, os adolescentes já sabem, por experiência própria, como se pode agir a favor das outras pessoas, mesmo que os pais nunca os tenham elucidado expressamente sobre esta matéria; mas as suas motivações podem ser errôneas ou estar pouco desenvolvidas.

Um dos principais problemas dos adolescentes reside em não colocarem limites à sua possibilidade de serem generosos: preocupam-se com o mundo, com as pessoas que morrem de fome na Índia, por exemplo, mas não conseguem relacionar esta realidade com as suas próprias possibilidades de agir; reconhecem as necessidades dos outros em geral, em termos abstratos, mas não se apercebem de que os pais e as pessoas que têm a seu lado precisam deles. Como já dissemos, os adolescentes têm tendência para classificar as pessoas, pelo que reduzem a sua atenção real a um grupo restrito de amigos, mesmo que apregoem o seu desejo de servir um mundo longínquo.

Por outro lado, os adolescentes precisam ter experiências, precisam pôr à prova a sua capacidade de agir de forma autônoma; e, se os pais não conseguem encontrar vias de escape para estas inquietações, é possível que acabem por se desorientar, encontrando «soluções», por exemplo, nas drogas, no sexo etc.

Justamente por isto, há que reconhecer que a principal função dos pais consiste em comunicar aos seus filhos um conhecimento profundo dos critérios que deverão reger a sua vida, e depois deixá-los agir, orientando-lhes as atividades quando for preciso.

No que se refere à generosidade, será necessário orientá-los desde muito cedo, para que continuem a agir, cada vez com mais iniciativa pessoal, a favor dos outros. Por isso, a generosidade desenvolvida tem necessidade da fortaleza, da capacidade de acometer e de lutar por algo que se sabe que vale a pena.

Outro problema é a facilidade com que os adolescentes confundem as necessidades dos outros e os seus caprichos pessoais; ou seja, identificam facilmente

A EDUCAÇÃO DA GENEROSIDADE

as necessidades dos outros que se relacionam com os seus próprios gostos, mas não se esforçam por entregar aquilo que é realmente valioso às pessoas que têm mais direito de o receber, ou seja, a família e os amigos. Na adolescência, os pais têm de raciocinar com os filhos; não têm de o fazer de forma exaustiva, mas dando-lhes informações claras e a seguir mudando de assunto. Dissemos atrás que o desenvolvimento da virtude depende da intensidade com que se vive e da retidão das motivações; é manifesto que a razão tem um importante papel a desempenhar neste contexto.

Dar e dar-se

É imprescindível que os atos de generosidade não permaneçam isolados da intencionalidade da pessoa; isto é, que não se instale uma rotina assente em atos apenas superficialmente generosos. Este perigo será contrariado com o sentido do esforço, que faz assentar os atos na vontade. Mas a verdade é que temos de ir mais ao fundo da questão. Uma pessoa que só pensa naquilo que pode fazer, que planeia a sua generosidade de forma consciente, depressa se cansa; com efeito, quem não vive a generosidade por uma convicção profunda de que os outros têm direito ao seu serviço e de que Deus o criou para servir dificilmente desenvolverá uma atitude permanente de generosidade.

Por isso, dar-se é mais importante do que dar. Como vimos atrás, a pessoa pode dar sem se identificar com o que foi dado, sem simpatizar com a outra pessoa; nessa situação, o ato aparece como um sinal visível aos outros, mas ao mesmo tempo engana. Aquilo de que estamos à procura é um dar incondicional, que é o mesmo que dar-se.

Porém, para uma pessoa se dar, tem de saber o que é, e tem, até certo ponto, de se autopossuir. O ato de se dar é muitas vezes confundido com a atitude de se deixar ir. Ora, não se trata de dar qualquer coisa a qualquer pessoa em qualquer momento; isso é deixar-se ir, é dar sem critério, mais ainda, é deixar-se roubar sem valorizar o que se tem. Perceberemos que sentido tem esta atitude se pensarmos no nosso corpo. Uma pessoa que não entende o valor e a dignidade do seu corpo corre o risco de se deixar ir, uma atitude que pode até justificar com a ideia de que, desse modo, dá prazer a outro. Ora, se é certo que nenhum profissional cederia o seu emprego a um vagabundo mesmo que lhe desse prazer, com muito mais razão temos de guardar o nosso corpo para podermos entregá-lo com generosidade numa relação abençoada por Deus, isto é, no Matrimônio, a uma pessoa que reconheça a grandeza dessa entrega e a respeite.

A generosidade e o amor

Sem entrarmos propriamente na educação para o amor, terá ficado patente que, quando falamos de generosidade, estamos a falar de uma manifestação de amor. O amor pode ser entendido como uma vibração radical do ser para o bem; e, como observa Hervada, «se é certo que todos os tipos de amor têm características comuns, também é verdade que nem todos os amores são iguais. Não há um mesmo tipo de amor aplicável a diferentes objetos, porque o amor nasce numa relação pré-existente entre a pessoa e o bem; assim, a bens de diferente valor e em posições distintas relativamente à pessoa correspondem relações diferentes, e portanto amores com características diversas»[1].

A generosidade enquanto virtude permite que a pessoa expresse a sua radical possibilidade de amar em atos de serviço. As motivações de cada momento serão variadas mas, como Deus é amor, é razoável que a motivação última desses atos seja o amor a Deus. Na vida cotidiana, nós e os nossos filhos precisamos de ajuda para agir em conformidade com o que sabemos que é o nosso fim último; estas ajudas permitem-nos pegar na vibração radical do ser para o bem e pô-lo em prática.

Neste sentido, educar na generosidade não é opcional; é fundamental para que a pessoa chegue à sua plenitude, para que a pessoa seja senhora de si própria, e para que possa servir melhor a Deus e aos outros.

O egoísmo fomentado pela sociedade de consumo, pelo comodismo e pelo desleixo deve ser contrariado pela fortaleza e pela entrega incondicionais daquelas pessoas que se comportam, responsável e generosamente, como filhas de Deus.

A generosidade
Autoavaliação

Segue-se um elenco de afirmações que permitem refletir de forma sistemática sobre:

— o grau em que se vive pessoalmente esta virtude e

— o grau em que se educam os alunos e os filhos nesta virtude.

---

1   Hervada, J., «Amor conyugal y matrimonio», in *Nuestro Tiempo* 237 (março de 1974), p. 13.

Em relação a cada afirmação, o comportamento e o esforço pessoal correspondente podem ser avaliados com base na seguinte escala:

5. Estou totalmente de acordo com esta afirmação, que reflete a minha situação pessoal.

4. A afirmação reflete a minha situação em grande parte, embora tenha algumas ressalvas a seu respeito.

3. A afirmação reflete a minha situação em parte; diria que em parte sim e em parte não.

2. A afirmação não reflete a minha situação, embora seja possível que isso venha a acontecer.

1. Não me parece que a afirmação reflita a minha situação pessoal; não me identifico com ela.

As reflexões pessoais podem ser discutidas com o cônjuge ou com os colegas, de forma a identificar aspectos passíveis de uma atenção prioritária no desenvolvimento da virtude, quer a título pessoal, quer relativamente à educação dos filhos e dos alunos. De fato, é possível que o leitor vá descobrindo muitos campos em que pode melhorar; mas convém *selecionar apenas um ou dois*, a fim de tentar alcançar os progressos desejados.

A maneira pessoal de viver a generosidade

1. Esforço-me por reconhecer as necessidades reais dos outros.

*(Trata-se de fazer alguma coisa por outra pessoa quando a ação coincide com uma **necessidade real** da pessoa; doutra maneira, podemos estar a satisfazer caprichos ou a entregar o que nos sobra.)*

A EDUCAÇÃO DA GENEROSIDADE

2. Reconheço os meus próprios talentos (capacidades, qualidades, conhecimentos) e ponho-os ao serviço dos outros.

(Às vezes temos capacidades e qualidades «ocultas», que nunca aproveitamos porque não fizemos um esforço para tal, por exemplo por preguiça ou por timidez.)

3. Reconheço o que **valem** os meus pertences, o meu tempo, o meu esforço etc.

(Temos muitas coisas que não apreciamos devidamente, a que não damos importância, porque nos habituamos a tê-las, como por exemplo a nossa casa, o dinheiro que possuímos, a nossa fé; e esquecemos que há outras pessoas que não as têm.)

4. Realizo frequentemente ações em prol do bem autêntico dos outros.

(Às vezes, a pessoa sente-se generosa por ter feito um esforço especial em determinado momento específico; ora, a generosidade exige continuidade nas ações: que se vão repetindo, que sejam frequentes.)

5. Realizo frequentemente as seguintes ações: emprestar pertences próprios, oferecer coisas minhas, estar disponível, ouvir os outros, exigir dos outros coisas razoáveis.

(Cada pessoa percebe que há certas maneiras de agir em relação aos outros que lhe custam menos e que outras lhe custam muito mais; por exemplo, a uma pessoa pode não lhe custar dar dinheiro por uma causa justa, mas não estar disposta a sacrificar o tempo que dedica a um passatempo que lhe agrada muito.)

6. Permito que os outros façam coisas por mim.

(Se somos autossuficientes ou, simplesmente, impacientes, é possível que não permitamos que os outros façam coisas por nós; deste modo, privamo-los da possibilidade de serem generosos conosco.)

A EDUCAÇÃO DAS VIRTUDES HUMANAS

7. Perdoo.

(*É talvez a maneira mais difícil de ser generoso.*)

8. Faço um esforço para vencer o cansaço, a doença e a preguiça, a fim de prestar atenção aos outros.

(*Há pessoas que só estão dispostas a atuar para bem dos outros quando dormiram bem, quando se sentem descansadas ou quando estão bem dispostas. Convém refletir em que momentos e circunstâncias do dia tendemos a ser mais e menos generosos.*)

9. Ajo em favor dos outros procurando mais o seu bem do que a minha satisfação, e sem pensar no que posso pedir-lhes em troca.

(*Quando agimos em favor de alguém podemos fazê-lo pensando no bem para essa pessoa, naquilo que vamos pedir-lhe em troca ou, ainda, que ela fica a dever-nos um favor.*)

10. Esforço-me por atender as pessoas que mais precisam da minha atenção.

(*Muitas vezes é fácil agir com generosidade com certas pessoas — o cônjuge ou os filhos —, mas não com outras — os vizinhos; ou é mais fácil ser generoso com certos colegas, que nos são simpáticos, mas não com outros que, embora sejam mais necessitados, nos são mais antipáticos.*)

A educação da generosidade

11. Ajudo os meus filhos e os meus alunos a concretizarem as suas preocupações de ajuda aos outros.

(*Por exemplo, indo visitar um amigo que está doente, perdoando a um irmão, colaborando nas tarefas domésticas ou da sala de aula.*)

12. Procuro e proporciono aos meus filhos e aos meus alunos oportunidades para decidirem livremente se estão dispostos a realizar ações em favor dos outros.

A EDUCAÇÃO DA GENEROSIDADE

(*Não se trata de os obrigar a fazer ações em favor dos outros, pois isso não os ajuda a serem generosos; trata-se de os **convidar**: já pensaste que podias ajudar aquele teu colega a estudar?*)

13. Ajudo-os a descobrir as necessidades reais dos outros.

(*Isto significa ajudá-los a pensar, com perguntas do tipo: já viste como a mãe está cansada? Não queres ajudá-la?*)

14. Ajudo-os a distinguir o que são caprichos do que são necessidades reais dos outros.

(*Quando os outros pedem coisas, convém pensar se é ou não conveniente dar-lhas: será um capricho ou uma necessidade? Uma vez mais, trata-se de raciocinar com eles.*)

15. Ajudo-os a reconhecer o valor dos seus pertences, do seu tempo etc.

(*É frequente os jovens não se aperceberem do que têm e precisarem de ajuda para descobrir as suas reais possibilidades para agir em favor dos outros.*)

16. Ajudo-os a descobrir quais são as suas verdadeiras motivações quando agem em favor dos outros.

(*Trata-se, muito simplesmente, de perguntar: por que vais fazer isso?*)

17. Ajudo os jovens, não só a dar, mas também a receber.

(*Também é certo que alguns recebem quase sempre e dão muito pouco; mas aos jovens «bons», àqueles que são mais maduros, temos de os ensinar a receber.*)

18. Consigo que os jovens realizem ações em favor dos outros com motivações elevadas.

(*Nunca saberemos que motivações têm os jovens para agir desta ou daquela maneira, mas podemos tentar semear neles a preocupação de fazerem as coisas por um correto sentido do dever, ou por amor.*)

19. Procuro maneiras de conseguir que os meus alunos e os meus filhos ultrapassem o comodismo, a preguiça e o desleixo, a fim de centrarem a sua atenção nos outros.

(Isto depende, em grande parte, do exemplo entusiasta do educador.)

20. Falo com os adolescentes, para que aprendam a relacionar a generosidade com o amor, em especial com o amor a Deus e com o amor de Deus.

(Tem de se falar destes temas com naturalidade, seja na família, seja na escola, e cada vez mais à medida que as crianças vão crescendo.)

II
A EDUCAÇÃO DA FORTALEZA

«Em ambientes que dificultam o aperfeiçoamento pessoal, resiste às influências nocivas, suporta os incômodos e entrega-se com valentia no caso de poder contribuir de forma positiva para vencer as dificuldades e acometer empreendimentos de peso.»

* * *

A fortaleza é «a grande virtude dos apaixonados; é a virtude dos convencidos; é a virtude daqueles que, por um ideal que vale a pena, são capazes de correr os maiores riscos; é a virtude do cavaleiro andante que, por amor à sua dama, se expõe a aventuras sem conta; é, enfim, a virtude daquele que, sem desconhecer o que vale a sua vida — pois cada vida é irrepetível —, estaria disposto a entregá-la gostosamente, se fosse preciso, na ara de um bem mais alto»[1]. Estas palavras poderiam levar-nos a pensar que, nos tempos atuais, não há grandes hipóteses de se desenvolver a virtude da fortaleza. De certa maneira, o bem mais alto está tapado por um sem-número de pequenas necessidades criadas pelo homem; não temos grandes hipóteses de encontrar a aventura, porque já está tudo feito, já está tudo descoberto, já está tudo organizado. Podemos então perguntar: quais são os canais adequados para orientar este desejo humano de fazer coisas grandes,

---

1 Galera, J. A., *Sinceridad y fortaleza*, Madri, Ed. Palabra, 1974.

de se esforçar em nome de um ideal? Nem os próprios cristãos se encontram hoje na situação extrema de dar a vida pela sua fé nesse ato de fortaleza suprema que é o martírio, pelo menos nos países onde a fé cristã é aceita e vivida por muitas pessoas. É certo que, de maneira geral, os cristãos não são confrontados com muitas oportunidades de fazerem grandes coisas pela Igreja de Cristo; mas também é verdade que aquilo que é próprio do cristão é tornar grandes, pelo amor, os pequenos serviços do dia a dia.

E aqui podemos encontrar a solução para o problema colocado. Não se trata de realizar atos sobre-humanos, de descobrir locais da floresta amazônica que nenhum homem jamais pisou, de salvar cinquenta crianças de uma casa em chamas — possibilidades que resultam de uma imaginação fértil. Trata-se de fazer das coisas pequenas de cada dia uma soma de esforços, de atos viris, que podem ser uma coisa grandiosa, uma prova de amor.

Por este motivo, é evidente que uma pessoa que tenha uma visão mesquinha da vida nunca poderá desenvolver a sua fortaleza; e, embora já o tenhamos dito noutras ocasiões, convém recordar que os jovens precisam saber que a sua vida serve para alguma coisa; que, mesmo que tenham muitos defeitos e que a sua existência lhes pareça ter pouco valor, todas as pessoas têm a missão intransferível de glorificar a Deus. Cada pessoa pode e deve amar, sair de si, servir os outros, superar-se pessoalmente para trabalhar melhor. Pelo contrário, uma pessoa que não queira ser melhor, que seja egoísta, que apenas procure o prazer, não tem motivos para desenvolver a virtude da fortaleza, pois é indiferente ao bem.

A EDUCAÇÃO DA FORTALEZA

Precisamente por isto, pode-se dizer que a virtude da fortaleza é uma virtude muito dos adolescentes, que são naturalmente pessoas de grandes ideais, que querem mudar o mundo. E, se os jovens não encontram vias por onde canalizar estas inquietações, se os pais não lhes propõem fins adequados e não os ajudam a assimilar critérios retos e verdadeiros, esta energia latente pode orientar-se para a destruição daquilo que os pais criaram. Em particular, se educarmos os nossos filhos para se esforçarem e se dominarem, mas não lhes ensinamos o que é o *bem*, eles podem acabar por procurar o mal com enorme eficácia.

Por isso, no desenvolvimento deste capítulo teremos de ter em conta estes princípios, que são prévios a tudo o que dizemos.

Resistir

A virtude da fortaleza é tradicionalmente dividida em duas partes: resistir e acometer. Vamos começar pela primeira parte que, ao contrário do que geralmente se julga, é a mais difícil, dado que «é mais penoso e mais heroico resistir a um inimigo que, pelo próprio fato de nos atacar, se considera mais forte e mais perigoso do que nós, do que atacar um inimigo que, pelo simples fato de tomarmos essa iniciativa contra ele, consideramos mais fraco do que nós»[2].

De acordo com a nossa descrição inicial da virtude, podemos agora analisar o que significa «resistir às influências nocivas» e «suportar os incômodos». Se pensarmos na nossa atividade cotidiana, percebemos

---

2 Royo Marín, R., *Teología de la perfección cristiana*, Madri, Ed. Católica, S.A., 1968, p. 589.

A EDUCAÇÃO DAS VIRTUDES HUMANAS

que há certos incômodos que temos de suportar porque é manifesto que desse fato vai resultar um bem para nós; e que há outros que, se não lhes resistirmos, serão prejudiciais ao nosso aperfeiçoamento pessoal. É evidente que temos de fazer menos esforço, de ter menos domínio sobre nós para resistir aos primeiros. Por exemplo, quando vamos ao dentista, sabemos que, resistindo a um incômodo pequeno, eliminaremos uma dor mais prolongada; ou, noutro domínio, somos capazes de prestar atenção a alguém cuja conversa nos aborrece porque sabemos que essa pessoa precisa de alguém com quem falar. Quando o objetivo é evidente, torna-se mais fácil resistir a um incômodo. Neste sentido, é manifesto que a educação para a fortaleza das crianças pequenas pode começar precisamente neste domínio, embora sem esquecer os outros, como veremos adiante.

A principal dificuldade que encontramos neste tipo de resistência é a tendência que a maioria das crianças tem para viver no presente. Deste modo, o fato de saberem que as consequências serão favoráveis não é motivação suficiente para aceitarem um incômodo; ou seja, uma criança de seis anos tem grande dificuldade em aceitar passivamente uma injeção sem se queixar, mesmo sabendo que ela lhe vai fazer bem. Por isso, não basta procurar uma motivação de tipo *causa e efeito*; é necessário reforçar essa motivação com outras, de acordo com a situação e as características da criança. Analisemos alguns exemplos.

Duas crianças querem brincar com uma coisa que faz muito barulho justamente quando o irmão menor, que geralmente dorme mal, acabou de ador-mecer. A mãe tem duas alternativas: ou lhes diz:

A EDUCAÇÃO DA FORTALEZA

«Não brinquem a isso, que acordam o bebê», ou seja, pede-lhes que evitem fazer determinada coisa que pode ter uma consequência negativa para terceiros; ou lhes sugere outra brincadeira com que possam entreter-se, explicando-lhes que, dessa maneira, o bebê não acorda. No primeiro caso, reforça o raciocínio *causa-efeito* com a sua autoridade; no segundo caso, a motivação é uma combinação dessa obediência implícita (porque, de qualquer maneira, a mãe não lhes permitiria continuarem com aquela brincadeira) com a possível atração da alternativa sugerida. O primeiro caso exige às crianças maior esforço que o segundo. O fato de terem de abandonar determinada brincadeira, de resistir ao impulso de continuar a divertir-se daquela maneira, pressupõe a possibilidade de desenvolverem a virtude da fortaleza; por outro lado, se as crianças perceberem que fizeram aquele esforço ao serviço do bebê ou da mãe, começam a relacionar a capacidade de resistência com o amor, com a capacidade de amar.

Outro exemplo é o de uma criança que quer brincar antes de fazer os deveres de casa, quando as regras estabelecidas na família ditam o contrário. Deparamos uma vez mais com a necessidade de resistir a um impulso: a criança sabe que, se fizer primeiro os deveres de casa, está a cumprir as regras e não se vai esquecer de os fazer; mas, naquele momento, a relação *causa-efeito* não é motivação suficiente. A fortaleza consiste em resistir à tentação, e tanto pode resultar de um esforço efetivo por parte da criança, como da influência dos pais.

Percebemos pois que, na vida cotidiana de uma família, as crianças têm muitas oportunidades para resistir a um impulso ou a uma dor, cientes de que o

A EDUCAÇÃO DAS VIRTUDES HUMANAS

resultado é bom para elas; quando estes esforços estão apoiados na autoridade paterna, servem para desenvolver determinados hábitos. Mas estes hábitos têm de ter sentido para os filhos, e quanto mais depressa melhor; assim, se um jovem decide renunciar a uma saída com os amigos para ajudar o pai ou para estudar, se resiste à tentação de deixar um trabalho pela metade e o leva até o fim por iniciativa própria, esta virtude estará num caminho seguro de desenvolvimento.

Em segundo lugar, é necessário ensinar os jovens a resistirem a incômodos e a influências que lhes serão prejudiciais no futuro.

A diferença entre este tipo de resistência e a anterior reside no fato de na anterior haver um resultado favorável, claro e razoável; agora, trata-se de resistir a influências para se manter na mesma situação, com as mesmas hipóteses de progresso. Um exemplo deste caso é o do rapaz que pediu uma revista pornográfica emprestada a um amigo. Se a folhear, estará a receber uma influência prejudicial; mas, se não a folhear, não vai melhorar em nada: limita-se a evitar um mal, mas de resto fica como está. Outro exemplo é o do rapaz que se prepara para se envolver numa briga com colegas: se chegar a envolver-se, tal fato pode ter consequências negativas; se não, não vai obter nenhum bem concreto. Todo este campo trata sobretudo de ensinar os jovens a dizer que não; e a não o fazerem por temor, mas para evitar um perigo desnecessário. O desenvolvimento da fortaleza consiste em vencer o temor; mas, para ser realmente fortaleza, tem de ser comandada pela prudência, pois, caso contrário, pode cair no vício da temeridade. A temeridade despreza os ditames da prudência no confronto com o perigo.

A EDUCAÇÃO DA FORTALEZA

Na vida familiar, percebe-se que existem muitas regras neste sentido, a que chamamos, noutro contexto, exigência preventiva: os pais exigem a um filho de cinco anos que não atravesse a rua sozinho, porque pode ser atropelado. Os mais novos têm de aprender o que pode fazer-lhes mal, o que pode ter uma influência prejudicial sobre eles, e a partir daí estabelecer as suas próprias normas, adaptadas à sua situação real. Por isso, é preciso ensiná-los a serem prudentes, a dominarem a temeridade, mas também a superarem temores infundados.

Aqui, convém fazermos uma pausa para refletirmos sobre alguns aspectos da vida real. Pensemos por exemplo no medo do escuro; não nos interessa agora tratar das causas deste medo, nem saber se é inato ou condicionado, mas tratá-lo do ponto de vista do pai que quer educar os filhos na virtude da fortaleza, de tal modo que aprendam a resistir ao medo que possam ter. Por um lado, espera-se que os jovens deem alguma contribuição, dentro das suas possibilidades; não se trata, pois, de os proteger de maneira que nunca cheguem a ter qualquer contato com o objeto do seu temor, mas de fazer com que esse contato seja gradual, proporcionando as ajudas necessárias para enfrentá-lo. Os dois extremos seriam: o pai que fizesse o filho dormir num canto de uma casa velha sem qualquer ponto de luz ou que o delegasse uma tarefa à noite, em um local solitário, a fim de vencer o medo; e o pai que deixasse a luz do quarto acesa toda a noite e não permitisse que a criança estivesse um momento no escuro. Fazer um contato gradual, dando as ajudas necessárias, significa mostrar confiança na criança, apoiá-la com carinho, explicar-lhe os medos que sente. Se a criança está habituada a dormir com a luz acesa, pode-se fazer uma abordagem gradual: apagar a luz do quarto, deixando acesa a luz do corredor e a porta aberta; depois apagar essa luz, mas permitir que a criança ouça as vozes dos pais ao longe; e por aí fora.

Muitas vezes, as crianças — tal como os adultos — têm medo do desconhecido, e é aí que precisam da segurança e do apoio moral que os pais podem lhes dar, umas vezes explicando-lhes o que têm de fazer (podem ter medo por não saberem o que se espera deles ou por não saberem o que lhes vai acontecer) e outras vezes acompanhando-os. Neste domínio, a única orientação é o bom senso, mas levando-se em conta que queremos que os nossos filhos aprendam a resistir aos medos infundados, a agir com valentia, sem serem temerários.

Por último, podemos analisar como será possível educar esta virtude *a posteriori*, depois de as crianças terem passado por alguma dificuldade. Podemos pensar, por exemplo, no caso de uma criança que chega em casa chorando porque um colega lhe bateu. Uma solução consiste em telefonar aos pais da outra criança, a solicitar que a castiguem; mas isso não contribui em nada para o desenvolvimento da virtude da fortaleza. O melhor será proporcionar à criança um bom motivo para ultrapassar o desgosto com algum esforço pessoal; neste caso, pode-se dizer-lhe: «Que oportunidade tão boa para ofereceres isto a Deus!» Às vezes, não percebemos que uma das melhores coisas que podemos fazer para demonstrar o nosso amor a Deus é oferecer-Lhe as nossas dores, resistindo ao desejo de nos vitimizarmos.

A EDUCAÇÃO DA FORTALEZA

Por outro lado, é manifesto que, quando os pais se queixam ou quando permitem que os filhos o façam, estão a favorecer um ambiente familiar que se opõe à fortaleza; com efeito, esta pressupõe aceitarmos o que nos acontece com desportivismo, sem passividade, com o desejo de retirar algo de bom das situações mais dolorosas.

A indiferença

Como já mencionamos, os três vícios que se opõem à fortaleza são o medo, a temeridade e a indiferença. Ao analisarmos o que significa «resistir», referimo-nos à temeridade e ao medo; antes de passarmos à análise do que significa «acometer», convém-nos considerar de forma breve as consequências da indiferença. A indiferença é causada por uma deficiência no medo (quando mencionamos o medo, foi em referência ao excesso de medo); trata-se de pessoas que, por não serem capazes de reconhecer que têm o dever de melhorar, ou por não serem capazes de reconhecer ou não quererem aperceber-se das influências prejudiciais que podem sofrer, adotam uma atitude passiva, comodista ou preguiçosa.

Naturalmente que as pessoas que se encontram nesta situação se limitam a receber aquilo que se lhes depara, sem fazerem qualquer esforço positivo. Este problema interessa aos educadores, porque alguns pais têm tendência para proteger e substituir os filhos no esforço que deviam ser estes fazer, de tal maneira que os filhos só aprendem a receber; quando isto acontece, é provável que o jovem sinta indiferença em tudo aquilo que é conhecido e que, quando tem de se confrontar

A EDUCAÇÃO DAS VIRTUDES HUMANAS

com o desconhecido sem a ajuda dos pais, não saiba desenvencilhar-se e, seja por falta de prudência ou por falta de medo, se encontre, na prática, desprovido de capacidades que lhe permitam enfrentar adequadamente os desafios da vida.

Uma vida cômoda e desprovida de sobriedade acaba por ser um exercício de egoísmo. O egoísta obtém uma satisfação superficial quando consegue alcançar o que lhe apetece; e, quando não consegue, desanima ou procura uma evasão, do tipo que for — o que estiver à mão.

Para que os jovens não se tornem indiferentes, é preciso exigir-lhes, desde muito pequenos, que se esforcem por resistir; e isto vai desde o bebê que chora por capricho até o adolescente que fica de mau humor porque um amigo lhe deu uma resposta torta. «É assim que formamos homens rijos e varonis, que não temem à dor; homens que sabem sofrer em silêncio e que não transmitem esse sofrimento, para que os outros não tenham pena deles; homens que não têm medo do sacrifício nem da luta; que não recuam perante as dificuldades; que não têm medo do medo; que não se deixam levar pela timidez nem por complexos imaginários; homens que são incompatíveis com a frivolidade; que não se escandalizam com nada do que veem ou do que ouvem. A fortaleza é rijeza.»[3]

Para seguir em frente, para aguentar o que se tem de aguentar, para não cair na indiferença, também é precisa ter paciência. A paciência é a virtude que «inclina a suportar, sem tristeza de espírito nem abatimento do coração, os padecimentos físicos ou

---

3   Urteaga, J., *El valor divino de lo humano*, Madri, p. 63.

A EDUCAÇÃO DA FORTALEZA

morais»[4]. Para ajudar a esclarecer esta definição, podemos dizer que os vícios contrários são a impaciência e a insensibilidade.

E passemos à análise do «acometer», apresentado do seguinte modo na descrição inicial: «entrega-se com valentia no caso de poder contribuir de forma positiva para vencer as dificuldades e acometer empreendimentos de peso».

Acometer

Para saber atacar, para saber empreender uma ação que pressupõe um esforço prolongado, é preciso ter força física e força moral; e percebemos imediatamente por que o esporte sempre esteve relacionado à virtude da fortaleza. Aprender a dominar a fadiga, o cansaço e a fraqueza prepara a pessoa para empreender atuações que repercutem diretamente no bem dos outros e na glória de Deus; e o esporte é uma ocasião especialmente propícia para tal, porque proporciona uma motivação muito imediata: chegar ao cume da montanha, ganhar o jogo, concluir a corrida, melhorar o próprio recorde, não defraudar os companheiros de equipe etc. Uma pessoa que não for capaz de se ultrapassar na luta pela superação física terá grande dificuldade em o fazer na luta ascética. Mas não podemos estabelecer uma relação de exclusividade entre o esporte e os demais campos de superação; há outras possibilidades neste domínio, como por exemplo: acampar; levantar-se à hora marcada; tomar um banho frio; ir a pé para o trabalho, etc. Por outro lado, é conveniente ensinar as crianças a suportar as inclemências e controlar os

---

4   Royo Marín, R., *op. cit.*, p. 592.

apetites sem se queixar; neste sentido, as mães deverão ter o cuidado de não vestir demasiado os filhos no inverno (sem deixar de os agasalhar, evidentemente), de os deixar sair mesmo que esteja frio, de os ensinar a suportar a sede sem reclamar etc.

O que observamos até agora diz respeito à educação na fortaleza em relação à firmeza no agir. Vamos agora passar à consideração de alguns aspectos desta virtude relacionados com «acometer»; em primeiro lugar, aquilo que é necessário para alcançar um bem árduo ou difícil.

Para se alcançar um bem, que pode consistir em contrariar um mal ou em desenvolver uma coisa positiva em si, é preciso ter iniciativa, tomar uma decisão e levar a cabo o que foi decidido, mesmo que custe.

Para se compreender o contexto de determinada situação, é necessário ter uma certa sensibilidade, que se traduz na «faísca» do espírito de iniciativa; o que não acontecerá se, como mencionei antes, a pessoa tiver a indiferença por hábito. Aquele momento de tomar a iniciativa, de conceber realisticamente aspectos em que as coisas podem melhorar, pressupõe uma atitude em relação à vida que os pais podem estimular nos seus filhos desde pequenos. Não se trata de resolver os problemas que os filhos podem resolver sozinhos, nem de lhes chamar a atenção para problemas de que as crianças podem aperceber-se sozinhas; trata-se de fazer ver que existe um problema que é necessário resolver. Por exemplo, uma criança perde o ônibus da escola várias vezes seguidas. Os pais podem tratar diretamente de a acordar, de a vestir, de a levar à parada e de a colocar dentro do ônibus; mas esta

A EDUCAÇÃO DA FORTALEZA

atitude não contribui muito para que a criança — que, até esta altura, se concentrou na maneira de chegar ao colégio depois de ter perdido o ônibus — tenha a iniciativa de resolver o problema. Pelo contrário, os pais podem colocar-lhe a questão: e se você se organizasse de maneira a chegar a tempo na parada? E, passado algum tempo, perguntar-lhe se já conseguiu encontrar uma solução.

Em geral, acometer quando se trata de aproveitar uma situação positiva a fim de melhorar pressupõe espírito de iniciativa, e depois perseverança. É natural que as crianças tenham mais facilidade em empreender algo que lhes foi colocado nestes termos, do que em fazer alguma coisa para contrariar uma situação prejudicial. Os problemas relacionados com a perseverança serão analisados em outro capítulo; mas, ainda aqui, convém fazer umas breves considerações sobre as condições para uma luta eficaz quando se encontram as dificuldades atrás referidas.

Em primeiro lugar, tem de haver uma motivação adequada: os jovens têm de perceber que o esforço que vão realizar é necessário e conveniente. Mas não pode tratar-se de uma simples aceitação racional; tem de ser algo profundamente sentido, porque é preciso ter força interior para ultrapassar as dificuldades — e é precisamente aqui que a ira se torna lícita e conveniente: «A pessoa forte pode recorrer à ira como instrumento de um ato de fortaleza no ataque; não se trata, porém, de uma ira qualquer, mas apenas da ira controlada e retificada pela razão.»[5] Ou seja, se a situação que a pessoa vai atacar é injusta, fraudulenta

---

5   Royo Marín, R., *op. cit.*, p. 589.

A EDUCAÇÃO DAS VIRTUDES HUMANAS

ou falsa, será necessário reconhecer esses fatos sem escândalo, mas ao mesmo tempo permitir que o fogo interior cresça de forma controlada; se os inimigos lutam com empenho, a pessoa não deve limitar-se a reconhecer o fato e a queixar-se.

Por outro lado, é necessário dominar a temeridade, para que aquilo que se faz seja feito com prudência, sem esforços inúteis.

Em suma, «no caminho da virtude, deparamos com um grande número de obstáculos e dificuldades, que temos de ultrapassar com valentia se queremos chegar ao cume. Para tal, é necessário empreender *decididamente* o caminho da perfeição, custe o que custar; ter muita *coragem* para não se assustar perante o inimigo mas, pelo contrário, o atacar e o vencer; e ter muita *constância* e *persistência* para levar o esforço até o fim, sem abandonar as armas a meio do combate. Toda esta firmeza e energia deve ser proporcionada pela virtude da fortaleza»[6].

Alguns problemas da educação da fortaleza

É bastante normal que os pais de família exijam aos seus filhos que se esforcem por realizar uma série de atividades. É provável que os jovens pratiquem algum esporte e que portanto vão crescendo em força física; mas há certas áreas prioritárias que por vezes escapam à atenção dos pais.

1) Convém salientar a conveniência de proporcionar aos jovens a possibilidade não só de fazerem coisas com esforço, mas também de aprenderem a resistir.

---

6   Royo Marín, R., *op. cit.*, p. 589.

A Educação da Fortaleza

2) Convém estimular os jovens para que empreendam, por sua própria iniciativa, caminhos de aperfeiçoamento que pressuponham um esforço continuado.

3) É necessário mostrar aos jovens algumas coisas que valem realmente a pena, cuja importância os estimule por dentro.

4) É necessário ensiná-los a assumir posição, a aceitar determinados critérios, a serem pessoas capazes de levar à prática o que dizem e o que pensam; que o mesmo é dizer, ensiná-los a ser coerentes.

5) Os pais também não devem esquecer a necessidade da superação pessoal, como exemplo para os seus filhos e para o seu próprio bem.

Como dissemos no início, esta virtude tem consequências específicas para os adolescentes. Quando um adolescente começa a tomar decisões próprias, pode cair na indiferença, recusando as opiniões e as atitudes dos pais, mas não sendo capaz de ultrapassar positivamente esta recusa; desse modo, qualquer pessoa poderá influenciá-lo, porque não será um jovem forte. Por outro lado, se não tiver desenvolvido hábitos relacionados com a fortaleza, embora queira melhorar e empreender ações em função de um bem conhecido, não será capaz de suportar as dificuldades; a força interior deve sempre ter por base as experiências passadas.

Se os adolescentes forem fortes neste sentido, este é o período da sua vida em que têm mais possibilidades de ser generosos, justos etc., além de outras coisas, porque é o período em que, por natureza, se sentem movidos por um intenso idealismo. É neste período que estão dispostos a «conquistar o mundo» ou, melhor dito, a conquistar o *seu* mundo.

O desenvolvimento da virtude da fortaleza sustenta o desenvolvimento de todas as outras virtudes. Num mundo povoado de influências exteriores à família — muitas delas prejudiciais para o progresso pessoal dos nossos filhos —, a única maneira de conseguirmos que eles sobrevivam como pessoas humanas dignas desse nome é enchendo-os de força interior, para que saibam reconhecer as suas possibilidades e reconhecer a situação real que os rodeia, a fim de serem capazes de resistir e de acometer, fazendo das suas vidas algo nobre, íntegro e viril.

A fortaleza
Autoavaliação

Segue-se um elenco de afirmações que permitem refletir de forma sistemática sobre:
— o grau em que se vive pessoalmente esta virtude e
— o grau em que se educam os alunos ou os filhos nesta virtude.

Em relação a cada afirmação, o comportamento e o esforço pessoal correspondente podem ser avaliados com base na seguinte escala:

5. Estou totalmente de acordo com esta afirmação, que reflete a minha situação pessoal.

4. A afirmação reflete a minha situação em grande parte, embora tenha algumas ressalvas.

3. A afirmação reflete a minha situação em parte; diria que em parte sim e em parte não.

2. A afirmação não reflete a minha situação, embora seja possível que venha a acontecer.

1. Não me parece que a afirmação reflita a minha situação pessoal; não me identifico com ela.

A EDUCAÇÃO DA FORTALEZA

As reflexões pessoais podem ser discutidas com o cônjuge ou com os colegas, de forma a identificar possíveis aspectos prioritários de atenção no desenvolvimento da virtude, quer a título pessoal, quer relativamente à educação dos filhos e dos alunos. De fato, é possível que o leitor vá descobrindo muitos campos em que pode melhorar; mas convém *selecionar apenas um ou dois*, a fim de tentar alcançar os progressos desejados.

A maneira pessoal de viver a fortaleza

1. Tento geralmente perceber com clareza os aspectos positivos de cada circunstância em que me encontro.

(*Não é correto tomar decisões ou, simplesmente, reagir sem pensar nos critérios adequados a essa reação, ou deixando-nos levar pelos impulsos do momento.*)

2. Tento ultrapassar a preguiça, a rotina e a imitação cega dos outros, a fim de centrar as minhas atenções no bem.

(*É preciso fazer um esforço para conhecer o bem, um esforço que visa a superar toda uma série de tendências básicas; centrar a atenção no bem significa, por exemplo, «estudar».*)

3. Costumo centrar a minha atenção naquilo que é bom para os outros, mesmo que me custe e que tenha de sofrer.

(*É frequente as pessoas colocarem como valor superior a «paz», entendida como «ausência de guerra», ficando satisfeitas com o simples fato de viverem num ambiente desprovido de confrontos e aborrecimentos. Ora, o bem exige esforço, e portanto sofrimento, e nem sempre é compatível com a simples «ausência de guerra».*)

4. Esforço-me habitualmente para executar as pequenas coisas de cada dia com cuidado e amor.

A EDUCAÇÃO DAS VIRTUDES HUMANAS

(*Embora a virtude da fortaleza possa ser entendida como a virtude do cavaleiro andante que está disposto a correr qualquer risco, em geral traduz-se em pequenos esforços por fazer bem as coisas normais.*)

5. Resisto às tentações que invadem a vida como consequência da sociedade de consumo.

(*Esta atitude exige que a pessoa ultrapasse os seus caprichos, que não se deixe levar pelo que fazem os outros, que não leia tudo o que aparece, não compre tudo o que lhe põem à frente, que não veja todos os programas de televisão que estão na moda etc.*)

6. Suporto os incômodos físicos sem me queixar.

(*O comodismo e o desejo de não sofrer são duas influências muito presentes no ambiente contemporâneo; a fortaleza pressupõe o recurso à vontade para superar estas fraquezas.*)

7. Tomo decisões, com espírito de iniciativa, para fazer coisas de real valor em prol dos meus filhos, dos meus alunos e das outras pessoas em geral.

(*O gosto e o entusiasmo pela vida ajudar-nos-ão a fugir da rotina, a pensar, a organizar e a motivar os outros para fins interessantes.*)

8. Esforço-me habitualmente por não me deixar acostumar ao que está mal pelo simples fato de esse mal se repetir.

(*É muito fácil acostumarmo-nos ao mal, e, portanto, perdermos na luta pela procura do bem; geralmente, contentamo-nos com pouco.*)

9. Tento não me queixar das coisas más que vejo à minha volta e, pelo contrário, esforço-me por fazer coisas positivas para contrariar essa influência negativa.

(*Um exercício interessante é pensar nas vezes em que nos queixamos na última semana, por exemplo, pois quanto mais queixas, menos fortaleza.*)

A EDUCação Da FORTaLEZa

10. Ultrapasso o medo, a indiferença e as minhas seguranças, a fim de produzir ações de real valor. *(A fortaleza exige que a pessoa corra riscos, que seja magnânima, que pense em valores elevados, que tenha entusiasmo pela vida; é portanto incompatível com a mediocridade, que está muito associada a um excesso de segurança.)*

A educação da fortaleza

11. Raciocino com os meus alunos e os meus filhos, para que vão descobrindo o que significa o bem de cada coisa. *(Se um jovem tem muito boa vontade, mas não sabe distinguir o bem do mal, pode acabar por fazer o mal com grande eficácia.)*

12. Procuro ou crio situações em que os jovens possam entusiasmar-se com coisas que valem a pena. *(A educação da fortaleza exige que os educadores tenham espírito de iniciativa, a fim de encontrarem atividades com que os jovens possam entusiasmar-se; muitas vezes, serão atividades em que se realizam ações a favor dos outros.)*

13. Tento conseguir que os jovens ultrapassem as suas próprias dificuldades e os seus problemas. *(Os educadores têm certa tendência de não querer que os seus filhos e os seus alunos sofram, tendência essa que os leva a substituí-los, impedindo-os de aprender a assumir responsabilidades pela sua própria vida.)*

14. Animo os mais novos a resistirem a diferentes tipos de dificuldades. *(Por exemplo, a não pararem de correr quando deixam de estar em situação de ganhar uma corrida, a chegarem ao cimo do monte apesar do calor e do cansaço, a não beberem imediatamente água mesmo que tenham alguma sede.)*

A EDUCAÇÃO DAS VIRTUDES HUMANAS

15. Consigo que os mais novos se vão confrontando, a um ritmo razoável, com as coisas que lhes dão medo.

(*Por exemplo, o medo do escuro, o medo de ficarem sozinhos, o medo de alguns colegas.*)

16. Organizo ou promovo frequentemente atividades que exigem aos jovens um certo esforço físico.

(*Por exemplo, saídas de campo, jogos organizados, colaboração na realização de certas tarefas, como lavar o carro.*)

17. Exijo regularmente aos meus filhos e aos meus alunos o cumprimento das regras estabelecidas, a fim de desenvolverem a sua força de vontade.

(*A repetição dos atos facilita o cumprimento das tarefas, de tal maneira que os jovens passam a poder dedicar os seus esforços à realização de coisas de maior importância.*)

18. Procuro maneiras de que os jovens tenham iniciativas, de que se entusiasmem com projetos e realizem as ações correspondentes até o fim.

(*Não se pode pedir aos educadores que façam coisas destas todos os dias; mas, para desenvolverem a virtude da fortaleza, os jovens terão de fazer algum esforço deste gênero, mesmo que seja só de vez em quando.*)

19. Ajudo os jovens a assumir posição em relação a temas importantes da vida, e a defender a sua opinião entre os colegas, a despeito do que estes «possam pensar».

(*Não se trata apenas de ter bom critério, mas também de influenciar os outros.*)

20. Ajudo-os a dizer sim e não com valentia.

(*A pressão dos pares é muito forte, e é preciso ajudar os jovens a ter esta firmeza desde muito cedo.*)

III
A EDUCAÇÃO DO OTIMISMO

«Confia razoavelmente nas suas próprias possibilidades e na ajuda que os outros possam lhe dar; e confia nas possibilidades dos outros, de tal maneira que, em qualquer situação, sabe distinguir, em primeiro lugar, o que é positivo em si e as possibilidades de progresso, e a seguir as dificuldades e os obstáculos que se opõem a esse progresso, aproveitando o que pode ser aproveitado e afrontando o resto com desportivismo e alegria.»

* * *

Começaremos por analisar em que consiste o otimismo entendido como virtude, já que é um conceito que pode ser usado em várias acepções. Por exemplo, num dia de chuva em que o céu está totalmente encoberto, há uma pessoa que diz: «Daqui a pouco podemos sair para o passeio que tínhamos combinado, porque com certeza o sol vem aí»; e outra pessoa que sugere: «Vamos acender a lareira e fazer um jogo que me ensinaram, e assim passamos uma tarde divertida» — qual das duas é otimista, em sentido positivo? A verdade é que a primeira está a falsificar a realidade, enquanto a segunda mostra que sabe aproveitar as circunstâncias reais; a primeira tenta mudar o real em proveito dum plano preestabelecido (o tal passeio), enquanto a segunda centra-se num fim mais elevado (passar uma tarde divetida) e reconhece que tanto o passeio como o jogo são meios para esse fim.

Assim, podemos considerar que o otimismo é uma qualidade pessoal que permite otimizar as situações com realismo ou sem realismo. O desenvolvimento da virtude do otimismo pressupõe que a pessoa seja realista e procure conscientemente as coisas positivas, não se concentrando nas dificuldades; ou que veja que aprendizado pode tirar das dificuldades.

A intensidade com que se vive esta virtude depende da capacidade de identificar os aspectos positivos em situações que apresentem mais ou menos dificuldades. Há pessoas que só se mostram otimistas quando a situação é totalmente favorável; há outras que conseguem libertar-se do peso do imediato, concentrando-se mais naquilo que pretendem alcançar. Para desenvolverem a virtude com intensidade — ou seja, para desenvolverem a sua capacidade de ver os aspectos positivos de todas as situações, embora estas lhes apresentem dificuldades de fato —, estas pessoas têm de ter motivos para tal. Estes motivos podem assentar, de acordo com as diversas situações, na confiança que tais pessoas têm nas suas próprias capacidades e na ajuda dos outros — e, no caso de terem fé, principalmente na ajuda de Deus; ou seja, não pode haver otimismo sem confiança noutros.

A confiança como base do otimismo

A confiança pressupõe o reconhecimento de cada pessoa tal como é; pressupõe que cada um conheça as suas próprias qualidades e capacidades, bem como as qualidades e as capacidades dos outros; pressupõe que cada um conte com o desenvolvimento da própria

A EDUCAÇÃO DO OTIMISMO

virtude da fortaleza, e que saiba com segurança que os outros estão dispostos a atuar em seu favor. Para ter sentido, a confiança tem de assentar na realidade, mas respeitando sempre a possibilidade de aperfeiçoamento, pessoal e alheio.

Neste sentido, veremos que uma pessoa pode conhecer-se o suficiente para ser otimista em muitas situações; mas há um momento em que não consegue resolver as próprias dificuldades, ou não é capaz de identificar os aspectos positivos de uma situação que, em princípio, lhe parece totalmente adversa. Quando a pessoa não pode continuar a confiar em si própria como única interessada no seu próprio bem, tem forçosamente de pedir ajuda para continuar a ser otimista, ou então deixa de o ser; isso significa que um otimismo que não se baseia na confiança em Deus, na certeza de que Deus ajuda os homens e faz tudo pelo seu bem, é um otimismo frágil, que além disso pode levar a pessoa a uma situação de ingenuidade ou de soberba.

Consideremos um exemplo para esclarecer esta afirmação. Numa situação profissional de fracasso, um homem pode reagir com ingenuidade, simulando que não aconteceu nada e que tudo aquilo acabará por passar — e nesse caso está a enganar-se a si próprio; ou pode convencer-se efetivamente de que ele, que nunca tinha fracassado, resolverá a situação, e continua a ser «otimista», mas sem ser realista, ou seja, por pura soberba. A pessoa que confia exclusivamente em si mesma acabará um dia por deparar com uma situação que não é capaz de resolver; e só a confiança em Deus, em que Deus quis que fosse assim, a levará a ser otimista.

Aqui, talvez convenha esclarecer que o otimismo não conduz sempre a uma alegria expressa. O otimismo,

A EDUCAÇÃO DAS VIRTUDES HUMANAS

precisamente porque pressupõe a confiança em Deus, nos outros e em si próprio, levará a que a pessoa tenha paz interior. E a expressão dessa paz pode assumir a forma de gestos ou palavras normalmente relacionados com a alegria, mas também pode não ser assim; é o que acontece, por exemplo, quando morre uma pessoa muito querida. Isto significa que podemos ser otimistas, mas ao mesmo tempo estar tristes; o otimismo vence o desalento e o desleixo, mas a tristeza é vencida pela fortaleza.

Mas como podemos ensinar um jovem a confiar em Deus, a confiar nos outros e a confiar em si mesmo, sem ser ingênuo?

Para evitar a ingenuidade, temos de ensinar os nossos filhos a serem realistas, bem como a terem uma noção clara do tipo de confiança que podem depositar em cada pessoa; ou seja, ensiná-los a confiar de forma razoável. Os jovens devem reconhecer que têm de ser responsáveis pela própria vida. Se os pais os mimarem, substituindo-os em coisas que eles mesmos deveriam fazer, estarão a permitir que sejam temporariamente otimistas, pois sabem que os pais resolvem todos os seus problemas; mas é evidente que chega um momento em que os jovens têm mesmo de agir por sua conta e risco, e por isso muito importante ensiná-los a aproveitarem as suas capacidades e as suas qualidades e a aprenderem a procurar as ajudas mais convenientes quando precisarem delas. Quando são pequenas, as crianças precisam saber que os pais estão sempre dispostos a ajudá-las; mas devem perceber que esta ajuda consiste em os pais — e as outras pessoas — fazerem o melhor que sabem por elas. Por exemplo, os pais não podem convencer os filhos de que o médico os curará

A EDUCAÇÃO DO OTIMISMO

sempre, em qualquer circunstância, mas devem explicar-lhe que o médico vai utilizar os recursos adequados para os curar. Esperar o melhor consiste também em aprender a aceitar com espírito esportivo as situações menos favoráveis.

Em relação a Deus, os pais têm de explicar aos seus filhos que podem pedir-Lhe seja o que for mas que, uma vez que Deus nos ama como um Pai, não nos dará coisas que não sejam para nosso bem. Confiar em Deus pressupõe ter a certeza de que Ele fará o que for melhor para nós, de que não nos atenderá em coisas que a nós nos parecem boas, mas que na realidade não o são. E será conveniente levar em conta que uma criança pequena tem dificuldade em captar estes matizes, porque está muito centrada no presente; ou seja, não percebe por que tem de sofrer agora para depois alcançar maior plenitude humana e espiritual. Isto porque centra-se principalmente nos meios, e não é capaz de reconhecer a importância do fim.

Por isso, é conveniente não tentar resolver os problemas dos filhos, mas levá-los a fazer um esforço pessoal, apoiando-os com carinho e amor nesse esforço. Desse modo, aprenderão a ser otimistas, não porque as coisas lhes saiam sempre bem, mas porque, ainda que lhes saiam mal, têm a garantia do amor dos pais. O otimismo assente em triunfos pessoais reiterados conduz a pessoa a uma situação de falso otimismo; a faz pensar que é otimista porque nunca fracassou. Ora, a verdade é que, nesse caso, a pessoa não está sendo otimista, porque não é capaz de relacionar aquilo que lhe acontece, seja ou não agradável, com um fim elevado e digno.

Como exemplo, podemos considerar o caso daquelas crianças que tendem, por natureza, a confiar

A EDUCAÇÃO DAS VIRTUDES HUMANAS

em si mesmas, e das outras que tendem a desconfiar de si mesmas: como devem os pais atuar nestas diferentes situações?

Uma criança que seja inteligente, que tenha jeito para os esportes, que seja sociável etc., tem motivos para ser otimista, porque tudo aquilo que faz lhe corre bem e porque encontra satisfação nesses êxitos, ainda que se trate de uma satisfação superficial. Mas, se não aprende a confiar nos outros e a precisar dos outros, e em especial de Deus, esta satisfação não poderá durar, porque não tem por base a necessidade de fazer um esforço pessoal, nem a necessidade de reconhecer que é filha de Deus. A uma criança assim é preciso colocar-lhe dificuldades, exigir-lhe que empreenda coisas maiores (que tenha capacidade para realizar), para que aprenda a receber os fracassos com alegria e a descobrir os aspectos positivos de situações que, de início, pareçam pouco agradáveis. Trata-se pois de ensinar este gênero de crianças a não procurarem o êxito sem mais, mas a saberem aproveitar todas as situações, porque contam com as suas próprias qualidades, com o amor dos pais e com o amor de Deus.

As crianças desconfiadas suscitam outros problemas, em especial se se tornaram desconfiadas por terem sofrido uma sucessão de fracassos ou por não terem encontrado apoios e ajudas. As pessoas que aprenderam a desconfiar de si próprias porque têm motivos reais para tal têm grandes dificuldades em desenvolver a virtude do otimismo — e é precisamente nestas circunstâncias que a virtude teologal da esperança adquire toda a sua importância. Por este motivo, uma pessoa que não tenha fé ficará profundamente limitada numa situação de graves dificuldades, a menos que se engane a si própria; e, como já fizemos notar, não é nisto que consiste a virtude do otimismo.

Uma criança que fracassa precisa de mais demonstrações de carinho; mas os pais não devem tentar convencê-la de que teve êxito, quando isso não aconteceu. O importante é criar situações em que a criança consiga ter êxito, a fim de passar a confiar mais em si própria e nos pais. O que quero dizer é que, no fundo, a criança tem de desenvolver a virtude da fortaleza: tem de passar pela experiência de se ter esforçado numa coisa que sabe fazer e de ter conseguido o que se propôs, para aprender a confiar; e tem de receber a atenção adequada dos pais, para aprender a confiar neles. Mas, se uma criança está exclusivamente centrada na consecução de metas parciais, também não verá crescer em si aquela confiança plena em que pode sedimentar-se o amor a Deus. Trata-se de combinar o êxito em coisas pequenas com o apoio em momentos de fracasso e com a gradual compreensão de que cada um, embora não veja para além das suas próprias limitações, tem a missão intransferível de dar glória a Deus.

Aqui, deparamos com um ponto de vista que dá sentido a todo o resto: uma pessoa que compreenda que tem uma missão de serviço nesta vida sempre encontra um jeito de ajudar os outros, e por isso pode ser otimista; pelo contrário, uma pessoa que só procura a sua satisfação pessoal estará continuamente a sofrer reveses. Ora, quando são considerados como termo do processo, os reveses entristecem, levando a pessoa a assumir uma atitude pessimista; se, em contrapartida, forem considerados parte imprescindível do processo, conduzem àquele otimismo realista e operativo de que estamos à procura.

Não falamos de crianças mais velhas ao tratar deste aspecto da confiança, porque o otimismo é algo que cresce normalmente a nível humano desde a primeira infância, assumindo maior envergadura quando incorpora a esperança sobrenatural. Já na adolescência, voltam a ter sentido os critérios apontados, ainda que o fato de a criança ter aprendido a desconfiar dificulte bastante as possibilidades de progresso. Seja como for, o adolescente que se sente amado tem uma motivação inicial para começar a desenvolver esta virtude.

Por isso, o adolescente que de momento é pessimista pode dar início, a qualquer momento, a um novo caminho em direção ao otimismo se notar que alguém o ama ou que alguém precisa do seu amor, ou quando se abre a Deus, e Deus — que nunca nos nega aquilo que é para nosso bem — o faz ver, a partir de uma perspectiva fundamental, as possibilidades da sua vida. É sempre possível recomeçar. A pessoa que aprende a fazê-lo, que sabe que pode fazê-lo porque Deus a ajudará, é otimista; se, além disso, for ajudada pelos pais ou por um amigo, o processo será mais rápido.

Realismo e progresso

Na descrição inicial desta virtude, dissemos que se trata de confiar, «de tal maneira que, em qualquer situação, sabe distinguir, em primeiro lugar, o que é positivo em si e as possibilidades de progresso, e a seguir as dificuldades e os obstáculos que se opõem a esse progresso, aproveitando o que pode ser aproveitado e afrontando o resto com desportivismo e alegria».

Na prática, não é fácil viver assim, porque é preciso perceber com grande clareza quais são os critérios a

A EDUCAÇÃO DO OTIMISMO

utilizar para saber o que é positivo e o que é negativo, o que se pode aproveitar e aquilo que é necessário afrontar com desportivismo. Falamos da necessária capacidade de recomeçar, quando não se soube encaixar as coisas no seu lugar desde o princípio. Num momento de pessimismo, há duas coisas que podem vir à superfície: a dificuldade real da situação a resolver, e a dificuldade interior que a pessoa tem de analisar adequadamente a situação. Por exemplo, se uma pessoa adulta é enganada por um colega, não é por isso que se torna pessimista em relação ao que pode esperar dos outros em geral; e, se tiver desenvolvido a virtude do otimismo, continuará a aceitar essa pessoa, vendo nessa situação uma possibilidade de ajudá-la a melhorar ou, pelo menos, uma oportunidade de exercitar a fortaleza. Numa criança, pelo contrário, uma situação de desilusão, em que um colega não a convida para a sua festa de aniversário, ou em que outro colega a acusa de ter feito uma coisa que ela não fez, poderá gerar desilusões em muitos outros domínios. Com os anos, vamos percebendo a importância relativa das coisas que nos acontecem; e temos de aprender a relativizá-las de pequenos.

Trata-se de explicar às crianças aquilo que é importante e aquilo que é secundário, aquilo que é significativo e aquilo que não o é. Para isso, é necessário descentrá-las da ação e centrá-las na finalidade, mas com realismo.

Mas o principal é ensinarmos os nossos filhos a analisarem as suas sensações e opiniões genéricas. Por exemplo, uma criança que diz à mãe: «Não tenho nada que fazer», ou: «Nesta terra não há nada que fazer», está a fazer uma apreciação errada da situação;

A EDUCAÇÃO DAS VIRTUDES HUMANAS

os pais terão de pensar no objetivo que a criança pretende alcançar e propor-lhe os meios adequados para lá chegar, dentro da realidade. Outro exemplo é o do adolescente que diz: «Todos os meus colegas têm dinheiro e eu não»; também neste caso, os pais têm de falar com o filho para que ele perceba realmente o que pretende, depois ajudá-lo a ver com mais clareza o que deve pretender, e finalmente mostrar que têm confiança nele para o alcançar.

Até aqui, referi-me às dificuldades que existem dentro de cada um de nós; mas convém considerar com mais atenção o modo de analisarmos as situações exteriores, quando nelas há, efetivamente, elementos passíveis de justificar uma atitude pessimista.

O realista analisa todos os aspectos de uma situação, pondera-os com base nesta apreciação objetiva — ou pelo menos o mais objetiva possível — e, a seguir, age. Mas não tem em conta que tal «objetividade» não é necessariamente fiel à realidade, porque os fatos que conhece nunca serão suficientes; com efeito, os fatos foram-lhe comunicados por pessoas que os recolheram com maior ou menor rigor científico, que lhes acrescentaram a sua interpretação pessoal etc. Além disso, quando toma uma decisão só pode contar com aquilo que as pessoas fazem, e não com aquilo que são capazes de fazer quando devidamente motivadas.

O otimista vê para além destes dados, pelo que tem de começar por se centrar nos aspectos positivos, nas possibilidades de melhoria da situação; tem em conta as deficiências, naturalmente, mas sabe que, em muitas ocasiões, será capaz de as ultrapassar. O que significa que, numa situação com graves limitações, confia nas

A EDUCAÇÃO DO OTIMISMO

possibilidades das pessoas, antes de emitir juízos com base nos fatos; o que não significa que não leve estes fatos a sério.

Por exemplo, um jovem de catorze anos que reprovou em várias disciplinas pode tornar-se pessimista; e até o realista pode apoiar-se nestes dados para afirmar: «as probabilidades de êxito são reduzidas», e esta apreciação é real. Mas um jovem otimista terá consciência de que o objetivo não é tirar boas notas, é esforçar-se o mais possível, pelo que diz aos pais: «no próximo teste, vou tirar dez em matemática, vão ver!» Depois, poderá não ter fortaleza suficiente para levar este propósito à prática; mas se tinha inicialmente uma possibilidade real de tirar positiva a matemática, a sua atitude é de um otimismo bom, que é uma componente da virtude.

Uma criança cujos pais sejam autoritários e nunca tenham tentado comunicar com ela poderá pensar: «Estes pais não valem nada»; pelo contrário, uma criança otimista começa por pensar nos méritos dos pais e tentará comunicar com eles, mesmo que seja em poucas coisas.

Não se trata de levar os jovens a adquirirem o hábito de desvalorizar alguns aspectos das situações com que se confrontam. Um jovem otimista mas não realista poderia tomar a decisão de andar com um grupo de colegas que sabe que consomem drogas, porque confia na sua capacidade de autocontrole; e desse modo, estaria a colocar-se desnecessariamente numa situação perigosa.

* * *

Feitas estas considerações, podemos agora especificar um pouco mais o tipo de atenção que os pais podem dar aos seus filhos, para que estes desenvolvam aos poucos esta virtude de acordo com a idade em que se encontram.

À semelhança dos mais velhos, as crianças pequenas também têm necessidade de viver num ambiente alegre; esta alegria resulta em parte de os pais se apoiarem permanentemente nos pontos fortes dos filhos, estimulando-os de acordo com as suas qualidades e as suas capacidades, dando-lhes provas do seu amor, mas sem procurarem protegê-los excessivamente dos pequenos fracassos ou dos desgostos que eles possam ter. Deste modo, os jovens aprenderão a confiar razoavelmente em si mesmos e a confiar nos pais; e quando existe este gênero de confiança, que tem por base o amor, as outras coisas da vida assumem um matiz diferente — deixam de ser determinantes — e a pessoa tem forças para suportá-las.

Os pais podem ensinar os seus filhos a reconhecer, nas diferentes situações da vida, aquilo que é importante e aquilo que não é, e mostrar continuamente que se podem retirar coisas positivas de tudo o que acontece; para as crianças pequenas, o principal é aprender a confiar.

À medida que os anos passam, as crianças vão precisando cada vez mais da virtude da fortaleza para concretizarem as suas possibilidades. Os sonhos são bons quando são reconhecidos como tais, mas o otimismo depende de a criança saber que tem uma missão na vida; o ponto não é sentir-se importante, é ser importante. Ao mesmo tempo, convém continuar a reconhecer que é sensato confiar nos outros e encontrar uma alegria profunda no fato de colocar a sua vida ao serviço de Deus. Nesta segunda etapa, as crianças devem desenvolver a virtude da generosidade, agindo em favor dos outros e suportando as dores por amor a Deus; desse modo, estarão a otimizar as suas possibilidades como filhos de Deus.

Quando chegam à adolescência, é possível que o mundo em geral lhes pareça de tal maneira lamentável, que estejam constantemente a criticá-lo. Ora, a crítica negativa não é compatível com o otimismo; é necessário fazer uma análise dos fatos, mas sem perder de vista as possibilidades de ação.

A pessoa pode tornar-se pessimista por querer mudar o mundo, em vez de servir da melhor maneira as pessoas que estão mais perto de si. Por outro lado, o adolescente tem necessidade de se sentir muito querido, embora não o reconheça abertamente; assim, quando se afasta do mundo que lhe é conhecido, quer ter a segurança de que pode regressar ao lar, onde os pais o aceitam tal como é.

O otimismo e a fortaleza levam à paz interior e à alegria; é preciso viver uma e outra coisa para se saber em que consistem, mas o otimismo é muito mais do que ver a garrafa de vinho meio cheia em vez de a ver meio vazia. Temos de nos centrar nas possibilidades que cada situação abre diante de nós, em vez de nos centrarmos em suas deficiências. Apesar disto, convém destacar que só é possível ser permanentemente otimista quando se tem consciência de que Deus espera de cada um de nós algo que não Lhe pode ser dado por mais ninguém; desde que se peça ajuda, todas as coisas serão para bem.

O otimismo
Autoavaliação

Segue-se um elenco de afirmações que permitem refletir de forma sistemática sobre:
— o grau em que se vive pessoalmente esta virtude e
— o grau em que se educam os alunos ou os filhos nesta virtude.

Em relação a cada afirmação, o comportamento e o esforço pessoal correspondente podem ser avaliados com base na seguinte escala:

5. Estou totalmente de acordo com esta afirmação, que reflete a minha situação pessoal.

4. A afirmação reflete a minha situação em grande parte, embora tenha algumas ressalvas.

3. A afirmação reflete a minha situação em parte; diria que em parte sim e em parte não.

2. A afirmação não reflete a minha situação, embora seja possível que venha a acontecer.

1. Não me parece que a afirmação reflita a minha situação pessoal; não me identifico com ela.

As reflexões pessoais podem ser discutidas com o cônjuge ou com os colegas, de forma a identificar possíveis aspectos prioritários de atenção no desenvolvimento da virtude, quer a título pessoal, quer em relação à educação dos filhos e dos alunos. De fato, é possível que o leitor vá descobrindo muitos campos em que pode melhorar; mas convém *selecionar apenas um ou dois*, a fim de tentar alcançar os progressos desejados.

A maneira pessoal de viver o otimismo

1. Confio razoavelmente nas minhas próprias capacidades, qualidades e possibilidades, de maneira que tiro partido da maior parte delas.

A EDUCAÇÃO DO OTIMISMO

(O otimismo assenta na confiança; a pessoa desconfiada, em qualquer sentido desta palavra, tende a não tirar partido das suas possibilidades, centrando-se exclusivamente nas suas limitações.)

2. Confio razoavelmente nos outros. Descubro habitualmente os seus aspectos positivos.

(A pessoa pode ser otimista em relação a si própria, mas não em relação aos outros. É sempre possível descobrirmos aspectos positivos nas pessoas com quem nos relacionamos.)

3. Confio em Deus de tal maneira que, embora não compreenda, a nível humano, o sentido de algum acontecimento, compreendo habitualmente que tudo é para bem.

(Na vida da maioria das pessoas há situações em que, a nível humano, é pouco razoável continuar a ser otimista — quando morre um filho, por exemplo, ou quando se tem uma doença grave ou um problema econômico; só a fé sobrenatural nos permite descobrir os aspectos positivos destas situações.)

4. Em situações difíceis, faço um esforço por procurar soluções positivas, tentando ultrapassar a tendência para me queixar.

(É fácil ser otimista quando as coisas correm bem; quando, pelo contrário, as coisas correm mal, a pessoa pode começar a queixar-se e a lamentar-se, ou a acusar os outros de serem responsáveis pela situação.)

5. Em qualquer situação, procuro em primeiro lugar os aspectos positivos.

(Não se trata de falsificar a realidade, mas de saber procurar em primeiro lugar os aspectos positivos; e isto é um hábito que se pode desenvolver.)

6. Sou realista e, de maneira geral, sei encarar as dificuldades com desportivismo.

(*Embora a pessoa tente descobrir os aspectos positivos, objetivamente pode haver muitos problemas; o otimismo leva a pessoa a enfrentá-los com espírito esportivo.*)

7. Diferencio as coisas que são aproveitáveis das que não o são, otimizando as primeiras.

(*O falso otimismo ou o excesso de otimismo leva a pessoa a tentar aproveitar aquilo que não pode ser aproveitado, a simular, a enganar-se a si própria ou a enganar os outros.*)

8. De uma maneira geral, consigo olhar para a vida com um senso de humor positivo.

(*O bom humor permite assumir as responsabilidades da própria vida sem a pessoa se sentir abatida ou desgraçada.*)

9. Entendo que a finalidade do otimismo é aproveitar todos os talentos que Deus me deu, para conseguir contagiar a alegria de viver aos outros, e viver como autêntico filho de Deus.

(*É possível que a pessoa tente ser otimista com o simples objetivo de não sofrer, de se sentir melhor, ou por comodismo.*)

10. Tenho habitualmente uma paz interior que me ajuda a ultrapassar o desalento.

(*Esta paz interior não é algo que possa ser desenvolvido como virtude; trata-se antes de um indicador para a pessoa perceber se está a viver habitualmente a virtude do otimismo.*)

A educação do otimismo

10. Crio condições adequadas para que os mais novos possam viver com alegria.

(*Num ambiente de alegria, os jovens têm mais probabilidades de descobrir os aspectos positivos daquilo que os rodeia.*)

11. Centro a minha atenção nos aspectos positivos dos meus filhos e dos meus alunos, de tal maneira que eles ganhem confiança nas suas possibilidades.

A EDUCAÇÃO DO OTIMISMO

(É relativamente frequente encontrar educadores que insistem constantemente naquilo que os educandos fazem mal, e portanto naquilo em que podem melhorar; trata-se de uma atitude que não motiva, que não ajuda os jovens a serem otimistas.)

13. Ajudo os jovens a conhecerem-se, a serem realistas a respeito das suas próprias qualidades e capacidades, a fim de as aproveitarem ao máximo.

(Os jovens precisam de ajuda para se conhecerem, porque têm tendência para se subvalorizar ou se sobrevalorizar; ora, o importante é que sejam realistas.)

14. Aproveito e crio situações para que os jovens possam começar a fazer as coisas sozinhos, não os ajudando desnecessariamente.

(Uma ajuda desnecessária é uma limitação para a pessoa que a recebe. Quando os educadores ajudam muito, o otimismo dos jovens pode tornar-se falso, uma vez de que depende exclusivamente da ajuda que recebem dos outros.)

15. Mostro a confiança e o amor que tenho aos meus filhos e aos meus alunos, de tal maneira que se sintam suficientemente seguros para assumirem a responsabilidade por sua própria vida.

(Não basta amar e confiar; é preciso demonstrá-lo; só dessa maneira os jovens procurarão realizar coisas boas, aproveitando ao máximo os seus talentos.)

16. Quando acontecem coisas objetivamente negativas, como por exemplo uma doença, uma falta de lealdade por parte de um amigo ou uma reprovação num exame, ajudo os meus filhos e os meus alunos a adotarem uma atitude positiva, a fim de retirarem algo positivo dessa situação.

(Não é necessário criar situações deste tipo; elas acabarão por surgir. Mas, se um jovem nunca tem fracassos e não parece

A EDUCAÇÃO DAS VIRTUDES HUMANAS

ter dificuldades especiais, poderá ser interessante criar-lhe uma situação problemática, a fim de que ele aprenda a ultrapassar as dificuldades e a fracassar; ao longo da vida, acabará indubitavelmente por encontrar dificuldades, e é preferível que aprenda a ultrapassá-las quando ainda é jovem.)

17. Falo com os jovens, com o objetivo de que eles descubram o que significa confiar em Deus.

(Normalmente, não se trata de ter grandes conversas, mas de fazer pequenas chamadas de atenção, dando informações breves que ajudam a pensar.)

18. Tento criar situações em que aqueles jovens que costumam fracassar tenham oportunidade de ser bem-sucedidos.

(Deste modo, podem ganhar confiança em si próprios; com efeito, se habituarem-se a fracassar em quase tudo, nunca serão otimistas, nem aproveitarão as capacidades e qualidades que possuem.)

19. Promovo ações e situações em que os jovens sejam efetivamente relevantes.

(Não se trata de fazer com que os jovens «se sintam» importantes, mas que o sejam de fato; assim, quando se responsabilizam por tarefas de serviço aos outros, pela realização de tarefas relevantes etc., os mais novos descobrem a satisfação do trabalho bem feito, o que lhes fará crescer o otimismo.)

20. Ensino os jovens a solicitarem a ajuda necessária para realizar os seus projetos.

(Os jovens têm necessidade de saber quando convém pedir ajuda aos pais, aos professores e aos colegas; e também têm de se habituar a pedir ajuda a Deus, sabendo que, desse modo, tudo será para seu bem.)

IV
A EDUCAÇÃO DA PERSEVERANÇA

«Uma vez tomada uma decisão, leva a cabo as atividades necessárias para alcançar o que decidiu, mesmo que surjam dificuldades, interiores ou exteriores, ou apesar de a motivação pessoal ir diminuindo com o passar do tempo.»

* * *

Entre a ampla gama das virtudes humanas, há muitas que já perderam o seu sentido correto na linguagem corrente; mas a perseverança é indubitavelmente uma das que continuam a ser bem compreendidas. Apesar disto, convém fazer dois esclarecimentos prévios. Primeiro, a perseverança não é compatível com a teimosia. Quando a pessoa toma uma decisão, mas depois percebe que se enganou, seja no objetivo final, seja nos meios necessários para alcançá-lo, continuar a insistir não é perseverança; por outro lado, quando surge uma série de imprevistos que revelam ser uma imprudência insistir, prosseguir é uma prova de teimosia. Em segundo lugar, não convém confundir a perseverança com a rotina: não se trata de adotar um comportamento que se mantém sem sentido, defendendo esse mesmo comportamento com a existência de uma falsa relação entre ele e determinado fim digno.

O que aqui nos interessa especialmente é analisar o que significa «alcançar o que decidiu» e procurar soluções para contornar os problemas que possam surgir, de tal maneira que seja possível educar nesta virtude. Trata-se de uma virtude a que será necessário dar especial atenção depois de alcançada a idade da razão — por volta dos seis ou sete anos — até a adolescência, porque o seu desenvolvimento depende em grande parte da capacidade de exigência dos pais, ainda que a orientação — a motivação — também seja, como sempre, muito importante.

Ao chegarem à adolescência, os filhos não se mostram, em geral, dispostos a ser orientados pelos pais *no fazer*; mas aceitam que os obriguem a pensar. É importante uma pessoa pensar no que vai fazer, mas é necessária uma persistência especial para levar a cabo aquilo que foi decidido; e neste aspecto, como já referi, é difícil os pais conseguirem influenciar os filhos adolescentes. Mas os pais podem orientar os seus filhos quando estes precisam de ajuda. Ora, para que os filhos recorram a esse apoio, têm de reconhecer que os pais estão efetivamente em condições de os ajudar, e querem fazê-lo; neste sentido, os pais terão de conhecer — ou de saber orientá-los para quem conheça — os interesses e os projetos dos filhos, e depois têm de manifestar que querem ajudá-los, mostrando-se disponíveis.

Vamos analisar esta virtude em especial na etapa dos 7 aos 13 anos.

O desenvolvimento dos hábitos

Como acontece em todas as virtudes, o desenvolvimento da perseverança tem dois vetores: a intensidade com que se vive e a retidão das motivações.

A EDUCAÇÃO DA PERSEVERANÇA

A perseverança pode ser vivida, de acordo com a idade da pessoa, numa multiplicidade de situações; basta pensar que é necessária ao desenvolvimento de todas as outras virtudes. Na vida das crianças menores, é raro surgirem motivos de peso para que os esforços se prolonguem muito tempo; com efeito, é natural que, quando se cansam de uma certa atividade, as crianças passem a outra. E é natural porque as crianças não têm visão de longo prazo, nem colocam problemas que ultrapassam o momento presente. Por isto, a razão principal para serem perseverantes ao seu nível será a exigência dos pais.

Até os sete anos, os pais podem conseguir, mediante uma exigência prudente — ou seja, exigindo muito em poucas coisas —, que os filhos desenvolvam hábitos relacionados com a perseverança; por exemplo, que concluam as brincadeiras que começaram, que cumpram as suas promessas (desde que tenham sido promessas razoáveis), que comam tudo o que têm no prato, que façam bem e com regularidade as tarefas de que estão encarregados em casa, em suma, que adquiram alguns hábitos, com esforço. Estes hábitos podem estar relacionados com qualquer virtude e, embora na infância não tenham grande sentido para os filhos, serão os pais a preocupar-se com a sua orientação futura.

Para que estes hábitos ganhem sentido, os jovens terão de reconhecer a conveniência e a utilidade daquilo que estão a fazer; por isso, é absurdo pedir a um filho que se esforce sem lhe dizer em que é que tem de se esforçar. De acordo com a importância e a dificuldade daquilo que lhe foi proposto, os pais terão de ajudá-lo mais ou menos a interiorizar o significado e a empenhar-se

com mais ou menos intensidade na corresponde atividade. Vamos agora analisar algumas dificuldades que
se colocam à perseverança no esforço, a fim de tirar
consequências para a educação dos filhos.

O prolongamento no tempo

Em sentido estrito, a virtude da perseverança
refere-se à superação das dificuldades que provêm
do prolongamento do esforço *no tempo*, enquanto a
constância se refere à superação de todas as outras
dificuldades; mas neste capítulo trataremos apenas
da superação de quaisquer dificuldades, sejam ou
não de ordem temporal.

A circunstância de um projeto se prolongar durante
bastante tempo é uma dificuldade real em qualquer
etapa da vida, em especial quando se trata de uma
atividade que não se pode interromper a fim de se
recomeçar com maior empenho. É o caso da perseverança implícita no desenvolvimento da vida de fé;
precisamente porque o bem final só nos chega à hora
da morte, precisamos do dom gratuito da perseverança,
para o qual devemos dispor-nos através da correspon-
dência cotidiana à graça que é resultado «do querer e
do agir» (Fl 2,13), que facilita e torna mais agradável
o cumprimento do dever.

Seja como for, o ser humano tem de investir algo
de si; e, na medida em que desenvolva uma virtude
a nível humano, estará em melhores condições para
desenvolver a sua vida de fé.

Quando o objetivo — e pensando agora em termos simplesmente humanos — se encontra longe,
e além disso é pouco claro, tanto a distância como

A EDUCAÇÃO DA PERSEVERANÇA

a obscuridade intervêm negativamente em nosso esforço. A obscuridade implica principalmente não conseguirmos relacionar de forma imediata aquilo que estamos a fazer em cada momento com o nosso objetivo último; temos apenas uma impressão genérica de que tal relação poderá existir. E, se não temos uma experiência pessoal da matéria, será ainda mais difícil consegui-lo. Ou seja, os pais sabem que, realizando uma série de atividades, alcançam geralmente o fim determinado, e pensam que essa sua experiência é suficiente para que os filhos se esforcem com empenho na realização dessas mesmas atividades. A verdade é que quando alguém, seja adulto ou criança, tem de fazer um esforço para alcançar certo objetivo, terá de fazer o possível para que esse objetivo seja muito claro, a fim de ser capaz de estabelecer uma relação entre o fim e os meios.

Também é possível dividir um objetivo de longo prazo em pequenos passos, cada qual apoiado no anterior; deste modo, transformamos a distância em passos mais curtos, gerando maior proximidade entre a nossa atuação presente e o fim, mesmo que se trate de um fim parcial.

Em terceiro lugar, convém reconhecer que em qualquer atividade realizada em função de um fim desejado há um primeiro momento de exaltação, em que a pessoa está muito entusiasmada com o fim que se propôs alcançar, momento esse que dura mais ou menos, dependendo das circunstâncias. A seguir vem o cansaço e o tédio, porque parece que as coisas não avançam, que tudo corre mal, que só há dificuldades. O terceiro momento é o que está próximo do fim, quando se torna a ver com nitidez o objetivo, nesta

A EDUCAÇÃO DAS VIRTUDES HUMANAS

altura já alcançável, e regressa o entusiasmo inicial, agora mais amadurecido por incluir a satisfação do esforço empreendido.

Depois destas reflexões, podemos identificar algumas consequências em relação à atuação dos pais. Uma criança pequena precisará ser orientada para objetivos que não se encontrem a uma distância muito grande em termos de tempo; basta pensar na ineficácia de uma motivação do gênero: «se tiveres boas notas, vamos à praia durante as férias», dita no princípio do ano escolar. Neste sentido, para conseguir que uma criança melhore as suas classificações, é preferível propor-lhe que tenha melhor nota na próxima avaliação de determinada disciplina, e depois ajudá-la a empregar os meios necessários para esse fim: mostrar um interesse especial por aquilo que aprendeu nas aulas sobre a matéria; falar com o professor para saber quais são as dificuldades específicas da criança e o que espera dela; perguntar-lhe o que achou dos trabalhos de casa etc.

Mas os pais podem confrontar-se com outra dificuldade: não saberem que objetivos propor aos seus filhos. Ora, como já referimos, os pais podem exigir aos filhos que concluam aquilo que começaram etc., ou seja, aproveitar as ocasiões, geralmente de uma forma que não pressuponha um esforço muito prolongado. Veja alguns exemplos.

1. Podemos centrar a atenção dos nossos filhos principalmente no objetivo, na tarefa ou na pessoa, sem esquecer outros aspectos.

1.1. Propor a um filho que tente desenvolver um aspecto de uma virtude concreta durante um certo período, um mês, por exemplo.

110

A EDUCAÇÃO DA PERSEVERANÇA

1.2. Centrar as atenções do jovem no cumprimento de uma tarefa, indicando claramente o que se espera dele no final do processo.

1.3. Centrar as atenções do jovem numa pessoa, de maneira que ele faça alguma coisa concreta para a ajudar, ou sugerir possíveis resultados finais.

2. Não se trata apenas de esclarecer o objetivo que se visa, mas também de relacionar com esse objetivo as atividades que é preciso executar para alcançá-lo. Assim, se o objetivo é melhorar a ordem, por exemplo, é preciso explicar que isto significa deixar o quarto arrumado antes de se deitar, chegar pontualmente às refeições, levantar-se à hora marcada etc.

3. Dentro do possível, identificar — pelo menos das primeiras vezes — um objetivo que seja realmente interessante para o jovem; depois, estar atento para dar um empurrão quando a motivação inicial começa a desvanecer-se. Já falamos de diferentes tipos de motivação, mas não há dúvida de que o interesse dos pais pela continuidade da tarefa, juntamente com umas quantas sugestões práticas, poderá ser muito útil.

4. Por último, é importante conseguir que o jovem seja capaz de levar a cabo as atividades necessárias para alcançar o objetivo proposto e, no caso de ele não saber fazê-lo, ensiná-lo a cumprir ou a modificar o objetivo. Por isso, voltamos a dizer que é fundamental que estes objetivos estejam relacionados com as capacidades e as qualidades do jovem.

Outras dificuldades

O vício principal que se opõe às virtudes da perseverança e da constância, para além da teimosia, é a inconstância; esta é causada por motivos relacionados com o prolongamento de uma tarefa no tempo, mas também, e fundamentalmente, com a necessidade de a pessoa se abster de outras atividades, talvez mais divertidas, para poder fazer aquilo a que se propôs. Esta falta de constância é especialmente notória nas pessoas que abandonam um projeto às primeiras dificuldades, bem como nas pessoas que mudam constantemente de atividade, atraídas pela própria mudança; e chegam mesmo a justificar estas mudanças com o argumento de que a última coisa que empreenderam é mais importante, mais interessante etc., do que a que estavam a fazer anteriormente.

Para ultrapassar esta dificuldade, é preciso, por um lado, desenvolver nos jovens um certo sentimento de orgulho, e arranjar maneira de eles viverem — ou sentirem — a importância daquilo que lhes é proposto; se eles não sentirem esse orgulho, que os leva a seguir em frente para não se atraiçoarem a si próprios, é muito possível que acabem por procurar desculpas para abandonar a tarefa que empreenderam — e desculpas haverá sempre. O grave é que estas desculpas não servem apenas para ele «enganar» os pais, servem também para o jovem se enganar a si próprio. Também pode ser útil apresentar estes objetivos de aperfeiçoamento como um desafio, em especial quando os pais também estão a esforçar-se para melhorar numa coisa parecida. Conseguir viver o que se pretende significa que a pessoa tem esse aspecto permanentemente em conta, e só assim será capaz de ultrapassar as suas debilidades e a sua inconstância quando surgirem outras coisas interessantes ou divertidas.

A EDUCAÇÃO DA PERSEVERANÇA

Seja como for, é importante impedir que os fracassos pesem excessivamente na consciência dos jovens; se as coisas não correrem bem, será preciso dizer-lho, esclarecer as razões e animá-los a recomeçar.

Mas não são só estes interesses alternativos que dificultam o processo, são também os obstáculos que se encontram no caminho e que são obstáculos objetivos. A principal solução para este problema consiste em prever ao máximo as dificuldades; se não estivermos preparados para nos confrontarmos com estes problemas, podemos deixar-nos esmagar por eles, permitindo que se gere em nós uma situação de receio que nos impeça de prosseguir; e pode também acontecer que, por não estarmos preparados, procuremos uma solução qualquer que nos leve a perder-nos no caminho que empreendemos.

Em termos concretos, os pais podem ensinar os filhos a prever os obstáculos que poderão surgir, sugerindo-lhes alguns e levando-os a pensar noutros. Quando se conhece o inimigo, é mais fácil preparar--se para vencê-lo. Deste modo, os obstáculos serão apenas obstáculos, deixando de ser uma barreira intransponível que deixa o jovem imóvel e incapaz de prosseguir.

Por último, existe uma dificuldade implícita, que consiste em tentar melhorar em várias coisas ao mesmo tempo. Já mencionamos que o objetivo tem de ser realista — alcançável com esforço — e que, se for apenas um sonho, não terá efeito nenhum. Mas a pessoa também não consegue lutar seriamente em várias coisas ao mesmo tempo; talvez consiga travar uma série de escaramuças, mas que não chegam para avançar e estabelecer o progresso de forma permanente.

Será muito mais útil que um jovem se esforce muito em poucas coisas do que se esforce pouco em muitas coisas, ainda que a primeira atitude pressuponha, de certo modo, mais paciência e mais resistência por parte dos pais, já que não se pode distrair o filho daquilo que está a fazer. Já observamos que pode acontecer os jovens colocarem-se em situação de gastar as suas energias de forma difusa, mas a verdade é que o mesmo pode acontecer aos pais; e, quando são os pais que se comportam desta maneira, não só não conseguem melhorar, a nível pessoal, como estão a prejudicar as hipóteses de progresso dos seus filhos.

Para ultrapassar os obstáculos e corrigir desvios de percurso, os jovens precisam pedir orientação, e esta orientação é necessária para um correto desenvolvimento da perseverança.

Ajudas necessárias e desnecessárias

Para ser perseverante é necessário, na maioria dos casos, alguma ajuda no processo; e, se juntarmos à perseverança a necessidade da prudência, torna-se evidente que será preciso consultar outras pessoas.

De uma maneira geral, as crianças pequenas precisam de bastante orientação dos pais; contudo, no contexto daquela lei que dita que qualquer ajuda desnecessária é uma limitação para quem a recebe, podemos estabelecer três níveis para nos orientarmos enquanto pais:

1) dizer ao filho o que ele tem de fazer;

2) esclarecer a situação para que o filho tire as suas próprias conclusões;

3) não aceitar o convite para orientar o filho.

A EDUCAÇÃO DA PERSEVERANÇA

Um pai não deve orientar um filho quando está convencido de que este pede ajuda por preguiça ou por comodismo; se, pelo contrário, percebe que ele precisa efetivamente de atenção, é preferível tentar esclarecer a situação. Se, ainda assim, filho não consegue identificar as suas hipóteses de ultrapassar o obstáculo com que deparou, então o pai deve dizer-lhe como proceder. É natural que seja preciso ajudar mais as crianças pequenas neste sentido; mas depois, à medida que se vão tornando mais experientes, é preciso ir deixando que façam mais com menos apoio.

Mas o problema tem duas vertentes, porque não se trata apenas de dar a atenção adequada aos jovens, mas também de os ensinar a *pedirem* a atenção adequada à pessoa idônea. Um jovem que pretenda melhorar os seus resultados acadêmicos tem de saber que, quando depara com dificuldades técnicas, não é ao pai que tem de recorrer, mas a um professor; um jovem que depare com obstáculos a propósito de uma questão moral não deve recorrer a um amigo, mas ao seu diretor espiritual, e assim por diante.

Uma das missões importantes dos pais é ensinarem os seus filhos a distinguir quais são as ajudas e quais são as pessoas idôneas a que devem recorrer. Também é possível que os jovens aprendam tão bem a pedir ajuda, que deixem de se esforçar pessoalmente, o que os impedirá de adquirir a virtude da perseverança. Com efeito, há coisas na vida que podem ser feitas por qualquer pessoa, por isso não é nestas que o jovem tem de centrar os seus esforços. Para desenvolver as suas capacidades ao máximo e servir os outros o melhor que puder, terá de orientar os seus objetivos para aspectos que só podem ser alcançados por ele.

Neste sentido, existe um objetivo que é totalmente pessoal e intransmissível: dar glória a Deus. A perseverança é um aspecto tão importante da vida de fé, que talvez seja adequado fazer algumas observações acerca deste tema antes de concluir o capítulo.

A perseverança no desenvolvimento da vida cristã

Como dissemos, há duas dificuldades que se podem colocar à perseverança no desenvolvimento da vida cristã. Em primeiro lugar, o objetivo nunca se alcança neste mundo, já que dura toda a vida; nunca podemos dizer: «Já atingi o objetivo, agora vou esforçar-me noutra coisa.» Em segundo lugar, há uma quantidade imensa de tentações que, objetivamente, nos afastam do caminho previsto. Contudo, o fim — a santificação pessoal e a santificação dos outros — é imensamente claro, e contamos com abundantes ajudas para alcançá-lo.

Por isso, julgo que podemos centrar-nos nos problemas que resultam de não aproveitarmos essas ajudas e de não querermos ou não sabermos afastar as distrações transitórias, a fim de alcançarmos uma finalidade que foi assinalada pelo próprio Deus.

Observamos que as ajudas são abundantes; mas, para serem bem aproveitadas, é sempre necessária a iniciativa do homem. Se assim não fosse, não seríamos livres. Isso significa que podemos recorrer aos sacramentos para aumentar a graça, podemos receber direção espiritual, podemos aprofundar as verdades da fé mediante o estudo e, sobretudo, podemos pedir incessantemente ajuda a Deus.

A EDUCAÇÃO DA PERSEVERANÇA

Não se trata apenas de sermos fortes enquanto pessoas em relação a Deus, mas de o sermos também dentro das nossas circunstâncias. «Naqueles países em que determinada religião se torna, com o passar do tempo, maioritária, quando deixa de haver dificuldades constantes, os seus aderentes correm um sério risco de aburguesamento espiritual, com as respectivas consequências de falta de profundidade nas crenças e de mero ritualismo prático, de conteúdo quase nulo. E, quando se dá uma verdadeira convulsão como aquela a que assistimos atualmente, ocorrem profundos estragos na ordem religiosa e moral; nestas alturas, a ausência de raízes leva a questionar as crenças de sempre, que são consideradas antiquadas num mundo em evolução, mundo este que exige uma atualização dos princípios em que até então assentaram a fé e os bons costumes.»[1]

Trata-se, pois, de prever as dificuldades que encontraremos no caminho e de as aceitar de antemão. O cristão depara com muitos obstáculos, que podem facilmente afastá-lo do bom caminho. A continuidade do esforço pressupõe um grande autodomínio, e a pessoa tem de reconhecer permanentemente o valor da aceitação positiva das próprias limitações, bem como do processo de retificação e de recomeço. Os incômodos e os obstáculos que se encontram na vida cristã podem ser encarados de um ponto de vista otimista ou de um ponto e vista pessimista. O pessimista acabará por mergulhar na tristeza, continuando a caminhar de modo mecânico, frio e rígido; pelo contrário, o otimista abraçará os obstáculos com generosidade,

---

1 Galera, J. A., *Sinceridad y fortaleza*, Madri, Palabra, 1974, p. 164.

saberá aguentar e acometer, utilizando esses obstáculos como meios de reforço da sua fé. E o fará com alegria e com a graça de Deus.

As crianças pequenas terão de lutar para se ultrapassarem pessoalmente nas suas relações com Deus. Não convém facilitar demasiadamente as coisas; não convém dar ajudas desnecessárias. Se, no desenvolvimento da virtude da perseverança, que é um apoio para as outras virtudes, os jovens cumprem por amor a Deus, já estão a fazê-lo pela motivação mais elevada de todas; deste modo, a virtude adquire um sentido pleno e os jovens estarão em condições de receber aquela graça específica de que precisam para desenvolver as virtudes humanas com eficácia.

A perseverança

Autoavaliação

Segue-se um elenco de afirmações que permitem refletir de forma sistemática sobre:
— o grau em que se vive pessoalmente esta virtude e
— o grau em que se educam os alunos ou os filhos nesta virtude.

Em relação a cada afirmação, o comportamento e o esforço pessoal correspondente podem ser avaliados com base na seguinte escala:

5. Estou totalmente de acordo com esta afirmação, que reflete a minha situação pessoal.

4. A afirmação reflete a minha situação em grande parte, embora tenha algumas ressalvas.

3. A afirmação reflete a minha situação em parte; em parte sim e em parte não.

A EDUCAÇÃO DA PERSEVERANÇA

2. A afirmação não reflete a minha situação, embora seja possível que venha a acontecer.

1. Não me parece que a afirmação reflita a minha situação pessoal; não me identifico com ela.

As reflexões pessoais podem ser discutidas com o cônjuge ou com os colegas, de forma a identificar possíveis aspectos prioritários de atenção no desenvolvimento da virtude, quer a título pessoal, quer relativamente à educação dos filhos e dos alunos. De fato, é possível que o leitor vá descobrindo muitos campos em que pode melhorar; mas convém *selecionar apenas um ou dois*, a fim de tentar alcançar os progressos desejados.

A maneira pessoal de viver a perseverança

1. Proponho a mim próprio metas aliciantes de futuro.

(*A perseverança só é necessária quando a pessoa propõe metas a si própria. O aperfeiçoamento pessoal e a educação exigem que a pessoa coloque metas relevantes, situadas a uma certa distância do presente.*)

2. Divido essas metas grandes numa sucessão de objetivos mais reduzidos, a fim de ter a noção de que estou a avançar em direção à meta proposta.

(*A experiência mostra que é necessário estabelecer pontos concretos de progresso, mais próximos que a meta final, principalmente para manter a motivação e combater o desânimo.*)

3. Quando estabeleço metas de futuro, prevejo possíveis problemas, com o objetivo de prever formas de os superar quando efetivamente se colocarem.

A EDUCAÇÃO DAS VIRTUDES HUMANAS

(*A previsão é outra componente da virtude da perseverança. É sempre mais difícil ultrapassar os problemas imprevistos do que aqueles que foram levados em conta quando se concebeu o projeto.*)

4. Emprego os meios necessários para obter o que viso, ao mesmo tempo que sei reconhecer o momento em que convém desistir.

(*Deixar de visar uma meta nem sempre é um fracasso; com efeito, se a pessoa se dá conta de que se enganou na colocação dessa meta, ou de que não tem meios que lhe permitam alcançá-la, continuar a empenhar-se no esforço correspondente não é perseverança, mas teimosia.*)

5. Tendo decidido alcançar uma meta, aplico a minha força de vontade a fim de empregar os meios necessários para a alcançar.

(*Há pessoas que decidem alcançar muitas metas, mas que, passado o entusiasmo inicial, desistem, mudando de interesse de acordo com os caprichos.*)

6. Peço as ajudas adequadas nos momentos oportunos para conseguir chegar ao fim.

(*Normalmente, não se conseguem alcançar metas importantes sem ajuda, em especial nos momentos de desânimo, que geralmente se apresentam após um período inicial de entusiasmo.*)

7. Reflito regularmente sobre o sentido do meu esforço, para ter a certeza de que não estou a fazer um esforço sem sentido, com base numa rotina vazia.

(*Convém ir verificando se os esforços empreendidos continuam a ter sentido; alguns continuarão a tê-lo, outros, não. Por exemplo, na adolescência é indubitavelmente mais importante conseguir que os jovens pensem bem antes de tomar uma decisão, do que conseguir que arrumem o quarto.*)

A EDUCAÇÃO DA PERSEVERANÇA

8. Quando coloco uma meta nova e objetivamente importante na minha vida, penso em alguma coisa que está a ocupar-me algum tempo mas que não é assim tão importante, para deixar de a fazer, a fim de conseguir aplicar esse tempo ao novo projeto. *(As pessoas que pretendem ser perseverantes têm normalmente o tempo muito ocupado, e ninguém consegue ir acumulando tarefas e esforços sucessivos. Por isso, a pessoa tem de pensar naquilo que vai deixar de fazer para poder dedicar esse tempo ao novo projeto; por exemplo, pode deixar de ler diariamente o jornal, ou de ver televisão, para ter tempo para estudar.)*

9. Recorro regularmente aos sacramentos, a fim de ser perseverante na minha vida de fé. *(A vida de fé também precisa de perseverança, e é preciso ajuda para crescer como filho responsável de Deus.)*

10. Peço incessantemente ajuda a Deus para cumprir bem as minhas tarefas, e para que os que dependem de mim façam o mesmo. *(A perseverança na vida de fé exige estudo, para conhecer cada vez melhor as verdades de fé, e direção espiritual, para ter a certeza de que as metas que propomos são adequadas.)*

A educação da perseverança

11. Ao concretizar os objetivos dos meus filhos e dos meus alunos, exijo com perseverança, até conseguir alcançar os resultados desejados. *(Um dos problemas dos educadores é, sem dúvida, serem perseverantes nas exigências que fazem aos educandos.)*

12. Exijo aos jovens, em primeiro lugar, naqueles aspectos em que eles têm mais facilidade em cumprir.

(*Convém começar por pedir perseverança naquelas coisas que custam menos, talvez relacionadas com algum gosto específico do jovem, ou com alguma competência sua.*)

13. Seleciono bem os objetivos que pretendo alcançar na educação, de maneira a poder dar-lhes a atenção adequada.

(*Quando um educador apresenta muitas metas, acaba por exigir pouco em muitas coisas; não é a melhor maneira de conseguir resultados.*)

14. Exijo em comportamentos que são adequados à idade do jovem.

(*Com as crianças pequenas, pode-se exigir que cumpram as suas promessas, que comam tudo o que têm no prato, que cheguem ao fim de uma corrida ou ao cimo de uma montanha; com os mais velhos, convém exigir-lhes que pensem bem antes de tomar uma decisão — ou seja, não se tem de exigir-lhes tanto em comportamentos específicos.*)

15. Diferencio claramente o tipo de ajuda que devo dar aos jovens para que sejam perseverantes em cada ação.

(*De acordo com cada situação, os pais e educadores terão de mandar fazer coisas específicas, de os obrigar a pensar para que sejam eles a decidir, ou simplesmente de os deixar fazer sem intervir.*)

16. Introduzo objetivos claros na vida dos meus filhos e dos meus alunos, para que se habituem a esforçar-se com perseverança.

(*Estes objetivos podem estar relacionados com uma virtude concreta; podem ser ações que o jovem tem de realizar regularmente, como pôr a roupa suja no cesto ou manter o quarto arrumado; ou podem estar relacionados com uma terceira pessoa, como por exemplo cuidar de um avô ou de um irmão mais novo durante um certo período.*)

A EDUCAÇÃO DA PERSEVERANÇA

17. Ajudo os jovens a prever os problemas que podem surgir nos seus planos e a quem devem recorrer para solicitar a ajuda adequada.

(Quando sabemos quais são os problemas possíveis, podemos prever diversas maneiras de resolvê-los; por exemplo, um jovem pode decidir aproveitar as férias para estudar, sem ter em conta a real dinâmica do período estival. E também convém saber a quem deve recorrer quando surgem dificuldades: a um amigo, ao professor ou a um colega, por exemplo.)

18. Ajudo os jovens a selecionar as metas que se propõem, a fim de que estejam adequadamente relacionadas com as suas reais capacidades.

(Os adolescentes têm tendência para ser pouco realistas, e precisam deste tipo de ajuda.)

19. Ajudo os jovens a não estabelecerem metas excessivamente distantes no tempo.

(Os pais e os educadores podem animar os seus filhos e os seus alunos a proporem-se metas mais ou menos distantes, de acordo com a sua idade e com as suas características pessoais; em qualquer caso, convém sempre dividir uma meta longa em partes mais curtas.)

20. Raciocino com os jovens, para que eles descubram a importância do que se propõem fazer e compreendam a necessidade do esforço correspondente.

(É cada vez mais difícil conseguir que os jovens sejam perseverantes, dado que a sociedade de bem-estar em que vivemos se contrapõe à necessidade de perseverança no esforço; é preciso que os jovens compreendam a razão de ser do esforço que se lhes pede que façam.)

V
A EDUCAÇÃO DA ORDEM

«Comporta-se de acordo com as normas lógicas necessárias à consecução de um objetivo desejado e previsto, seja na organização das coisas, na distribuição do tempo ou na realização das atividades, por iniciativa própria, sem que seja necessário recordar-lho.»

* * *

O desenvolvimento da virtude da ordem, como o de todas as virtudes, tem duas facetas: a intensidade com que se vive e a retidão das motivações. Pode acontecer que a ordem se transforme num fim em si mesmo, pelo que convém esclarecer desde logo que esta virtude tem de ser governada pela virtude da prudência.

Ainda que, na descrição inicial, nos tenhamos referido ao onde, ao quando e ao como de qualquer atuação, há um aspecto da ordem que convém esclarecer previamente, a saber: a ordem na hierarquia dos objetivos de progresso pessoal. Com efeito, entender a ordem na família como um aspecto necessário para se conseguir uma convivência adequada entre todos é muito diferente de considerar a ordem como uma necessidade derivada de uma mania dos pais. O desenvolvimento da ordem nunca deve chegar a um ponto de onde esteja afastada a vida espontânea do amor. Não se trata de estruturar todos os aspectos da vida, mas de estabelecer um mínimo para se conseguirem

125

alcançar objetivos de grande valia — e nisso consiste a prudência.

Para se poder agir de modo ordenado é necessário ter uma estrutura mental ordenada. Naturalmente, os pais e os educadores em geral não podem observar o cérebro dos seus educandos; têm portanto de levar em consideração as manifestações visíveis desta ordem mental, por exemplo, observando a forma como os jovens organizam as suas coisas ou como realizam e distribuem as atividades ao longo do dia e da semana, e isto em campos muito variados. Assim, podem observá-los a trabalhar, a brincar, nas suas relações com os outros e nas suas relações com Deus; e, se quiserem fazer uma observação ainda mais minuciosa, poderão tentar analisar como eles se exprimem oralmente e por escrito, como se arranjam antes de saírem de casa, como entram em casa etc.

A observação permite aos pais perceberem o que se passa com os seus filhos; mas os pais não podem esquecer-se de observar o seu próprio comportamento, porque o exemplo é muito importante. Vamos então esclarecer o que entendemos por exemplo no campo específico da virtude da ordem.

O exemplo

Há pais que consideram que nunca serão capazes de educar os filhos nesta virtude, porque eles próprios não são ordenados; mas isto é falso. Com efeito, os pais educam os seus filhos sobretudo naqueles aspectos em que eles próprios estão a tentar vencer-se, nas coisas em que têm de se esforçar por manter um nível adequado. Por outro lado, as pessoas que são

A EDUCAÇÃO DA ORDEM

muito ordenadas por natureza têm às vezes dificuldade em compreender que o cônjuge ou os filhos não o sejam, pois consideram que a ordem deve ser uma característica da pessoa e que, se isso não acontece, é exclusivamente por preguiça e comodismo. A verdade é que os seres humanos são todos diferentes uns dos outros e que os pais têm de aprender a aceitar os filhos tal como são; o importante é estimulá-los em sua luta de superação pessoal.

Os exemplos de ordem são uma coisa positiva, desde que os filhos compreendam a razão de ser do esforço dos pais, e que este esforço tenha efetivamente algum sentido. Como já referimos, a ordem pela ordem não nos parece justificável, e os pais de família têm de perguntar a si próprios por que razão querem ter ordem em casa e qual o nível de ordem que é suficiente na sua família. E, se o exemplo do esforço é o que mais educa, não convém esquecer o exemplo da ordem estabelecida, não já nas pessoas, mas naquilo que fazem. É importante para uma criança viver num ambiente doméstico ordenado; a ordem está muito relacionada com o asseio e, se uma mãe não se preocupa com a limpeza da casa e o arranjo da roupa dos filhos, é pouco provável que estes sejam ordenados. Por isso, a limpeza pessoal é um domínio muito relevante, quer por razões de higiene, quer também para permitir que as crianças venham a interessar-se pela ordem como virtude.

Quando governada pela prudência, a ordem permitirá que os pais façam cumprir certas regras lógicas, sem fazer de suas casas vitrines de decoração nem museus. Queremos que os nossos filhos tenham um estilo pessoal, mas também que respeitem os outros

A EDUCAÇÃO DAS VIRTUDES HUMANAS

e que convivam com os outros. Trata-se, pois, de cultivar a virtude da ordem sem excessos, sabendo que é necessário especificar o onde, o quando e o como.

A distribuição do tempo

Um dos problemas mais importantes com que nos confrontamos em relação à distribuição do tempo consiste em saber distinguir aquilo que é importante daquilo que é urgente, e em não sacrificar permanentemente o importante ao urgente. Os pais sabem que é imensamente importante falar com os filhos, para os conhecerem, para lhes mostrarem interesse pelo que andam a fazer etc.; mas surge constantemente uma infinidade de pequenas urgências que os impedem de dar esta atenção aos mais jovens. Se é difícil para os pais, certamente será difícil para os filhos; mas é necessário que os filhos aprendam a organizar as suas atividades de acordo com as prioridades de cada momento.

Trata-se principalmente de coordenar o desenvolvimento de certas atividades rotineiras de todos os dias com aquelas atividades que têm um desenvolvimento contínuo num período determinado. Por exemplo, um jovem tem de jantar todos os dias; mas pode ser que esteja a fazer um trabalho para a escola no exato momento em que a mãe chama para a mesa. Nesta altura, há dois critérios possíveis: ou o mais importante é jantar naquele momento, para que todos os membros da família convivam entre si, e porque a mãe não pode fazer um jantar para cada filho à hora que mais lhe convier; ou o mais importante é o trabalho do filho e o jantar deve ser adaptado a esta necessidade.

A EDUCAÇÃO DA ORDEM

O bom senso nos leva a perceber que é preciso estabelecer um conjunto de normas que permitam coordenar as duas alternativas, normas essas que serão estabelecidas depois de se ter considerado a natureza das atividades em apreço. Podemos considerar cinco tipos de atividades:

1) atividades necessárias de se fazer com regularidade e em momentos específicos;

2) atividades que precisam de um tempo seguido específico para serem executadas;

3) atividades que precisam de bastante tempo para serem feitas, mas este tempo não tem de ser seguido;

4) atividades de duração variável, que podem ser feitas em qualquer altura;

5) atividades periódicas, mas não frequentes, ou atividades ocasionais, que têm de ser feitas em determinado momento.

Na vida de família, os filhos devem ser informados das atividades que têm de ser realizadas a determinada hora e que têm prioridade sobre as outras. Mas esta hora determinada não diz necessariamente respeito à hora do relógio. Por exemplo, os jovens podem ser informados de que, quando os pais chamam para a mesa, têm de parar o que estão fazendo; podem ser informados de que, quando acabam uma brincadeira, têm de arrumar os brinquedos. Neste sentido, podem estabelecer-se cadeias de eventos, que ajudarão muito as crianças pequenas; por exemplo, quando chegam da escola, sabem que: 1) cumprimentam os pais; 2) penduram o casaco; 3) lavam as mãos; 4) levam as cadeiras para a mesa; 5) sentam-se à mesa para lanchar. E pode estabelecer-se uma rotina semelhante à hora de as crianças irem para a cama.

A fim de que estes momentos sejam respeitados pelos filhos, é necessário exigir que cumpram estas cadeias, desde que elas não interrompam a continuidade de outra atividade; e que, na medida do possível, exijam a si próprios as mesmas coisas mais ou menos à mesma hora, embora também se tenha de aceitar que muitas vezes isso não será possível, e que todos temos de aprender a ser flexíveis.

No segundo tipo de atividades, o importante é prever a melhor hora para as fazer e respeitar esse momento; por outro lado, é manifesto que haverá mais hipóteses de cumprir se elas forem colocadas em primeiro lugar, porque há sempre imprevistos e as atividades cuja realização precisa de um tempo continuado não são compatíveis com estas coisas urgentes. Um dos aspectos que é preciso transmitir aos jovens quando da sua educação é a necessidade de localizar estes tempos. Um caso típico, que nenhuma mãe terá dificuldade em reconhecer, é aquela situação em que o jovem se põe a arrumar o quarto; porém, meia hora depois começa a dar na televisão o seu programa preferido, e a criança deixa a tarefa por fazer, só chegando a acabá-la se a mãe for muito exigente. É preferível ensinar-lhes que há certas atividades que levam algum tempo e que só convém começá-las quando se prevê que é possível dedicar-lhes esse tempo; deste modo, desenvolvem a capacidade de relacionar o tempo com as atividades, e serão mais sensíveis àquilo que cada atividade requer, ou seja, serão ordenados.

O terceiro tipo de atividades exige que os jovens saibam recordar e guardar o alvo da sua atenção, de tal maneira que consigam recomeçar depois de uma interrupção; assim, por exemplo, ler um livro

A EDUCAÇÃO DA ORDEM

pressupõe que a criança se lembre de que está a ler um livro e saiba onde parou da última vez que pegou nele. Este sentido da ordem está muito relacionado com a perseverança, porque há certas atividades que podem durar muito tempo: colecionar selos não implica apenas saber colocá-los num álbum, implica também arranjar tempo para isso; aprender a tocar viola implica ter tempo para essa prática etc. As atividades de duração variável que se podem fazer em qualquer momento levantam muitas dificuldades. Com efeito, escrever uma carta, mesmo que leve apenas quinze minutos, pode ser um motivo de preocupação durante semanas; se não houver uma hora determinada para esta tarefa, a limpeza dos sapatos por parte das crianças pode acabar por ser uma atividade que eles só cumprem quando os pais se zangam. Normalmente, preenchemos o nosso tempo livre com as coisas que mais nos agradam, em vez de o dedicarmos às mais urgentes. Por isso, é muito útil termos a percepção de que o desenvolvimento da virtude da ordem pressupõe fazer as coisas desagradáveis — mas necessárias — em primeiro lugar, e o mais depressa possível; de contrário, é muito provável que nos «esqueçamos» delas.

Por último, as atividades periódicas, mas não frequentes, ou aquelas atividades que são ocasionais e que têm de ser feitas em determinada altura, suscitam uma dificuldade específica: recordá-las a tempo. Refiro-me a coisas como dar os parabéns aos amigos, ir a um encontro marcado com antecedência, entregar um trabalho, visitar um doente etc. São poucas as pessoas que têm tão boa memória, que não precisam de ajuda para lembrar-se destas tarefas. A solução

A EDUCAÇÃO DAS VIRTUDES HUMANAS

mais fácil consiste em arranjar uma agenda — fácil é uma maneira de dizer, porque há pessoas a quem custa imenso apontar as coisas na agenda e ainda mais abri-la. Como em todos os hábitos, o ideal é começar desde cedo; por isso, é muito útil ensinar as crianças a utilizarem uma agenda.

Em tudo o que mencionamos acerca da distribuição do tempo, os pais podem exigir e informar os seus filhos. Os hábitos conseguem-se adquirir, principalmente, com exigência; mas, para que os adolescentes continuem a esforçar-se neste domínio e para que os pais possam começar a exigir-lhes menos, os jovens têm de compreender a importância de uma distribuição razoável do seu tempo, quer em termos de eficácia pessoal, quer para não aborrecer nem incomodar os outros.

Por outro lado, convém reconhecer que, para desenvolver qualquer virtude humana, podemos aproveitar todas as atividades que realizamos de forma espontânea; haverá contudo instantes em que não bastará aproveitar intencionalmente aquilo que acontece, mas será preciso prever e planejar determinadas atividades, que devem ser incorporadas de forma prioritária na distribuição do nosso tempo.

A organização das coisas

Outro aspecto da ordem é a disposição das coisas de acordo com normas lógicas, que neste caso significa de acordo com a natureza e a função de cada objeto. Esta ordem tem duas finalidades: guardar bem as coisas, para não estragarem; e guardá-las racionalmente, para se poderem encontrar quando for preciso, e para estarem no seu lugar próprio quando forem utilizadas.

A EDUCAÇÃO DA ORDEM

Na organização das coisas, deparamos com dois tipos de exigências: os pais querem que os filhos ponham as coisas de uso geral — aquelas que todos os membros da família utilizam — no seu lugar, e que organizem de modo racional as coisas que são só deles, ou seja, aquelas que não implicam com mais ninguém.

Como conseguir que os jovens guardem as coisas no lugar sem ter de estar constantemente a recordar--lhes? Em primeiro lugar — e isto pode parecer uma obviedade —, as coisas têm de ter um lugar. A seguir, os pais têm de ser muito pacientes e muito perseverantes nas suas exigências; não há receitas feitas na educação familiar e, neste ponto, que costuma ser muito incômodo, não há outro remédio senão insistir. Apesar disto, podemos sugerir algumas ajudas, que poderão ser úteis numas famílias e noutras não, e com uns filhos e outros não.

Já dissemos que os jovens têm de saber quais são os sítios das coisas, mas também convém explicar-lhes com precisão quando têm de voltar a arrumar os objetos em questão. Normalmente, os pais dizem: «quando terminar, guarde tudo no lugar», mas a verdade é que o termo «terminar» é pouco concreto para uma criança; o melhor será perguntar-lhe o que vai fazer, por exemplo, com a tesoura, e depois dizer-lhe: «então, quando terminar de cortar essa figura, e antes de começar a colá-la, guarde a tesoura no lugar».

Outra possibilidade é o esquema do castigo: se a criança arrumou o objeto no lugar, para a próxima não pode usá-lo; mas este ato é uma faca de dois gumes, pois pode acontecer que, estando impedida de usar determinado objeto, a criança fique, por exemplo,

133

A EDUCAÇÃO DAS VIRTUDES HUMANAS

impedida de realizar as tarefas de que está encarregada em casa.

Em suma, a impressão é que a melhor solução consiste em conseguir que todos os membros da família arrumem as coisas no seu lugar; se cada um se sentir responsável por arrumar uma coisa, mesmo que não tinha sido ele a desarrumá-la, consegue-se viver a ordem na casa, bem como desenvolver a responsabilidade de cada filho pela família no seu todo. É precisamente neste aspecto que os encargos individuais podem ter consequências negativas; com efeito, se cada filho tem um ou vários encargos, pode acontecer que se esforce muito por cumpri-los pelo fato de se tratar de um encargo, e não tanto por se sentir responsável por aquilo que acontece na família. Quando os pais não atribuem encargos, mas exigem continuamente a colaboração de todos, podem conseguir que todos se sintam responsáveis, e que até corrijam os irmãos quando estes não cumprem. Em qualquer dos casos, cada família terá de ver o que mais lhe convém.

No que diz respeito à disposição dos objetos pessoais, é importante que os filhos aprendam a fazê-lo, levando-se em consideração a natureza e a função dos objetos em questão. Assim, para uma criança pequena, a ordem poderá consistir em meter os brinquedos todos dentro do armário e fechar a porta; o que acontece é que, ao abrir novamente a porta, os brinquedos caem todos ao chão. Na realidade, as crianças vão desenvolvendo o seu próprio sentido lógico, e de repente percebe-se que começam a arrumar os carrinhos todos juntos, as bonecas todas juntas, que dispõem os livros por alturas. É muito mais importante que as crianças aprendam a ordenar as suas próprias coisas — mesmo

A EDUCAÇÃO DA ORDEM

que tenham de pedir ajuda aos pais — do que imitem cegamente os conceitos de ordem dos pais; por isso, os pais têm de lhes exigir que deixem as coisas arrumadas, mas não necessariamente de acordo com os critérios dos próprios pais.

Para que as crianças aprendam a ordenar adequadamente as suas coisas, os pais podem sugerir que os ajudem a arrumar as deles: que os ajudem a organizar os livros na biblioteca lá de casa, que os ajudem a limpar e a arrumar os utensílios da cozinha, que fiquem a vê-los fazer uma mala etc. A seguir, podem pedir-lhes que expliquem o seu próprio sistema de organização das suas coisas, para que elas percebam o interesse de identificarem o local mais adequado para que um objeto não se estrague e para conseguirem voltar a encontrá-lo, ou a fim de que esteja à mão no local onde será utilizado.

A realização das atividades

Para ser ordenado, não basta arrumar bem as coisas, também é preciso utilizá-las bem; com efeito, não podemos afirmar que uma criança que quebra um brinquedo é ordenada, mesmo que depois arrume muito bem as peças partidas. Mas os pais também não podem colocar-se no extremo oposto, obrigando os filhos a brincar estritamente de acordo com o fim pensado para aquele brinquedo, ou brincando só uma vez com cada coisa, por exemplo.

Quando a criança está fazendo atividades cujo principal objetivo é a distração — ainda que também possam ter uma finalidade educativa —, os pais

A EDUCAÇÃO DAS VIRTUDES HUMANAS

não devem exigir-lhe um comportamento rígido; o importante é evitar um uso inadequado dos objetos, mas sem impedir a criança de desenvolver a imaginação por meio do seu uso. Assim, transformar um guarda-chuva numa espingarda não é falta de ordem; já utilizar um guarda-chuva para abrir uma gaveta encravada pode ser, porque se corre o risco de danificar a gaveta e o guarda-chuva.

Quando educam os filhos na virtude da ordem, os pais têm de distinguir os objetos que têm regras para serem bem utilizados dos objetos que, pela sua natureza, permitem uma utilização mais ampla. Ensinar a usar os objetos de forma ordenada pode significar, na prática e por exemplo, ensinar os filhos a utilizar o computador, a utilizar o telefone, a colar fotografias num álbum, a utilizar uma tesoura, a arranjar uma tomada que se avariou etc. Em todos estes casos, há regras que os filhos têm de respeitar para utilizarem adequadamente os objetos em questão; caso contrário, os objetos podem estragar ou ser perigosos. Perceberemos que este tipo de ensino não tem a ver apenas com as coisas alheias à pessoa, mas também com a própria pessoa. Isso significa que os filhos têm de aprender a usar a sua inteligência, a sua afetividade e o seu corpo de acordo com as regras do jogo, ou seja, com certos princípios, pois caso contrário podem acabar por utilizar a inteligência para destruir uma coisa boa (que é o mesmo que utilizar um brinquedo para quebrar uma janela). Se os pais não tiverem o cuidado de ensinar os seus filhos a usar corretamente tudo aquilo que possuem, as próprias qualidades e capacidades destes podem acabar por se danificar, criando situações prejudiciais para a criança.

A EDUCação Da ORDEM

Mas, como dissemos, é preciso distinguir os objetos cuja utilização tem de ser regida por normas muito claras daqueles cuja utilização é mais ampla.

Por exemplo, um pai pode achar que a criança não deve utilizar os livros para construir um castelo, enquanto outro não se importa nada que ele o faça, porque prefere que a criança se distraia com os livros, desde que não os rasgue. Evidentemente, aqui temos dois critérios: a possível deterioração do objeto, e seu possível risco, quer para a criança, quer para os que a rodeiam; mas também convém considerar outro critério: o aproveitamento que se consegue extrair desse objeto.

Na vida cotidiana, os pais costumam ensinar os filhos a utilizar bem as suas coisas, em especial quando percebem a importância da sobriedade; com efeito, quando os pais não percebem que convém ensinar os filhos a utilizar adequadamente qualquer objeto, mesmo que tenham dinheiro para substituir os que se quebram, é evidente que nem a ordem, nem a sobriedade terão qualquer sentido para os filhos.

A ordem que se exige aos jovens em relação às coisas deles é uma preparação adequada para aprenderem a utilizar as suas capacidades e qualidades de acordo com a finalidade para a qual foram criadas. Dificilmente a pessoa poderá viver a ordem por dentro se não viver a ordem por fora. Na verdade, uma pessoa que não consegue viver a ordem interior poderá ser confrontada com apelos constantes da sua consciência, que se esforça insistentemente por adverti-la da falta de ordem que preside à relação entre a finalidade última da sua vida e a sua atuação pessoal.

Considerações finais

Quando os filhos são pequenos, os pais terão de exigir muito mais para que eles realizem uma série de atividades relacionadas à virtude da ordem. A princípio, os filhos cumprirão por obediência, mas também serão capazes de reconhecer o sentido dos seus atos, se os pais se preocuparem em orientá-los de acordo com a finalidade que procuram alcançar. Para poderem obedecer ativamente — e não só porque não têm outro remédio —, os filhos precisam ter uma informação clara sobre aquilo que se espera deles, por isso, os pais terão de ser exigentes com os filhos, mas também terão de informá-los de maneira sistemática. Nas páginas anteriores, podem encontrar-se algumas orientações para esta exigência; em última análise, os pais que exigem que os filhos que sejam ordenados quando eles próprios não o são talvez não obtenham resultados muito positivos.

Os riscos que os pais correm são a desordem quando têm de exigir, bem como fazer exigências nuns aspectos e descuidar outros. Todos temos certas zonas de passividade em relação à ordem: há quem seja capaz de escrever uma carta de forma muito lógica e sistemática, mas depois deixe a roupa no chão quando vai deitar-se; há quem fale e raciocine com precisão, mas tenha a mesa de trabalho num caos; há quem se vista com cuidado e elegância, mas trate os livros de qualquer maneira etc. É preciso melhorar em todos os aspectos da ordem, reconhecendo a tendência que temos de esquecer, ocultar ou justificar as faltas de ordem por preguiça. Por sua vez, as pessoas muito ordenadas têm de compreender que os outros são diferentes, e de os aceitar tal como

A EDUCAÇÃO DA ORDEM

são; estas pessoas terão grande vantagem em refletir sobre a finalidade da ordem.

A ordem como hábito tem de ter sentido para que os adolescentes vivam esta virtude com um estilo pessoal. Quando os filhos são pequenos, os pais têm de recordar--lhes continuamente que façam o imprescindível. Quando chegam à adolescência os pais já estão, naturalmente, cansados; e, se não ganharam a batalha pela ordem antes desta fase, será muito difícil empreendê-la numa altura da vida dos filhos em que têm de dedicar o seu tempo e a sua atenção às questões próprias desta idade, que se impõem com toda a sua premência. Não é que a ordem deixe de ser importante na adolescência; pelo contrário, sem essa base prévia fica muito mais difícil desenvolver as outras virtudes, porque nesse caso a intencionalidade necessária ao desenvolvimento de qualquer virtude não disporá de bases sistemáticas que facilitem tal desenvolvimento.

A ordem
Autoavaliação

Segue-se um elenco de afirmações que permitem refletir de forma sistemática sobre:

— o grau em que se vive pessoalmente esta virtude; e

— o grau em que se educam os alunos ou os filhos nesta virtude.

Em relação a cada afirmação, o comportamento e o esforço pessoal correspondente podem ser avaliados com base na seguinte escala:

5. Estou totalmente de acordo com esta afirmação, que reflete a minha situação pessoal.

4. A afirmação reflete a minha situação em grande parte, embora tenha algumas ressalvas.

3. A afirmação reflete a minha situação em parte; diria que em parte sim e em parte não.
2. A afirmação não reflete a minha situação, embora seja possível que isso venha a acontecer.
1. Não me parece que a afirmação reflita a minha situação pessoal; não me identifico com ela.

As reflexões pessoais podem ser discutidas com o cônjuge ou com os colegas, de forma a identificar possíveis aspectos prioritários de atenção no desenvolvimento da virtude, quer a título pessoal, quer relativamente à educação dos filhos e dos alunos. De fato, é possível que o leitor vá descobrindo muitos campos em que pode melhorar; mas convém *selecionar apenas um ou dois*, a fim de tentar alcançar os progressos desejados.

A maneira pessoal de viver a ordem

1. Tenho uma percepção clara da hierarquia de valores que presidem à minha própria vida e à educação dos meus filhos e dos meus alunos.

(Esta hierarquia tem a ver, por exemplo, com o fato de uma pessoa casada ter como primeira preocupação o cônjuge, depois os filhos e por fim os outros; consiste em conferir a importância adequada ao trabalho profissional, à família, aos amigos e aos próprios interesses.)

2. Comporto-me habitualmente de acordo com regras racionais, de tal maneira que é visível a congruência entre a minha maneira de pensar e a minha maneira de agir.

(Um comportamento imprevisível, que obedece aos estímulos do momento ou que consiste em simples reações aos acontecimentos, sem reflexão nem decisão, gera perplexidade nos outros e não é benéfico para ninguém.)

A EDUCAÇÃO DA ORDEM

3. Penso no sentido de ordem que utilizo em cada momento e sei o que viso com ele. (*É importante a pessoa ser capaz de justificar aquilo que faz, ter consciência dos objetivos que visa.*)

4. Procuro ser ordenado, para garantir uma adequada convivência entre os membros do grupo, e para que as minhas ações sejam eficazes. (*O excesso de ordem faz com que a pessoa seja ordenada sem pensar na necessidade da ordem, gerando maníacos — ou seja, pessoas que preferem a ordem à alegria na família, por exemplo.*)

5. Em geral, sei onde se encontram as minhas coisas, guardo-as em locais adequados e volto a colocá-las no lugar depois de as usar. (*Este tipo de comportamento é necessário para a eficácia pessoal, e também para que os outros possam utilizar aquilo que é propriedade comum.*)

6. Distribuo adequadamente o meu tempo, de tal maneira que o mais importante recebe a atenção adequada. (*É muito fácil gastar mal o tempo, dedicando demasiadas horas a ver televisão, por exemplo, e não dedicando tempo suficiente à comunicação com o cônjuge e com os amigos.*)

7. Em geral, cumpro os meus deveres — como chegar a uma reunião, encontrar-me com uma pessoa, chegar em casa ao fim do dia, entregar um trabalho — com pontualidade. (*A pontualidade tem uma dinâmica curiosa: há muita gente que se desculpa com grande facilidade das suas faltas de pontualidade, considerando simplesmente que fazem parte da vida e que são uma realidade normal. Acontece que a pontualidade é necessária para a eficácia e para o respeito pelos outros, pelo que a falta de pontualidade não*

é só uma falta contra a eficácia mas também, por vezes, contra a justiça.)

8. Utilizo os diferentes bens materiais — computadores, vídeos, eletrodomésticos e outros aparelhos — segundo critérios objetivos de utilização adequada.

(A ordem exige que se leiam as instruções, para não correr o risco de que os aparelhos estraguem, e para se aproveitarem todas as suas potencialidades.)

9. Aproveito diversos tipos de processos para não me esquecer de viver a ordem nas suas diferentes manifestações.

(Há pessoas que têm boa memória, razão pela qual se lembram de arrumar as coisas depois de as terem usado, de dar os parabéns aos amigos, de entregar os trabalhos na data prevista e de usar os aparelhos de acordo com as instruções. Há outras que precisam fazer um esforço: usar a agenda, elaborar listas das coisas que têm de fazer, esforçar-se conscientemente por memorizar determinadas coisas etc.)

10. Reflito sobre a minha atuação habitual, com a finalidade de me conhecer segundo as diferentes facetas da ordem.

(É frequente haver âmbitos em que a pessoa é ordenada e outros em que não é; por exemplo, um professor pode ser muito organizado na sua maneira de pensar, mas ter as gavetas da roupa todas desarrumadas.)

A educação da ordem

11. Conheço as diferentes aptidões dos meus filhos e dos meus alunos em matéria de ordem.

(Os jovens têm tendências diferentes em matéria de ordem; é importante conhecer-lhes, não só as limitações, mas

A EDUCAÇÃO DA ORDEM

também as inclinações naturais para determinados tipos de ordem, por exemplo na organização das suas coisas.)

12. Tento dar bom exemplo, lutando para me vencer em determinados aspectos da ordem, ou compensando uma tendência para impor uma ordem excessiva, que prejudica a convivência.

(O exemplo de luta é o que mais influência tem nos filhos e nos alunos; o exemplo «perfeito» pode resultar de um excesso e promover faltas de compreensão pela situação real dos jovens.)

13. Ensino os meus filhos e os meus alunos a distribuírem as suas atividades no tempo, de tal maneira que cada coisa seja objeto de uma atenção adequada.

(Em todos os aspectos da ordem, há duas ações específicas por parte dos educadores: a exigência no fazer, em especial para com as crianças pequenas, e a exigência no pensar, para os mais velhos.)

14. Exijo dos menores, para que comecem a desenvolver uma série de hábitos de ordem relativamente às coisas.

(É conveniente desenvolver hábitos e rotinas em relação às coisas; pelo contrário, convém evitar a rotina em relação às pessoas.)

15. Ajudo os meus filhos e os meus alunos a perceberem que a execução de certas atividades exige um tempo específico, que não pode ser encurtado.

(Por exemplo, não convém começar a arrumar um armário dez minutos antes do jantar, ou começar a fazer um trabalho cinco minutos antes da saída da última aula.)

16. Ensino os meus filhos e os meus alunos a recordar e a realizar determinados atos em momentos concretos.

143

A EDUCAÇÃO DAS VIRTUDES HUMANAS

(*Muitas vezes, este ponto exige que se recorra a uma agenda. Os educadores têm tendência para substituir os jovens nestas matérias, recordando-lhes as consultas no dentista, os aniversários dos membros da família e as datas em que têm de entregar os trabalhos; mas é conveniente que eles comecem a responsabilizar-se pelas próprias atividades.*)

17. Organizo cadeias de acontecimentos com os meus filhos e os meus alunos mais novos, a fim de facilitar o cumprimento daquelas ações que eles realizam com frequência.

(*Todos os dias, quando se levantam, quando chegam à escola, quando entram na sala de aula ou quando se deitam, as crianças têm de repetir as mesmas ações; convém determinar quais são as sequências de ações a fazer em cada momento, a fim de exigi-las.*)

18. Determino os lugares dos diferentes objetos de uso comum, e exijo que os meus filhos e os meus alunos guardem as coisas quando devem fazê-lo.

(*Os critérios a utilizar para determinar o lugar mais adequado para cada coisa devem ser: um lugar onde essa coisa não se estrague e onde seja fácil encontrá-la.*)

19. Convido os meus filhos e os meus alunos a participarem de atividades que exigem o exercício da ordem, a fim de que vão descobrindo o sentido correspondente.

(*Por exemplo, que vejam como estão ordenados os utensílios na cozinha, como os pais fazem uma mala, como o professor arruma os livros na estante da escola.*)

20. Ensino os meus filhos e os meus alunos a utilizarem os seus instrumentos de trabalho e outros pertences de acordo com a sua função, a fim de os aproveitarem ao máximo.

A EDUCAÇÃO DA ORDEM

(Também não se trata de ser rígido, já que há determinados objetos que os jovens podem utilizar sem risco, e sem que se prevejam danos para o próprio objeto, mesmo que não seja essa a sua função própria; por exemplo, os pais podem autorizar os filhos a fazer caminhos com livros no chão do quarto ou a fazer uma cabana com uma manta, em cima de uma mesa.)

VI
A EDUCAÇÃO DA RESPONSABILIDADE

«Assume as consequências dos seus atos intencionais, que resultam de decisões que tomou ou que aceitou, bem como dos seus atos não intencionais, de tal maneira que os outros sejam o mais beneficiados possível, ou pelo menos não sejam prejudicados. E procura que as pessoas sobre as quais pode ter influência façam o mesmo.»

* * *

Os jovens falam muito de liberdade e muito pouco de responsabilidade; antes de nos centrarmos na educação desta virtude, talvez convenha percebermos por que. Ser responsável pressupõe assumir as consequências dos próprios atos, e dá a impressão de que, em princípio, os jovens — a quem chamamos irresponsáveis — estão dispostos a fazê-lo; nomeadamente, ouvindo as críticas dos pais, abandonando o conforto de uma vida cômoda, etc.

Mas ser responsável não significa apenas responder perante si próprio. «Ser responsável significa responder, dar resposta aos apelos dos outros. Aquilo que pede uma resposta pode ser a consciência, ou o "tu" de um semelhante, o "nós" da sociedade e, em última análise, Deus. Contudo, para se poder responder, é preciso ter aprendido a ouvir; aliás, os termos "ouvir"

A EDUCAÇÃO DAS VIRTUDES HUMANAS

e "obedecer" (*audire* e *oboedire*, em latim) estão etimologicamente relacionados.»[1] E é isto que incomoda os adolescentes; ser responsável não significa apenas sofrer as consequências das próprias ações, significa também ter de prestar contas.

As tendências atuais incentivam os jovens a viver sem compromissos, com o simples objetivos de se divertirem no presente; ora, quando uma pessoa começa a considerar que é rainha e senhora de si própria, deixa de ser responsável. Ser responsável significa obedecer: obedecer à própria consciência, obedecer às autoridades, obedecer a Deus, sabendo que essa obediência não constitui um ato passivo, um ato de escravo, mas um ato operativo de compromisso e de dever.

As motivações para a pessoa ser responsável diferem de acordo com a situação em que surge a necessidade de responder; apesar disso, podemos pensar num exemplo para analisarmos estas diferenças.

Qual é a principal motivação para uma criança de sete anos estudar com responsabilidade e ter boas notas? A criança pode ter muitas razões para estudar bem: gostar da matéria; interessar-se pelo trabalho em questão; a explicação clara do professor sobre trabalhos de casa que tem de fazer. Todas essas, no entanto, são motivações para se fazer um trabalho bem feito, e não necessariamente para se fazer um trabalho responsável. Para que o trabalho seja responsável, o aluno tem de ter consciência da sua obrigação ou do seu dever de responder perante alguém.

---

1 Durr, O., *La obediencia del niño*, Barcelona, Ed. Herder, 1968, pp. 37-38.

A EDUCação Da RESPONSaBILIDaDE

Naturalmente que os professores exigem muitas coisas às crianças menores e, mediante esta exigência, os alunos aprenderão a responsabilizar-se pelas suas tarefas, respondendo perante o professor, por obrigação. Se estes mesmos alunos começarem a trabalhar em equipe com os colegas, a motivação da responsabilidade muda: passam a sentir-se implicados num trabalho de equipe, reconhecem que os outros esperam alguma coisa deles, e passam a responder por dever perante os colegas.

Quando um filho compreende que os pais são, em parte, responsáveis pelos seus estudos, pode ser que se esforce mais, por dever e por amor aos pais; se, mais tarde, reconhecer que o trabalho é um caminho de santificação pessoal, poderá esforçar-se por amor a Deus e por dever. Em determinadas ocasiões, o filho será alvo de uma exigência exterior direta para fazer um trabalho, mas depois terá de ser a sua consciência a ditar a relação entre os seus atos e os seus compromissos.

Os jovens têm muitas motivações para ser responsáveis; por outro lado, é manifesto que o principal meio de que os pais dispõem para conseguir que os filhos desenvolvam esta virtude é um adequado exercício da sua autoridade. «A autoridade dos pais é uma influência positiva que sustenta e aumenta a autonomia e a responsabilidade dos filhos; trata-se de um serviço aos filhos no seu processo educativo, um serviço que implica a capacidade de decidir e de sancionar; é uma ajuda que consiste em dirigir a participação dos filhos na vida familiar e em orientar a sua autonomia crescente, responsabilizando-os; e é uma componente essencial do amor aos filhos, que se

A EDUCAÇÃO DAS VIRTUDES HUMANAS

manifesta de modos diversos em diferentes circunstâncias da relação pais-filhos.»[2] Vamos agora concretizar alguns aspectos da atuação dos pais em relação aos filhos, levando em conta as motivações que estes possam ter para responder adequadamente.

A responsabilidade dos atos intencionais

O desenvolvimento da virtude da responsabilidade pressupõe não só que os filhos aprendam a responsabilizar-se pelas decisões de outros, mas também que aprendam a tomar decisões pessoais. Mas é natural que as crianças menores comecem por se responsabilizar pelo cumprimento adequado das muitas indicações que recebem; é por isso que mencionamos que a responsabilidade diz respeito a atos «que resultam de decisões que tomou ou que aceitou». As crianças pequenas podem fazer o que os pais mandam por medo do castigo, porque os pais lho exigem com carinho, por amor a eles etc.

É evidente que há motivações mais elevadas e outras de menor qualidade. Contudo, uma coisa é cumprir e outra coisa é cumprir bem — e é aqui que reside toda a importância das palavras: «de tal maneira que os outros sejam o mais beneficiados possível». Isso quer dizer que, quando uma criança cumpre uma ordem ou realiza uma tarefa com o simples objetivo de a dar por concluída, é muito provável que não a faça bem.

A criança precisa ter uma motivação para cada exigência, uma relação com uma pessoa, para ser

---

2   Fernández Otero, O., *Autonomía y autoridad en la familia*, Pamplona, EUNSA, 1990, pp. 20-21.

A EDUCAÇÃO DA RESPONSABILIDADE

realmente responsável. Assim, por exemplo, pode responder perante o pai; mas cumpriu efetivamente a tarefa de acordo com a intenção do pai — com o que este queria —, ou fez o mínimo necessário para que o seu comportamento se adapte à letra do que foi indicado? Por exemplo, se uma mãe manda a filha arrumar a roupa no armário e a filha obedece, mete a roupa no armário de qualquer maneira; uma filha responsável, por outro lado, procura perceber qual é a intenção da mãe e arruma as coisas de acordo com as normas estabelecidas. E também pode responder perante a sua própria consciência, perante os outros etc., como veremos mais adiante.

Neste sentido, é preciso esclarecer os filhos sobre a diferença entre ter responsabilidades e ser responsável. Uma pessoa responsável centra-se na intenção e não se deixa limitar pelas regras, que exprimem o mínimo. Outra pessoa que tenha responsabilidades poderá cumprir por obrigação, mas sem ter uma responsabilidade real, sem procurar um benefício para os outros; neste caso, não se trata da aceitação ativa de uma decisão ou de uma indicação, mas de um cumprimento forçado da mesma.

Há dois desvios ainda mais notórios da responsabilidade, que nos permitem perceber imediatamente se uma pessoa tem esta virtude ou não. Refiro-me à tendência habitual para recorrer a desculpas para justificar o não cumprimento de uma ordem; e à tendência para não assumir compromissos numa matéria enquanto não se tem a certeza de que vai correr bem, aderindo apenas quando deixa de haver risco de fracasso e quando a maior parte da tarefa já está feita.

151

A primeira característica é mais habitual nas crianças pequenas; convém explicar-lhes que é mais importante arcar com as consequências das próprias faltas do que tentar enganar os outros e enganar-se a si próprio. A pessoa precisa de fortaleza para desenvolver a virtude da responsabilidade porque, se aceitar responsavelmente determinada decisão e depois não tiver capacidade para fazer o que decidiu, ainda que, por ser responsável, aceite a situação e procure uma solução mais ou menos satisfatória a fim de que, pelo menos, ninguém saia prejudicado, na prática, precisa de fortaleza para cumprir o seu dever, e é essa a finalidade da responsabilidade.

Talvez convenha esclarecer com um exemplo o que significa a expressão «ou pelo menos não fiquem prejudicados». Um adolescente tem de fazer um trabalho com os colegas, e dividem o trabalho em partes, responsabilizando-se cada um por uma parte; o jovem distrai-se e, de repente, percebe que não vai ter tempo para fazer a sua parte. Ainda que, de princípio, não tenha agido com a responsabilidade de distribuir o seu tempo de acordo com as tarefas que tinha de realizar, procurará pelo menos não prejudicar os colegas, pedindo ajuda a outras pessoas para fazer o que lhe compete.

Até aqui, referimo-nos à responsabilidade como consequências de se ter *aceitado* uma decisão alheia, e centramo-nos nos mais novos, afirmando que, mais do que tomar decisões, eles têm de as aceitar. No entanto, ao longo de todo o trajeto da vida, teremos de continuar a aceitar decisões alheias, e às vezes os adolescentes convencem-se de que ser livre é não ter esta necessidade; pensam que se trata apenas de tomar

A EDUCAÇÃO DA RESPONSABILIDADE

decisões, e não de as aceitar. Mas nós somos seres limitados, que vivem em sociedade, e, como dissemos atrás, o importante é corresponder ao chamamento para cumprir a finalidade para a qual fomos criados, isto é, seguir a nossa vocação; não se trata de uma escolha que fazemos, mas de um convite que aceitamos. Do mesmo modo, um homem não tem outro remédio senão trabalhar, mas pode aceitar responsavelmente este dever, ou cumpri-lo de forma irresponsável. Por isso, os adolescentes têm de reconhecer a necessidade de aceitar decisões alheias e de se responsabilizar por aquelas que aceitaram.

Na verdade, a distinção entre as decisões tomadas e as decisões aceitas é falsa, porque é preciso tomar a decisão de aceitar uma decisão para se poder realizar a indicação de forma responsável; mas temos de ter em consideração as consequências de ter aceitado uma decisão alheia.

Quando um filho aceita responsavelmente uma decisão do pai, isso quer dizer que não colocará a culpa no pai se a coisa não lhe correr bem; quando um filho aceita responsavelmente uma ordem, não se queixa das dificuldades nem da maneira como a recebeu, dado que assume pessoalmente as consequências e responde por elas.

A responsabilidade e a tomada de decisões

Como dissemos, não se trata apenas de aceitar decisões, mas de tomar decisões, dentro da zona de autonomia em que a pessoa pode aperfeiçoar-se pessoalmente e ajudar os outros a melhorar. É natural que os filhos comecem a tomar decisões pessoais naquele

A EDUCAÇÃO DAS VIRTUDES HUMANAS

contexto em que os pais se encontram a seu lado para poder orientá-los, ou seja, dentro de casa; e quando falamos em decisões dentro de casa estamos falando em participação. «A participação pode ser entendida como uma disposição e como uma oportunidade de contribuir pessoalmente para uma tarefa comum, seja na ordem da informação, na ordem da decisão, ou na ordem da ação, procurando fazê-lo com sentido de responsabilidade.»[3]

Este sentido de responsabilidade pressupõe uma decisão prévia, porque há muitas coisas que fazemos ou que admitimos que não são precedidas de uma decisão formal. Por exemplo, os pais podem pedir aos filhos sugestões sobre a maneira de resolver uma situação problemática na família; um dos filhos responde com pouca seriedade, levando o assunto para a brincadeira, outro tenta contribuir com uma solução sensata para o problema, não porque tenha decidido conscientemente que quer fazê-lo, mas em cumprimento de um propósito anterior, certamente inconsciente, de ajudar os pais e os irmãos. Neste sentido, uma decisão formal pode ser substituída por uma vivência profunda de uma realidade importante.

Na verdade, é evidente que algumas crianças têm este sentido de responsabilidade muito desenvolvido por natureza: são crianças sérias e diligentes, e não o são por terem decidido conscientemente que querem sê-lo. Por isso, é importante que os pais conheçam as características dos filhos no domínio da noção de responsabilidade; caso contrário, é possível que exijam a um filho que já é responsável que seja ainda mais

---

3   Fernández Otero, O., *op. cit.*, p. 71.

A EDUCação Da RESPONSaBILIDaDE

responsável, quando o problema desse filho não reside aí, mas na necessidade de ultrapassar limitações do tipo: falta de alegria, falta de sociabilidade, falta de iniciativa, ou outras.

É bom que os filhos tomem decisões; se um filho já tem tendência para ser responsável no cumprimento das suas tarefas, etc., o que lhe falta é aprender a tomar decisões pessoais, como fazem os outros filhos que têm mais dificuldade em obedecer.

Pensemos na maneira de educar os filhos para tomarem decisões pessoais responsáveis e agirem em consequência.

Em geral, não será necessário criar situações para que os filhos mais novos tomem decisões; o que é preciso é torná-los conscientes das decisões que, na realidade, estão constantemente a tomar, para que aprendam a assumir pessoalmente as respectivas consequências. Se as crianças recebem uma semanada, podem aprender a usá-la de forma racional, distribuindo o dinheiro pelos dias da semana e não ficando aborrecidas quando veem que um irmão comprou alguma coisa de que gostam; se os pais vão organizar-lhes uma festa de aniversário, podem ser elas a escolher que amigos querem convidar, de acordo com os seus próprios critérios; podem optar pelo brinquedo que querem levar numa saída em família; pelo presente querem comprar para a mãe no Dia das Mães, etc.

Em todas estas circunstâncias, é conveniente que os pais lhes forneçam informações que lhes permitam decidir melhor, a fim de que eles disponham de critérios adequados para tal decisão. Por exemplo, no caso do presente para a mãe, convém explicar que o importante não é comprarem uma coisa de que eles

A EDUCAÇÃO DAS VIRTUDES HUMANAS

gostem, mas uma coisa que agrade à mãe, sugerindo mesmo algumas alternativas, para que possam decidir melhor. Seja como for, nesta primeira etapa é preciso apresentar diferentes possibilidades, para que os filhos decidam entre todas elas.

Neste sentido, o processo consistirá em ensiná--los a aceitar positivamente uma única possibilidade quando não têm hipótese de escolher; e em ensiná-los a escolher quando se lhes colocam várias alternativas. Com o passar do tempo, virá a possibilidade de tomarem decisões dentro de um campo mais amplo, isto é, de serem eles a pensar nas alternativas que lhes são expostas. Deste modo, os pais podem conseguir que os seus filhos tomem decisões responsáveis, com uma informação adequada, e prevendo as consequências dos seus atos. Em seguida, será preciso insistir para que sofram as consequências das suas decisões, sem se queixarem nem colocarem a culpa em outra pessoa. E, como mencionamos antes, reforçar o sentido de responsabilidade com a fortaleza, em especial com a perseverança, para que a decisão tenha efeito em benefício dos outros e não se reduza a não ser prejudicial.

Para que as decisões não sejam apenas de interesse pessoal, convirá relacionar os esforços do jovem com o serviço aos outros, desenvolvendo também a virtude da generosidade, e esclarecendo muito bem o que agrada e o que ofende a Deus, para que eles compreendam em que consiste agir pessoalmente como um cristão; com efeito, não se trata apenas de evitar o pecado, mas de afinar a consciência para poder agir de forma positiva.

Os pais podem sempre orientar os filhos para que eles tomem decisões adequadas; e, se perceberem

A EDUCAÇÃO DA RESPONSABILIDADE

claramente a necessidade de provocar estas decisões, aproveitarão muitas ocasiões que surgem de forma espontânea. Por outro lado, se notarem que eles próprios estão a falhar neste aspecto, será conveniente prestarem mais atenção a esta matéria, e preverem ocasiões para que os filhos aprendam a tomar decisões pessoais. Depois de conseguirem que os filhos tomem uma decisão, os pais têm de ter o cuidado de não assumir a responsabilidade quando as coisas correm mal. Por exemplo, um filho decide só fazer as tarefas que lhe competem em casa depois de sair com os amigos e, por qualquer razão, volta para casa mais tarde do que o previsto. Substituí-lo na responsabilidade de assumir as consequências das suas decisões seria o pai dizer-lhe que se fosse deitar e ser ele a fazer as tarefas do filho, ou deixá-lo realizar estas tarefas mesmo que já passasse muito da hora de ir para a cama; neste caso, o ideal será mandá-lo levantar-se mais cedo no dia seguinte para fazer o que tinha deixado na véspera.

Já na adolescência, convém dar indicações claras aos filhos sobre o tipo de decisões que podem tomar sem informar os pais, o tipo de decisões que podem tomar desde que informem os pais, e o tipo de decisões que só podem tomar depois de os consultar. Em princípio, pode-se dizer que têm de os consultar sempre que tiverem de tomar decisões relacionadas com os estudos (mas não propriamente em relação aos aspectos técnicos do estudo ou à realização de trabalhos), decisões que tenham influência sobre os outros membros da família (como por exemplo chegarem tarde ao jantar) e decisões que resultem de situações novas, nas quais os filhos não têm qualquer experiência.

A EDUCAÇÃO DAS VIRTUDES HUMANAS

Há um tipo de decisões que levanta problemas especiais em relação à consequente responsabilização por parte dos filhos: as decisões tomadas em grupo. Com efeito, a qualquer nível que se tomem, as decisões de grupo tendem a diluir a responsabilidade pessoal, dado que nenhum dos envolvidos aceita a responsabilidade a 100%; nestas circunstâncias, não é habitual haver resultados positivos. Na verdade, assumir as consequências de uma decisão de grupo como se se tratasse de uma decisão pessoal é uma prova de um elevado grau de sentido de responsabilidade; e os pais devem ter em conta este fato quando apresentam ao conjunto dos filhos um problema que tem de ser resolvido ou uma meta que tem de ser alcançada. Assim, depois de tomada a decisão em grupo, os pais terão de conversar com cada filho para lhe fazer compreender a sua responsabilidade intransferível na matéria e a importância do assunto em questão. Só pode haver responsabilidade de grupo se cada membro aprendeu previamente a ser pessoalmente responsável.

Os atos não intencionais

Como explicamos, não se trata apenas de sermos responsáveis pelo que decidimos, mas também pelo que fazemos, intencionalmente ou não. Se um condutor atropela um pedestre, evidentemente sem querer, nem por isso pode adotar uma atitude irresponsável — tem de prestar contas perante as autoridades competentes e de tentar aplicar os meios necessários para sanar os prejuízos que causou (mesmo que não seja moralmente responsável pelo sucedido).

A EDUCAÇÃO DA RESPONSABILIDADE

Ao nível das crianças pequenas, se um irmão quebra um brinquedo de outro sem querer, nem por isso pode eximir-se da responsabilidade de o consertar ou de o substituir, ou de conseguir que os pais o substituam, pedindo desculpa pelo sucedido. E os pais podem explicar isto aos filhos com grande facilidade, porque é da mais elementar justiça.

Mas pode acontecer que, em determinadas ocasiões, a responsabilidade *a posteriori* não seja suficiente; refiro-me à necessidade de prever as consequências dos próprios atos. Não se pode dizer que uma criança que se põe a jogar bola na sala de estar de casa e quebra um vaso tem noção de responsabilidade pelo simples fato de pedir imediatamente desculpa à mãe; com efeito, se tivesse sentido de responsabilidade, teria pensado previamente nas possíveis consequências do seu ato, e não o teria feito. Esta atitude é especialmente importante para os adolescentes, pois estes deparam permanentemente com situações novas, que podem ser-lhes prejudiciais. Por um lado, têm de aprender a consultar os pais ou outras pessoas de confiança antes de fazerem coisas novas, a fim de serem informados das dificuldades que poderão encontrar e dos riscos que poderão correr; por outro lado, têm de perceber que pode ser uma atitude mais corajosa e mais responsável dizer que não, que não querem fazer aquela experiência.

Somos responsáveis por todos os nossos atos, em especial quando pressupõem um ato de vontade, mas também quando resultam da falta de previsão. Seja como for, é compreensível que, em determinados momentos, nos comportemos de forma irresponsável sem querer e, nessas alturas, ser responsável significa tentar retificar, reparar os danos causados e empenhar-se em não cometer o mesmo erro da vez seguinte.

Os pais que perceberem claramente estes aspectos da virtude da responsabilidade podem explicá-los bem aos filhos. Muitas vezes, procuramos soluções inovadoras para educar os nossos filhos, e não percebemos de que o principal é ter ideias muito claras, dar exemplo, esclarecer e explicar as coisas aos filhos e agir de forma intencional.

A preocupação com os outros

A nossa descrição inicial termina com a seguinte expressão: «E procura que as outras pessoas sobre as quais pode ter influência façam o mesmo.» Em outras palavras, ser um pai responsável é conseguir que os filhos sejam responsáveis — por isso as reflexões anteriores acerca da educação da responsabilidade. Mas também é preciso educar os filhos para que eles próprios influenciem positivamente os colegas, os irmãos e os próprios pais a desenvolver a virtude da responsabilidade. Com efeito, armados com uma falsa noção do respeito pelos outros, os filhos convencem-se por vezes de que não têm o direito de exigir sentido de responsabilidade aos colegas, ou limitam-se a queixar-se e a aborrecer-se, sem tentarem estimular positivamente os outros a reconhecerem os seus deveres.

Os nossos filhos hão de deparar sempre com colegas que agem com falta de responsabilidade; se não tentarem ajudá-los, é possível que eles próprios sejam afetados, porque é mais fácil agir de acordo com o estado de espírito de cada momento, ou seja, com

A EDUCAÇÃO DA RESPONSABILIDADE

base em qualquer capricho. Neste sentido, temos de pedir aos nossos filhos sentido de responsabilidade nas suas relações com os outros; e este aspecto acabará por se refletir na virtude da lealdade, de que falaremos mais adiante.

A nível humano, todos temos responsabilidade pelos outros; naturalmente que temos de os respeitar, mas este respeito também significa despertá-los e exigir-lhes, dentro da relação de amizade que temos por eles. Os nossos filhos não têm apenas de se sentir responsáveis, têm também de prestar a atenção adequada aos outros, quer a nível humano, quer a nível sobrenatural, se forem cristãos.

A pessoa responsável assume as consequências dos seus próprios atos, sejam ou não intencionais, e também se responsabiliza por aquilo que é, a saber, filho de Deus.

A responsabilidade
Autoavaliação

Segue-se um elenco de afirmações que permitem refletir de forma sistemática sobre:

— o grau em que se vive pessoalmente esta virtude e

— o grau em que se educam os alunos ou os filhos nesta virtude.

Em relação a cada afirmação, o comportamento e o esforço pessoal correspondente podem ser avaliados com base na seguinte escala:

5. Estou totalmente de acordo com esta afirmação, que reflete a minha situação pessoal.

4. A afirmação reflete a minha situação em grande parte, embora tenha algumas ressalvas.

3. A afirmação reflete a minha situação em parte; em parte sim e em parte não.

2. A afirmação não reflete a minha situação, embora seja possível que venha a acontecer.

1. Não me parece que a afirmação reflita a minha situação pessoal; não me identifico com ela.

As reflexões pessoais podem ser discutidas com o cônjuge ou com os colegas, de forma a identificar possíveis aspectos prioritários de atenção no desenvolvimento da virtude, quer a título pessoal, quer de acordo com a educação dos filhos e alunos. De fato, é possível que o leitor vá descobrindo muitos campos em que pode melhorar; mas convém *selecionar apenas um ou dois*, a fim de tentar alcançar os progressos desejados.

A maneira pessoal de viver a responsabilidade

1. Assumi plenamente a responsabilidade de ser educador; tenho uma vivência profunda da importância da minha função.

(A responsabilidade pressupõe este primeiro tipo de decisão consciente, que não consiste propriamente em a pessoa se responsabilizar por um conjunto de tarefas, mas em responder por aquilo que é.)

2. Vivo a responsabilidade, prestando contas perante pessoas que têm autoridade sobre mim.

(Para ser responsável, é preciso responder perante outro, e todos nós temos alguém acima de nós.)

3. Comprometo-me com os valores e com as pessoas que dependem de mim, procurando o seu bem.

(O compromisso é uma consequência de uma decisão consciente; é preciso refletir sobre aquilo que é importante para si próprio e depois lutar para proteger e defender esses valores.)

A EDUCAÇÃO DA RESPONSABILIDADE

4. Depois de tomar uma decisão ou de empreender uma ação, assumo as consequências se o resultado for negativo.

(Há pessoas que tentam transferir as suas responsabilidades para outros; por exemplo, quando um filho tem maus resultados escolares por ter poucas capacidades efetivas para os estudos, há pais que não aceitam o fato e pretendem transferir a responsabilidade pelo fracasso para a escola.)

5. Passo algum tempo tentando prever as possíveis consequências das minhas decisões antes de tomá-las.

(Na vida familiar, é frequente os pais reagirem às situações em vez de procurarem analisar os assuntos e tomar uma decisão pensada; a responsabilidade não exige apenas que se assumam as consequências dos próprios atos, exige também que se prevejam essas mesmas consequências.)

6. Assumo as consequências negativas dos maus atos que pratiquei.

(Para tal, o educador deve saber pedir desculpa e retificar quando comete um erro, em vez de insistir teimosamente na mesma coisa, apesar de se ter apercebido de que se enganou.)

7. Comprometo-me habitualmente com projetos depois de proceder a um estudo sério dos assuntos, pensando nas consequências positivas que deles podem resultar para os outros, e sem estar desnecessariamente dependente das opiniões alheias.

(Há pessoas que têm tendência para só se comprometer com determinada coisa quando a maioria vai nesse sentido, ou quando percebem que a coisa está a correr bem.)

8. Embora haja muitos motivos para se viver a responsabilidade, entendo que o motivo principal tem de ser o meu reconhecimento de que tenho o dever de responder perante outra pessoa, ou melhor, perante Deus.

(Uma pessoa pode comportar-se de uma forma que lhe parece responsável por motivos econômicos, por medo, por eficácia etc., sem com isso reconhecer as exigências profundas da responsabilidade.)

9. Quando participo em reuniões em que se tomam decisões, assumo as consequências, mesmo que a decisão tomada não seja a que me parecia melhor.

(Na verdade, é difícil responder por decisões tomadas em grupo; é uma atitude que exige uma razoável dose de humildade.)

10. Responsabilizo-me por aquilo que sou radicalmente: filho de Deus.

(Esta atitude exige, por exemplo, frequentar os sacramentos, estudar os conteúdos da fé, procurar ter direção espiritual, viver a fé nas relações com os outros, rezar e reconhecer Deus como Pai.)

A educação da responsabilidade

11. Reconheço as tendências individuais dos meus filhos e dos meus alunos a respeito da virtude da responsabilidade, a fim de não pressionar excessivamente um jovem que já é responsável por natureza.

(As crianças são todas diferentes e convém recordar que o excesso de virtude pode fazer cair no vício; é possível que uma criança que já seja responsável precise desenvolver outras virtudes, como a flexibilidade, a sinceridade, a compreensão etc.)

12. Dou ordens aos meus filhos e aos meus alunos, para que eles tenham a possibilidade de lhes obedecer, vivendo assim a virtude da responsabilidade.

(Uma das maneiras de ser responsável é assumir as decisões dos outros, ou seja, obedecer; se um educador não dá

A EDUCAÇÃO DA RESPONSABILIDADE

ordens, os educandos não poderão viver a responsabilidade desta maneira.)

13. Ajudo os jovens a reconhecer as decisões que estão a tomar, a fim de que possam assumir as consequências das mesmas.

(Por exemplo, ajudo um filho a ver como gastou a semanada, a perceber as consequências que advêm de convidar certos colegas e não convidar outros para a sua festa de anos, a inscrever-se numa atividade extracurricular.)

14. Proponho várias alternativas aos meus filhos e aos meus alunos, para que aprendam a discernir as vantagens e os inconvenientes de cada uma.

(Quando estamos falando de jovens, podem ser eles a pensar nas alternativas; mas convém primeiramente recorrer a este sistema, para que eles aprendam a identificar as possíveis consequências dos seus atos.)

15. Preocupo-me em procurar e facilitar a informação adequada sobre algum assunto em que o jovem vai tomar uma decisão, de maneira que ele possa tomar uma decisão responsável.

(Este ponto refere-se àquela etapa em que o jovem ainda não está em condições de assumir todo o processo com autonomia. Com efeito, é frequente depararmos com jovens de catorze ou quinze anos que tomam — ou pretendem tomar — as suas decisões com uma muito razoável falta de prudência, sem perceber os perigos a elas inerentes, ou julgando-se capazes de ultrapassar qualquer dificuldade que se lhes apresente; estes jovens precisam de ajuda para serem realistas.)

16. Procuro zonas de autonomia em que os jovens possam tomar por si as suas próprias decisões, e deixo-os sofrer as consequências dos seus erros, desde que não cometam imprudências.

165

A EDUCAÇÃO DAS VIRTUDES HUMANAS

(*Quando as coisas correm mal, os educadores têm uma tendência natural para proteger os educandos; desta maneira, impedem-nos de crescer como consequência dos seus erros.*)
17. Ajudo os jovens a ser atenciosos com os outros, de maneira que por sua vez ajudem os colegas e os amigos a também agirem de forma responsável.
(*Ser responsável é ajudar os outros a serem responsáveis; assim, um jovem pode, por exemplo, ajudar um colega a assumir as consequências de alguma infração que tenha cometido, a cumprir a sua palavra, a fazer bem o seu trabalho ou a obedecer aos pais.*)
18. Ajudo os jovens a reconhecerem a quem devem prestar contas e em que coisas.
(*Os jovens poderão ir reconhecendo progressivamente as diversas autoridades a quem devem prestar contas: os professores, os pais, as autoridades civis e, evidentemente, Deus.*)
19. Ensino os meus filhos e os meus alunos a consultarem quem de direito antes de tomarem as suas decisões, explicando-lhes a quem devem recorrer em cada caso.
(*Na verdade, trata-se de os ajudar a descobrir quais são as autoridades em cada assunto; com efeito, não se pode recorrer ao professor para resolver um problema de saúde, nem ao médico para resolver um problema escolar.*)
20. Ajudo os jovens a assumirem a responsabilidade pelos maus atos que cometeram sem intenção.
(*Há muitas coisas que acontecem por falta de previsão ou por ingenuidade, mas também há outras em que dificilmente se podem identificar elementos de responsabilidade pessoal; em qualquer dos casos, é necessário assumir os fatos e suportar aquelas coisas pelas quais não somos responsáveis, como por exemplo as doenças.*)

VII
A EDUCAÇÃO DO RESPEITO

«Atua ou deixa atuar procurando não se prejudicar nem deixar de se beneficiar, nem a si mesmo nem aos outros, de acordo com os seus direitos, a sua situação e as suas circunstâncias pessoais.»

* * *

Quando falamos de respeito é importante, antes de mais nada, distinguir o respeito que devemos aos outros em geral, enquanto filhos de Deus, do respeito que devemos a cada um em particular, de acordo com a sua situação e as suas circunstâncias. O primeiro tipo de respeito leva-nos a ter uma atitude aberta, de compreensão e aceitação, enquanto o segundo nos orienta para comportamentos específicos, de acordo com os fatores implícitos nas diversas relações humanas, como veremos melhor quando tratarmos das relações entre pais e filhos. Nesta relação, as qualidades pessoais dos pais «são de importância meramente secundária na motivação do respeito que os filhos lhes devem»; com efeito, os pais merecem o respeito dos filhos principalmente «como autores da vida e como educadores e superiores por vontade de Deus»[1]. Vamos considerar o desenvolvimento desta virtude em diferentes tipos de relações: as relações com os amigos, os colegas e os outros em geral, e a relação entre pais e filhos.

---

1   Mausbach, J. e Ermecke, G., *Teología Moral Católica*, tomo III, Pamplona, EUNSA, 1974, pp. 74-75.

A EDUCAÇÃO DAS VIRTUDES HUMANAS

Antes de avançarmos, porém, convém esclarecer que implicações tem o respeito pelas *coisas* que, em princípio, não têm relação na nossa descrição inicial. De fato, não faz sentido respeitar uma coisa, porque uma coisa não tem nem pode ter direitos, nem é possível prejudicar nem favorecer o seu processo de aperfeiçoamento, pelo menos entendido no sentido de uma maior plenitude humana e espiritual. No entanto, dizemos que se tem de respeitar a Natureza, que se têm de respeitar os livros, que se tem de respeitar a propriedade alheia, que se têm de respeitar as regras do jogo etc.; é pois indubitável que, nestes casos, estamos a usar o termo com uma nuance diferente. Assim, por exemplo, quando afirmamos que temos de respeitar a Natureza, o que estamos a referir é a necessidade de cuidar da Natureza, usando-a de acordo com o fim para o qual foi criada; quando dizemos que é preciso respeitar as regras do jogo, afirmamos que é preciso obedecer a estas regras, a fim de que possam cumprir a sua função. É que o respeito pelas coisas só faz sentido quando nos apercebemos de que elas estão ao serviço do homem, e de que o homem se limita a administrar bens que são de Deus; por isso, faz sentido respeitar a Natureza quando percebemos que os motivos desse respeito são, principalmente, o fato de a Natureza ser de Deus, o fato de os homens poderem usufruir dela, e a circunstância de que, ao usufruírem da Natureza, podem aproximar-se de Deus. Em suma, nunca podemos considerar que o respeito pelas coisas é um fim em si mesmo. Também não respeitamos os pertences alheios sem mais, agindo em seu favor e agradecendo os bens que tais pertences nos proporcionam; pelo contrário, tentamos não

A EDUCAÇÃO DO RESPEITO

prejudicar as pessoas, evitando fazer um uso indevido dos seus bens, tanto espirituais como materiais.

Percebe-se, pois, que todas as pessoas têm o direito de ser tratadas e amadas pelos outros por aquilo que são — isto é, por serem filhas de Deus; desta maneira, todos somos radicalmente iguais. Por outro lado, cada pessoa se encontra numa situação e em circunstâncias peculiares, o que faz com que os outros tenham de respeitá-la de diferentes maneiras.

Os amigos, os colegas e os outros em geral

As primeiras palavras da descrição desta virtude são: «Atua ou deixa atuar procurando não se prejudicar nem deixar de se beneficiar, nem a si mesmo nem aos outros»; como é que estas palavras se compatibilizam com a noção de respeito dos adolescentes modernos? Para os adolescentes, o respeito consiste essencialmente em não fazer nada, pois consideram que não se pode impor, coagir ou provocar intencionalmente uma mudança noutra pessoa; na realidade, porém, aceitam influências que lhes proporcionam um prazer superficial, embora atrativo, recusando as influências que possam estimulá-los a fazer um esforço por melhorar. Um exemplo deste processo é o que se passou numa universidade: um grupo de alunos incitou os colegas a manifestar o seu desacordo com determinada situação; quando alguns professores começaram a conversar individualmente com os alunos que assim se manifestavam, tentando conhecer a sua opinião e esclarecer a posição a universidade sobre aquela questão, os alunos que tinham incitado os colegas ficaram muito aborrecidos, acusando os professores de coação, isto é, de falta de respeito pelos colegas; na verdade, quem estava a faltar-lhes ao respeito eram eles, dado que não lhes permitiam agir com base numa decisão pessoal.

Isso significa que o respeito não consiste apenas em deixar agir, mas também em agir. Mas, para não faltar ao respeito, esta ação tem de assentar na verdade; especificando: os outros têm o direito de receber uma informação clara e, dentro do possível, objetiva. Por isso, a sinceridade é um componente importante do respeito. Mas a sinceridade tem de ser governada pela caridade e pela prudência; ou seja, há momentos para dizer as coisas tal como são, com valentia, e momentos em que, por respeito, a pessoa terá de se calar. E o critério para distinguir umas situações das outras será o grau de aperfeiçoamento que se procura.

O desenvolvimento da virtude do respeito na relação dos filhos com os amigos e com os outros em geral dependerá, em grande medida, da sua idade; é evidente que, antes de descobrir a sua própria intimidade, a criança respeitará os amigos de uma maneira, e quando chega à adolescência, depois de conhecer outros aspectos da sua personalidade, começa a respeitá-los de outra.

As crianças pequenas terão de aprender a respeitar os irmãos, os amigos etc., principalmente em relação aos seus pertences materiais e à sua afetividade. Consideremos estes aspectos por partes. Os outros têm o direito de fazer uso dos seus pertences, bem como de ceder esse direito quando bem entenderem (embora também seja importante que desenvolvam a virtude da generosidade); o que a criança não pode fazer é apoderar-se de coisas que pertencem aos

A EDUCAÇÃO DO RESPEITO

outros sem a sua autorização. Mas a criança tem de ter a noção do desgosto que pode causar a outra pessoa para compreender a razão de ser destas atitudes. Com efeito, é lógico que um pequeno se sinta atraído pelos pertences alheios; além disso, tendo um sentido de justiça ainda pouco desenvolvido, é natural que considere que é injusto que outra pessoa tenha uma coisa que ele gostaria de ter. Não se apoderar dos pertences alheios pressupõe desenvolver a virtude da fortaleza, aprendendo a ultrapassar impulsos egoístas; por isso, é sensato estabelecer, dentro da família, um certo equilíbrio entre as coisas que são de todos e as coisas que são de cada um. Às vezes, os pais querem que tudo o que é dos filhos esteja à disposição de todos; ao fazê-lo, porém, estão a desaproveitar uma boa oportunidade para desenvolver neles a virtude do respeito.

Os filhos não têm de aprender apenas o que significa ser dono de uma coisa, têm também de apreciar as consequências afetivas que pode ter nessa pessoa o fato de não a reconhecerem como dona daquela coisa. Assim, conforme a personalidade da criança, será conveniente insistir mais na noção de propriedade ou na reação afetiva que o não reconhecimento dessa noção pode ter na pessoa. O que pretendemos conseguir na educação dos filhos pequenos é que eles pensem nas consequências dos seus atos antes de os executarem, porque se apercebem de que esses atos afetam outras pessoas.

Os filhos têm de aprender a respeitar os sentimentos dos outros; a saber, que têm de evitar irritar um irmão e provocar outro à vingança. A verdade é que estas atitudes são para eles, muitas vezes, uma espécie de brincadeira. E também é certo que, quando são

171

A EDUCAÇÃO DAS VIRTUDES HUMANAS

pequenos, não são capazes de perceber um raciocínio do tipo: «você gostaria que fizessem o mesmo com você?» Quando se tenta esta via, poderão deixar de provocar o irmão nos minutos seguintes, mas voltam rapidamente a fazê-lo.

Isso quer dizer que as crianças pequenas têm pouquíssima capacidade de se colocar no lugar de outra pessoa e de reconhecer os efeitos do que essa pessoa está a sofrer. Por isso, se portam-se bem, é pela necessidade de obedecer às regras que lhes foram impostas. Assim, nestas idades talvez não valha muito a pena os educadores preocuparem-se demasiado com o desenvolvimento da virtude do respeito neste sentido; é preferível que se preocupem em ajudá-los a desenvolver a virtude da obediência e a desenvolver a sua vontade a fim de que, quando começarem a desenvolver a capacidade de respeitar os outros, tenham suficiente força interior para tal.

Seja como for, as crianças podem ir-se preparando para respeitar afetivamente os outros vivendo num ambiente de respeito e de amor; e precisam dispor de critérios que lhes permitam distinguir onde começa e onde acaba o respeito. Consideremos alguns exemplos. A criança tem de reconhecer que deve tratar as pessoas de maneira diferente de acordo com a sua situação, mas não necessariamente de acordo com as circunstâncias; assim, por exemplo, se a família tiver uma empregada, os filhos perceberão que os pais a tratam de maneira diferente, precisamente porque ela se encontra numa situação diferente; mas, se percebem que os pais não a tratam com consideração e respeito, é muito provável que os filhos os imitem, aprendendo dessa maneira a mandar sem respeitar.

A EDUCAÇÃO DO RESPEITO

Se os filhos ouvem os pais criticarem indiscriminadamente certo tipo de pessoas, seja por razões de raça, de origem, de profissão ou por quaisquer características pessoais, é provável que esta intransigência e falta de respeito condicionem a criança, de tal maneira que ela comece a ter as mesmas opiniões, catalogando os outros.

O que estamos fazendo com as crianças pequenas é a tentar pôr as bases para que sejam capazes de reconhecer e apreciar a possibilidade radical que qualquer pessoa tem de melhorar; se considerássemos que determinada pessoa deixou definitivamente de utilizar a sua inteligência e a sua vontade para se aperfeiçoar, estaríamos a equipará-la a um animal.

Já que centramos a nossa atenção na educação dos mais novos no cumprimento de certas normas, como preparação para o desenvolvimento do respeito, convirá resumi-las em alguns pontos:

Ensinar-lhes que as pessoas são todas diferentes e que, portanto, devem ser tratadas diferentemente.

Ensiná-los a respeitar cada pessoa pelo que é, sem catalogar os outros; e, consequentemente:

2.1) ensiná-los a portar-se de tal maneira que não causem desgostos aos outros, apropriando-se indevidamente do que é deles, tratando-os com falta de consideração etc.;

2.2) ensiná-los a não criticar os outros;

2.3) ensiná-los a agir positivamente a favor dos outros;

2.4) ensiná-los a procurar os aspectos positivos dos outros;

2.5) ensiná-los a agradecer os esforços que os outros fazem por eles.

Quando a criança se transforma em adolescente, o respeito começa a fazer muito mais sentido. Descoberta a intimidade pessoal, as crianças tornam-se capazes de reconhecer o que significa respeitar os outros e respeitarem-se a si mesmas; com efeito, o desenvolvimento da virtude do pudor radica numa correta apreciação da intimidade própria e alheia, e no consequente respeito que é devido a cada um.

Podemos considerar alguns elementos deste respeito que costumam levantar dificuldades ao adolescente. Os adolescentes querem ser respeitados pelos outros e percebem imediatamente as faltas de respeito dos outros por eles; mas já não percebem tão depressa as suas próprias faltas de respeito com os outros. Assim, ficam aborrecidos quando um amigo não comparece a um encontro, mas não dão importância ao fato de eles próprios não comparecerem; aborrecem-se quando um amigo fala mal deles, mas não se inibem em falar mal dos outros etc. É razoável que tenha de existir maior respeito entre pessoas que se conhecem muito bem — os irmãos e os amigos íntimos —, porque a relação tem de estar mais bem afinada para permitir um convívio permanente. Mais ainda, o convívio entre irmãos só é possível quando existe um grande respeito entre eles, pois os irmãos não têm hipótese de se escolher uns aos outros com base no seu caráter; são todos diferentes uns dos outros, cada um tem o seu estilo próprio, e todos têm o direito de viver naquela casa.

Os pais podem explicar isto mesmo aos filhos, fazendo o possível para que eles tenham a possibilidade de se desenvolver em contextos adequados e para que

A EDUCAÇÃO DO RESPEITO

não surjam situações que possam provocar faltas de respeito desnecessárias entre eles; podem explicar-lhes, por exemplo, que não se devem referir aspectos íntimos da vida de um irmão na frente dos outros, que cada um tem o direito de se comportar como quiser, desde que não prejudique os outros nem a si mesmo, e por aí fora.

Outro problema do adolescente é entender o respeito unicamente como não fazer, procurando não prejudicar, ou seja, é não reconhecer o dever de ajudar os outros; ora, se os outros têm uma possibilidade radical de aperfeiçoamento, o respeito deve levar-nos a ajudá-los a alcançar essa maior plenitude pessoal. Mas, para se poder ajudar outra pessoa, é preciso conhecê-la e conhecer muitos aspectos da sua situação; seria uma falta de respeito — além de ser uma falta de bom senso — fazer sugestões infundadas a outra pessoa. Porém, quando se conhece a pessoa, quando existe uma proximidade suficiente para que haja um interesse mútuo, o respeito pressupõe agir positivamente em favor do outro.

Neste sentido, o respeito assenta no conhecimento da situação e das circunstâncias da outra pessoa; quando a conhecemos bem, somos capazes de prever razoavelmente as consequências dos nossos atos. O respeito impõe que, antes de agir, pensemos nas consequências que os nossos atos terão nos outros.

Tudo isto ficará claro se pensarmos na relação entre garotos e garotas: se um rapaz faz uma proposta pouco honrada a uma garota, convencendo-a a aceitar com argumentos enganosos ou brincando com as suas emoções, e a garota aceita efetivamente a proposta, é bem possível que o rapaz observe que ela decidiu livremente, quando a verdade é que houve ali uma nítida coação e uma falta de respeito.

O respeito só tem sentido quando se baseia na realidade objetiva, no que é verdadeiro; por isso, é preciso distinguir entre o direito que cada um tem de ter as opiniões que quiser e o direito que os outros têm de receber uma informação verdadeira, que os ajude a melhorar. Mostrar a outra pessoa que as suas opiniões estão erradas não é uma falta de respeito; pelo contrário, é precisamente o respeito pela verdade que nos leva a explicar-lhe as coisas. Muitas vezes, porém, os adolescentes não levam em conta a situação dos outros quando se trata do seu direito de ter opiniões. Ora, é certo que eles têm o direito de ter as opiniões que quiserem, mas não têm o direito de influenciar negativamente os irmãos mais novos ou os amigos menos maduros com o peso dos seus raciocínios. O respeito pressupõe que, se a pessoa não tem a certeza absoluta da veracidade das suas opiniões, evite, por prudência, propagar esta influência, que pode prejudicar os outros; e pressupõe também, como dissemos, que quando sabe que uma coisa é verdadeira, procure influenciar positivamente os outros.

Isso significa que, nas suas relações com os filhos adolescentes, os pais terão de esclarecer em quê consiste o respeito e quais são os perigos que podem opor-se a uma vivência do sentido positivo desta virtude. Terão de ensiná-los a pensar nas consequências dos seus atos e a distinguir as capacidades intelectuais, a idade e o temperamento das pessoas com quem se relacionam; depois, identificando a sua situação com realismo, os filhos terão de agir ou

A EDUCAÇÃO DO RESPEITO

deixar de agir, procurando não prejudicar nem deixar de beneficiar os outros.

A relação com os pais

«O respeito pelos outros deve ser interior e exterior; esta obrigação pode ser infringida, quer por desprezo interior, quer por palavras injuriosas, por uma atitude displicente, pelo não cumprimento da vontade efetiva dos outros, e principalmente pelos maus tratos.»[2] Ao falar da atuação dos pais e da educação das virtudes humanas, referimo-nos amplamente ao tema do respeito que os pais devem ter pelos filhos; mas não estudamos a questão da educação dos filhos no respeito pelos pais. E esta é uma questão importante, porque os filhos têm a obrigação de respeitar os pais durante toda a vida, embora só tenham obrigação de obedecê-los enquanto vivem debaixo do mesmo teto (os menores que estão sob a autoridade paterna também têm obrigação de obedecer aos pais, ainda que não vivam debaixo do mesmo teto).

Os pais têm de ensinar os filhos a respeitá-los; neste caso, pode ser conveniente avaliar se há alguma diferença entre o respeito que assenta na justiça e o respeito que assenta no amor. Naturalmente que queremos que os nossos filhos nos respeitem por amor; mas há uma diferença entre o respeito por amor que os filhos podem ter pelos amigos e o respeito que têm pelos pais. E esta diferença radica precisamente no fato de os pais serem os autores da sua vida, e por isso terem autoridade sobre eles pelo próprio fato de serem pais; o que

---

2 Mausbach, J. e Ermecke, G., *op. cit.*, p. 75.

A EDUCAÇÃO DAS VIRTUDES HUMANAS

significa que os filhos devem amá-los principalmente por serem pais, e não pelas qualidades específicas que eventualmente possuam, como acontece com os amigos. Por isto, não se pode fazer uma distinção entre o respeito com base na justiça e o respeito com base no amor; com efeito, quando se respeita apenas por uma questão de justiça, o respeito é incompleto, mas é ainda mais incompleto quando se respeita apenas por amor às qualidades da pessoa.

Para conseguir que os filhos tenham respeito pelos pais, é possível agir pessoalmente com o objetivo de obter resultados para a própria pessoa ou agir em favor do cônjuge. Em determinadas questões, é mais fácil e mais adequado ajudar os filhos a conhecerem a situação real do cônjuge do que salientar a própria situação, embora também seja preciso exigir aos filhos um trato adequado para com o próprio, a fim de manter a própria dignidade. Por exemplo, um casal descobre que uma das filhas engravidou antes de se casar, um acontecimento que lhes doeu muito; mas ainda lhes doeu mais o fato de outra filha os ter acusado de serem os responsáveis pela situação, por não terem ensinado a irmã a usar contraceptivos, porque estas acusações revelam uma enorme falta de respeito. Às vezes, os filhos adolescentes julgam que têm o direito de dar opiniões e de fazer tudo o que querem diante dos pais; acontece que fazer e dizer deliberadamente coisas que aborrecem ou fazem os pais sofrerem é uma falta de respeito, e os pais têm de exigir que os filhos os respeitem, pelo menos a ponto de não lhes fazerem mal. Em situações de conflito entre pais e filhos, pode mesmo ser necessário dizer com clareza a um filho que, enquanto viver debaixo do mesmo teto,

A EDUCAÇÃO DO RESPEITO

tem obrigação de os respeitar e obedecer, pois os pais continuam a ser responsáveis por ele; quando chegar à maioridade, pode deixar de lhes obedecer, mas tem de continuar a respeitá-los.

Os filhos terão dificuldade em aprender a controlar-se e a não tratar mal os pais se os pais não provaram, com o seu exemplo, que respeitam os filhos e querem o seu bem. A verdade é que, em muitos casos, os filhos não percebem que os pais estão a agir para seu bem. Nestas ocasiões, um dos cônjuges pode explicar, com clareza mas com brevidade — pois o objetivo não é persuadir o filho —, os motivos da atuação do outro cônjuge. Os filhos têm o direito de receber uma informações suficientes para saberem que os pais estão a agir com base em critérios que poderão contribuir para que eles sejam melhores; de outra maneira, não conseguirão aceitar que as exigências que lhes são feitas são justas e razoáveis. Mas depois devem respeitar os pais e, se não estão de acordo com a decisão que estes tomaram, se acham até que não se trata de uma decisão justa e razoável, devem dizer-lho delicadamente, fazendo o possível por não os magoar, e explicando-lhes por que razão consideram preferível uma decisão diferente.

Neste sentido, podemos perceber que, quando existe verdadeiro amor entre pais e filhos, o respeito se torna natural porque, muitas vezes sem terem bem consciência disso, os filhos dão o valor devido aos pais, e os pais, o valor devido aos filhos.

Para se educar este amor desde a infância, é preciso defender o papel do pai. Os pais podem ser amigos dos filhos, mas a relação pai-filho é mais do que isso: um filho espera que o pai lhe exija, e certamente que

A EDUCAÇÃO DAS VIRTUDES HUMANAS

não questionará o seu dever de o respeitar e obedecer se o pai não estiver constantemente a questioná-lo.

O filho perceberá que, se o pai lhe exige, não é por vingança, nem para o aborrecer, mas porque o ama; e, por sua vez, exigirá a atenção adequada. Esta atitude também é digna de respeito, porque visa permitir que a outra pessoa cumpra o seu dever. É por isso que se diz que os pais educam os filhos, mas os filhos também educam os pais: educam-se mutuamente quando há respeito mútuo.

Pelo que dissemos, terá ficado claro que, sem amor, a virtude do respeito não se desenvolve. Contudo, não se trata de interpretar este amor de forma indiscriminada, mas de acordo com a situação e as circunstâncias da outra pessoa. Quando nos esquecemos de que o amor pressupõe acreditar na possibilidade radical que os outros têm de melhorar, acabamos por catalogar as pessoas, impedindo-as de alcançar uma maior plenitude humana e espiritual. O importante é suspendermos a ação quando podemos prejudicar estas possibilidades de aperfeiçoamento pessoal; e agirmos quando podemos contribuir para elas.

O respeito pelos outros só é correto quando radica no reconhecimento de que são filhos de Deus. O respeito pelos pais deriva do fato de que Deus quis que fossem nossos pais. O respeito não é algo que se possa ter com base nas qualidades das pessoas com quem estamos em contato; os outros — todos eles — têm o direito de ser respeitados por nós. O modo de interpretarmos e de vivermos este respeito terá por base, em cada caso, o reconhecimento dos direitos, da situação e das circunstâncias reais das pessoas, que nos levará depois a agir, ou a deixar de agir, por amor.

A EDUCAÇÃO DO RESPEITO

O respeito
Autoavaliação

Segue-se um elenco de afirmações que permitem refletir de forma sistemática sobre:
— o grau em que se vive pessoalmente esta virtude e
— o grau em que se educam os alunos ou os filhos nesta virtude.

Em relação a cada afirmação, o comportamento e o esforço pessoal correspondente podem ser avaliados com base na seguinte escala:

5. Estou totalmente de acordo com esta afirmação, que reflete a minha situação pessoal.

4. A afirmação reflete a minha situação em grande parte, embora tenha algumas ressalvas.

3. A afirmação reflete a minha situação em parte; em parte sim, em parte não.

2. A afirmação não reflete a minha situação, embora seja possível que venha a acontecer.

1. Não me parece que a afirmação reflita a minha situação pessoal; não me identifico com ela.

As reflexões pessoais podem ser discutidas com o cônjuge ou com os colegas, de forma a identificar possíveis aspectos prioritários de atenção no desenvolvimento da virtude, quer a título pessoal, quer relativamente à educação dos filhos e dos alunos. De fato, é possível que o leitor vá descobrindo muitos campos em que pode melhorar; mas convém *selecionar apenas um ou dois*, a fim de tentar alcançar os progressos desejados.

A maneira pessoal de viver o respeito

1. De maneira geral, consigo criar um ambiente de compreensão e aceitação na família e na sala de aula.

(Este ambiente assenta num conjunto de pormenores, como por exemplo ouvir os outros com atenção, evitar críticas infundadas, não usar um tom de voz nem gestos que sejam sinal de desprezo.)

2. Reconheço a possibilidade radical de aperfeiçoamento dos outros.

(O contrário é a tendência para catalogar as pessoas, considerando que a apreciação que se faz deles em determinado momento — por exemplo, que um filho ou um aluno não é confiável, ou que outro será sempre um inútil na escola — é irrevogável.)

3. Tenho a noção clara de que as coisas estão ao serviço das pessoas, pelo que não têm direitos.

(Trata-se de cuidar das coisas para que as pessoas possam aproveitá-las; por exemplo, não permitir o uso de um objeto com receio de um jovem possa estragá-lo — embora tenha recebido instruções adequadas sobre a sua utilização — não é uma prova de respeito por esse objeto, mas uma falta de respeito pelo jovem.)

4. Comporto-me habitualmente com o claro objetivo de beneficiar os outros.

(O falso respeito impede a pessoa de beneficiar os outros por não querer «meter-se na vida deles», ou para evitar receber uma resposta mais brusca.)

5. Procuro não agir quando me convenço de que, por meio dos meus atos, posso prejudicar outra pessoa.

(Há certas ocasiões em que não seria prudente tentar influenciar outra pessoa, porque a ação pode ser mais prejudicial que benéfica.)

6. Reconheço que é preciso tratar as pessoas de maneiras diferentes, que é o mesmo que respeitá-las de acordo com a situação e as circunstâncias em que se encontram.

A EDUCAÇÃO DO RESPEITO

(Uma pessoa que esteja doente ou enfraquecida tem de ser respeitada de uma maneira diferente de outra que esteja cheia de saúde e de vontade de viver. Um professor tem de ser respeitado duma maneira diferente de um tio.)

7. Antes de fazer alguma coisa em relação a outra pessoa, procuro obter o máximo de informação possível sobre a situação.

(Desta maneira, poderei agir no momento oportuno e adaptar a ação às necessidades reais dessa pessoa.)

8. Trato todas as pessoas com o respeito que merecem.

(A todos como filhos de Deus; aos pais, aos colegas, aos amigos, às autoridades civis etc. de acordo com a sua dignidade específica.)

9. Nas conversas com os outros, evito os juízos generalizados, as críticas indiscriminadas e, de uma maneira geral, os preconceitos, sejam do tipo que forem.

(As conversas são circunstâncias em que é fácil incorrer em faltas de respeito; e também se notam as pessoas que preferem calar-se quando não têm coisas positivas que dizer.)

10. Penso na melhor maneira de ajudar os outros, reconhecendo que não há receitas mágicas aplicáveis a toda a gente.

(Com efeito, aplicar uma receita é uma prova de que olhamos para todas as pessoas com os mesmos olhos; por exemplo, em geral é inútil — e pode mesmo ser uma falta de respeito — pretender impor a outros coisas que fazemos na nossa família.)

A educação do respeito

11. Ajudo os meus filhos e os meus alunos a respeitar a propriedade alheia e, em geral, as regras do jogo.

A EDUCAÇÃO DAS VIRTUDES HUMANAS

(*Para isto, os educadores têm de ter uma exigência perseverante. As crianças pequenas não conseguem perceber o conceito abstrato de respeito, mas podem desenvolver hábitos relacionados com esta virtude.*)

12. Reconheço que os meus filhos e os meus alunos têm o direito de ter os seus pertences e ensino-os a distinguir aquilo que é propriedade privada daquilo que é de uso comum.

(*Em determinadas famílias e escolas, há uma certa tendência para considerar que todas as coisas são propriedade comum, na expectativa de que esta atitude desenvolva o espírito de solidariedade. Acontece que todos têm o direito de adquirir e possuir bens, pelo que é necessário procurar um equilíbrio entre os pertences privados e os pertences comuns.*)

13. Ensino os mais novos a não causarem problemas aos amigos, tirando-lhes o que lhes pertence, estragando ou sujando o que é deles, ou tratando-os com falta de consideração.

(*As crianças pequenas são capazes de reconhecer esta emoção de desgosto nos outros, e essa pode ser uma boa motivação para agirem adequadamente em matéria de respeito.*)

14. Raciocino com os meus filhos e os meus alunos, para que percebam que as pessoas são todas diferentes umas das outras, e que portanto é preciso agir de maneira diferente com cada uma.

(*Isto significa fazer-lhes notar que há uma maneira de agir com os pais, outra com os professores, outra com os amigos, outra com desconhecidos etc.*)

15. Faço notar aos meus filhos e aos meus alunos que é uma falta de respeito criticar os outros, falar mal deles nas costas ou desprezá-los.

A EDUCAÇÃO DO RESPEITO

(*São comportamentos frequentes, mas o são muito menos em crianças que convivem com adultos que dão bom exemplo neste sentido.*)

16. Ajudo-os a descobrir o respeito que devem aos irmãos e aos colegas — à sua intimidade, aos seus pertences, ao seu direito ao bom nome.

(*É especialmente difícil viver o respeito naqueles grupos em que não podemos escolher as pessoas com que temos de nos relacionar, como a família e a turma.*)

17. Ajudo os jovens a descobrir que podem ter uma influência negativa nos outros, explorando as suas emoções ou o fato de serem mais velhos.

(*Por exemplo, acontece por vezes que os rapazes aproveitam a sensibilidade emocional das moças para conseguirem os seus fins; e os irmãos mais velhos têm tendência para se aproveitar dos mais novos.*)

18. Ensino os jovens a reconhecerem os perigos resultantes de possíveis faltas de respeito.

(*Na educação, é raro encontrarmos procedimentos originais para alcançar os nossos fins; assim, ao lidar com os jovens temos de raciocinar com eles, fornecendo-lhes informações claras, curtas e concisas sobre as matérias que queremos transmitir-lhes.*)

19. Falo com os jovens de maneira que compreendam que têm de respeitar os pais durante toda a vida.

(*Ou seja, que lhes devem obediência enquanto viverem debaixo do mesmo teto ou enquanto forem menores, mesmo que não vivam sob o mesmo teto.*)

20. Consigo que os jovens não utilizem termos injuriosos, que não tenham atitudes displicentes para com certo tipo de pessoas, que não tratem mal ninguém.

A EDUCAÇÃO DAS VIRTUDES HUMANAS

(Embora queiramos conferir à nossa educação uma visão positiva, procurando situações em que os jovens tratem os outros com autêntico respeito, também temos de evitar certas atuações que, na realidade, refletem relevantes faltas de respeito pelos outros.)

VIII
A EDUCAÇÃO DA SINCERIDADE

«Exprime, quando conveniente, à pessoa idônea e no momento adequado, aquilo que fez, aquilo que viu, aquilo que pensa, aquilo que sente etc., com clareza, e com respeito pela sua situação pessoal e a situação dos outros.»

* * *

Ao falar de sinceridade, observa Pedro Rodríguez: «Hoje em dia, toda a gente se gaba de ser sincera, ou pelo menos gostaria de o ser. Fala-se da sinceridade da juventude, da sinceridade do novo teatro, da sinceridade da canção moderna etc. O problema deste prestígio da sinceridade é que, no fundo, obedece a um desconhecimento daquilo em que realmente consiste esta importante virtude.»[1]

Se nos referirmos à descrição inicial que fizemos desta virtude, perceberemos que, para muitas pessoas, ser sincero não significa ter em conta as expressões «quando conveniente» ou «à pessoa idônea e no momento adequado». Para que a sinceridade faça sentido, não se pode tratar de uma comunicação ao acaso; a pessoa tem de reconhecer a sua própria realidade e de a possuir em certo grau, para depois a comunicar, com base em determinados critérios; em particular, a sinceridade deve ser governada pela caridade e pela prudência. Mas o «excesso» de sinceridade não é

---

1   Rodríguez, P., *Fe y Vida de Fe*, Pamplona, EUNSA, 1990, p. 55.

A EDUCAÇÃO DAS VIRTUDES HUMANAS

o único desvio que encontramos nos nossos filhos, embora possa ser considerado um dos problemas mais importantes entre os adolescentes. Também deparamos com outros desvios, que assentam numa falsa apreciação da realidade ou numa manifestação intencionalmente equívoca de uma realidade conhecida; refiro-me à mentira, à hipocrisia, à adulação, à calúnia, à murmuração etc. Teremos de analisar estes dois tipos de desvios, mas começaremos por analisar a situação inicial da pessoa que quer desenvolver a virtude da sinceridade.

«A sinceridade e a humildade são duas formas de designar uma única realidade»[2]; e São Tomás afirma que a humildade regula a tendência que o homem tem para se elevar acima da sua realidade específica. Por isso, convém reconhecer que o desenvolvimento da virtude da sinceridade não faz sentido quando a pessoa se engana a si própria. O problema do conhecimento próprio radica na tendência para comparar a própria situação com a situação das outras pessoas; quando a verdade é que «a medida adequada da minha realidade de homem não me vem da minha relação com os outros homens, mas antes de mais da minha relação com o Criador»[3]. Ser filho de Deus é uma coisa importantíssima, que leva a pessoa a esforçar-se no conhecimento próprio, para aproveitar tudo aquilo que possui e o investir no serviço a Deus e aos homens, sem se exaltar desnecessariamente nem, pelo contrário, se desvalorizar. Neste sentido, podemos insistir na importância que tem o desenvolvimento da própria intimidade,

---

2   *Op. cit.*, p. 55.

3   *Op. cit.*, p. 56.

A EDUCAÇÃO DA SINCERIDADE

sabendo que deste modo saberemos valorizar devidamente aquilo que somos, para depois entregarmos o que temos de entregar à pessoa adequada, no momento oportuno. Queremos evitar falsificar as situações ou interpretá-las com más intenções; queremos evitar utilizar o nosso ser sem sentido, deixando-nos levar pelos nossos caprichos ou pelos caprichos dos outros, com base nos quais a «sinceridade» não é nada além de um desregramento verbal.

Começaremos por analisar os problemas com que deparamos para ver a realidade, e os desvios que podem ocorrer quando esta mesma realidade se apresenta diante dos nossos olhos; nesse sentido, comentaremos alguns aspectos da educação da sinceridade dos filhos.

Ver a realidade

Para ver a realidade de maneira que sirva de base ao aperfeiçoamento pessoal, temos de distinguir aquilo que é importante daquilo que é secundário. Se uma pessoa não tem vontade de melhorar, se vê a vida como uma simples busca de prazer e não está disposta a fazer nenhum sacrifício para melhorar em função do fim último para o qual foi criada, é irrelevante distinguir entre o importante e o secundário; nestes casos, é mais fácil procurar o prazer de acordo com o impulso de cada momento e enganar-se quando as coisas não correm bem, escapando ou encobrindo os momentos ingratos e a insatisfação de fundo com outro tipo de estímulos: o cinema, o sexo, as drogas etc. Assim, para que a sinceridade — e qualquer outra virtude — faça sentido, a pessoa tem de reconhecer a sua missão intransferível de dar glória a Deus, ou

A EDUCAÇÃO DAS VIRTUDES HUMANAS

pelo menos de se esforçar por ser melhor, de acordo com determinada finalidade, mesmo que ainda não a tenha entendido por completo.

Deste modo, tem de procurar a melhor maneira de educar os filhos a fim de que estes percebam que é fundamental progredir, e que este progresso seja efetivamente o critério em que baseiam a sua apreciação do conjunto da sua situação pessoal. O aperfeiçoamento pessoal faz evidentemente muito mais sentido para um adulto que para uma criança pequena, pelo menos no quadro de uma ampla gama de possibilidades. Mas uma criança pequena não tem de se confrontar com a dificuldade que consiste em ter de gerir demasiada informação, que por vezes impede que se faça uma apreciação clara das situações; neste sentido, aquilo que visamos com as crianças menores talvez seja que conheçam algumas das suas capacidades e qualidades, que depois lhes permitam realizar atos que sejam benéficos para as outras pessoas. As crianças sabem que agiram bem quando imitam atuações que viram em outros e que tiveram consequências agradáveis ou úteis para elas. Por exemplo, uma menina pequena que limpa e arruma por iniciativa própria a sala de estar de sua casa sabe que, com esta ação, não está apenas agradando à mãe, mas também avaliando a sua própria capacidade de servir, e certamente fica satisfeita com o que fez. Deste modo, está descobrindo um aspecto fundamental da sua realidade: que foi criada para alguma coisa; ainda não compreende inteiramente a diferença entre prazer-satisfação e prazer sem mais, mas começa já a intuí-la. Se as crianças se limitam a procurar o prazer, ficam sem conhecer uma parte da sua realidade, e por isso os atos relacionados com a

A EDUCAÇÃO DA SINCERIDADE

virtude da sinceridade deixam de ter sentido; pode ser que não mintam, que não murmurem etc., mas só não o fazem porque desse modo não encontram o prazer que substituiu a finalidade última da sua vida, e não o encontram, por exemplo, porque os pais as castigam ou porque os professores se aborrecem com elas.

Concretizando um pouco mais, podemos dizer que as crianças têm necessidade de receber, o mais cedo possível, a informação de que têm uma finalidade na vida; e que esta finalidade só pode ser alcançada com esforço pessoal, com base nas próprias capacidades e qualidades. Para ser sincera consigo própria, a criança tem de saber previamente que um critério para julgar a informação, para perceber se é importante ou não, é a relação que essa informação tem com a possibilidade de ser melhor.

Perceberemos melhor a importância deste conceito se analisarmos alguns desvios à sinceridade. Se um rapaz de oito anos mente, é evidente que está a impedir os pais de receberem informação adequada para poderem orientá-lo. Se o pequeno está convencido de que deve dizer a verdade pelo simples fato de os pais terem estabelecido que é essa a regra do jogo, sem lhe darem mais explicações, é bem possível que minta para não ser castigado, porque o castigo é para ele uma prova de vingança dos pais por ter infringido as regras *deles*. Pelo contrário, se perceber que a razão de ser da sinceridade é ser melhor, e se os pais o fazem olhar para a questão dessa maneira, pelo menos não terá tantos motivos para mentir, ainda que possa mentir por outras razões.

Já dissemos que os filhos têm de perceber que é muito importante reconhecerem as suas capacidades e as suas qualidades, e esforçarem-se por usá-las para bem dos outros e para conseguirem melhorar; temos agora de analisar alguns problemas relacionados com esta questão.

Embora tenhamos atuado em congruência com o que dissemos, é possível que os jovens esqueçam estes critérios quando começam a confrontar-se com influências alheias à família. A finalidade de muitos jovens e adultos nossos contemporâneos é, muito simplesmente, a busca do prazer e a libertação de qualquer tipo de dever; deste modo, não é possível captar aspectos importantes da própria situação pessoal porque, como dissemos, deixa de haver um critério de aperfeiçoamento pessoal.

Parece-me que a solução consiste em raciocinar com os adolescentes. Há muitos pais que se limitaram a aceitar, a princípio com alguma passividade, uma série de comportamentos, de regras do jogo, que incorporaram ativamente na própria vida porque a experiência lhes mostrou que têm de melhorar; mas não são capazes de os transmitir aos filhos por via racional, nem de se opor a influências prejudiciais que estes possam sofrer, explicando-lhes a falta de lógica dos argumentos contrários.

Ser sincero, reconhecer que se é um ser criado por Deus para alguma coisa, com uma determinada finalidade, é apreciar-se corretamente a si próprio. A seguir, podem surgir outros problemas na apreciação da realidade, própria e alheia, mas o ideal é manter o mesmo ponto de vista: salientar os aspectos positivos, aquilo em que se pode melhorar, e só destacar os aspectos negativos em função desta possibilidade de progresso.

A EDUCAÇÃO DA SINCERIDADE

Como dissemos, podem surgir outros problemas. Um deles consiste em saber distinguir os fatos das opiniões, das interpretações, dos sonhos e das fantasias. Se uma criança de oito anos declara: «Não sei fazer isto», pode ser que esteja dizendo a verdade; mas, se interpreta essa frase como querendo dizer também: «E nunca serei capaz de aprender», está manifestamente enganada. Por isso, os pais poderão proporcionar-lhe a informação necessária, ou seja, ensiná-la a fazer aquela tarefa, para que a afirmação inicial se altere. Em circunstâncias diferentes, a afirmação inicial pode ser falsa; o que significa que a criança a disse para justificar o fato de não realizar aquela tarefa. Neste caso, os pais terão de lhe fazer ver que é importante reconhecer a verdade, e dizer, por exemplo: «Estou cansado, e não quero fazer isto»; deste modo, estão a ajudá-la a ver as coisas tal como são. Uma das coisas que as crianças podem aprender desde muito cedo é que duas pessoas podem ver a mesma realidade com diferentes matizes, sem que nenhuma delas esteja a mentir. Por exemplo, duas crianças estão a jogar e uma delas acusa a outra de trapacear; a outra nega, e gera-se uma situação de tensão em que os pais têm de intervir. O que importa, nestes casos? Por um lado, mostrar-lhes os fatos e exigir que apontem para eles, esquecendo as opiniões; e depois, centrar as atenções de forma a conseguir que a situação não se repita.

Outras situações que constituem uma falsificação da realidade são, por exemplo, a da criança que, não tendo irmãos, inventa uma personagem com quem brincar etc.; ou, a outro nível, a do pequeno que quebrou qualquer coisa em casa e acusa outra pessoa, mesmo que esteja ausente naquele momento.

193

Menciono estas duas situações porque nenhuma delas pressupõe que haja malícia. Se o nosso critério é o aperfeiçoamento da pessoa, o que podemos fazer no primeiro caso é arranjar um jeito de esta criança ter amigos e, se isso não é possível, não destruir este mundo inventado, desde que a criança seja capaz de distinguir a fantasia da realidade; com o tempo, ultrapassará esta etapa. No segundo caso, será necessário mostrar à criança que o que ela disse é incorreto. Não se trata propriamente de esmagar a falsidade do que ele disse com o peso da razão, mas de lhe fazer ver que o que disse está incorreto, e que não vai ser julgado nem castigado por ter partido aquela peça.

Neste sentido, a educação da sinceridade assenta no fato de os pais reconhecerem que esta virtude é prioritária; se assim não for, podem acabar por centrar-se noutros aspectos do comportamento e não favorecer o desenvolvimento desta virtude. Imaginemos a situação em que um adolescente foi ver um filme que os pais lhe tinham proibido porque os amigos decidiram ir ver o filme num dia em que estava com eles; se os pais apreciam a importância da sinceridade, é provável que prefiram que o filho conte que lhes desobedeceu, e por que, do que virem a saber por terceiros que o filho foi ver o filme e o castiguem por ter sido desobediente. Se os pais souberam explicar ao filho por que razão não lhes parece conveniente que ele veja aquele filme, é muito provável que o filho, tendo recebido uma informação adequada, decida melhor qual deve ser a sua atitude e, caso caia na tentação, reconheça que o fez.

Isso nos conduz a um último problema em relação à apreciação da própria realidade. A pessoa humana

A EDUCAÇÃO DA SINCERIDADE

tem tendência para se enganar acerca da sua própria possibilidade de se confrontar com influências nocivas.

Como o intelecto é um componente muito importante da sua personalidade, o adolescente tende a esquecer as suas reações corpóreas e afetivas, convencendo-se de que o intelecto comanda — quando não é verdade. Ser sincero consigo próprio não é necessariamente reconhecer as debilidades pessoais, mas pressupõe que a pessoa reconheça que é perigoso submeter-se a influências que os pais consideram prejudiciais. Neste domínio, o problema reside em que os adolescentes, que em princípio valorizam a virtude da sinceridade, compreendam que ela consiste numa troca completa de informação; com efeito, é frequente não a verem como um reconhecimento da sua situação pessoal, nem em função de um progresso de caráter, o que faz com que o seu conceito de sinceridade penda mais para a soberba que para a humildade, relacionando-se mais com o desleixo do que com a intimidade. Pelo que dissemos, fica claro que o ser humano tem muitas oportunidades de enganar-se a si próprio, muitas das quais são resultantes de uma deformação culposa da consciência.

Desvios na exposição da realidade

Para analisar este aspecto da matéria, vamos centrar-nos na expressão: «quando conveniente, à pessoa idónea e no momento adequado», contida na definição inicial. Efetivamente, estas palavras dão a entender que a sinceridade deve ser orientada pela prudência e pela caridade. Assim, se estamos tentando ser melhores, a justificação para partilharmos uma parte da nossa intimidade com outra pessoa é precisamente essa hipótese de melhorarmos. Não faz sentido a pessoa abrir a sua intimidade perante qualquer pessoa, em qualquer momento; quando isso acontece, estamos sendo dominados por impulsos momentâneos, por caprichos, pelas paixões inferiores. A pessoa humana que reconhece um sentido de finalidade na sua vida tem de exercer a sua força de vontade.

Uma dificuldade que se coloca aos adolescentes é que parece existir uma dicotomia entre esta visão intencional da sinceridade e aquilo a que eles chamam espontaneidade; e, mesmo nos casos em que não chega a ser uma dicotomia, há pessoas que têm dificuldade em harmonizar este conceito com um clima geral de confiança. A espontaneidade pode ser entendida como um frenesi, como uma libertação de inibições, como uma atuação de acordo com o impulso de cada momento; acontece que este gênero de atuação é essencialmente instintivo e animal, não recorrendo à razão nem à vontade. Ora, se somos pessoas de um certo tipo, não é razoável ignorar certas facetas específicas da nossa personalidade, que são facilmente observáveis. A espontaneidade não tem valor em si mesma quando é entendida como frenesi; só tem valor quando é entendida no contexto de um clima de confiança, conducente a um melhoramento pessoal e alheio.

A espontaneidade está relacionada com um ambiente de confiança, se for entendida como autenticidade, como simplicidade nas motivações, como franqueza e honradez. O que seria contrário a este conceito de espontaneidade é a estratégia, ou seja, entender a expressão «à pessoa idônea e no momento adequado» como

A EDUCAÇÃO DA SINCERIDADE

algo planejado, não natural, como algo que se opõe à autenticidade pessoal. A autenticidade também deixaria de existir se fosse substituída por uma estratégia que consistiria em fingir emoções, em calar informação ou em contar com fontes específicas de dados, em adotar deliberadamente uma atitude de ingenuidade e de simplicidade natural, por exemplo.[4]

Trata-se de agir com autenticidade, simplicidade, etc., mas tendo em consideração que cada situação de relação humana exige um esforço da vontade para permitir reconciliar a entrega pessoal com as necessidades de melhora dos outros; não se trata de estar sempre a pensar nessa melhora — isso poderia conduzir até a uma falsificação do comportamento —, mas de vivê--la, de tê-la presente, de agir com prudência.

Se este é um problema da adolescência, o que podemos fazer para educar as crianças pequenas neste sentido? No fundo, trata-se de estimular as crianças a que relatem coisas da sua vida, porque sem esta comunicação inicial não é possível orientá-las; uma vez ultrapassada esta meta — o que pode ser muito difícil com algumas crianças, por serem mais retraídas e tímidas — será necessário levá-las a:

1) distinguir fatos de opiniões;
2) distinguir o importante do secundário;
3) distinguir a quem devem contar o quê;
4) distinguir o momento oportuno;
5) explicar os porquês.

Quando se tem em casa crianças que falam muito, é preciso ensiná-las a canalizar e a controlar essa

---

4   Cf. Gibb, J. R., «Defensive Communication», in *The Journal of Communication*, XI, 3 (setembro de 1961), pp. 141-148.

expansividade; quando se têm crianças que não contam quase nada, é preciso colocá-las em situações em que se sintam à vontade. De maneira geral, os problemas de comunicação não se resolvem falando diretamente com a pessoa sobre eles, dizendo-lhe que deve contar mais coisas etc.; o que se tem de fazer é identificar, criar ou aproveitar situações para que comecem a contar coisas. Por exemplo, o pai pode interessar-se por alguma coisa que um filho tinha de fazer e perguntar-lhe: «e como foi?», ou ir dar um passeio com um filho, ou pedir-lhe que o ajude a lavar o carro; ou a mãe pode pedir ajuda para arrumar a cozinha, ou conversar com um filho quando este concluiu uma atividade que gosta de fazer etc. A seguir, vamos tratar alguns problemas relacionados com a falsificação da realidade.

A falsificação da realidade

Uma das manifestações de falta de sinceridade com que deparamos com mais frequência é a mentira. Para mentir, a pessoa tem de tentar induzir em erro aqueles que a ouvem, de acordo com a sua própria apreciação da realidade. Por isso, quando uma criança pequena chama um amigo de «mentiroso», muitas vezes não estará utilizando adequadamente esta palavra; o que ela pretende dizer é que a apreciação do assunto que o amigo fez é diferente da sua. A intenção de induzir os outros em erro só costuma emergir depois da idade da razão, aproximadamente aos sete anos; antes disso, é frequente as crianças não conseguirem distinguir adequadamente a realidade da ficção, nem reconhecerem as implicações daquilo que afirmam. Seja como for,

A EDUCAÇÃO DA SINCERIDADE

nestas idades é importante promover a imaginação, mas esclarecendo constantemente a diferença entre as situações imaginárias e as situações reais; por essa razão, não convém usar motivos imaginários para conseguir a realização de um ato real, dizendo por exemplo: «não faças isso, senão vem aí o papão», ou: «não saias daqui, senão vem o lobo e come-te», ou dizer que o irmão que vai nascer foi trazido pela cegonha etc.

Falando de mentiras reais, podemos começar por apontar as soluções:

1. A mentira resulta de uma necessidade sentida pela criança; convém, pois, eliminar estas necessidades na medida do possível, e fortalecer a criança para lhe permitir confrontar-se com situações difíceis.

2. A mentira é contagiosa; como em tudo, o exemplo dos pais é vital.

3. Para evitar certos tipos de mentira, a criança tem de aprender a exprimir-se com clareza; convém portanto ajudá-la a identificar e a expressar a sua realidade.

Analisemos estas três soluções, mencionando as causas correspondentes.

A mentira pode «resolver» muitos problemas com que a criança depara na sua vida diária, normalmente com o objetivo de não passar por situações desagradáveis; assim, pode dizer que chegou mais tarde em casa porque ficou conversando com um professor em vez de dizer a verdade — que ficou brincando —, pois sabe que, se o fizer, os pais vão se aborrecer com ela ou podem mesmo castigá-la. Para eliminar a necessidade de mentir nestas situações, poderá ser conveniente evitar ao máximo castigar as crianças, e até premiar a sua sinceridade — mas sem ingenuidade; assim, quando um ato inaceitável deixa de ser isolado e se transforma numa ação repetida, a criança tem de ser castigada.

A criança também pode sentir a necessidade de parecer tão boa ou melhor que os amigos, falsificando a situação dos pais, dos seus pertences, do lugar onde a família foi passar férias etc. Não é fácil compensar esta necessidade, mas será conveniente fazer ver à criança, com todo o carinho, o valor que ela própria tem, e conversar com ela sobre aquele desejo de ser diferente e de ter outras coisas. Os adolescentes podem mentir para evitar desgostos ou para preservar a sua intimidade. Ora, os pais não têm de invadir a vida íntima dos filhos; o ideal é criar situações em que eles sejam capazes de falar livremente do que quiserem, e vigiá-los de longe, tentando perceber através de terceiros que tipo de ambientes frequentam, com quem se dão etc. Empurrar os filhos para situações em que eles se sintam mais ou menos obrigados a mentir não resolve nada. Por outro lado, também é verdade que, se os filhos não revelam absolutamente nada dos seus problemas reais às pessoas que podem ajudá-los, estão a limitar as suas hipóteses de melhorar.

O exemplo dos pais é vital porque, quase sem perceberem isso, podem dar a impressão de que é lícito mentir. Situações típicas em que os pais mentem são, por exemplo, receberem um telefonema num momento inoportuno e pedirem a quem atendeu: «Diga que não estou»; serem mandados parar por um guarda de trânsito e responderem: «Não, não vi o sinal» etc. Mas os desvios mais importantes dos adultos são de outro tipo: a hipocrisia, a adulação, a calúnia, a murmuração etc.

A EDUCAÇÃO DA SINCERIDADE

Sem entrar em pormenores sobre cada um destes desvios, está claro que o importante é gerir a sinceridade, como ficou dito, com prudência e caridade. Não se pode dar opiniões sem ter informações adequadas sobre o assunto; e, quando se tem uma informação adequada, não se pode utilizá-la de maneira que prejudique negativamente terceiros (acrescento o «negativamente» porque, às vezes, é mesmo preciso prejudicar para conseguir que alguém progrida; uma vez mais, o critério é o progresso).

«Santo Agostinho afirmava que, ainda que todo aquele que mente queira ocultar a verdade, nem todo aquele que quer ocultar a verdade mente. Pode acontecer que, embora se conheça a verdade, não se possa nem se deva revelá-la; é o caso, por exemplo, do segredo profissional, do segredo de ofício e do segredo natural.»[5]

Há situações em que a sinceridade pode ser regida por outras virtudes. Por exemplo, numa aula, alguém faz um ruído estranho, o professor pergunta quem foi, mas o responsável pelo ato não se acusa; qual deverá ser a posição dos colegas? Se o silêncio não prejudicar os outros, os alunos devem calar-se por lealdade ao colega, embora este não tenha sido sincero; ou seja, a sinceridade está subordinada à lealdade.

Na descrição inicial desta virtude, dissemos que se tratava de exprimir «com clareza»; esta clareza pressupõe capacidade de expressão e coragem. Não convém dar explicações confusas, misturadas com justificações; trata-se de dizer as coisas com simplicidade, de forma ordenada e com sentido de responsabilidade. Por outro

---

5 Galera, J. A., *Sinceridad y fortaleza*, Madri, Ed. Palabra, 1974, p. 47.

A EDUCAÇÃO DAS VIRTUDES HUMANAS

lado, se os pais querem que os filhos lhes contem coisas importantes, terão de os esclarecer sobre aquilo que é importante e aquilo que não é, para que os filhos não deixem de ser sinceros.

O desenvolvimento da virtude da sinceridade

A intensidade com que se consegue viver a sinceridade depende da capacidade de cada pessoa reconhecer qual é a situação real. Quando a situação não implica qualquer contrariedade, é mais fácil dizer a verdade; deste modo, é importante ensinar os filhos a distinguir a verdade da mentira, os fatos das opiniões, o importante do secundário em situações fáceis e em situações de maior carga afetiva. É uma questão de lhes mostrar a importância de dizerem as coisas como são, para poderem receber ou dar uma orientação adequada; e, para ser adequada, e orientação terá de ser prudente, no momento oportuno, à pessoa adequada, e com caridade. Ser sincero é ser honrado, é ser justo em todas as relações, a começar pela relação da pessoa consigo própria.

Os motivos para a sinceridade devem assentar, em princípio, na confiança que as crianças têm no amor dos pais, e na certeza de que estes os ajudarão e não os julgarão; com base nisto, compreenderão que a sinceridade lhes permite conhecerem-se em relação ao que devem ser, e tornarem-se melhores. Por último, a motivação mais elevada para a sinceridade há de ser reconhecerem-se como filhos de Deus, com uma finalidade específica na vida; ou seja, reconhecerem a miséria humana, mas também a grandeza de serem filhos de Deus. Só deste modo o ser humano poderá

A EDUCAÇÃO DA SINCERIDADE

amar de acordo com aquilo que é e alcançar cada dia uma maior plenitude humana e espiritual.

A sinceridade
Autoavaliação

Segue-se um elenco de afirmações que permitem refletir de forma sistemática sobre:
— o grau em que se vive pessoalmente esta virtude e
— o grau em que se educam os alunos ou os filhos nesta virtude.

Em relação a cada afirmação, o comportamento e o esforço pessoal correspondente podem ser avaliados com base na seguinte escala:

5. Estou totalmente de acordo com esta afirmação, que reflete a minha situação pessoal.

4. A afirmação reflete a minha situação em grande parte, embora tenha algumas ressalvas.

3. A afirmação reflete a minha situação em parte; em parte sim e em parte não.

2. A afirmação não reflete a minha situação, embora seja possível que venha a acontecer.

1. Não me parece que a afirmação reflita a minha situação pessoal; não me identifico com ela.

As reflexões pessoais podem ser discutidas com o cônjuge ou com os colegas, de forma a identificar possíveis aspectos prioritários de atenção no desenvolvimento da virtude, quer a título pessoal, quer em relação à educação dos filhos e dos alunos. De fato, é possível que o leitor vá descobrindo muitos campos em que pode melhorar; mas convém *selecionar apenas um ou dois*, a fim de tentar alcançar os progressos desejados.

A maneira pessoal de viver a sinceridade

1. Tento criar um clima aberto de comunicação e de confiança na família ou na sala de aula, a fim de que os meus filhos e os meus alunos vivam a sinceridade.

(Na realidade, para se viver qualquer virtude, tem de haver um «clima de virtude». As virtudes estão todas relacionadas e, mais do que planificá-las, é preciso vivê-las com naturalidade.)

2. Reconheço a minha própria realidade, as minhas qualidades, as minhas limitações, os meus possíveis preconceitos, e tenho uma visão clara das coisas que são importantes e das que são secundárias.

(Uma pessoa que não tem uma visão clara daquilo que é importante e da sua própria personalidade também não será capaz de ajudar os filhos e os alunos a reconhecer tais coisas na sua vida. Uma pessoa que não reconheça a própria realidade não pode expressá-la.)

3. Reconheço que o mais importante é ser filho de Deus e tentar melhorar, de acordo com uma visão objetiva do bem.

(É possível a pessoa reconhecer a sua própria realidade de uma maneira limitada, por exemplo centrando-se nos seus gostos, nos seus caprichos e em pouco mais. Deste modo, a expressão da verdade será insuficiente e não conduzirá a um progresso pessoal.)

4. Exprimo habitualmente, à pessoa idônea, os diferentes aspectos da realidade de que me apercebi.

(Não se trata de contar tudo a toda a gente; por exemplo, há coisas que se partilham com o cônjuge ou com um amigo íntimo, e outras que se partilham com os colegas de trabalho ou com os conhecidos.)

5. Exprimo habitualmente, no momento oportuno, os diferentes aspectos da realidade de que me apercebi.

A EDUCAÇÃO DA SINCERIDADE

(*Não se trata de contar tudo em qualquer altura. A virtude da sinceridade deve ser gerida pela prudência.*)

6. Quando partilho informações, ideias, sentimentos etc. sobre aspectos da realidade que conheço, faço-o com a finalidade de enriquecer os outros ou de procurar ajuda para o meu próprio processo de aperfeiçoamento pessoal.

(*Não se trata de ter permanentemente presente o aperfeiçoamento que se pretende alcançar; mas convém reconhecer que a sinceridade visa a este tipo de enriquecimento. Não convém contar tudo a qualquer pessoa em qualquer momento.*)

7. Ao exprimir o que sei, o que penso, o que vi etc., faço-o com prudência e caridade.

(*A sinceridade exige prudência, mas também a caridade de se pensar no bem dos outros.*)

8. Faço assentar a minha sinceridade na confiança e na naturalidade.

(*Não se trata de criar «estratégias» de sinceridade, mas de relatar as situações com simplicidade, franqueza e honradez.*)

9. Tenho o cuidado de dar um exemplo positivo aos meus filhos e aos meus alunos, sem mentir nem encobrir a verdade com a intenção de induzir em erro.

(*Por exemplo: «diga que não estou em casa»; «vou ficar assistindo futebol, mas telefone para o escritório e diga que estou doente».*)

10. Reconheço as ocasiões em que não posso nem devo dizer a verdade.

(*Por exemplo, no caso do segredo profissional; mas também saber guardar um segredo ou não revelar desnecessariamente a terceiros conteúdos da intimidade familiar.*)

A educação da sinceridade

11. Ensino os meus filhos e os meus alunos a serem sinceros consigo próprios, ajudando-os a descobrir as suas capacidades e limitações pessoais.
(Ninguém pode dizer a verdade se não souber previamente o que tem de dizer.)

12. Ensino aos meus filhos e aos meus alunos quais são os valores importantes na vida, de maneira que sejam capazes de centrar-se no que é importante e não no que é secundário.
(Por exemplo, se não explico aos meus filhos e aos meus alunos que os sentimentos deles são importantes, é bem possível que não reparem neles nem os exprimam.)

13. Na minha atuação habitual com os mais novos, procuro celebrar a sinceridade.
(Quando um educador destaca uma criança que disse a verdade com um castigo, é muito possível que, no futuro, a criança não volte a ser sincera.)

14. Baseio-me na sinceridade dos meus filhos e dos meus alunos para depois os orientar.
(A orientação deve ser personalizada, de maneira que precisa de contar com uma informação correta a respeito do filho ou do aluno; não se pode orientar de uma forma genérica, sem se conhecer a realidade de cada um.)

15. Prefiro confiar no que me dizem os meus filhos e os meus alunos, sem ser ingênuo, mas sem dar constantes provas de desconfiança.
(A sinceridade é estimulada com expressões de confiança; a desconfiança leva à mentira e à falsificação da realidade.)

16. Preocupo-me em ajudar os adolescentes a descobrir os aspectos mais importantes da sua vida.

A EDUCAÇÃO DA SINCERIDADE

(As coisas importantes são aquelas que podem ter uma influência significativa nos valores que se querem viver.)
17. Ajudo as crianças a distinguir a realidade da fantasia.
(É importante que as crianças desenvolvam a imaginação, mas não convém misturar realidade e fantasia.)
18. Estou atento aos meus filhos e aos meus alunos que falam demasiado, com o propósito de fazê-los entender que o importante é contar as coisas à pessoa adequada e no momento oportuno.
(Talvez seja necessário explicar os resultados, ou possíveis resultados, de se ter revelado uma informação inadequada, com por exemplo o desgosto de um irmão ou a humilhação de um amigo.)
19. Crio situações em que os meus filhos e os meus alunos que têm mais dificuldade em se expressar possam fazê-lo com a máxima confiança.
(Muitas vezes isto pressupõe fazer atividades com eles; deste modo, a atenção de ambos está centrada na ação, e pode-se puxar pelo assunto e estimular a comunicação.)
20. Tento conhecer as causas das mentiras dos meus filhos e dos meus alunos, a fim de agir sobre elas, se for o caso.
(Por exemplo, as crianças podem ter necessidade de mentir para sentir-se iguais aos colegas, porque querem ser mais, ou por medo de ser castigadas.)

IX

A EDUCAÇÃO DO PUDOR

«Reconhece o valor da sua própria intimidade e respeita a intimidade dos outros. Mantém a sua intimidade resguardada de estranhos, recusando tudo o que possa prejudicá-la, e só a revela em circunstâncias que promovam o melhoramento próprio ou alheio.»

* * *

É curioso que a palavra «pudor» possa evocar, atualmente, a sensação de algo que é limitador, de algo que pertence ao passado e que felizmente foi superado; como observa Choza, «o pudor é uma virtude e, portanto, um dever, e as pessoas sentem-se aliviadas quando são eximidas do mesmo, isto é, quando o pudor é considerado um mero condicionamento social. É por essa razão que a literatura psicossociológica — que, como qualquer literatura, pretende agradar ao público — tende a considerar como condicionamentos sociais os hábitos a que chamamos virtudes»[1].

No entanto, o pudor faz grande sentido para pessoas que vivem numa sociedade que tende a destruir a intimidade da pessoa. Com efeito, em consequência da massificação e da desordem dos costumes, a pessoa corre o risco de se transformar num simples cúmplice da corrente; ora, para merecer esse nome,

---

1 Choza, J., *La supresión del pudor y otros ensayos*, Pamplona, EUNSA, 1990[2], p. 24.

A EDUCAÇÃO DAS VIRTUDES HUMANAS

o ser humano tem necessidade de descobrir o que é a dignidade humana, e só poderá fazê-lo se relacionar o mais fundo do seu ser com a finalidade para a qual foi criado. É evidente, pois, que a pessoa tem de se autopossuir e de conhecer as razões da sua própria vida para tornar-se digna de ser o que é.

A virtude cardeal da temperança distingue-se das outras virtudes cardeais por «ter a sua verificação e operar exclusivamente sobre o sujeito»[2]; ora, como o pudor está muito relacionado com a temperança, estamos falando de uma virtude que se repercute num âmbito muito difícil de se observar de fora. Mas, se esta virtude se refere à intimidade individual, os pais terão mais facilidade em avaliar o nível de desenvolvimento alcançado pelos jovens com base naquilo que estes fazem mal, do que com base naquilo que fazem bem. Neste sentido, é fácil a pessoa centrar-se no sexto mandamento e esquecer o desenvolvimento da virtude — que consiste, vale recordar, num hábito operativo bom.

O valor da intimidade

Por isto, pode ser conveniente lembrar em que consiste «reconhecer o valor da intimidade», e como podemos identificar este reconhecimento nos nossos filhos.

Quando um jovem descobre que tem uma experiência vivencial irrepetível, que é uma síntese de uma realidade que convoca o espírito, as emoções e o corpo, mas que é uma experiência que os outros não

---

2 Pieper, J., *Prudencia y templanza*, Madri, Rialp, 1969, p. 121.

A EDUCAÇÃO DO PUDOR

conhecem, pode reagir de duas maneiras: ou tenta partilhar esta experiência com os outros — com um amigo especial ou com os amigos em geral — ou guarda essa experiência no coração, meditando nela, vindo posteriormente a comunicá-la, ou não, de acordo com as circunstâncias; ou seja, poderá perceber que aquilo que pensa e aquilo que sente é tão valioso, que não deve dividir com qualquer pessoa, ou pode transmitir essa realidade a quem estiver disposto a ouvi-lo. Aqui deparamos com um problema, já que, para algumas pessoas, guardar as coisas e não as comunicar aos outros é uma expressão de egoísmo.

Por isso, convém explicar aos jovens que tudo aquilo que temos é de Deus e para Deus; compete a cada um administrar o que Deus lhe deu, de maneira que consiga dar glória a Deus da melhor forma possível. Guardar as coisas para si é egoísmo; mas guardar as coisas para Deus, não. Além disso, é natural que, se temos de utilizar as nossas possibilidades ao serviço de Deus mediante o serviço aos outros, tenhamos de refletir quando e como devemos entregar cada coisa, mas sem ceder ao vício do esbanjamento.

Por outro lado, convém esclarecer que a transparência não se contrapõe ao pudor; a transparência exige que a pessoa se comporte em congruência com os seus fins, sem segundas intenções. O pudor não esconde a realidade; a realidade está patente, mas controlada por uma decisão pessoal.

Quando concebemos o pudor como uma virtude, cujo primeiro elemento cronológico consiste na apreciação da própria intimidade, temos de considerar que sinais nos podem dar a entender em que grau os nossos filhos apreciam a sua própria intimidade.

Em primeiro lugar, podemos observar se os filhos começam a reconhecer aspectos da sua vida que podem ter a ver com a sua intimidade; e notamos que isso acontece quando eles reservam uma parte da sua vida para si próprios. Justamente por isso, é frequente verificarmos que as crianças pequenas começam a reservar a intimidade do seu corpo, por exemplo, impedindo que outras pessoas entrem no banheiro quando estão a tomar banho; parece haver um pudor natural nesse sentido. Do mesmo modo, os adolescentes começam a esconder dos pais certos aspectos da sua vida; e de vez em quando os pais até se aborrecem porque os filhos pouco ou nada lhes contam de si.

Quando descobre a sua intimidade, o adolescente pode passar facilmente para o extremo de se fechar no próprio mundo, recusando as influências paternas, que passa a considerar como intrusões na sua intimidade; e é possível que, ao mesmo tempo, se abra incondicionalmente com os amigos, para não ter de se responsabilizar pelo seu mundo pessoal.

Convém que os adolescentes comecem a distinguir a informação que querem comunicar aos pais e a informação que guardam para outras relações ou para si próprios. O pudor não se refere ao isolamento na comunicação com os outros, que acabará por conduzir necessariamente à solidão; refere-se antes à preservação do próprio ser, com vista a uma entrega oportuna.

Por isso, outro sinal positivo será a capacidade que a pessoa tem de estar consigo própria, sem fugir às responsabilidades que lhe são impostas pelo seu ser mais profundo; ou seja, a capacidade de passar algum tempo em silêncio, sem estar sujeita a ruídos exteriores, sem ligar o rádio ou a televisão ao chegar em casa

A EDUCAÇÃO DO PUDOR

etc. «Através da contemplação, o homem põe-se em contato com o Ser divino e assimila a verdade pura, que é o bem supremo; a essência da pessoa moral consiste em declarar-se aberta à verdade real das coisas e em viver a verdade que incorporou no próprio ser. Só uma pessoa que for capaz de aceitar e viver estas realidades será capaz de compreender o nível de autodestruição que um coração puro pode desencadear.»[3]

Assim, a intimidade tem valor desde que aquilo que ela preserva seja bom. A pessoa tem de saber sair de si para procurar ajuda; e não se trata da ajuda de qualquer pessoa, mas de uma pessoa idônea. E esta é a terceira maneira de perceber que um jovem valoriza a sua intimidade: verificar se recorre à pessoa adequada — um sacerdote, o pai, um amigo etc. — com o fim de manter são o conteúdo da sua intimidade.

Resumindo, as três maneiras de percebermos se os filhos valorizam a própria intimidade são:

1. Há zonas em que começam a resguardar dos outros certos aspectos do seu ser, das suas emoções e do seu corpo.

2. São capazes de ficar sozinhos consigo mesmos, em silêncio.

3. Preservam o conteúdo da sua intimidade, através da orientação de pessoas idôneas.

A expressão do pudor

Para percebermos como podemos educar os nossos filhos na virtude do pudor, temos primeiro de perceber de que maneira se exprime essa «guarda

---

3 Pieper, J., *op. cit.*, p. 147.

A EDUCAÇÃO DAS VIRTUDES HUMANAS

da intimidade». Choza menciona três domínios: o quarto, o modo de se vestir e a linguagem.[4] No que diz respeito à habitação, observa: «A principal razão pela qual os homens constroem casas não é a necessidade de se protegerem do clima ou dos animais; o homem constrói casas porque precisa projetar espacialmente a sua intimidade: a minha casa é a minha intimidade, o meu lugar íntimo, e quando convido um amigo para minha casa, convido-o para a minha intimidade, para estar em minha companhia de forma íntima.»[5] Assim pois, a pessoa precisa ter um lar que tenha interpretado e criado pessoalmente, que lhe proporcione uma intimidade que não seja solitária, mas que esteja em contato com as intimidades dos outros membros da sua família. Neste sentido, é manifesto que os pais devem permitir que, na medida do possível, os filhos criem, dentro de casa, zonas que sejam especialmente suas; se os filhos não criam nada que seja seu, se só têm a possibilidade de participar no ambiente dos pais, é natural que se sintam deslocados, porque a sua intimidade não tem onde viver ou exprimir-se. Sempre se disse que os pais devem permitir que os filhos pequenos tenham uma gaveta que seja sua, a que ninguém tenha acesso; na adolescência, isto torna-se ainda mais importante. Por outro lado, se os adolescentes têm uma boa comunicação com os pais e participam ativamente na vida da casa, é provável que queiram convidar os amigos e que não criem esse espaço próprio sempre fora de

---

4   *Op. cit.*, pp. 8-14.
5   *Op. cit.*, p. 9.

A EDUCAÇÃO DO PUDOR

casa. Por exemplo, há pais que entregam um cômodo da casa aos filhos adolescentes, para que estes a decorem a seu gosto. Também é importante que os adolescentes tenham um quarto para si, ou pelo menos que não tenham de partilhar o seu quarto com muitos irmãos.

Para que o pudor possa se desenvolver no adolescente, é preciso que este tenha um ambiente doméstico adequado, onde possa viver a sua intimidade e realizar aquelas coisas que lhe são próprias e pessoais. Por exemplo, se um filho adolescente sai com uma garota o tempo suficiente para vencer aquela primeira etapa em que faz o possível por esconder a relação aos pais — precisamente por pudor —, é normal que procure um ambiente adequado para esta nova relação. Ora, se o rapaz se identifica com o ambiente de sua casa, com os pais e com os irmãos, terá coragem para convidar a garota para ir a sua casa, talvez com outros amigos, para verem televisão, para conversarem, ou para se dedicarem a qualquer divertimento saudável; se, pelo contrário, não se sente à vontade no ambiente de sua casa, é natural que vá à procura de um local falsamente «íntimo» para esse efeito, como um bar, uma discoteca, um café, o canto de um parque ou até o carro — locais que lhe hão de parecer íntimos por serem isolados e obscuros, devido à música e aos jogos de luzes, ou seja, a características meramente exteriores, que não podem conduzir a uma verdadeira intimidade. Por exemplo, as discotecas, onde é praticamente impossível falar, propiciam um tipo de expressão com base exclusivamente no contato físico e na vibração dos instintos, estimulados pelo som e a penumbra,

A EDUCAÇÃO DAS VIRTUDES HUMANAS

quando não pela bebida; e esta situação já significa um menosprezo do pudor, na medida em que promove um falseamento da intimidade.

A esfera de intimidade adequada a dois jovens que, devido à sua idade, ainda estão longe de poder contrair matrimônio é o intercâmbio de ideias, de pensamentos e de projetos, ou a realização conjunta de atividades como o estudo, um passatempo comum, um passeio, o cinema etc. Um jovem que tiver desenvolvido adequadamente a virtude do pudor será capaz de compreender os limites que tal intimidade deve respeitar e de se comportar de acordo. Deste modo, o pudor colocará um véu de respeito diante da possibilidade de efusões físicas prematuras ou de revelações inadequadas de questões que dizem respeito ao fundo da alma.

É evidente que, se as condições de habitação não permitem a manutenção da intimidade dos filhos, estes acabarão por sair de casa, com os riscos inerentes a esta atitude: situações em que ocorrem abusos da intimidade ou situações em que o pudor não pode estar presente porque não está presente um dos âmbitos da intimidade.

Convém não esquecer que o pudor ajuda a pessoa a autopossuir-se, a fim de poder entregar-se no momento oportuno. Se relacionarmos este fato com o vestuário, perceberemos que este é a razão pela qual cobrimos o corpo. «O pudor em cobrir o próprio corpo significa que este se possui, que só está à disposição do próprio — que não está disposto a partilhá-lo com toda a gente — que, por conseguinte, está em condições de o entregar a uma pessoa ou de não o entregar a ninguém. É este o sentido do zelo

216

A EDUCAÇÃO DO PUDOR

do marido ou do namorado pela decência no vestir da mulher ou da namorada.»[6]

O pudor neste domínio torna-se especialmente problemático, sobretudo num contexto em que parece opor-se à moda. É inteiramente aceitável que uma mulher deseje agradar ao marido ou que uma jovem deseje ficar bem numa situação social, desde que o faça com elegância e decoro, sem ceder à vaidade ou à falta de pudor.

Interessa-nos referir aqui as possíveis faltas de pudor, e parece-me que a mulher só tem uma maneira de as avaliar: colocar-se no lugar do homem e perguntar a si própria se, vestindo-se daquela maneira, lhe vai excitar o instinto, permitindo-lhe penetrar, mesmo que de forma apenas mental, na sua intimidade. Por isso, o critério a ter em conta não é apenas o tapar muito ou pouco, mas também a maneira de tapar.

Quanto à expressão do pudor na linguagem, estamos num terreno muito amplo. «É comum a experiência do "não sei o que se passa comigo" em relação aos estados afetivos, e o consequente incômodo. O "não sei o que se passa comigo" indica que não se possui objetivamente a própria intimidade. A possibilidade do estado de ânimo é a possibilidade da posse objetiva de si mesmo, e consequentemente a possibilidade de comunicação ou de entrega do que possui. Quando se diz de uma pessoa que não tem pudor porque se refere de forma indiscriminada a aspectos íntimos da sua vida afetiva, pretende-se indicar que a intimidade dessa pessoa é do domínio público.»[7]

---

6 Choza, J., *op. cit.*, pp. 24-25.

7 Choza, J., *op. cit.*, p. 26.

A EDUCAÇÃO DAS VIRTUDES HUMANAS

A intimidade só deve ser expressa nos casos em que possa favorecer o aperfeiçoamento pessoal ou o bem do próximo; voltaremos a esta questão mais adiante. Por ora, basta-nos chamar a atenção para os perigos de uma noção simplista da sinceridade — que não consiste em falar de forma inoportuna sobre assuntos íntimos, nem de revelar a qualquer pessoa os problemas de cada um, mas em expô-los de uma forma livre de fingimentos, com retidão, a quem tenha as condições recomendadas para os ouvir. Calar a própria intimidade na presença de estranhos e manter ocultos da curiosidade e da especulação alheia não só os problemas, mas as emoções, os sentimentos e os estados de alma que constituem a vida afetiva de cada um de nós é uma saudável expressão de pudor. Como o é também não falar enfaticamente e sem motivo de acontecimentos ou temas que afetam habitualmente a esfera íntima de outras pessoas; neste sentido, é evidente que há certo tipo de frases e interjeições que são uma manifestação da falta de pudor de quem as diz.

O mundo íntimo não deve ser exibido; pelo contrário, só deve ser revelado nas circunstâncias adequadas e à pessoa adequada: um amigo verdadeiro, o cônjuge, o confessor, um familiar, em suma, uma pessoa de confiança.

Influências exteriores

O desenvolvimento da virtude do pudor pode ser gravemente prejudicado por influências exteriores à pessoa. Se queremos que os nossos filhos tenham paixões fortes, mas que as mantenham sob controle,

A EDUCAÇÃO DO PUDOR

é evidente que temos de os ensiná-los a utilizar a sua força de vontade, mas também a sua capacidade de raciocínio, para detectarem os efeitos dessas influências; deste modo, poderão afastar-se das mais prejudiciais e resistir com força às outras.

Já fizemos referência ao efeito que pode ter um ambiente passional deslocado, baseado numa combinação de certos tipos de música e de luzes, que pode conduzir com grande facilidade ao desnorteio e à luxúria. O cinema, a televisão e as leituras também podem ter efeitos negativos, talvez menos graves, mas igualmente sérios. Os adolescentes costumam achar que são maduros o suficiente para conseguir apreciar culturalmente um filme, por exemplo, ignorando o seu conteúdo erótico. A verdade, porém, é que as nossas paixões não são neutras, e reagem perante todo o gênero de estímulos; além disso, mesmo que não se verifique uma reação imediata, é provável que esta influência semeie pormenores de discórdia na intimidade, de tal maneira que, sem se aperceber bem do que se passa, a pessoa se vai abrindo a novas fronteiras, permitindo que os seus critérios firmes e verdadeiros diluam, tornando o seu molde mais elástico, deixando-se levar por influências alheias e perdendo a personalidade (que assenta nos elementos da intimidade).

Por outro lado, convém ter em consideração que é possível permitir que outras pessoas abusem da nossa intimidade, bem como abusar da intimidade dos outros, mesmo sem querer. O exercício da virtude do pudor exige-nos que nos apercebamos dos avanços, conscientes ou não, das pessoas que fazem perguntas sobre assuntos que não lhes dizem respeito e, na medida do possível, que conheçamos as relações que os nossos educandos mantêm nesse domínio.

Há quem diga que os homens não são seres racionais, mas seres emocionais que tentam racionalizar as suas emoções. Os pais devem ter muita atenção às influências que se exercem sobre os filhos com base principalmente nas emoções, porque são estas relações que podem afetar especialmente a virtude do pudor.

Embora tenhamos centrado as nossas atenções naquela parte da descrição desta virtude que diz: «Mantém a sua intimidade resguardada de estranhos, recusando tudo o que possa prejudicá-la», também convém ter em consideração a última parte: «E só a revela em circunstâncias que promovam o melhoramento próprio ou alheio».

Há um momento oportuno para tudo o que fazemos e tudo o que dizemos; e não só um momento, mas também uma pessoa idônea. Com vista ao próprio aperfeiçoamento pessoal, pode ser conveniente contar um problema íntimo a alguém. Trata-se de uma situação que foi tipificada naquele tipo de situação em que um bêbado começa a contar os seus problemas ao desconhecido que se sentou a seu lado no bar, revelando uma falta de pudor que tem origem na embriaguez; mas esse homem podia ter contado o mesmo problema a um amigo íntimo, desde que tivesse a certeza de que, ao fazê-lo, não estava a incomodar o amigo, e de que tinha grandes hipóteses de se tornar uma pessoa melhor em consequência de tal confidência. Com efeito, convém evitar narrar assuntos da própria intimidade ou da intimidade de outras pessoas para fazer troça delas, ou por vaidade.

A EDUCAÇÃO DO PUDOR

Também poderá ser conveniente narrar algum episódio da própria vida a um amigo ou a um filho se isso ajudar a outra pessoa a entender melhor a situação em que se encontra e a resolver algum problema. Não podemos fechar-nos; o objetivo do pudor não é manter a própria intimidade para gozo pessoal ou para alimentar uma autopiedade estéril. Mas é importante elevar as motivações da partilha da intimidade, de tal maneira que se faça uma seleção efetiva das pessoas às quais se fazem confidências.

A educação do pudor

Temos estado a considerar diferentes aspectos desta virtude, que podem dar aos pais pistas para a educação dos filhos; passaremos agora a tratar pontos mais concretos, pensando nas crianças e depois nos adolescentes.

Dado que estamos a falar da intimidade, a impressão é de que esta virtude não terá muito sentido antes da adolescência, etapa que se caracteriza precisamente pela descoberta da intimidade; mas podemos preparar os nossos filhos desde muito antes.

Há uma série de hábitos que podem ser inculcados nas crianças desde pequenas, ou seja, aqueles que promovem o desenvolvimento da vontade: cumprir as tarefas atribuídas, obedecer ao horário, levantar na hora certa, etc., que preparam os filhos para serem fortes naquilo que, posteriormente, lhes custará mais, ainda que a princípio lhes pareça de pouca importância; mas também hábitos relacionados com a intimidade dos membros da família: bater à porta antes de entrar num quarto, não fazer perguntas aos pais sobre temas

A EDUCAÇÃO DAS VIRTUDES HUMANAS

«delicados» na frente dos irmãos, não andar despido pela casa etc.

Mas todas estas coisas estão muito relacionadas com a formação de uma consciência na qual seja possível detectar, com a maior nitidez possível, a importância de Deus em nossa vida. Um aspecto relacionado com o pudor é a chamada educação sexual, embora seja mais adequado chamar-lhe informação sexual no contexto da educação para o amor. Referindo-se à amizade entre pais e filhos, São Josemaria Escrivá observa: «Esta amizade a que me refiro consiste em os pais saberem colocar-se ao nível dos filhos, dando-lhes a possibilidade de falarem continuamente sobre os seus pequenos problemas, o que permite que se verifique um aspecto que me parece ser de grande importância: serem os pais a dar a conhecer aos filhos a origem da vida, de um modo gradual, adaptando-se à sua mentalidade e à sua capacidade de compreensão e antecipando-se ligeiramente à sua curiosidade natural; deste modo, evita-se que o assunto seja cercado de malícia, e que tenham conhecimento de fatos que são, em si mesmos, nobres e santos, através de más confidências dos amigos. Este laço costuma ser um passo importante no reforço da amizade entre pais e filhos, impedindo que se dê um distanciamento entre eles no próprio momento em que começa a despertar a vida moral.»[8]

Fundamental para o desenvolvimento da virtude do pudor é o respeito pelo próprio corpo. Os pais devem dar aos filhos as informações adequadas em matérias sexuais, atendendo, não apenas à sua idade cronológica,

---

8   *Temas actuais do cristianismo*, 100.

A EDUCAÇÃO DO PUDOR

mas também à sua maturidade física e mental, bem como ao ambiente do país, da cidade e do bairro onde vivem. Em paralelo, devem ensinar-lhes os deveres que a lei de Deus estabelece em relação ao sexo, a fim de que eles aprendam a discernir o que é e o que não é pecado. Vale lembrar que, nas questões da pureza, não há *matérias leves*; neste domínio, os atos determinados ou são matéria grave, ou são, muito simplesmente, faltas de formação ou de higiene.

Para além de tudo aquilo que se relaciona diretamente com a pureza, o desenvolvimento do pudor não pode perder de vista a conveniência de explicar aos filhos que todos estes atos se relacionam com um quê, um onde, um quando, um como e um com quem; ou seja, o pudor exige atenção às circunstâncias e apreciação das pessoas, dos atos e das palavras. Convém explicar-lhes, por exemplo, que não devem contar os fatos da vida familiar a estranhos, que não devem incorporar no seu léxico expressões que fazem referência à vida íntima, e que não devem meter-se na intimidade dos outros. Estes aspectos devem ser cultivados na criança desde tenra idade, a fim de que adquira a correspondente sensibilidade.

O ambiente doméstico contribui de forma muito significativa para uma formação positiva ou negativa em matéria de pudor. Se os pais se tratam mutuamente com delicadeza, se procuram que a vida em família seja pontuada por detalhes que a tornam mais agradável para todos, se não falam de questões íntimas dos filhos com estranhos na presença dos mesmos filhos, conseguirão criar um ambiente em que a criança desenvolva a sua própria intimidade, com uma comunicação aberta à intimidade dos outros membros da família; e isto

A EDUCAÇÃO DAS VIRTUDES HUMANAS

é fundamental para o posterior desenvolvimento do pudor propriamente dito na adolescência.

Analisando os costumes familiares — como por exemplo, chegar em casa no horário marcado, vestir-se adequadamente, selecionar as diversões e o descanso, em especial os espetáculos —, percebemos que muitos deles se relacionam com a proteção do pudor. Se os filhos não forem compreendendo, de acordo com as suas capacidades, a necessidade de se possuírem a si mesmos para depois poderem entregar-se, ao chegarem à adolescência estas regras parecer-lhes-ão imposições desprovidas de sentido; se, pelo contrário, reconhecerem a necessidade de desenvolver o pudor e se lhes tiverem sido inculcados critérios que permitam compreender o sentido desta virtude, as normas de proteção da mesma adquirem um sentido mais positivo.

Podemos ajudá-los de várias maneiras. Se aprenderem a raciocinar adequadamente, contando com a informação dada pelos pais, os adolescentes poderão melhorar o desenvolvimento da sua força de vontade; mas é um erro pensar que a vontade ou o raciocínio, por si sós, são suficientes. Tratamos abundantemente do raciocínio, mas não dedicamos muito espaço à vontade, ou seja, à luta pessoal implícita no desenvolvimento desta virtude. «A educação nunca se limita ao ensino; tem de ser completada com o esforço e a luta pessoal. E isto aplica-se especialmente à educação sexual. O uso cristão da sexualidade não se dá sem esforço, e um esforço que às vezes tem de ser heroico. Este aspecto é especialmente notório na juventude, um período em que a força das tendências sexuais e a falta de maturidade da personalidade exigem uma luta mais rigorosa. Por outro lado, a juventude

A EDUCAÇÃO DO PUDOR

é também a época mais adequada para se entender a vida como luta, para desprezar o comodismo; por isso, reforçar na juventude a consciência de que uma vida humana só se realiza através da luta é assentar um dos fundamentos mais simples para a educação em matéria sexual.»[9]

É conveniente ensinar os jovens a evitar as ocasiões que podem prejudicá-los, a guardar os sentidos, e a controlar-se, dominando o corpo com a razão; e tudo isto sem esquecer os meios sobrenaturais, nomeadamente a oração e os sacramentos.

«O pudor é a zona de segurança do indivíduo — o indivisível — e dos seus valores específicos, e delimita o âmbito do amor, pelo fato de não permitir o desencadear da sexualidade antes de ter nascido a unidade interna do amor.»[10] Com a educação da virtude do pudor, a par da virtude da generosidade, estamos a colocar as bases para o desenvolvimento do amor. Todas as virtudes são manifestações do amor, mas estas duas têm um significado especial; com efeito, o autocontrole e a entrega, a sua compreensão e a sua realização, são duas áreas prioritárias para os pais na educação dos filhos.

O pudor
Autoavaliação

Segue-se um elenco de afirmações que permitem refletir de forma sistemática sobre:

— o grau em que se vive pessoalmente esta virtude e

---

9 García Hoz, V., entrevista em *Palabra*, março de 1972, p. 11.

10 Scheler, M., citado por García Hoz, *op. cit.*, p. 12.

A EDUCAÇÃO DAS VIRTUDES HUMANAS

— o grau em que se educam os alunos ou os filhos nesta virtude.

Em relação a cada afirmação, o comportamento e o esforço pessoal correspondente podem ser avaliados com base na seguinte escala:

5. Estou totalmente de acordo com esta afirmação, que reflete a minha situação pessoal.

4. A afirmação reflete a minha situação em grande parte, embora tenha algumas ressalvas.

3. A afirmação reflete a minha situação em parte; em parte sim e em parte não.

2. A afirmação não reflete a minha situação, embora seja possível que venha a acontecer.

1. Não me parece que a afirmação reflita a minha situação pessoal; não me identifico com ela.

As reflexões pessoais podem ser discutidas com o cônjuge ou com os colegas, de forma a identificar possíveis aspectos prioritários de atenção no desenvolvimento da virtude, quer a título pessoal, quer relativamente à educação dos filhos e dos alunos. De fato, é possível que o leitor vá descobrindo muitos campos em que pode melhorar; mas convém *selecionar apenas um ou dois*, a fim de tentar alcançar os progressos desejados.

A maneira pessoal de viver o pudor

1. Reconheço o valor da minha intimidade e dos diferentes aspectos que a constituem: a alma, as partes do corpo, os sentimentos, os pensamentos.

(Só se pode fazer bom uso daquilo que se conhece e se aprecia. Quando uma pessoa não dá importância aos seus sentimentos e pensamentos, por exemplo, corre o risco de os partilhar com qualquer pessoa a qualquer momento.)

A EDUCAÇÃO DO PUDOR

2. Entendo que algumas vezes tenho de guardar a minha intimidade e outras vezes tenho de partilhá-las com outros. Quando partilho a minha intimidade, faço-o pensando no bem que daí pode resultar para a outra pessoa ou no bem previsível para mim próprio. *(Está-se a falar da possibilidade de partilhar experiências pessoais íntimas ou problemas pessoais procurando ajuda para os resolver, por exemplo.)*

3. Guardo e protejo os aspectos íntimos do meu ser, a fim de usar bem o que Deus me deu e de realizar as minhas ações para a glória de Deus. *(Às vezes, as pessoas realizam atos e mantêm costumes relacionados com o pudor sem saber por quê; é uma atitude que pode gerar pessoas escrupulosas ou simplesmente egoístas.)*

4. Sou capaz de estar sozinho comigo, sem barulho nem atividade, e procuro esses momentos com alguma frequência. *(O silêncio constitui o ambiente adequado para a pessoa refletir e se conhecer melhor. A vida atual tende a ser tão complicada, que é preciso prever estes momentos de forma consciente.)*

5. Antes de falar ou de agir, procuro conhecer as necessidades reais das pessoas que me rodeiam, a fim de perceber se é conveniente partilhar com elas algum aspecto da minha intimidade; quando concluo que é oportuno fazê-lo, avanço sem me preocupar com a possibilidade de a imagem que essa pessoa tinha de mim ser alterada. *(É evidente que temos de refletir antes de nos pormos a contar aspectos da nossa intimidade; mas, se nos parece que isso pode fazer bem a outra pessoa, devemos avançar. Às vezes, não o fazemos por receio de que a impressão positiva — mas falsa — que a outra pessoa tem de nós se altere.)*

6. Partilho a minha intimidade com uma pessoa de confiança, a fim de receber a ajuda de que preciso para crescer.

(Isto é especialmente evidente na vida espiritual, e é um dos fins do sacramento da confissão. Mas há outros aspectos da vida em que convém contar com o cônjuge, com um amigo de confiança ou com um profissional competente.)

7. Preocupo-me em conseguir uma distribuição adequada dos espaços em minha casa e na escola, a fim de que todos possam viver o seu direito à intimidade.

(O ideal seria que cada membro da família tivesse o seu quarto, ou pelo menos um armário seu. Também é preciso prestar atenção às partes da casa ou da escola em que as pessoas se vestem e se despem.)

8. Habitualmente, visto-me sem desrespeitar as normas elementares do pudor.

(Um critério a utilizar para este efeito é perguntar a um membro da família de outro sexo se, em situação normal, sem sentiria provocado pela nossa maneira de vestir. A questão não reside tanto nos centímetros quadrados de corpo que permanecem tapados, mas na maneira como a pessoa usa determinada peça de roupa, na maneira como anda e como se senta.)

9. Habitualmente, tenho atenção ao tipo de linguagem que uso, evitando que seja ordinária ou vulgar, e muito menos utilizando palavras que possam ofender a Deus.

(Pode ser útil pensar de vez em quando que somos filhos de Deus, e perguntar-nos como reagiria este Pai ao ouvir-nos falar. Se formos sensíveis, também notaremos que as pessoas sofrem desnecessariamente quando utilizamos um vocabulário incorreto, ou quando narramos acontecimentos ou anedotas que constituem uma violência à intimidade.)

A EDUCAÇÃO DO PUDOR

10. Tenho paixões fortes, mas controlo-as com a minha força de vontade.

(O pudor não significa que pessoa não deva ter paixões fortes, muito pelo contrário. De outra maneira, só os indiferentes poderiam viver o pudor. É preciso ter paixões fortes, mas que permaneçam dominadas pela vontade, de tal maneira que sejam expressas no momento adequado e na presença das pessoas adequadas.)

A educação do pudor

11. Ajudo os mais jovens a reconhecer quais são as coisas íntimas a que devem dar atenção.

(Na maioria dos casos, as crianças menores não percebem bem o que significa a intimidade; a consciência da intimidade só começa a despertar por volta dos onze ou doze anos. Mas os educadores podem habituá-los a identificar os comportamentos mais adequados em relação à intimidade dos outros.)

12. Habituo os mais novos a respeitarem a intimidade dos outros.

(Este respeito está nos pormenores: bater à porta antes de entrar num quarto, não contar a terceiros fatos íntimos dos membros da família ou dos amigos, desligar a televisão quando emite programas que podem prejudicar a intimidade pessoal, não andar despido pela casa etc.)

13. Habituo os meus filhos e os meus alunos a fazerem em privado as perguntas que se referem aos vários aspectos do pudor.

(As crianças e os jovens têm necessidades diferentes, e por isso precisam ouvir respostas distintas.)

14. Pais: dou aos meus filhos uma educação sexual adaptada às necessidades de cada um, com naturalidade e delicadeza.

(*É preciso dispor do léxico técnico adequado e tratar o tema como um processo contínuo, relacionando-o com o amor e a fé.*)

Professores: tento conseguir que os pais se responsabilizem pela educação sexual dos seus filhos e, quando isso não é possível, converso individualmente com os meus alunos.

15. Ajudo os jovens a reconhecer os elementos da televisão, das revistas, do cinema etc. que se opõem ao pudor, e ensino-os a guardar os sentidos.

(*Os jovens têm de reconhecer a importância da guarda da intimidade; doutra maneira, não faz sentido guardarem os sentidos.*)

16. Raciocino com os jovens, para que compreendam que não é adequado invadir a intimidade dos outros ou influenciá-los para que se vistam ou se comportem em oposição à defesa do próprio pudor.

(*É uma coisa que pode acontecer nas relações com pessoas do mesmo sexo, mas também nas relações sociais com membros do outro sexo. Para respeitar os outros, é preciso ter consciência da dignidade de cada um enquanto filho de Deus*)

17. Insisto num uso adequado da linguagem, evitando que os jovens utilizem expressões vulgares ou ordinárias, que se opõem ao pudor.

(*Convém insistir nisto desde pequenos na vida familiar, e chamar a atenção para a linguagem inadequada que é muitas vezes utilizada na televisão.*)

18. Explico aos jovens que podem partilhar os seus pensamentos e sentimentos com terceiros, quando consideram que estes os podem ajudar.

(*O pudor ajuda a guardar e a proteger a própria intimidade, mas não elimina o dever de ajudar os outros com prudência, partilhando alguns aspectos da própria vida.*)

A EDUCAÇÃO DO PUDOR

19. Habituo os meus filhos e os meus alunos a recorrer à pessoa adequada para os ajudar a crescer em assuntos íntimos.

(Isto pode implicar apresentá-los a um sacerdote que os dirija na vida espiritual; incentivá-los a conversar com uma pessoa um pouco mais velha que eles mas com bom critério; ou sugerir-lhes que falem com os pais.)

20. Ajudo os jovens a reconhecerem os lugares que não lhes convêm frequentar por razões de pudor.

(O ambiente e aquilo que «toda a gente faz» podem ter uma grande influência mesmo em jovens que, de início, tenham bom critério.)

X
A EDUCAÇÃO DA SOBRIEDADE

«Distingue aquilo que é razoável daquilo que é imoderado e utiliza de forma razoável os sentidos, o tempo, o dinheiro, os esforços etc., com base em critérios retos e verdadeiros.»

* * *

A principal motivação para educar esta virtude é estar em condições de viver uma vida autenticamente cristã; com efeito, uma pessoa que esteja presa aos prazeres deste mundo e os utilize sem moderação nunca poderá crescer na vida cristã, porque o embotamento dos sentidos impede a vida do espírito. Por sua vez, a pessoa que não é cristã pode ter interesse em desenvolver esta virtude para conseguir um certo autodomínio e para não sofrer influências negativas; esta pessoa terá interesse em utilizar os seus sentidos, o seu tempo, o seu dinheiro etc. de acordo com os critérios que tiver estabelecido para si próprio, mesmo que não sejam verdadeiros.

Seja como for, a sobriedade é uma das virtudes com menos interesse para os jovens, principalmente porque eles entendem o controle dos apetites como uma inibição, não se apercebendo de que, se não forem sóbrios, facilmente sofrerão influências negativas e serão alvo de manipulação por parte de terceiros.

«Nos nossos dias, e graças aos modernos meios de comunicação, a publicidade está em toda a parte,

A EDUCAÇÃO DAS VIRTUDES HUMANAS

muitas vezes abusando da natureza sugestionável das pessoas em benefício de interesses econômicos; os anúncios começam por prometer a satisfação de todos os desejos e acabam por converter as pessoas em escravas dos seus apetites desordenados.»[1] Como a necessidade de autodomínio não é especialmente bem aceita pelos jovens, talvez fosse bom determo-nos um pouco nas justificações que eles apresentam para procurarem o prazer e se «libertarem» do autodomínio. Na verdade, os raciocínios que apresentam não costumam ser muito profundos; em geral, são frases do estilo: «Que mal tem uma pessoa divertir-se?» «Se trabalho, porque não hei de gastar o meu tempo e o meu dinheiro como me agradar?» «Quando me divirto, não faço mal a ninguém.» «Isso já não se usa.» São frases que só têm sentido quando uma pessoa não reconhece que é um ser criado para alguma coisa; e a verdade é que, quando não se aceita este fato, o prazer se torna o fim da vida e tudo o mais passa a ser justificável em função deste critério. Quando as pessoas aceitam que a existência humana tem uma finalidade, acabam por reconhecer que o prazer é uma realidade que leva o homem a agir como deve *desde que este o domine com a sua vontade.* Assim, comer dá um certo prazer, mas comemos com a finalidade de alimentar o corpo; o prazer que encontra nos alimentos leva o homem a alimentar-se adequadamente e é aceitável desde que não seja imoderado.

As frases que enunciamos referem-se a aspectos parciais da questão. Não queremos dizer que uma pessoa não tenha de se divertir, nem que os jovens gastem o

---

1   Mausbach, J. e Ermecke, G., *Teologia moral católica*, III, Pamplona, EUNSA, 1974, p. 198.

A EDUCAÇÃO DA SOBRIEDADE

seu tempo e o seu dinheiro em obediência a imposições exteriores, ou que não fazer mal a terceiros não tenha relevância. Mas acontece que a vida tem uma finalidade superior, e esta finalidade deve reger o comportamento das pessoas; cada um deve ser responsável pela sua vida, de tal modo que utilize bem aquilo que possui, ao serviço de Deus e dos outros. Não se trata apenas de não fazer mal; trata-se de fazer bem. O importante não é gastar o dinheiro e o tempo que se tem com vista ao próprio prazer; mas gastá-los com vista ao próprio bem e ao bem dos outros. É nisto que consiste a justiça com si mesmo e com os outros.

Por último, a frase: «isso já não se usa» é um raciocínio desprovido de fundamento, que impõe a pressão de não ser diferente, de não querer ficar isolado; a moda nunca é justificação suficiente para uma decisão pessoal.

A sociedade de consumo

Mesmo reconhecendo que a vida tem uma finalidade, não é fácil viver a sobriedade, porque a sociedade de consumo torna difícil distinguir com clareza aquilo que é necessário daquilo que são caprichos ou tendências imoderadas. Basta comparar o que os nossos avós tinham em casa com aquilo que nós temos: destes artigos, quantos são necessários e quantos são supérfluos? Um homem sóbrio deverá saber, em princípio, para que quer as coisas que pode adquirir; ou seja, deve utilizar critérios. Para determinar estes critérios, podemos analisar de que forma as pessoas gastam o próprio dinheiro. Ora, para além do que dissemos acerca da busca consciente do prazer, verificamos que

A EDUCAÇÃO DAS VIRTUDES HUMANAS

as pessoas agem de forma instintiva, deixando-se levar por meros impulsos, praticando ações desprovidas de reflexão, que respondem aos apetites. Por outro lado, há pessoas que adquirem bens para serem mais bem vistas pelos vizinhos, para estarem na moda, pelo simples gosto de mudar, ou para tentarem compensar uma insatisfação interior ou um vazio na própria vida; e há pessoas que andam sempre atrás de coisas novas, entendendo o «novo» como o produto mais recente e não como aquilo que lhes pode ser mais útil.

Esta visão um tanto pessimista da sociedade é ainda reforçada pelos especialistas de vendas, que sabem muito bem como as pessoas funcionam e se apoiam nessa informação. Por isso, é essencial termos consciência do que se passa e agirmos com base na vontade e na capacidade de raciocinar, de tal maneira que tomemos decisões em função de critérios.

E que critérios são estes? Podemos perguntar a nós próprios:

1. O fato de não comprar este artigo terá consequências negativas na prossecução do fim da minha vida?

2. Este gasto poderá ser considerado, por uma pessoa que me conheça e que conheça as minhas circunstâncias, como um gasto injusto relativamente aos outros?

3. Qual é a verdadeira motivação deste gasto?

4. Vivendo deste modo, não acabarei sempre por sentir necessidade de ter mais?

A pessoa sóbria não se engana a si própria; sabe o valor das coisas e, consequentemente, é realista. Deste modo, está em condições de utilizar os seus recursos para bem dos outros e tem a segurança que lhe vem de saber que está a fazê-lo. Por outro lado, a sobriedade não significa que a pessoa não deva gastar, nem comer,

A EDUCAÇÃO DA SOBRIEDADE

nem beber etc.; pelo contrário, a uma pessoa que não gasta dinheiro a não ser que seja absolutamente necessário, e que nessas alturas o faz de má vontade, dá-se o nome de avarenta.

Mas é difícil encontrar o justo meio entre os gastos supérfluos e os gastos razoáveis; e é difícil porque a medida não reside apenas na quantidade. Já vimos que a falta de sobriedade consiste em procurar diferentes prazeres de forma imoderada; mas isso não significa que não seja lícito ter bom gosto, apreciar o que Deus nos deu, descansar e entreter-nos, para podermos trabalhar melhor. Por exemplo, poderá parecer que uma pessoa habituada a apreciar obras de arte e a comer requintadamente desde a infância tem menos hipóteses de viver sobriamente do que uma pessoa que não tenha sido educada nestas condições. Podemos esclarecer esta questão aceitando de início que é inútil comparar diferentes situações; o que aqui nos interessa é analisar a situação de cada pessoa na relação com o desenvolvimento da virtude.

A falta de sobriedade manifesta-se na importância que cada pessoa concede ao seu deleite pessoal, em comparação com a importância que dá a outros fins mais elevados. Se uma pessoa tem muito dinheiro, é possível que possua muitos bens que não lhe custaram nada ou lhe custaram muito pouco a adquirir; mas, se não está apegada a esses bens, se se esforça por servir a Deus e às outras pessoas, se sabe controlar os seus apetites, viverá bem a virtude da sobriedade. Naturalmente, poderá não estar a viver bem a justiça se não administrar os seus bens em favor dos outros; o que não significa necessariamente desfazer-se deles.

A EDUCAÇÃO DAS VIRTUDES HUMANAS

Concretizando um pouco mais: o bom gosto e o recurso aos cinco sentidos para apreciar a vida são enormemente positivos, desde que sirvam para preparar a pessoa para cumprir o seu dever de dar glória a Deus, alcançando o seu fim. Mas como podemos educar os nossos filhos na sobriedade na utilização do dinheiro e, em geral, na aquisição de bens que pressuponham uma atenção desmedida aos prazeres superficiais?

Já salientamos que não se trata de os educar apenas com critérios de utilidade prática, mas também de os educar para o bom gosto, para a apreciação do que Deus nos deu. Mas podemos começar por centrar as atenções nos caprichos.

Os caprichos são desejos superficiais e transitórios, que surgem em consequência de uma reação não meditada nem justificada; e estamos novamente centrados em dois tipos de motivação. Um pai de família que compra um brinquedo para o filho porque este o viu numa vitrine e fez uma grande birra para conseguir que o pai lho comprasse imediatamente está a faltar à sobriedade e a ajudar o filho a faltar a esta virtude; mas um filho que vê um brinquedo numa vitrine pode pedir aos pais que lho comprem sem pôr em causa o desenvolvimento da sobriedade.

Por outro lado, é importante desenvolver o autodomínio dos filhos, de tal modo que aprendam a conviver com o fato de não verem satisfeito algum desejo seu. E para isto podem-se aproveitar muitas situações da vida contemporânea: quando os morangos não chegam para todos, quando acabaram os cereais preferidos da criança para o café da manhã, quando a criança já gastou a mesada toda e vê uma coisa que quer muito

A EDUCAÇÃO DA SOBRIEDADE

comprar, quando um prato de que todos gostam não foi servido em abundância.

Em todas estas situações, os pais podem ensinar os filhos a não ficarem aborrecidos, a fazerem um esforço pessoal por não dar demasiada importância a uma coisa que gostariam de ter; e, além disso, a reagirem desta maneira com alegria. Se os pais querem que os filhos não vejam a sobriedade como um fardo pesado e desagradável, têm de viver esta virtude com alegria. Se o pai decide deixar de fumar durante a Quaresma, por um lado, está a fazer uma mortificação que oferece a Deus, e por outro a fazer um ato que pode ajudá-lo a desenvolver a sobriedade; mas terá de ter o cuidado de não ficar de mau humor, obrigando o resto da família a mortificar-se por conta dele, ao mesmo tempo que transmite a mensagem de que a sobriedade gera má disposição.

Justamente por isto, é muito útil explicar às crianças que, fazendo estes pequenos sacrifícios, têm uma coisa muito bonita para oferecer a Deus e a Nossa Senhora, por exemplo.

Outra motivação para viver a sobriedade pode ser a consciência da situação econômica da família — de acordo com a idade e a maturidade dos filhos, porque também não convém preocupá-los —, a fim de que tenham em conta o bem da família em geral nas suas atuações. Neste sentido, estimular um filho a fazer um trabalho com o objetivo de aumentar o orçamento familiar quando esse dinheiro faz falta pode favorecer o desenvolvimento desta virtude. Do mesmo modo, a mãe de família pode levar os filhos às compras, para lhes permitir perceber o que se gasta na casa. O que estamos a sugerir é que, de maneira geral, é bom que os filhos aprendam a valorizar as coisas, a saber distinguir o que é necessário do que é agradável mas não necessário e, consequentemente, a distinguir os momentos em que estão a ser dominados pelos caprichos dos momentos em que a sua atuação é justificada.

Salientamos anteriormente a importância do exemplo dos pais, mas convém aprofundar um pouco mais esta questão, pois muitos dos conflitos que surgem entre os pais e os filhos adolescentes giram em torno da virtude da sobriedade.

Quando os pais dão mau exemplo, os filhos correm o risco de adquirir uma série de hábitos, imitando os pais antes de serem capazes de reconhecer os critérios que presidem ao seu comportamento; por isso, os pais têm de pensar que, comportando-se de determinada maneira, não estão só a prejudicar-se pessoalmente, estão também a influenciar negativamente os filhos. Por exemplo, os pais que saem ao fim de semana com os filhos e *em geral* gastam bastante em bebidas não podem esperar que os filhos aprendam a gerir bem o seu dinheiro; um pai que só pensa e só fala em atividades de lazer — em filmes, em peças de teatro etc. — não pode esperar que os filhos levem a sério outros aspectos da vida (note-se que não tem mal nenhum ir ao cinema e ao teatro; pelo contrário, são atividades imensamente educativas, desde que não sejam o fim ou o motor da vida duma pessoa).

Os pais também terão de ter em atenção a relação entre o trabalho e o tempo livre. Com efeito, quando o trabalho é visto exclusivamente como uma forma de ganhar dinheiro, é bem provável que a finalidade do tempo livre seja gastar o dinheiro que se ganhou;

A EDUCAÇÃO DA SOBRIEDADE

desse modo, trabalha-se unicamente com o objetivo de atender aos próprios caprichos.

O trabalho distingue-se do tempo livre principalmente pela circunstância de, no trabalho, a pessoa ter menos hipóteses de decidir livremente o que quer fazer, de acordo com o seu estado de espírito de cada momento. Contudo, tudo o que fazemos deve ser, direta ou indiretamente, orientado para certas aspirações importantes — por alguma razão somos seres humanos — e qualquer atividade, quer pressuponha maior ou menor esforço, quer seja mais ou menos agradável, deve estar integrada nessa mesma unidade.

Do que dissemos sobre a educação da sobriedade dos filhos, podemos salientar a importância de os ensinar

1. a valorizarem o que têm e o que podem ter;
2. a dominarem os seus caprichos com alegria;
3. a refletirem sobre a razão de ser dos seus gastos;
4. a não estarem amarrados ao prazer;
5. a reconhecerem quais são os apetites que devem controlar;
6. a terem ideais elevados, que os levem a ter satisfações profundas em vez de procurarem prazeres superficiais.

Mas há outro aspecto da sobriedade que ainda não analisamos suficientemente: o uso do tempo.

A sobriedade e a utilização do tempo

O mau uso do tempo é uma das consequências da falta de sobriedade. Se uma pessoa procura continuamente modos de saciar os seus apetites, é lógico que gaste a maior parte do seu tempo com isso. O modo como utilizamos o tempo pode servir-nos de informação básica

A EDUCAÇÃO DAS VIRTUDES HUMANAS

para percebermos a orientação de fundo da nossa vida; com efeito, é importante que exista uma relação real e constante entre aquilo que nos parece importante e as nossas atividades diárias. Podemos encher a nossa vida de atividades, de tal maneira que fiquemos sem tempo, ou pelo menos sem momentos oportunos para refletirmos sobre o que estamos a fazer; quando isso acontece, temos tendência para nos centrarmos na própria atividade, perdendo de vista a finalidade pela qual a realizamos.

Assim, por exemplo, uma pessoa que tenha uma atividade pública pode dar início a uma ação pensando no bem que pretende alcançar; mas, a determinada altura, a vida pública acaba por adquirir uma importância tal que esta pessoa começa a centrar a sua vida nas relações sociais, em conhecer mais pessoas, em aceitar mais cargos, em ser mais conhecida etc. Ora, quando esta atividade substitui, total ou parcialmente, a finalidade da ação como guia e critério, esta pessoa deixou de ser sóbria. Outro exemplo é o da mãe de família que gosta tanto de estar com os filhos, de tratar deles e de os mimar, que não é capaz de os abandonar periodicamente para se dedicar ao marido.

Temos de estar continuamente a distinguir aquilo que é necessário ou conveniente daquilo que pode ser suprimido em favor de questões prioritárias. Costuma-se dizer que sempre temos tempo para o que é importante; mas, quando temos de definir o que é importante, sabemos nos enganar de tal forma que, na verdade, andamos à procura de desculpas para fazermos o que nos apetece em vez de fazermos o que devemos.

Podemos esclarecer ainda mais esta situação pensando no perfeccionista, ou seja, naquela pessoa que

A EDUCação da SOBRIEDADE

não larga uma tarefa enquanto não estiver quase perfeita, e não porque seja necessário fazê-la na perfeição, mas porque sente enorme satisfação em continuar a fazer pequenas afinações, mesmo que o seu propósito já tenha sido alcançado. Não pretendemos sugerir, evidentemente, que não é necessário fazer bem o que se tem de fazer; mas trata-se de fazer bem em função dos objetivos. Na verdade, em muitos empreendimentos humanos podemos satisfazer-nos com um nível adequado — que não é perfeito —, a fim de podermos prestar atenção a outras coisas, igualmente importantes. Há só uma área em que devemos alcançar a maior perfeição possível: no amor a Deus e no amor aos outros. Amar significa muitas coisas, e a perfeição pressupõe que saibamos amar em todas as tarefas que executamos, pondo amor em tudo o que fazemos e amando as pessoas continuamente. Podemos tirar férias, deixando de realizar o nosso trabalho profissional durante algum tempo, ou suspender um passatempo durante um certo período, mas nunca podemos descansar — tirar férias — em nossos deveres de filhos de Deus.

Justamente por termos esta tendência natural para encontrar razões que justifiquem um modo de agir que nos agrada, temos de procurar maneira de retificar e ensinar os nossos filhos a retificar; isto pressupõe, antes de mais, ter critérios claros, selecionar os momentos adequados para avaliar estes critérios e a sua relação com o que estamos a fazer, e agir de acordo. Já falamos amplamente dos critérios. No que diz respeito ao momento oportuno, temos de reconhecer que o ser humano tem necessidade de paz interior para considerar retamente a sua situação; e pode conseguir fazê-lo em momentos de silêncio quando, pela própria dinâmica da solidão consigo própria, acaba por se responsabilizar não só por aquilo que faz, mas também por aquilo que é. Devemos ensinar os nossos filhos a refletirem sobre a sua situação pessoal, não excessivamente, mas o suficiente para perceberem se estão a agir em congruência com o que pretendem. Agir de forma consequente não é tão fácil como parece. Podemos identificar uma falta de sobriedade na nossa vida e reconhecê-la intelectualmente; mas esta falta é do domínio dos nossos apetites e o intelecto tem necessidade da vontade para ultrapassar a preguiça e o comodismo. Todas as virtudes precisam do apoio da fortaleza, mas a sobriedade precisa desse apoio mais do que as outras.

Conflitos entre os pais e os filhos adolescentes

Observamos que os pais e os filhos adolescentes têm apreciações divergentes do tema da sobriedade, sendo essa uma das causas mais comuns de conflitos entre uns e outros. É natural que os pais comecem a notar faltas de sobriedade nos filhos quando estes chegam à adolescência, porque é nesta altura que eles começam a estar em condições de tomar decisões pessoais; antes disso, qualquer falta de sobriedade pode ser rapidamente corrigida pelos pais, coisa que deixa de ser possível na adolescência. Os pais começam então a criticar os filhos por gastarem dinheiro sem critério e gastarem o seu tempo de forma inútil — levantando-se tarde e deitando-se tarde etc. —, vendo tudo isto como faltas de sobriedade.

Por sua vez, os adolescentes recriminam os pais pelos mesmos motivos, acusando-os de serem comodistas,

A EDUCAÇÃO DA SOBRIEDADE

de gastarem o seu dinheiro em caprichos, de trabalharem de forma rotineira e de se divertirem sem sentido etc., que é mesmo que acusá-los de falta de sobriedade.

Esta divergência numa situação em que não há motivos para tal — como aconteceria no caso em que os pais exigissem sobriedade aos filhos, mas dando-lhes um exemplo contrário a essa virtude — resulta de não se terem proporcionado aos filhos critérios retos e verdadeiros em que eles façam assentar as suas decisões nesse assunto. Na falta de critérios, as atenções centram-se em aspectos isolados do comportamento, nesta ou naquela decisão, e não se percebe que a prática da sobriedade não pode seguir uma norma rígida e uniforme, que cada um tem de tomar as suas decisões pessoais com o seu estilo pessoal, com base em critérios retos e verdadeiros, que sirvam de orientação para o comportamento.

Só poderá haver uma orientação adequada se houver acordo entre pais e filhos em relação aos critérios, e só assim se poderá conseguir unidade dentro da família. Curiosamente, todos nós temos tendência para aceitar sem dificuldades o nosso próprio modo de procurar licitamente o que mais nos agrada, mas somos muitas vezes intransigentes com os outros. Ora, quando a atenção é centrada nos critérios, consegue-se dar ao prazer o seu lugar próprio e respeitar a interpretação lícita que cada pessoa faz das situações, de acordo com estes critérios retos e verdadeiros.

O desenvolvimento da sobriedade permite que os filhos ultrapassem os seus impulsos egoístas na busca de prazeres lícitos e não fiquem como que embotados pelas coisas materiais; deste modo, podem aprender

A EDUCAÇÃO DAS VIRTUDES HUMANAS

a amar e a desenvolver a vida cristã, encontrando a alegria e a paz interior que lhes vem de saberem que estão a fazer bem o que fazem.

A sobriedade
Autoavaliação

Segue-se um elenco de afirmações que permitem refletir de forma sistemática sobre:
— o grau em que se vive pessoalmente esta virtude e
— o grau em que se educam os alunos ou os filhos nesta virtude.

Em relação a cada afirmação, o comportamento e o esforço pessoal correspondente podem ser avaliados com base na seguinte escala:

5. Estou totalmente de acordo com esta afirmação, que reflete a minha situação pessoal.

4. A afirmação reflete a minha situação em grande parte, embora tenha algumas ressalvas.

3. A afirmação reflete a minha situação em parte; em parte sim e em parte não.

2. A afirmação não reflete a minha situação, embora seja possível que venha a acontecer.

1. Não me parece que a afirmação reflita a minha situação pessoal; não me identifico com ela.

As reflexões pessoais podem ser discutidas com o cônjuge ou com os colegas, de forma a identificar possíveis aspectos prioritários de atenção no desenvolvimento da virtude, quer a título pessoal, quer em relação à educação dos filhos e dos alunos. De fato, é possível que o leitor vá descobrindo muitos campos em que pode melhorar; mas convém *selecionar apenas um ou dois*, a fim de tentar alcançar os progressos desejados.

246

A EDUCAÇÃO DA SOBRIEDADE

A maneira pessoal de viver a sobriedade

1. Tenho habitualmente consciência de que o importante é usar bem tudo aquilo que possuo — o meu tempo, o meu esforço, o meu dinheiro, os meus sentidos — ao serviço dos outros e de Deus.

(O primeiro requisito para se viver a sobriedade é a pessoa reconhecer que possui uma série de bens, dos quais pode dispor de diferentes maneiras. Em seguida, tem de ter consciência de que pode usá-los de acordo com critérios retos ou de acordo com critérios inadequados, ou ainda deixar-se levar pelos impulsos de cada momento.)

2. Posso afirmar sem hesitar que o prazer não é o fim da minha vida.

(Na verdade, o prazer é um dos fins mais frequentes, mas certamente de forma inconsciente. Fazer as coisas pensando nos benefícios que os outros podem retirar delas exige algum esforço; e o esforço não é uma coisa que esteja muito na moda.)

3. Distingo, na distribuição do meu tempo, na maneira de gastar o meu dinheiro e na forma de orientar os meus esforços, aquilo que constitui um capricho daquilo que é razoável.

(A sociedade de consumo gera muitas tentações. O capricho consiste em gastar o que se tem em coisas agradáveis sem pensar no bem que se poderia fazer, a si próprio ou aos outros, com aquele dinheiro.)

4. Reconheço a influência que têm sobre mim a publicidade, o que os outros fazem e compram, bem como a forma como as celebridades gastam o seu tempo.

(Um exercício interessante pode ser apontar os últimos gastos realizados — em termos de tempo, de esforço e de

A EDUCAÇÃO DAS VIRTUDES HUMANAS

dinheiro — e analisar quais foram as reais motivações
destes gastos.)

5. Quando me sento à mesa ou quando me dedico
ao meu passatempo preferido, tento levantar-me ainda
com uma pontinha de apetite e mudo de atividade
quando ainda não me fartei daquela.

(A saturação costuma ser um indicativo de falta de
sobriedade; esta regra é principalmente evidente no domínio da alimentação, mas também é aplicável a outros
domínios.)

6. Estou convencido de que os gastos que faço não
podem ser considerados faltas de justiça — para com
os mais pobres, por exemplo — por uma pessoa que
conheça bem as minhas circunstâncias.

(A sobriedade não exige que a pessoa dê todos os seus
pertences, mas que os use bem. Por isso, as possíveis faltas
de sobriedade neste sentido só poderão ser apreciadas por
pessoas que conheçam bem a situação de cada um.)

7. Tenho cuidado com os meus pertences e com
os bens comuns, a fim de promover a sua adequada
utilização e o seu aproveitamento.

(Trata-se de usar os bens a serviço dos outros. Há pessoas
que têm este cuidado como um fim em si mesmo, exigindo
que a sala esteja sempre arrumada, por exemplo, sem ter
em conta a importância do convívio entre os membros da
família, que pode suscitar uma certa desordem, pelo menos
temporária.)

8. Dedico o meu tempo de forma harmoniosa à
minha família, ao meu trabalho, aos meus deveres
de cidadão, aos meus amigos e a Deus, sem excessos
nem faltas.

(O uso do tempo é um componente essencial da sobriedade. Vale a pena apontar, durante uma ou duas semanas,

A EDUCAÇÃO DA SOBRIEDADE

a forma como gastamos o tempo, para verificar se estamos a dedicar a cada coisa o tempo que convém.)

9. Não estou preso a nada do que me pertence, nem a rotinas ou a atividades.

(*O grau de prisão às coisas mede-se muitas vezes pelo mau humor que a pessoa sente quando não pode dispor daquele pertence — o cadeirão favorito —, quando tem de variar a rotina — a hora a que lê o jornal — ou quando não fazer uma atividade que tinha planejado — uma partida de golfe —, por exemplo, porque tem de atender a uma necessidade familiar.*)

10. Vivo a sobriedade com alegria, sem cair no comodismo nem na avareza.

(*É especialmente importante viver esta virtude com alegria, porque ela evita o embotamento com os bens materiais, permitindo elevar o espírito para Deus.*)

A educação da sobriedade

11. Ensino as crianças a apreciarem e a valorizarem o que têm, a fim de se tornarem conscientes das suas possibilidades.

(*Habitualmente, trata-se de um conjunto de pequenas informações que se vão dando sobre o preço de determinadas coisas, sobre a forma de utilizar o tempo etc.*)

12. Ajudo-os a distinguir o que é necessário do que é supérfluo, o que é razoável do que é puro capricho.

(*Um exercício ilustrativo consiste em fazer uma lista de todas as coisas que temos em nossas casas e de que os nossos avós não dispunham.*)

13. Ajudo os jovens a terem bom gosto, explicando-lhe que não se trata tanto de gastar pouco, como de gastar bem e usufruir com razoabilidade daquilo que se tem.

A EDUCAÇÃO DAS VIRTUDES HUMANAS

(Às vezes, esta virtude é apresentada de forma muito negativa, e não deve ser assim. As pessoas sóbrias são elegantes, fazem bom uso do que possuem e apreciam os bens que Deus lhes deu.)

14. Exijo dos mais novos que controlem os seus apetites básicos e insisto na capacidade de autodomínio.

(Não é fácil agir deste modo, porque há certos aspectos da «educação pós-moderna» que assentam na atitude contrária, entendendo mal expressões como «autoestima» e «tolerância»; nestes contextos, a autoestima identifica-se com o fato de a pessoa não se sentir mal, e a tolerância com a tese de que as ideias são todas equivalentes, e por isso não tem sentido fazer um esforço de procura da verdade.)

15. Ensino aos jovens o valor do dinheiro; isto é, ensino-os a ganhar, a poupar, a dar e não só a gastar.

(O dinheiro é um meio educativo, e tem uma dinâmica muito importante na sociedade; por esse motivo, convém prestar-lhe uma atenção especial. Pode-se viver a sobriedade tendo dinheiro; mas, quando se usa mal, o dinheiro gera mais faltas de sobriedade, direta ou indireta, que qualquer outro meio.)

16. Habituo os mais novos a distribuírem o seu tempo de forma harmoniosa entre as diferentes atividades, e ajudo os mais velhos a distribuírem o seu tempo com base em critérios adequados.

(É comum haver abusos no uso do tempo, que dependem das tendências de cada um: com a televisão, com o computador, com um passatempo, nas saídas noturnas, no sono etc.)

17. Evito que os meus filhos e os meus alunos desenvolvam um excesso de perfeccionismo na realização de determinadas atividades.

A EDUCAÇÃO DA SOBRIEDADE

(*A sobriedade não tem a ver apenas com a forma de distribuir o tempo, evitando dedicar demasiado tempo a atividades de pouco valor educativo. Trata-se igualmente de não prestar muita atenção a ações que, em si mesmas, são boas, como por exemplo dedicar demasiado tempo e uma atenção excessiva a um trabalho da escola.*)

18. Dedico tempo a raciocinar com os jovens, a fim de que disponham de critérios retos e verdadeiros para tomarem as suas próprias decisões em relação à sobriedade.

(*Para pensar é preciso ter informação; trata-se de dar aos jovens uma informação adequada, clara, curta e concisa.*)

19. Tento conseguir que os jovens se comportem de acordo com os critérios que regem a sua vida.

(*Há jovens que têm muita força de vontade mas têm ideias confusas, outros que têm ideias confusas e pouca força de vontade, outros que têm ideias claras e muita força de vontade, e ainda outros que têm ideias claras e pouca força de vontade; estes últimos são os que levantam maiores problemas aos educadores. É relativamente simples conseguir que os jovens tenham critérios claros; em muitos casos, o grande problema é comportarem-se de forma congruente com as suas ideias.*)

20. Crio um ambiente de alegria, em que os jovens possam viver a sobriedade sem a associarem à má disposição, ao aborrecimento e à rigidez.

(*Em geral, a ideia do prazer superficial é apresentada de forma muito atrativa. Ora, trata-se de viver a sobriedade com alegria, porque ela permite que cada pessoa dedique o que tem àquilo a que deve prestar atenção em cada momento; e isto gera uma alegria interior que é difícil de superar.*)

XI
A EDUCAÇÃO DA FLEXIBILIDADE

«Adapta o seu comportamento com agilidade às circunstâncias de cada pessoa ou de cada situação, sem por isso abandonar os próprios critérios de atuação.»

* * *

A flexibilidade é uma virtude bem considerada na sociedade atual, principalmente porque é entendida como um «deixar-se levar», como um convite a experimentar de tudo; ora, entendida deste modo, a flexibilidade não tem sentido. A espontaneidade, com a qual a flexibilidade é muitas vezes confundida, não é um fim; é uma condição necessária para se conseguir o desenvolvimento das outras virtudes, em especial a sinceridade. Para servir para alguma coisa, a espontaneidade tem de ser regida pela vontade, na sua relação com o entendimento; por esse motivo, a última parte da nossa descrição desta virtude — «sem por isso abandonar os critérios de atuação pessoal» — assume especial importância. Para ser flexível, é preciso ter critérios; e é preciso saber refletir, para relacionar a atividade cotidiana com eles. Deste modo, podemos destacar dois modos de a pessoa se comportar com flexibilidade, de acordo com a natureza da situação.

No caso de os elementos da situação serem *opináveis*, a flexibilidade refere-se à disposição e à capacidade de a pessoa considerar como provisório o seu ponto de vista, e portanto matizar ou alterar esta opinião; bem como à forma de atuar nas relações com os outros, ou no modo de trabalhar. Quando se trata da verdade objetiva, não há hipótese de matização ou de mudança de opinião, embora seja possível uma melhor expressão desta; às vezes, há bastante diferença entre uma verdade e a expressão que o homem pode fazer dessa verdade, precisamente pelas limitações humanas. Nestes casos, a pessoa pode ter flexibilidade no modo de tratar esta verdade com as outras pessoas; refiro-me à forma de escutar, de dar a sua opinião, de fornecer informações, de procurar uma zona de acordo mútuo com os outros.

Neste sentido, um requisito prévio para desenvolver a virtude da flexibilidade é saber quais são os critérios permanentes que regem a própria vida e quais aspectos da vida são opináveis e provisórios. Às vezes encontramos «especialistas» que, em matérias opináveis, não se mostram dispostos a aceitar que outras possam ajudá-los a matizar ou a aprofundar os conhecimentos que já têm; como é esta posição que se exige nas questões da verdade objetiva, pode-se gerar uma confusão grave na maneira como estas pessoas se relacionam com os outros. Assim, por exemplo, se um pai de família dá informações aos filhos sobre temas de fé, sobre temas de política e sobre temas culturais com a mesma atitude de certeza, ou se, pelo contrário, os apresenta a todos de uma forma discutível e provisória, os filhos não aprendem a distinguir aquilo que é discutível daquilo que não pode ser discutido. O resultado desta atitude será, por um lado, uma confusão e, por outro, uma tendência para ficar aquém ou além da virtude da flexibilidade.

Mencionamos, antes, critérios retos e verdadeiros; vamos agora considerar como agir com flexibilidade e

A EDUCAÇÃO DA FLEXIBILIDADE

firmeza em questões de verdade objetiva, e como agir com flexibilidade em questões opináveis e provisórias.

Flexibilidade e firmeza

À semelhança das outras virtudes, a flexibilidade tem sentido quando se orienta de forma intencional para a busca da verdade e do bem; não se refere, portanto, a um conjunto de técnicas, ainda que, não dispondo de certas técnicas, a pessoa corra o risco de se comportar de forma intransigente, mesmo querendo ser flexível.

Estas afirmações podem aplicar-se a dois tipos de relação: a relação com o trabalho e a relação com os outros.

Consideremos, em primeiro lugar, a relação com o trabalho. No mundo do trabalho profissional, deparamos com a necessidade e a conveniência de seguir continuamente um processo de formação do entendimento; refiro-me ao estudo em matérias profissionais, culturais e doutrinais-religiosas. Ao estudar, a pessoa deve adotar uma atitude em consonância com a natureza do objeto de estudo. Assim, se depara com um conteúdo de verdade objetiva, deve ter suficiente agilidade mental — que é uma parte da virtude da flexibilidade — para procurar a maneira de se adaptar a este conteúdo, não tendo uma atitude crítica quanto à sua natureza, mas apenas quanto ao seu aprofundamento. Quando, pelo contrário, depara, seja por necessidade ou por casualidade, com um conteúdo discutível, deve começar por reconhecer o seu grau de preparação sobre o tema em estudo e, se esta preparação lhe permitir uma firmeza real, poderá adotar uma atitude crítica para aproveitar o que é útil e recusar o que não o é.

Em relação às leituras pessoais e às leituras dos filhos, encontramos muitas vezes pessoas que acham que são capazes de manter os seus critérios, quando na realidade são influenciáveis; e pessoas que consideram que a atitude ideal consiste em «manter o espírito aberto», independentemente da natureza do que estão a ler.

Na verdade, ao ler um livro, um artigo de uma revista etc., todos nós nos deixamos influenciar, de uma maneira ou de outra, pelo seu conteúdo. Uma pessoa que tenha uma preparação intelectual mais profunda está em melhores condições para adaptar o seu modo de ler a natureza de cada escrito, acabando por ser efetivamente flexível sem se deixar levar pelo modo de raciocinar de determinado autor. Pelo contrário, na falta dessa preparação, as pessoas são geralmente bastante influenciáveis; assim, por exemplo, um universitário que estude a obra de um filósofo pode deixar-se persuadir de que ele tem razão, mas quando posteriormente estuda outro filósofo com teses contrárias às do primeiro pode muito bem mudar de opinião, deixando-se persuadir pelo segundo. E este perigo não afeta só os adolescentes: é geral. Por este motivo, é preciso ter muita prudência com as leituras, justamente pelo risco de contágio das ideias que veiculam.

A flexibilidade leva uma pessoa a deixar de ler um livro por ter consciência de que não está em condições de fazer uma apreciação crítica do seu conteúdo; a ler outro livro com uma atitude crítica, aproveitando o que ele tem de positivo e recusando o resto; e finalmente, a ler um terceiro livro com uma atitude positiva de assimilação. A pessoa que não sabe fazer isto não

A EDUCAÇÃO DA FLEXIBILIDADE

é flexível, porque está presa a um falso critério, que consiste em considerar que é bom ler tudo.

Escolhemos o domínio das leituras como exemplo dentro do campo profissional, embora o que foi dito possa ser adaptado a qualquer outra faceta do trabalho.

Firmeza e flexibilidade nas relações

Até aqui, referimo-nos à flexibilidade na atividade pessoal, em que cada um tem o dever de ser leal a si próprio, isto é, aos valores mais importantes da sua vida. Mas também convém ser leal aos valores implícitos no vínculo da amizade etc.; e aqui, deparamos com a dificuldade de identificar o procedimento mais adequado para tratar os amigos. Não podemos atraiçoar os valores permanentes, mas também não podemos perder as amizades por falta de flexibilidade. A pessoa humana é livre de aceitar ou de recusar os valores permanentes. Por este motivo, não podemos obrigar os nossos amigos a aceitar uma verdade, mesmo que ela seja fundamental para nós; aliás, a tentativa de impor posições pode gerar uma situação em que a outra pessoa nos acuse de falta de flexibilidade, que poderá interpretar como falta de respeito. Como resolver esta dificuldade?

O respeito pressupõe que nunca se perca de vista a possibilidade radical de aperfeiçoamento dos outros, e que não se deixe de levar em conta a possibilidade de cada um se prejudicar a si próprio. Em relação a este segundo ponto, a flexibilidade levará a pessoa a abandonar uma conversa quando percebe que o seu interlocutor tem uma capacidade de raciocínio superior à sua e pode influenciá-la negativamente; pelo

A EDUCAÇÃO DAS VIRTUDES HUMANAS

contrário, se considera que pode ajudar a outra pessoa a melhorar, tentará encontrar a forma adequada de o fazer. Na descrição inicial, dissemos: «adapta o seu comportamento com agilidade às circunstâncias de cada pessoa», o que significa que é preciso ter uma atitude de real interesse pelos outros. E este interesse não pode ser simulado; ou seja, se aquilo que nos interessa é a informação que queremos comunicar, e não temos em conta as necessidades da outra pessoa, é provável que o modo como a expressamos não seja o mais adequado. Todas as pessoas têm uma série de preconceitos; e podem ter falhas de informação sobre determinados aspectos ou algum bloqueio afetivo diante de determinados temas. Por isso, a flexibilidade inclui a capacidade de escutar; e não se trata simplesmente de escutar as palavras, quiçá toscas, mas de escutar a pessoa, tentando perceber o que está por trás daquilo que ela diz. Só assim conseguiremos adaptar o nosso comportamento à situação concreta da pessoa. Assim, por exemplo, se uma pessoa está muito preocupada com determinado assunto, não estará em condições de tratar outro tema com seriedade, pelo menos enquanto não tiver oportunidade de comunicar a sua preocupação.

Já mencionamos que não se trata de modificar nem de falsificar a informação referente a determinadas verdades, mas de procurar o modo mais adequado de apresentar essa informação, levando-se em conta as necessidades das outras pessoas. Mas também é importante ter em mente as situações: conversar com um amigo em privado não é o mesmo que dar uma conferência para quinhentas pessoas. Numa situação mais formal, é natural que a pessoa pense bem na

A Educação da Flexibilidade

melhor forma de comunicar com os outros sendo fiel aos valores permanentes; pelo contrário, em situações informais é muito mais fácil opinar sobre questões variadas sem uma preparação adequada, embora se corra o risco de ceder em pontos fundamentais em razão da pressão social. A pessoa que desenvolve a virtude da flexibilidade saberá adaptar-se a cada interlocutor e a cada situação, mas também saberá ser leal aos valores permanentes, defendendo-os e reforçando-os com firmeza.

A adaptação do próprio comportamento

Se considerarmos as duas vertentes de progresso em qualquer virtude — a intensidade com que se vive e a retidão das motivações —, concluiremos que temos muitas razões para viver a virtude da flexibilidade: aprender com as outras pessoas; aprender em situações novas; conviver com alegria; adaptar continuamente o que fazemos aos critérios que regem a nossa vida. Esta última razão é da maior importância, e relaciona-se diretamente com a capacidade de retificar. Nem sempre conseguimos adaptar o nosso comportamento a estes critérios em tempo oportuno; mas, dando atenção ao que fazemos e ao que sempre fizemos, teremos a possibilidade de recuar ou de retificar depois do ato; e temos a obrigação de o fazer com honradez. É muito difícil ser sempre flexível perante novas situações, em que a pessoa ainda não tem experiência suficiente para se adaptar; deve por isso esforçar-se por aprender com os outros. Isso significa que uma pessoa flexível o é por ter aprendido com a sua própria experiência

A EDUCAÇÃO DAS VIRTUDES HUMANAS

e com a experiência dos outros; por este motivo, é muito importante observar e ouvir.

Para aprender com as outras pessoas, é preciso estar convencido de que o que têm para nos dizer é interessante e merece a nossa atenção. É comum a pessoa estar disposta a ouvir os outros nuns temas e noutros não, ainda que todos eles sejam opináveis, porque se considera especialista em determinados assuntos, ou pelo menos pensa que sabe mais do que os outros. Com uma atitude destas, ninguém aprende. Isto não significa que tenhamos de ouvir qualquer disparate; é sempre lícito exigir que os outros apresentem as suas ideias com o devido rigor. Por outro lado, se o tema que está em discussão não tem grande importância e se as pessoas estão simplesmente conversando em tom descontraído, o grau de exigência será menor. Ora, há pessoas que não são flexíveis neste sentido; uma pessoa que não seja capaz de conversar senão sobre temas profundos não sabe adaptar-se aos interesses do grupo e não sabe nem quer identificar-se com eles.

Salientamos, como elementos do desenvolvimento da virtude da flexibilidade, a capacidade de escuta e a capacidade de identificação — pelo menos parcial — com os interesses do grupo; mas também é preciso observar os outros.

Numa conversa, podemos aperceber-nos de que estamos a falar demais, de que aquilo que estamos a dizer não interessa aos outros, de que os interesses dos outros são diferentes dos nossos, e por aí vai. E a capacidade de percebermos essas coisas é um requisito para podermos aprender com eles e conseguirmos criar momentos agradáveis de convívio.

A EDUCAÇÃO DA FLEXIBILIDADE

Também afirmamos que, com o desenvolvimento da flexibilidade, pode-se aprender em situações novas. Na verdade, este é um dos problemas dos filhos adolescentes: achar que têm de experimentar tudo para aprender ou para se divertirem. Convém por isso insistir na necessidade de não sacrificar os critérios permanentes às novas experiências; é verdade que eles podem esforçar-se por aproveitar as novas situações, desde que estas sejam lícitas em si mesmas.

Há pessoas que trabalham muito bem quando estão em terreno conhecido; porém, quando se lhes pede que tratem de outro assunto, que à partida lhes é desconhecido, têm tanto receio ou sentem-se tão pouco à vontade, que não aproveitam as possibilidades que a nova situação lhes proporciona. Esta característica pessoal — a tendência para estar preso ao que é conhecido, e não ao que é fundamental — pode prejudicar a flexibilidade. Encontramos exemplos disto mesmo no pai de família que fica de mau humor quando alguém se senta em sua poltrona favorita, ou naquele que se aborrece quando é preciso mudar a hora do jantar. Neste sentido, a virtude da ordem precisa do apoio da flexibilidade para não se transformar em mania, para não ser um fim em si mesma. Outra prova de falta de flexibilidade é a do filho que só consegue estudar com a televisão ligada, ou a da criança que não aceita que os pais modifiquem as regras de um jogo por motivos justificados.

Em suma, os dois extremos opostos à flexibilidade são a rigidez nas coisas transitórias (que não deve ser confundida com a firmeza nas coisas essenciais) e a fragilidade, que faz com que a pessoa se deixe levar por qualquer influência, sem pensar no sentido do que

A EDUCAÇÃO DAS VIRTUDES HUMANAS

está a fazer; ou seja, a espontaneidade mal entendida, a espontaneidade entendida como algo que não precisa do apoio da inteligência e da vontade.

Como educar a flexibilidade

Feitas estas considerações, podemos agora voltar-nos para o tema da educação dos filhos nesta virtude. Não insistiremos de novo na necessidade de informá-los, para que absorvam cada vez melhor os valores permanentes da sua vida, nem na conveniência de ajudá-los a relacionar as suas atividades diárias com estes valores — embora não se possa ser flexível sem estes dois aspectos. Em contrapartida, vamos nos centrar nas competências necessárias para desenvolver esta virtude noutros aspectos.

Podemos centrar a atenção dos menores em dois pontos: as pessoas novas e as situações novas. As crianças mais novas têm de aprender a se dar bem com outras pessoas, e por isso é muito conveniente que tenham amigos, que frequentem a casa deles, e que aprendam que os comportamentos e as regras do jogo diferem de família para família. Não convém nada proteger de tal maneira as crianças, que não tenham de fazer qualquer esforço neste sentido; pelo contrário, se esta saída do seu mundo lhes custa, os pais devem apoiá-los com carinho e mostrar-lhes que confiam na sua capacidade de tirar partido das novas situações. Por outro lado, os períodos que passam com outras famílias, sejam de parentes ou de amigos, ajudam os filhos a perceber a diferença entre a adaptação ao modo de viver dos outros e a firmeza nas coisas fundamentais. Assim, por exemplo, uns pais deixaram um filho de nove anos na

A EDUCAÇÃO DA FLEXIBILIDADE

casa de uns primos quando foram passar uns dias fora, e nesta casa os pais autorizam os filhos a ver tudo o que quiserem na televisão; quando a criança conta aos pais que viu todo o tipo de filmes, estes podem dizer-lhe: «Que pena! Perdeste uma ótima oportunidade de dar bom exemplo!»

Convém que, a partir da idade da razão, as crianças conheçam muitas pessoas e muitos ambientes familiares, para aprenderem a distinguir modos de viver aos quais têm de se adaptar de regras básicas em que não podem transigir. Por outro lado, as crianças podem viver novas situações — andar sozinhos, fazer compras, ir ao banco depositar dinheiro, parar uma brincadeira para tratar de um irmão — e, deste modo, aprender a adaptar-se com facilidade a novas exigências.

À medida que vão crescendo, também terão de aprender a relacionar-se com os outros com flexibilidade, levando em conta as peculiaridades de cada pessoa; neste sentido, a flexibilidade está muito relacionada com a virtude do respeito. As crianças terão de aprender que determinado comportamento pode ser adequado para umas pessoas, mas não para outras, e que podem tirar muito partido das relações humanas se souberem adaptar-se aos outros e encontrar uma zona de acordo mútuo.

A intensidade com que se vive esta virtude depende da quantidade de situações em que a pessoa sabe comportar-se adequadamente, e da possibilidade de se adaptar a outras mediante o desenvolvimento da capacidade de escutar, de observar e de se manifestar. Assim, é evidentemente importante ensinar os filhos a exprimirem-se oralmente, bem como a aprenderem a falar outras línguas, para poderem ser flexíveis quando

A EDUCAÇÃO DAS VIRTUDES HUMANAS

se deslocam a outros países ou quando se encontram com estrangeiros.

Por último, é preciso ensiná-los a não estarem presos ao que é opinável e ao que é superficial; para isso, têm de aprender a desenvolver uma atitude crítica. Em especial na adolescência, convém ensiná-los a matizar as suas opiniões e a perceber que não têm sempre razão; os jovens têm de reconhecer que podem aprender com os outros — incluindo os adultos! — mas que, para serem flexíveis, têm de comparar a informação alheia com base em determinados critérios, não se submetendo intencionalmente a influências prejudiciais.

Por outro lado, os pais terão de os ensinar a distinguir o que é opinável do que não é, mostrando grande flexibilidade nas coisas discutíveis e total firmeza nas coisas seguras. E, quando discutem estas últimas com os filhos, têm de atribuir a elas grande respeito, comunicando a informação de forma clara e concisa, sem esmagar os filhos com o peso dos seus conhecimentos.

Ser flexível não significa deixar-se levar, muito pelo contrário; significa aprender a dizer que sim e que não no momento oportuno. E significa também estar aberto às hipóteses de progresso que se escondem numa multiplicidade de ocasiões que vão surgindo na vida de todos os dias.

A flexibilidade
Autoavaliação

Segue-se um elenco de afirmações que permitem refletir de forma sistemática sobre:
— o grau em que se vive pessoalmente esta virtude e

A EDUCAÇÃO DA FLEXIBILIDADE

— o grau em que se educam os alunos ou os filhos nesta virtude.

Em relação a cada afirmação, o comportamento e o esforço pessoal correspondente podem ser avaliados com base na seguinte escala:

5. Estou totalmente de acordo com esta afirmação, que reflete a minha situação pessoal.

4. A afirmação reflete a minha situação em grande parte, embora tenha algumas ressalvas.

3. A afirmação reflete a minha situação em parte; em parte sim e em parte não.

2. A afirmação não reflete a minha situação, embora seja possível que venha a acontecer.

1. Não me parece que a afirmação reflita a minha situação pessoal; não me identifico com ela.

As reflexões pessoais podem ser discutidas com o cônjuge ou com os colegas, de forma a identificar possíveis aspectos prioritários de atenção no desenvolvimento da virtude, quer a título pessoal, quer em relação à educação dos filhos e dos alunos. De fato, é possível que o leitor vá descobrindo muitos campos em que pode melhorar; mas convém *selecionar apenas um ou dois*, a fim de tentar alcançar os progressos desejados.

A maneira pessoal de viver a flexibilidade

1. Tenho critérios interiores de atuação que me permitem saber que atitude devo tomar em cada momento. (*Ser flexível não significa experimentar tudo nem deixar-se levar por qualquer influência; pressupõe ter critérios pessoais de atuação, que permitem que a pessoa se adapte a diferentes situações sem se desleixar.*)

265

A EDUCAÇÃO DAS VIRTUDES HUMANAS

2. Adoto uma atitude provisória em questões opináveis, sem pretender impor-me.

(*Ser flexível significa saber usar expressões como: «Na minha opinião», «dá a impressão de que», «é possível que».*)

3. Sei manter-me firme em questões que dizem respeito à verdade objetiva, mas tentando adaptar-me às necessidades das pessoas com quem estou a falar ou à situação em que me encontro.

(*Não se pode falar com toda a gente da mesma maneira; é preciso ter dom de línguas, saber dizer as coisas de maneiras diversas ou, muito simplesmente, saber calar em certos momentos.*)

4. Faço um esforço habitual para distinguir as questões que são opináveis das que não o são.

(*Não distinguir este gênero de questões gera situações muito confusas para os jovens; com efeito, uma atuação dogmática em questões discutíveis tende a gerar uma recusa em prosseguir o processo comunicativo por parte dos jovens.*)

5. Em matérias de estudo, tento reconhecer a informação que está correta e que, em princípio, posso e devo aceitar.

(*É importante verificar a fiabilidade dos autores que se estudam; para isso, pode ser preciso pedir conselho a uma pessoa de confiança.*)

6. Quando tenho de estudar matérias discutíveis, esforço-me por usar a minha capacidade crítica, a fim de aproveitar o que posso e de recusar o que não me convém.

(*A flexibilidade poderá levar a pessoa a abandonar a meio uma leitura que percebe que não lhe convém.*)

7. Nas relações com os outros, tento adaptar-me às suas necessidades e à sua maneira de ser, se percebo

que desse modo posso melhorar a relação ou ajudar as pessoas.

(A pessoa flexível sabe distinguir diferentes tipos de pessoas e sabe que tipo de vocabulário deve usar, até que ponto deve apresentar as suas ideias etc.)

8. Tento ajudar os meus amigos, os meus companheiros de trabalho e os meus conhecidos, na medida do possível, sem abandonar os meus critérios, mas sem ser rígido nas minhas atitudes.

(Dado que procuramos o bem dos outros, às vezes convém avançar devagar, ser prudente e só introduzir a informação necessária no momento oportuno.)

9. Tento conhecer-me o máximo possível, a fim de poder perceber se estou a falar demais ou de menos, quando devo dar uma informação ou quando devo calá-la etc.

(Este tipo de sensibilidade situacional é um requisito da flexibilidade; às vezes, é preciso pedir ajuda ao cônjuge ou a um amigo para descobrir como somos vistos pelos outros.)

10. Em geral, esforço-me por não ser rígido nem frágil; e, quando me engano, sei retificar.

(A retificação consiste em a pessoa saber adaptar-se aos seus erros. Há educadores que nunca retificam com receio de perder a autoridade; mas isso não é verdade. Um educador que retifica reforça a sua autoridade — desde que não esteja sempre a enganar-se!)

A educação da flexibilidade

11. Explico aos mais novos quais são as regras básicas de comportamento que não devem transigir.

A EDUCAÇÃO DAS VIRTUDES HUMANAS

(As crianças pequenas não têm grande capacidade de aplicar critérios a novas situações; convém portanto exigir--lhes que saibam manter-se firmes no essencial.)

12. Tento criar ou aproveitar situações em que os meus filhos e os meus alunos tenham de relacionar-se com pessoas desconhecidas.

(É bom que, desde muito cedo, frequentem a casa dos amigos, passem temporadas com outros membros da família e participem em intercâmbios da escola, mas sabendo sempre quais são as regras que não devem transgredir.)

13. Tento conseguir que os menores tenham vivências diferentes, que experimentem vários passatempos, que conheçam lugares variados.

(À medida que as crianças crescem, percebe-se que algumas têm dificuldade em abandonar os lugares e ambientes conhecidos, porque os respectivos educadores não insistiram no assunto a tempo.)

14. Atribuo tarefas e responsabilidades aos meus filhos e aos meus alunos, a fim de que aprendam a se virar com desenvoltura.

(Exemplos: ir ao banco depositar um cheque, fazer compras, fazer uma viagem sozinhos; as tarefas serão diferentes conforme as idades.)

15. Ensino os jovens a ouvir e a observar os outros, a fim de poderem adaptar-se à forma como os outros exprimem a realidade.

(Neste domínio, pode ser uma ajuda sugerir-lhes perguntas (o que gosta de fazer?, como costuma passar o fim de semana?) ou observações (o interesse ou a falta de interesse por determinado assunto, que pode manifestar-se num olhar mais vivo ou mais aborrecido) que lhes permitirão conhecer melhor a outra pessoa.)

A EDUCAÇÃO DA FLEXIBILIDADE

16. Ajudo os jovens a suavizarem as suas opiniões, a não serem excessivamente taxativos ou dogmáticos. (*As expressões taxativas são muito frequentes na adolescência, e prejudicam gravemente a possibilidade de o jovem se relacionar com muitas pessoas.*)

17. Raciocino com os jovens, ajudando-os a perceber que é fácil uma pessoa abandonar os seus critérios de atuação por querer ser igual aos membros do seu grupo, ou pelo menos por não querer ser diferente deles. (*Há ocasiões em que a influência do grupo é tão grande, que convém fazer um esforço para conseguir que os jovens comecem, desde muito cedo, a relacionar-se com outros jovens que tenham os mesmo valores.*)

18. Ajudo os jovens a descobrir que os programas de televisão, o cinema e os comportamentos retratados nas revistas geralmente têm influência sobre os critérios do espectador e do leitor, e a perceber que ser flexível não significa considerar que vale tudo. (*O relativismo é inimigo de uma autêntica flexibilidade, já que pressupõe que não há critérios retos e verdadeiros.*)

19. Ajudo os jovens a ultrapassarem os seus possíveis medos do desconhecido, a fim de se abrirem às múltiplas possibilidades que o mundo lhes oferece. (*Este gênero de apatia e indiferença nos jovens pode resultar da insegurança, do medo, do comodismo ou da preguiça.*)

20. Ensino os jovens a ser prudentes e a retificarem sempre que seja oportuno. (*Não é raro os jovens pedirem desculpa; e, se esses pedidos podem expressar um desejo autêntico de retificação, em muitos casos refletem apenas uma trivialização dos sentimentos, uma saída fácil para não terem de pensar nas consequências dos seus atos — fazem o que querem e depois pedem desculpa.*)

XII
A EDUCAÇÃO DA LEALDADE

«Aceita os vínculos implícitos na sua adesão aos outros — amigos, chefes, familiares, pátria, instituições etc. —, de tal maneira que reforça e protege, com o passar do tempo, o conjunto dos valores que eles representam.»

* * *

Ao refletir sobre a educação das diferentes virtudes humanas, nota-se frequentemente que estão todas intimamente relacionadas. Neste sentido, a lealdade está estreitamente relacionada com a perseverança, a responsabilidade, o respeito, a prudência e outras virtudes. No entanto, uma mesma realidade pode ser avaliada de diferentes pontos de vista, salientando alguns elementos que, anteriormente, foram considerados de forma parcial; é deste modo que vamos proceder ao estudo da virtude da lealdade.

Na descrição inicial encontramos a expressão: «aceita os vínculos implícitos na sua adesão aos outros»; aceitar vínculos pressupõe tomar decisões. Mas essas decisões são diferentes do tipo de decisões que é necessário tomar para ser perseverante. A descrição da virtude da perseverança indica: «uma vez tomada uma decisão, leva a cabo as atividades necessárias para alcançar o que decidiu»[1]. Isto é, há uma situação de futuro que leva a pessoa a, mediante o seu esforço,

---

1   *La educación de la perseverancia*, capítulo IV.

ultrapassar as dificuldades de percurso. Contudo, quando se aceita um vínculo com outros, não se está a centrar a relação no futuro, mas a aceitar a realidade de uma situação atual; o vínculo não se altera com o tempo, embora possa robustecer-se, sedimentar-se e amadurecer. Portanto, o importante é atuar, ao longo do tempo, de forma congruente com a natureza do vínculo, velar por ele, reforçá-lo e protegê-lo. Neste sentido, pode ser necessário desenvolver a virtude da perseverança para alcançar algo que proteja este vínculo, mas a lealdade é a virtude que ajuda a pessoa a agir de forma congruente com a palavra dada; em alguns casos, trata-se simplesmente de tomar consciência, à luz da reta razão ou da fé, de um certo vínculo, de maneira que se torne manifesta a consciência da sua obrigatoriedade e a necessidade moral de a assumir de forma livre, mesmo sem ser preciso dar a palavra.

Para esclarecer este ponto, podemos considerar a lealdade a respeito dos amigos. Mesmo sem aprofundar a natureza do compromisso que vigora neste caso, podemos imaginar uma situação em que um amigo começa a portar-se de um modo que prejudica a natureza da amizade. A lealdade levará o amigo a fazer o necessário para ajudá-lo, mesmo que este não se porte bem com ele, em virtude do conjunto de valores que sustentam o vínculo; isto é, procurará ajudar o amigo a relacionar o seu comportamento com o vínculo estabelecido, para que este não desapareça. Ao mesmo tempo, terá certamente necessidade de ser perseverante para empreender e levar a cabo as atividades necessárias para reintegrar o amigo ao conjunto de valores que o vínculo representa.

A Educação da Lealdade

De acordo com o que foi dito, é manifesto que o aspecto fundamental desta virtude consiste em reconhecer que pode existir um vínculo; e, depois, em apreciar o conjunto de valores que este representa.

O vínculo: seu reconhecimento e apreciação dos valores que ele representa

De fato, o ser humano tende a vincular-se a outros, por precisar deles por diferentes motivos. As crianças mais novas vivem estes vínculos sem os reconhecer como tais; mas os adolescentes, que têm mais consciência, têm por vezes vontade de se desfazer deles, por considerarem que tais vínculos os condicionam, impedindo-os de ser livres. Analisaremos estas questões mais adiante, quando refletirmos sobre a ação educativa idônea.

Quando observo que as crianças pequenas costumam viver uma série de vínculos sem os reconhecer como tais, refiro-me aos vínculos com a família, com os colegas de escola, com os membros do time de futebol, com os amigos. Não costumam ter consciência dos valores que cada um destes vínculos representa, por isso não vivem a lealdade em relação a eles, pelo menos sempre; ou então, são excessivamente leais a determinados vínculos, que deveriam estar submetidos a outros de maior valor. E aqui deparamos com outro problema; é que não se trata apenas de reconhecer os vínculos, mas de estabelecer uma hierarquia entre eles. Se, em determinado momento, percebe-se que a lealdade à família é incompatível com a lealdade a Deus, por exemplo, tem de se perceber que a lealdade a Deus é mais importante que

A EDUCAÇÃO DAS VIRTUDES HUMANAS

a lealdade à família. Na realidade, a lealdade a uma e a outro nunca será incompatível. É possível que, num ou noutro momento, tenha-se a impressão, a nível humano, de que a pessoa tomou medidas que prejudicam a sua família; mas quem tem uma visão sobrenatural da vida percebe que, ao fazer o melhor que pode por Deus, também está fazendo o melhor pela sua família, embora isso não seja manifesto em determinado momento.

No entanto, a outro nível, é importante estabelecer uma hierarquia clara. Por exemplo, um homem casado tem de reconhecer que, em primeiro lugar, tem de ser leal à família e depois aos amigos. Estas duas lealdades são compatíveis; isto é, é possível aceitar os vínculos que se estabelecem na adesão a ambas as situações. Porém, quando se torna necessário interpretar os referidos vínculos — ou seja, realizar atos que os reforcem e os protejam —, é necessário estabelecer uma ordem de prioridades e agir de acordo.

Até agora, salientamos uma série de questões relacionadas com a educação da lealdade, que podem ser resumidas nos seguintes problemas:

1. como educar os filhos para que sejam capazes de reconhecer os vínculos implícitos na sua adesão aos outros;

2. como ensinar os filhos a compatibilizar os diferentes vínculos;

3. como orientar os filhos para que entendam corretamente o que significa ser leal em cada caso;

4. como orientar os filhos para que entendam que a existência de um vínculo não lhes tira a liberdade.

Vamos agora analisar cada um destes problemas.

A EDUCação da LEaLDaDE

O reconhecimento do vínculo

Dissemos antes que se trata de «ser fiel à palavra dada», embora a «palavra dada» não tenha de ser uma declaração explícita de intenções. Com efeito, pode haver uma atuação continuada de promoção dos valores numa relação com os outros, mesmo que nada tenha sido dito. No entanto, é provável que esta preocupação não leve a pessoa a cuidar o vínculo, a menos que seja evidente para ela — que tenha ficado explicitamente estabelecido no seu entendimento — que adquiriu um dever permanente a respeito de terceiros. Neste sentido, veremos que ser leal assenta num processo intelectual; é uma atitude que resulta de uma deliberação mental e que não deve ser confundida com a tendência habitual para reagir de forma afetiva em determinadas condições. Por exemplo, muitas das pessoas que participam em manifestações públicas não estão propriamente a dar uma prova de lealdade à pátria ou ao grupo a favor do qual se manifestam, mas apenas a reagir *emocionalmente* a algo ao qual se sentem ofendidas ou preocupadas.

Neste caso, a lealdade deve levar a pessoa, reconhecendo intelectualmente o vínculo que estabeleceu, a fazer o que puder em benefício do mesmo, trabalhando de forma consciente, contribuindo para melhorar aqueles aspectos que tem realmente a capacidade de influenciar etc. Não se pode confundir — repito — a lealdade, que é consequência de uma afirmação pessoal, com sinais que são consequência de um estado emotivo.

Na verdade, encontramos o mesmo problema nas crianças pequenas: se ainda não chegaram ao uso da

A EDUCAÇÃO DAS VIRTUDES HUMANAS

razão, como podem ser leais? A resposta é clara: as crianças pequenas não são leais e, em sentido estrito, também não podem sê-lo; mas podem dar início ao processo de aprendizagem desta virtude. Para isso, tem de existir um vínculo, que virão a conhecer quando forem mais velhas.

As crianças mais novas podem aprender a *sentir* a importância de estabelecer relações e de proteger ou ajudar as *pessoas* que participam nessa relação. Convém esclarecer que aquilo que se pretende é que aprendam posteriormente a reconhecer o vínculo por via intelectual e a reforçar e proteger o *conjunto de valores* que ele pressupõe.

Mas — repito — tem de haver vínculos, mesmo que sejam desconhecidos, para que, na sua devida altura, se tornem explícitos, e portanto critérios de atuação.

Em particular, o desenvolvimento das outras virtudes ao serviço de algumas pessoas específicas serve de modo fundamental como base futura para a lealdade. O filho que se esforça por fazer alguma coisa pelos irmãos e pelos pais está a descobrir a realidade da família; como eles também se esforçam por fazer alguma coisa por ele, esta criança percebe que encontra na família uma realidade que não encontra em mais lugar nenhum. No entanto, as suas atenções estão centradas nas pessoas concretas, e não nos valores que a relação representa.

Precisamente por isso, a lealdade pode tornar-se excessiva, pelo menos em determinadas circunstâncias, porque a criança centra-se num amigo, por exemplo, e não nos valores que essa amizade representa. Vejamos um exemplo: um adulto acusa uma criança de ter quebrado uma jarra de cristal; a criança nega e, embora a

276

A EDUCAÇÃO DA LEALDADE

jarra tenha sido quebrada por um amigo, recusa-se a denunciá-lo por uma questão de lealdade. Ora, esta é uma falsa lealdade; com efeito, uma criança que fosse realmente leal não teria denunciado o amigo ao adulto, mas ter-lhe-ia sugerido uma forma de se acusar e de retificar o sucedido.

Quer isto dizer que um dos valores implícitos na amizade é a ajuda mútua para agir corretamente e ser melhor, precisamente em razão da intimidade que existe entre os amigos. Quando uma relação não está assente em valores, a lealdade não tem sentido, ou pode levar a pessoa a proteger ou a reforçar algo que é prejudicial para os dois amigos.

Consideremos outro exemplo: a lealdade de uma criança em relação à sua equipe de esportes. Se, para esta criança, o valor mais importante é ganhar, quando a equipe perde a criança terá tendência para criticar injustamente os colegas e pode mesmo, em determinadas circunstâncias, tentar mudar de equipe; ou pode criticar indiscriminadamente os membros da equipe adversária, ou acusar o árbitro, tudo isto em defesa do valor «ganhar». Pelo contrário, a verdadeira lealdade à sua equipe leva a criança a jogar o melhor possível, mesmo que esteja em desvantagem; a continuar a esforçar-se e a fazer tudo o que pode em prol dos outros, como desportistas e como pessoas, mesmo que a sua equipe seja habitualmente derrotada. Isso quer dizer que o conjunto de valores que preside à sua relação com a equipe inclui o desportivismo, a competência técnica, o bom humor, o serviço aos outros etc.

Pretendemos com isto salientar, como fizemos noutras ocasiões, que um dos valores implícitos na existência de um vínculo é o progresso pessoal e alheio. Este progresso pressupõe o reforço e a proteção de outros valores relacionados com o vínculo, como por exemplo a justiça, o respeito, a iniciativa pessoal etc.

Mas isto conduz-nos a uma questão muito importante: a lealdade não tem sentido se estes valores não forem permanentes. De fato, o indício de uma lealdade mal entendida, no caso de os valores não serem permanentes, é a defesa de uma pessoa ou de uma instituição independentemente dos valores que elas representam; ou seja, o apoio indiscriminado a alguém ou a alguma coisa por razões de egoísmo ou para satisfazer a própria vontade de pertencer, de ser membro de alguma coisa. Por isso, podemos destacar como pontos fundamentais da educação para a lealdade:

— conseguir que os filhos desenvolvam as demais virtudes ao serviço dos outros;

— ajudar os filhos a distinguir as pessoas e instituições com que se relacionam e os valores que estes vínculos representam.

Podemos esclarecer um pouco mais este segundo ponto com alguns exemplos. Ser leal aos pais não significa aprovar tudo o que eles fazem, mas protegê-los e guardar o seu bom nome de murmurações infundadas e ajudá-los a melhorar; o importante é ser sincero e generoso com eles. Ser leal à pátria não significa ocultar os males que nela existem, reagindo de forma exclusivamente emocional à evocação do seu nome, mas proteger e reforçar os valores permanentes que nela se vivem. Deus é a única entidade em que se verifica uma congruência perfeita entre o ser e o fazer. Percebemos então que a única verdade e os únicos valores permanentes residem na revelação divina, porque os

A EDUCAÇÃO DA LEALDADE

valores criados pelos homens são precários e podem ser alterados de acordo com a interpretação que fazem das suas necessidades.

Antes de passarmos ao segundo problema, talvez convenha respondermos à seguinte pergunta: quais são os vínculos mais normais para as crianças? O vínculo que elas vivem de forma mais imediata é indubitavelmente o da família; mas logo a seguir vêm o grupo dos amigos e ainda mais os amigos íntimos. Além disso, se frequentarem uma escola com um estilo próprio — uma escola onde se viva intencionalmente uma série de valores —, as crianças podem acabar por reconhecer a sua vinculação a estes mesmos valores.

Os vínculos e a compatibilidade entre eles

Para percebermos como se podem compatibilizar os vínculos, temos de começar por considerar qual é a noção que os filhos têm dos valores. Um jovem pode considerar que os seus amigos vivem o valor do respeito, mas que este valor não é vivido no seio da sua família; quando isto acontece, é sinal de que surgiu para ele uma incompatibilidade entre estes dois vínculos, e a sua tendência será para abandonar um deles em favor do outro.

Estamos novamente perante o problema que já apresentamos antes. A lealdade não deve resultar da identificação das próprias ideias noutra pessoa, pois, se assim for, só existirá enquanto as referidas ideias forem partilhadas. A lealdade pressupõe procurar e conhecer os valores permanentes da situação humana, de qualquer situação humana, e simultaneamente reconhecer aquilo que é específico, aquilo que é mais próprio dos diversos vínculos, que vão surgindo quase sem disso nos apercebermos. Neste sentido, o valor da justiça pode ser vivido com mais intensidade na família que numa relação de amigos, por exemplo; o valor do companheirismo pode ser vivido com mais facilidade na escola do que a nível da pátria etc.

Assim, temos de concluir que quem não aceita valores permanentes não tem sentido de lealdade. Por outro lado, só parece existir incompatibilidade entre dois vínculos quando a pessoa se esquece dos valores e centra-se na sua interpretação pessoal dos mesmos. Cada um tem o dever de ser leal, antes de mais, a si mesmo, atitude que pressupõe procurar aprofundar os valores permanentes; a seguir, tem de tomar decisões, de reconhecer intelectualmente a existência de uma série de vínculos no contexto dos quais pode agir de acordo com esses valores permanentes, sabendo que há vínculos em que tem mais possibilidades de reforçar e proteger certos valores específicos. Se agimos de forma congruente com estes valores, não encontraremos qualquer incompatibilidade, embora tenhamos de ter comportamentos diferentes em cada caso, sempre com o objetivo de os proteger e os reforçar. Para proteger e reforçar uma série de valores, é necessário desenvolver todas as virtudes; por esse motivo, a lealdade é uma virtude de pessoas maduras.

Aprender a ser leal

Mas isto não significa que esta virtude não possa ser parcialmente desenvolvida a partir de uma situação de imaturidade; uma criança pequena aprende a ser leal esforçando-se por ajudar os outros, mas ainda sem

A EDUCAÇÃO DA LEALDADE

perceber por completo a natureza dos valores que está a promover quando se comporta desse modo. Inicialmente, esses valores estão relacionados apenas com uma distinção elementar, embora profunda: a distinção entre o bem e o mal. Para uma criança pequena, ser leal consiste em envidar todos os esforços para fazer o que os pais e os professores lhe dizem que é bom e evitar o que lhe dizem que é mau; e consiste também em conseguir que os irmãos, os amigos e os próprios pais façam o mesmo. Se os pais pedirem aos filhos que lhes chamem a atenção quando não cumprem as regras do jogo, os filhos começam a centrar-se mais na lealdade à norma — que representa um valor — e menos na pessoa. Por outro lado, obedecer às regras do jogo em questões como a limpeza pessoal e o cuidado com a natureza permite que os filhos entrevejam os valores que estão por trás desses atos: a integridade, a justiça, o respeito etc.

Visto de outra perspectiva, trata-se de introduzir o conceito de progresso e de mostrar aos filhos que têm o dever de melhorar e de ajudar os outros no mesmo sentido; e que, quando têm de tomar decisões, devem ter em conta este critério de aperfeiçoamento pessoal. A falta de lealdade em relação à possibilidade de ajudar os outros a melhorar poderá resultar de fraqueza ou de não se perceber que é o grau de possível melhoramento que indica se a atuação é ou não correta, é ou não leal. Há momentos em que nem os adultos sabem bem como agir com lealdade; as crianças, que ainda não têm critérios tão claros, terão ainda mais dificuldades neste sentido. Por isso, é preciso aproveitar muito bem aquelas situações em que o conceito de aperfeiçoamento é muito claro.

281

Nas relações com os irmãos, surgirão por vezes situações em que será preciso esclarecer em que consiste a lealdade; é o que acontece, por exemplo, quando uma criança acusa os irmãos de não se terem portado bem em determinadas circunstâncias. Ser leal significa ajudar os irmãos a ser melhores; acusá-los diante dos pais, por simples vingança ou de forma inconsciente, é um abuso da sinceridade e uma falta de lealdade. O melhor que a criança tem a fazer é tentar ajudar os irmãos a melhorar naquele aspecto; se não conseguir fazê-lo, terá de falar com os pais em privado, para que sejam eles a ajudar os irmãos, recorrendo à sua autoridade. Isso significa que é muito importante ajudar os filhos a reconhecerem as motivações reais das suas atuações e, em consequência, a retificarem em certas ocasiões e a continuarem a fazer o que estavam a fazer noutras.

Percebe-se agora com mais clareza por que razão se afirma que a virtude do respeito está profundamente relacionada com a lealdade. Ao descrever o respeito, dissemos que «atua ou deixa atuar procurando não se prejudicar nem deixar de se beneficiar, nem a si mesmo nem aos outros». A lealdade leva a pessoa a atuar ou a deixar de atuar de acordo com o vínculo que a liga aos outros. Um aluno que reconhece o vínculo que o liga à sua escola fará o possível para não prejudicá-la, por exemplo falando mal dela ou pichando as paredes; pelo contrário, fará todo o possível por promover os valores que a escola representa.

Porém, no preciso momento em que os jovens parecem ter compreendido o que significa ser leal, e ter reconhecido uma série de vínculos, levanta-se o último problema que vamos analisar: parece-lhes

A EDUCAÇÃO DA LEALDADE

que permanecer vinculados a algo ou a alguém lhes cerceia a liberdade.

Os vínculos e a liberdade pessoal

Na realidade, o problema reside numa confusão entre liberdade e libertação e, consequentemente, na identificação entre liberdade e independência. «Deste modo, a liberdade humana e o próprio homem absolutizam-se: o homem livre é aquele que não depende de nada nem de ninguém; é o homem absoluto, ou seja, totalmente desligado. Por esta via, chega-se a uma idolatria da liberdade, que a maximiza até um extremo tal, que esta liberdade se converte numa utopia[2].»

Este é um problema conceitual para os adolescentes; e os pais têm de estar preparados para esclarecer esta visão incompleta e confusa, fazendo-lhes notar que, «ao contrário do que afirma esta noção manipulada da liberdade, a nossa liberdade só em parte é independência. Tornamo-nos independentes de alguma coisa na medida em que nos tornamos dependentes e nos vinculamos a alguma coisa superior; a nossa liberdade consiste numa capacidade de opção entre vínculos. Somos livres não só porque podemos escolher entre os vínculos que se nos apresentam, mas também, e sobretudo, porque podemos escolher os vínculos que nos permitem desenvolver-nos pessoalmente, ou seja, aqueles que estão intimamente relacionados com a verdade e com o bem. Nesse sentido, a nossa liberdade

---

2   Llano Cifuentes, C., «Libertad y compromiso», in Rev. *Istmo* 61 (março-abril de 1969), p. 16.

A EDUCAÇÃO DAS VIRTUDES HUMANAS

cresce: é uma capacidade que a pessoa tem de se fazer e de se transcender»[3].

O jovem que pretende escapar a todo e qualquer vínculo e compromisso perceberá que não consegue viver adequadamente nenhum valor permanente; que os seus critérios se tornam provisórios e que acaba por se adaptar às situações, às opiniões da maioria e à moda. Pelo contrário, se identificar o acordo existente entre os seus vínculos e determinados valores permanentes, verá que dispõe de uma base sólida para desenvolver a sua vida.

Em suma, os pais terão de raciocinar com os filhos adolescentes, esclarecendo-lhes o conteúdo dos valores em si e o modo de os viver na relação com diferentes vínculos. A princípio, pode ser conveniente centrar os filhos no vínculo que têm com a família, com os amigos e com a escola. A amizade parece estar perdendo a sua identidade; deixamos de ter tempo para sermos leais aos amigos, ou centramos as nossas atenções nas atividades a realizar com eles e não nos valores que nos unem a eles[4]. Mas os pais podem promover a existência de valores reais nesses vínculos. Por outro lado, percebemos claramente que, ao nível da pátria, se estão a perder muitos valores permanentes, e que a lealdade pela pátria se transformou, em muitos casos, numa manifestação emotiva ou num apoio à bebida ou ao esporte nacional. Por isso, convém que os pais insistam na lealdade pessoal pelas instituições mais próximas do ser humano. O valor da pátria e da cidade

---

3 Fernández Otero, O., *Educación y manipulación*, Pamplona, EUNSA, 19904, pp. 91-92.

4 Tratamos o tema dos amigos dos filhos em *Re-unión* familiar, Barcelona, Ed. Fert, S.A., 1975.

A EDUCAÇÃO DA LEALDADE

só terá sentido se as pessoas que pertencem ao país e à cidade forem leais a si próprias, ao mais fundamental do seu ser, à verdade. A lealdade a estes valores é um elemento básico de um mundo que está a destruir-se por prestar uma atenção frenética ao que é meramente transitório.

A lealdade
Autoavaliação

Segue-se um elenco de afirmações que permitem refletir de forma sistemática sobre:
— o grau em que se vive pessoalmente esta virtude e
— o grau em que se educam os alunos e os filhos nesta virtude.

Em relação a cada afirmação, o comportamento e o esforço pessoal correspondente podem ser avaliados com base na seguinte escala:

5. Estou totalmente de acordo com esta afirmação, que reflete a minha situação pessoal.

4. A afirmação reflete a minha situação em grande parte, embora tenha algumas ressalvas a seu respeito.

3. A afirmação reflete a minha situação em parte; em parte sim e em parte não.

2. A afirmação não reflete a minha situação, embora seja possível que venha a acontecer.

1. Não me parece que a afirmação reflita a minha situação pessoal; não me identifico com ela.

As reflexões pessoais podem ser discutidas com o cônjuge ou com os colegas, de forma a identificar possíveis aspectos passíveis de uma atenção prioritária no desenvolvimento da virtude, quer a título pessoal, quer em relação à educação dos filhos e dos alunos. De fato, é possível que o leitor vá descobrindo muitos campos em que pode melhorar; mas convém *selecionar apenas um ou dois*, a fim de tentar alcançar os progressos desejados.

A maneira pessoal de viver a lealdade

1. Reconheço os vínculos que tenho pelo fato de ser filho de Deus, e portanto em consequência do direito natural.

(A lealdade exige reflexão; não se trata de uma virtude fácil, nem tem a ver com emoções e sentimentos. É preciso começar por reconhecer os vínculos implícitos em ser pessoa, um ser sociável que precisa melhorar e crescer durante toda a vida, e ajudar os outros a fazer o mesmo.)

2. Reconheço os vínculos que adquiri, em consequência de determinados pactos e promessas, formais ou implícitas.

(Cada pessoa deve lealdade ao seu cônjuge, uma atitude que, neste caso se chama fidelidade. E também deve lealdade aos seus amigos, ainda que, neste caso, não existam promessas formais.)

3. Tenho consciência dos valores que sustentam os vínculos que adquiri.

(Por exemplo, no matrimônio os valores são o constante progresso do cônjuge, bem como a procriação e a educação dos filhos; numa equipe de esportes, serão defender a amizade e o companheirismo, combatendo o «ganhar a qualquer preço» ou o dar demasiada importância ao dinheiro.)

4. Vivo os vínculos que adquiri de maneira consistente, depois de ter refletido sobre a relação entre as minhas atividades diárias e os valores que me comprometi a defender.

A Educação da Lealdade

(A lealdade exige uma atitude reflexiva; uma incessante atividade frenética pode desviar a nossa atenção do que realmente importa.)

5. Quando dou a minha palavra, faço-o a sério, pensando nas consequências desse ato.

(O ser humano não dispõe de forma mais radical ou mais solene de se comprometer do que dizendo que sim. Por vezes, damos a nossa palavra sem pensar nas consequências e nas possibilidades reais que temos de a cumprir ou, pior ainda, sem termos intenção de cumprir o que prometemos.)

6. Tento fazer alguma coisa em defesa dos direitos de determinado tipo de pessoas necessitadas, por uma questão de solidariedade, para ser leal aos meus irmãos, que são filhos de Deus como eu.

(Por vezes, a lealdade reduz-se a um âmbito muito limitado, que inclui apenas a família e dois ou três amigos, por exemplo; ora, a verdadeira lealdade exige um compromisso mais amplo.)

7. Sou capaz de enunciar os vínculos que adquiri.

(Há muitos vínculos que não temos obrigação de assumir; mas, depois de os termos assumido, temos de ser leais. Por exemplo, podemos tomar parte ativa numa associação de antigos alunos; não temos nenhuma obrigação de o fazer mas, se o fazemos, temos a obrigação de dar a nossa contribuição.)

8. Reconheço a existência de uma hierarquia entre os vínculos que adquiri.

(Há pessoas que estão dispostas a abandonar a família em razão de uma lealdade mal entendida aos seus colegas de trabalho; ora, a família é anterior.)

9. Tenho consciência de que é mais fácil ser leal quando o compromisso se apoia nos sentimentos, mas faço um esforço para defender os vínculos, mesmo que isso não seja agradável.

(Se um amigo não está a portar-se bem, a lealdade deve levar-me a chamar sua atenção de alguma maneira, mesmo que isso seja desagradável e me obrigue a fazer um esforço.)

10. Entendo que não deve nem pode haver um conflito entre o meu vínculo com Deus, como seu filho, e qualquer outro tipo de vínculo. *(Servimos a Deus servindo a nossa família, os nossos amigos e os mais necessitados.)*

A educação da lealdade

11. Ajudo os mais novos a sentirem a importância da relação com os outros, seja na sua turma ou na família. *(Como passo prévio à lealdade, convém que as crianças se habituem a sentir que são parte relevante de um grupo.)*

12. Ensino aos mais novos as regras do jogo que têm de cumprir, a fim de se prepararem para ser leais no contexto de diferentes vínculos. *(As crianças têm de saber como devem comportar-se numa equipe de futebol, com os irmãos, com os pais e os avós etc.)*

13. Ensino os menores, em termos simples, a distinguir o que é bom e adequado do que é mau e inadequado. *(Desta maneira, aos poucos os preparamos para terem um comportamento consistente, quando tiverem inteligência e força de vontade suficientes para isso.)*

14. Consigo que os meus filhos e os meus alunos vão descobrindo as suas responsabilidades relativamente a outros membros da família, e entendam o que significa ser leal nestas situações.

A EDUCAÇÃO DA LEALDADE

(*Só se pode viver a lealdade quando se reconhece o vínculo — a responsabilidade pessoal na relação — e se apreciam adequadamente os valores que se tem de defender.*)

15. Consigo que os meus filhos e os meus alunos descubram as suas responsabilidades em relação aos amigos e o que significa ser leal nesta ou naquela situação.

(*É frequente os adolescentes considerarem que ser amigo significa defender e apoiar o outro, independentemente de ele ter feito bem ou mal. Ora, ser leal significa procurar sempre o aperfeiçoamento do outro.*)

16. Consigo que os jovens descubram as suas responsabilidades em relação aos outros membros da sua turma e da sua equipe e à própria escola, para que possam viver a lealdade nestas situações.

(*Esta lealdade notar-se-á em comportamentos como: não falar mal da escola diante de terceiros, não pichar nem sujar a escola, alegrar-se com os triunfos alcançados por diversos membros da escola, apoiar as equipes desportivas da escola, participar em atividades organizadas por outros alunos, como peças de teatro, concertos, exposições etc.*)

17. Raciocino com os jovens, a fim de que percebam os possíveis vínculos que podem adquirir.

(*Às vezes, os jovens não percebem que, em certos tipos de relação, é preciso criar um compromisso, nem colocam alternativas neste sentido.*)

18. Ajudo os jovens a descobrir que os compromissos não lhes cerceiam a liberdade, que a autêntica liberdade significa escolher entre diferentes tipos de compromisso.

(*A lealdade precisa de ajuda no processo de raciocínio; para ser leal, é preciso compreender certas coisas. A lealdade* é indubitavelmente uma das virtudes em que é mais preciso explicar e raciocinar.)

19. Explico aos jovens o significado do vínculo em cada tipo de adesão.

(*O que significa ser membro de uma equipe, bom amigo, membro de um clube etc.*)

20. Ensino os jovens a tornarem os seus vínculos compatíveis com diferentes pessoas e organizações.

(*É frequente os mais novos quase deixarem de prestar atenção à família para se dedicarem à sua equipe ou a um clube de jovens. É preciso manter uma hierarquia de valores, sem desleixar nenhum destes deveres.*)

XIII
A EDUCAÇÃO DA LABORIOSIDADE

«Cumpre diligentemente as atividades necessárias para alcançar progressivamente a própria maturidade natural e sobrenatural no trabalho profissional e no cumprimento dos restantes deveres.»

* * *

A virtude cardeal da fortaleza tem duas componentes: resistir e acometer; a laboriosidade colabora especificamente no segundo aspecto. Com efeito, a capacidade de acometer, de realizar uma série de atividades com afinco, pressupõe que a pessoa tenha motivações suficientes para ultrapassar os obstáculos que possam surgir; a principal motivação da laboriosidade é o amor. Por sua vez, a possibilidade de realizar diferentes atos de amor depende de a pessoa se encontrar em condições de amar, de saber amar e de estar disposta a amar; por esse motivo, a laboriosidade e a diligência confundem-se na mesma virtude. «"Diligente" vem do verbo *diligo*, que significa amar, apreciar, escolher em consequência de uma atenção esmerada e cuidadosa. Não é diligente a pessoa que se precipita, mas a pessoa que trabalha com amor, primorosamente[1].»

Talvez pareça estranho relacionar esta virtude com o amor logo de início, porque ela é geralmente

---

1   Escrivá de Balaguer, J., *Amigos de Deus*, 81.

A EDUCAÇÃO DAS VIRTUDES HUMANAS

identificada com grandes esforços, com a seriedade e a dureza. E não há dúvida de que esta componente do esforço disciplinado está presente; mas a laboriosidade leva o sujeito a considerar o cumprimento dos seus deveres diários como um domínio propício para ir alcançando a sua maturidade natural e sobrenatural, que o mesmo é dizer, cumprir o dever de ser cada dia melhor filho de Deus, servindo de instrumento imprescindível para ajudar os outros a fazer o mesmo.

O trabalho e os restantes deveres

É importante perceber que a laboriosidade não é uma virtude que se desenvolva apenas no contexto do trabalho *profissional*; com efeito, o termo «trabalho» refere-se ao conjunto de atividades onerosas[2], disciplinadas e produtivas que se destinam à consecução de uma certa finalidade. No trabalho profissional, a disciplina costuma ser maior do que noutros domínios, no sentido em que quem trabalha está sujeito a uma série de exigências de horário, de tipo de atividade a realizar, de procedimentos concretos para a sua realização etc. Numa casa, também há atividades onerosas a serem feitas — como por exemplo fazer arranjos —, mas que não têm de ser feitas num contexto tão preciso; ou seja, podem ser feitas de acordo com a disposição de cada momento. De qualquer maneira, fora do trabalho profissional há toda uma

---

2 Chamamos-lhes onerosas no sentido de que, embora muitas das atividades que se realizam neste âmbito sejam gratas e altamente satisfatórias, há sempre momentos em que a pessoa se vê forçada a contrariar os apetites pessoais; com efeito, não é possível evitar, no contexto do trabalho profissional, os aspectos que são aborrecidos e entediantes, porque estes aspectos fazem parte integrante do conjunto.

A EDUCAÇÃO DA LABORIOSIDADE

série de deveres que é necessário cumprir, e que requerem o exercício da virtude da laboriosidade.

Dizíamos que o trabalho pode ser entendido como um conjunto de atividades onerosas e disciplinadas, produtivas e orientadas para um fim. O trabalho está, pois, submetido a uma série de determinações ou condicionamentos exteriores, mas o chamado tempo livre também tem condicionamentos. Não podemos, nem é interessante, considerar a possibilidade de nos libertarmos de todo e qualquer condicionamento, porque a vida não é assim; na verdade, investimos grande parte do nosso tempo em contextos sociais, e onde há convívio entre pessoas há necessariamente condicionamentos, que se traduzem num conjunto de regras, geralmente coerentes com a finalidade que se pretende alcançar. Assim, por exemplo, o regulamento interno de uma escola tem como objetivo um convívio adequado entre professores e alunos. A virtude da ordem ajuda todos os intervenientes a apreciar e cumprir as normas. Ora, é possível realizar os atos com uma eficácia técnica excelente, sem se perceber a sua finalidade; como também se podem realizar os atos de qualquer maneira, sem lhes dar grande importância.

Quisemos salientar que a laboriosidade é importante como virtude, não só no trabalho, mas também no cumprimento de outros deveres, que são levados a cabo no chamado tempo livre. A realização dos atos pode estar relacionada com motivações profundas, e pode ser consequência de um comportamento técnico estéril. A laboriosidade pressupõe que as coisas são feitas com cuidado, por amor, para cuidar bem do que Deus nos deu, para tentarmos ser cada

A EDUCAÇÃO DAS VIRTUDES HUMANAS

vez mais bons filhos seus e ajudarmos os outros a fazerem o mesmo[3].

Até aqui, temos estado a mover-nos num terreno mais ou menos teórico. Vamos agora refletir um pouco sobre a educação desta virtude, levando em consideração algumas dificuldades concretas, que serão certamente muito conhecidas de todos os pais de família.

Cumprir com diligência

Para cumprir com diligência, é preciso primeiro cumprir. Mas podemos perguntar: é o amor que permite cumprir, que motiva o cumprimento; ou, pelo contrário, é por se cumprir bem que se pode trabalhar por amor? Pensemos nos jovens e nos seus estudos: trata-se de atividades onerosas, disciplinadas e orientadas para um fim; ou seja, estudar é trabalhar. Mas será razoável pedir aos filhos que se esforcem a fazer o seu trabalho por amor, que o amor seja manifesto no seu estudo? Parece-me que o problema reside, pelo menos em parte, em saber o que se entende por amor. Podemos considerar, com J. Hervada, que se trata de uma tendência para o bem e para a posse do bem. Assim, o amor pode estar presente não só na motivação pessoal do trabalho, na razão pela qual se trabalha (é o caso do jovem que quer fazer o seu trabalho o melhor possível para agradar aos pais ou para ajudar um colega), mas também na medida em que o trabalho propriamente dito corresponde a determinadas normas,

---

3 A laboriosidade tem a ver com a maturidade natural e sobrenatural. Contudo, uma pessoa que não tenha fé sobrenatural também pode tentar realizar as atividades necessárias à progressiva consecução da sua própria maturidade natural.

A EDUCAÇÃO DA LABORIOSIDADE

que refletem, em certa medida, valores permanentes, como por exemplo um comentário de texto feito de acordo com as indicações do professor; neste caso, detectamos uma combinação entre o valor da obediência ao professor e o valor intrínseco das normas relacionadas com a ordem, a beleza etc., que um bom comentário de texto pressupõe.

Para que o trabalho em si seja digno, tem de ser feito de acordo com normas objetivas; ou seja, um trabalho mal feito não fica justificado pelo esforço necessário para o realizar. O esforço tem mérito, mas o trabalho bem feito depende da existência de uma relação adequada entre o esforço e a qualidade do produto.

Não será possível desenvolver a laboriosidade empreendendo tarefas que não estão de acordo com as capacidades pessoais de cada um: não se pode pedir a uma criança de onze anos que faça uma apreciação crítica da obra de um filósofo. Por outro lado, dizer a um filho que fez um bom trabalho pelo simples fato de ele se ter esforçado, quando a verdade é que o produto é objetivamente mau, é falsear o valor da virtude.

Um trabalho bem feito tem de se adequar a normas objetivas; fazê-lo de acordo com essas normas já é uma prova de amor. Este trabalho bem feito servirá para desenvolver a virtude da laboriosidade quando se relaciona com uma finalidade digna, que ao mesmo tempo pode estimular o esforço necessário à realização da tarefa. Em síntese, «o trabalho nasce do amor, exprime o amor, ordena-se ao amor»[4].

---

4 Escrivá de Balaguer, J., *Cristo que passa*, 48.

A EDUCAÇÃO DAS VIRTUDES HUMANAS

Problemas na realização das atividades

Como dissemos, ser laborioso pressupõe: 1) conhecer os critérios de um trabalho bem feito em cada domínio específico; 2) ter motivação suficiente para fazer o esforço correspondente; 3) ter desenvolvidas uma série de capacidades acessórias que permitem realizar bem a atividade concreta. Quando nos referimos a estes aspectos, não levamos em conta apenas os estudos dos filhos, mas também outras tarefas de que estão encarregados em casa, na sua relação com os amigos ou com a sociedade em geral. Como podem os jovens realizar bem uma tarefa se não souberem em quê consiste fazê-la bem? A pergunta parece absurda; mas a verdade é que, muitas vezes, os educadores pedem coisas aos jovens sem lhes darem indicações claras do que esperam deles. E isto conduz-nos a outro problema: quando damos indicações aos jovens sobre determinada tarefa, até que ponto estamos a dar-lhes as indicações de que eles necessitam para cumprir normas imprescindíveis, ou em que medida se trata de questões discutíveis? Pensemos nos deveres dos filhos a respeito da ordem e da higiene pessoal: devem-se indicar todos os pormenores, ou bastará explicar-lhes a importância desta matéria e depois deixá-los agir? O senso comum mostra que, quando se trata de crianças pequenas, é preciso especificar as normas, porque elas precisam conhecer a avaliação dos pais para saber se fizeram bem ou mal; quando os filhos já têm maturidade suficiente para ter critérios próprios, o papel dos pais será mais refletir do que proporcionar uma informação completa.

296

A EDUCAÇÃO DA LABORIOSIDADE

Mas isto é uma norma que se aplica a tudo: os jovens precisam de uma informação *mais clara* quando aquilo que têm de fazer é *menos conhecido*; e de uma informação *mais extensa* quando uma atividade tem *maior exigência técnica*. Para poder montar pessoalmente um rádio, o adolescente precisa de muita informação; se não a receber, é muito provável que os seus esforços sejam vãos. Deste modo, podemos distinguir dois fatores: *clareza* na informação e *extensão* na informação. Uma informação clara, mas não necessariamente extensa, refere-se àqueles atos que, por sua natureza própria, permitem maior liberdade de interpretação pessoal — ajudar os outros, ser mais responsável, ser melhor amigo —, porque bastará perceber claramente a finalidade e receber uma ou outra indicação para se conseguirem controlar os atos que são empreendidos com esse objetivo[5]. Pelo contrário, não basta perceber claramente em que consiste montar um rádio para compreender imediatamente que meios devem utilizar para alcançar esse objetivo.

Para conseguir que os filhos sejam laboriosos, é necessário ajudá-los a esclarecer a finalidade dos atos e dar-lhes alguma informação — umas vezes mais, outras vezes menos — acerca dos meios. Ainda assim, podem surgir dificuldades. Por exemplo, um filho adolescente poderá não realizar um trabalho para a escola de acordo com normas básicas de apresentação, de ordem etc., com o argumento de que o professor

---

5 Em relação às normas morais, é necessário que os filhos percebam muito bem os critérios que presidem aos comportamentos adequados, embora também haja alturas em que é preciso fornecer-lhes indicações explícitas; contudo, o importante não é tanto exigir-lhes um comportamento especificado ao pormenor, mas que eles compreendam as razões das coisas. Neste sentido, o tipo e a quantidade de informação a transmitir dependem da prudência dos pais. Falaremos desta questão adiante.

não vai reparar nisso; a questão aqui é que, embora sabendo o modo adequado de cumprir aquela tarefa, o jovem não quer fazê-la dessa maneira.

O problema das motivações

No caso referido, a virtude da laboriosidade deverá levar o jovem a cumprir pelo simples fato de que fazer aquela atividade de acordo com aquelas normas é um ato de amor; a própria unidade da relação permite-lhe descobrir e reconhecer com maior profundidade esta especificação do bem.

Em qualquer atividade, é possível reconhecer e viver uma pluralidade de valores, quer no sujeito que é o protagonista da referida atividade, quer no objeto da sua atuação. Os valores são a componente perfetiva de cada ser: as qualidades inerentes ao sujeito, que o lançam num movimento de aproveitamento das suas capacidades[6]. As motivações da laboriosidade serão pois, em grande parte, a descoberta destas capacidades e o reconhecimento explícito do seu valor por parte dos educadores. Voltando ao nosso exemplo, podemos dizer que, de certa maneira, o jovem estava disposto a não fazer um bom trabalho porque considerava que o professor, ao *não* reparar no produto, estava a dar *pouco* valor a este trabalho, não estava a apreciá-lo. E também é possível que, se os pais lhe tivessem exigido que fizesse o trabalho de acordo com as normas, não tivessem tido grande sucesso, porque para o jovem havia uma relação direta entre a pessoa que emite as normas e o dever de

---

6   Cf. Fernández Otero, O., *Realización personal en el trabajo*, Pamplona, EUNSA, 1978, pp. 41-63. Cantista, Maria José, *Los valores y el acto de valorar*, nota técnica, ICE, Universidade de Navarra.

A Educação da Laboriosidade

avaliar. Este é o passo prévio ao reconhecimento pessoal dos valores que cada pessoa adota para a sua vida; enquanto os filhos não apreciarem estes valores, a sua motivação será necessariamente extrínseca.

E podemos já colocar uma questão acerca da atuação dos pais: a atuação preferencial dos pais deve centrar-se na exigência e na motivação dos filhos a partir do exterior ou na preocupação em que eles vão descobrindo motivações pessoais?

A resposta não pode ser uniforme. Trata-se de ambas as coisas, mas a verdade é que a laboriosidade depende muito em especial da consciência que cada um tem da própria atuação. A laboriosidade consiste na *vontade* de fazer um esforço, e cada um quer quando quer e porque quer. O estímulo para os filhos é saberem cumprir (voltaremos a este tema mais adiante), e terem a oportunidade de cumprir com autonomia, porque uma exigência que se opõe à vontade pessoal pode desenvolver a fortaleza, mas a laboriosidade inclui o desejo de servir.

A princípio, os pais poderão centrar-se nos aspectos da sua vida em que os filhos colocam especial empenho: as bonecas de que a menina trata com esmero, lavando-as e penteando-as; a bicicleta a que o rapaz presta mais atenção do que a todas as tarefas de que os pais e os professores o encarregam. É impressionante ver os cuidados que as crianças dedicam a estas atividades e a satisfação que retiram do fato de terem deixado tudo em ordem e a brilhar. Podemos sorrir ao pensar nisto, mas a verdade é que o mesmo se passa com os adultos; é o caso da senhora que se arruma com todo o capricho para sair ou do cavalheiro que prepara com atenção o equipamento de caça ou de pesca.

A EDUCAÇÃO DAS VIRTUDES HUMANAS

Mas como podemos conseguir que eles invistam estes mesmos cuidados em atividades menos gratas, em deveres — como o trabalho — que são onerosos e exigem disciplina? Estas atividades lúdicas são já um início da virtude da laboriosidade, mas onde esta faz mais falta é na rotina de todos os dias. O ideal seria que todas estas atividades se transformassem em tarefas gratas ao sujeito; naturalmente que isso é impossível, ainda que, conforme o trabalho que se tem entre mãos, haja sempre mais ou menos momentos de autêntica satisfação.

O trabalho humano e os outros deveres que implicam um ato transitivo podem ser considerados «uma atividade transformadora, realizada de forma pessoal por seres humanos. Trata-se de uma atividade humana — com uma certa dose de originalidade, de iniciativa, de criatividade — e o seu resultado ou produto — material ou imaterial — é a modificação de alguma coisa»[7]. Quanto menos originalidade, iniciativa e criatividade, ou quanto menos se modificar desta maneira, menos a tarefa será um trabalho humano, e mais se parecerá com um trabalho mecânico. E note-se que originalidade não está apenas na forma como se realizam os atos, mas também naquilo que com eles se pretende alcançar e na maneira como se organiza uma sucessão de tarefas que, inicialmente, não parecem permitir grandes originalidades.[8]

A principal motivação para fazer o trabalho é justamente o fato de ele ser humano, isto é, de permitir que cada pessoa se exprima com um estilo pessoal

---

7   Fernández Otero, O., *op. cit.*, p. 31.

8   Refiro-me, por exemplo, a pequenas tarefas domésticas como apagar as luzes, levantar a mesa, arrumar um armário etc.

A EDUCAÇÃO DA LABORIOSIDADE

no seu contexto específico real, com o objetivo de desenvolver determinadas qualidades e competências que, ao mesmo tempo, a conduzam a uma nível mais elevado de maturidade natural e sobrenatural. A satisfação da menina com as suas bonecas ou do rapaz com a sua bicicleta resulta, em grande parte, de sentirem-se senhores da situação, de terem realizado, de uma forma pessoal, qualquer coisa que tem um sentido especial para o seu próprio ser. Este tipo de atividade faz coincidir uma realidade exterior com valores que já existem dentro de nós: a ordem, a higiene, o bom funcionamento etc.

O cumprimento dos deveres comuns tem este sentido quando conseguimos investir neles algo de pessoal, ou seja, quando não nos limitamos a repetir os atos indicados por outra pessoa. E há duas maneiras de conseguir que os atos sejam pessoalmente sentidos: 1) realizando-os efetivamente de outra maneira, de acordo com as nossas qualidades e as nossas competências; 2) realizando os atos em si sem grande originalidade, mas fazendo deles uma coisa diferente pelo sentido que lhes conferimos.

De acordo com o tipo de atividade que estamos fazendo, será mais eficiente centrar-nos num ou noutro aspecto. O importante é alcançar o equilíbrio. Recordo ao leitor que estamos a tratar de atividades onerosas, disciplinadas e orientadas para um fim.

As motivações e as idades

As crianças mais novas deixam-se mover em especial pela relação que os atos têm com a sua realidade própria, com os seus interesses infantis; assim, por exemplo, sentem-se especialmente atraídas por tudo o que é novo e tudo o que experimental: gostam de fazer coisas que nunca tinham feito, e de repetir aquilo que já conhecem porque lhes agrada. As crianças pequenas gostam de abrir a porta, de atender o telefone e de pôr a mesa; porém, depois de terem feito estas atividades algumas vezes, é natural que o interesse inicial diminua e que deixem de ter vontade de as realizar. Também gostam de resolver problemas simples, desde que tenham aprendido bem a técnica correspondente; gostam de apanhar coisas, de fazer coleções etc. O problema é que, à medida que os anos — ou às vezes os meses — vão passando, estes interesses vão mudando, o que faz com que os esforços se transfiram de uma atividade para outra. Para que a criança permaneça laboriosa em atividades concretas, o educador tem de lhe dar uma motivação direta, ou seja, a sua presença física: incentivando-a, ralhando-lhe e sorrindo-lhe, de acordo com o caráter da criança e o ponto em que se encontra a tarefa a ser feita.

Para uma criança pequena, quase tudo é original; mas, quando deixa de o ser, será necessário estabilizar o esforço, mediante uma atuação direta do educador que, inicialmente, aproveitará aquilo de que a criança continua a gostar, mostrando a sua satisfação pelos esforços empreendidos, e que depois começará a exigir de forma razoável, a fim de ajudá-la a criar hábitos naquilo que mais lhe custa.

É depois dos dez anos que começam a surgir os maiores problemas em redor desta virtude. Com efeito, por volta desta idade, o progresso escolar começa a ser mais técnico, o que rouba tempo à livre

A Educação da Laboriosidade

expressão da criatividade; em casa, começa a ser--lhe exigido um comportamento mais definido, com vista a uma convivência familiar saudável. Em suma, as hipóteses de estimular a originalidade no trabalho começam a diminuir, mas as crianças ainda não têm capacidade de raciocínio suficiente para apreciar a razão de ser dos seus atos e para lhes descobrir o verdadeiro valor. Na minha opinião, o que há a fazer nestas idades é recorrer a todos os meios possíveis para exigir aos jovens que desenvolvam a virtude da fortaleza, em especial no domínio do esforço físico.

A atuação motivadora dos educadores deverá incluir, desde cedo, a exigência direta, mesmo que custe. Mas também é conveniente estimular outro tipo de exigências. Assim, por exemplo, o trabalho em equipe na escola permite que a exigência provenha dos colegas, e o jovem cumpre por sentido do dever; na família, é conveniente atribuir tarefas, de maneira que cada irmão tenha de fazer alguma coisa pelos outros irmãos, e que, se o não fizer, sejam os outros a protestar. Por outro lado, convém continuar a apostar nos campos de maior interesse das crianças, nos seus gostos e passatempos, para que ganhem o hábito de investir nas coisas pequenas. Mas também convém ajudá-los a perceber que as ações mais rotineiras podem ter sentido, de tal maneira que se sintam motivados para continuar a esforçar-se por fazê-las bem.

Esta motivação poderá ser uma consequência direta da compreensão do ato, ou poderá estar relacionada com outra coisa. Assim, por exemplo, um jovem pode cumprir os seus deveres para agradar aos pais, ou porque reconhece que é importante cumpri-los, ou porque o pai fez o esforço de voltar para casa cedo, a fim de o ajudar a estudar; neste caso, o jovem reconhece o valor que o pai atribui ao seu estudo, enquanto no primeiro caso se esforça por ser apreciado por ele. É preciso semear a preocupação com o primeiro tipo de motivação, mostrando ao jovem que é importante ele cumprir, mesmo que não lhe apeteça, como forma de serviço aos outros e para agradar a Deus; numa palavra, desenvolver os conceitos de dever e de generosidade.

Por outro lado, mesmo sabendo que se trata de insistir em aspectos rotineiros, convém permitir, na medida do possível, a complementaridade com exercícios que exijam mais originalidade e criatividade. Neste sentido, é interessante observar que a vida escolar e familiar centra a atuação dos jovens na *resolução* de problemas; e podemos perguntar: a *localização* de problemas não seria uma atividade interessante, e que exigiria maior originalidade?

Já na adolescência, podemos deparar com problemas de outro tipo a respeito da motivação dos filhos para a laboriosidade. Na escola, os jovens têm de realizar uma série de operações que não têm uma relação direta com os seus interesses ou com a sua realidade, como por exemplo fazer um comentário de texto ou demonstrar um teorema de geometria. Além disso, os professores têm de insistir muito nos aspectos técnicos do trabalho, dada a quantidade de matérias que fazem parte dos programas; desta forma, os alunos recebem cada vez mais informação, transformando-se em agentes passivos que não têm a possibilidade de desenvolver um trabalho original e criativo, e cuja principal motivação para o trabalho é evitar a reprovação. É interessante

A EDUCAÇÃO DA LABORIOSIDADE

recordar que, na sequência de uma pesquisa feita a adolescentes da área das ciências, descobriu-se que a sua principal motivação para optar pelas ciências em detrimento das letras era a possibilidade de ganharem mais dinheiro; e a segunda motivação era não terem de estudar latim!

Estas conclusões permitem-nos perceber o interesse de uma orientação profissional entendida como processo; isto é, o estabelecimento de contatos entre os pais e os professores, por um lado, e os filhos e os alunos, por outro, para que estes compreendam que aquilo que estão a fazer serve para alguma coisa. Outras motivações poderão ser o real interesse do jovem por determinada matéria ou o reconhecimento dos objetivos visados pelos professores e pelos pais, a fim de poder identificar-se com eles. Em última análise, porém, é muito provável que o jovem tenha de realizar diversas atividades onerosas e disciplinadas para as quais não tem grande motivação; e é bom que saiba que a vida é mesmo assim, e que estes atos rotineiros, quase sem sentido, adquirem uma nova perspectiva de acordo com o modo como os vivemos: quer oferecendo as coisas a Deus, quer fazendo-as com o objetivo de servir os outros, quer realizando-as com base num sentido kantiano do dever. Neste sentido, há uma estreita relação entre a laboriosidade e a generosidade. Ora — como vimos antes —, no domínio desta última virtude não é conveniente fazer exigências aos jovens; é preferível orientá-los, a fim de que façam as coisas por sua própria iniciativa.

Numa palavra, ao longo da adolescência é importante que os educadores proponham motivações aos jovens, mas sem os *obrigar* a aceitar as suas próprias

A EDUCAÇÃO DAS VIRTUDES HUMANAS

motivações[9]. Voltando ao caso do adolescente que tinha decidido não fazer o seu trabalho de acordo com as normas estabelecidas pelo professor, o pai pode explicar-lhe que tal apresentação tem valor em si mesma, independentemente de o professor lhe prestar ou não atenção. E se o filho não reage positivamente a este incentivo, o pai deve obrigá-lo? Há várias razões para responder afirmativamente a esta questão; contudo, se o fizer, o pai tem de ter em conta que não está a ajudar o filho a desenvolver a virtude da laboriosidade; para isso, terá de ter paciência[10] e de esperar outras oportunidades.

A capacidade de cumprir

Para poder fazer as atividades necessárias para alcançar maior maturidade pessoal, é preciso ter uma capacidade técnica adequada. Com efeito, como é que um aluno pode estudar se não sabe ler? Como é que uma jovem vai preparar uma refeição se não sabe cozinhar?

A capacitação técnica é uma condição necessária ao desenvolvimento da virtude da laboriosidade. Por outro lado, quanto mais competente a pessoa for do ponto de vista técnico, mais fácil será, para ela, realizar as atividades, e mais satisfação terá, porque na medida

---

9   Há muitas razões para uma pessoa ser laboriosa; por exemplo: querer servir, querer ter prestígio pessoal, querer ser reconhecido pelos outros, ter desejo de poder. Naturalmente, umas razões são mais nobres que outras.

10 A paciência não impede que os pais se aborreçam ou que exprimam o seu desagrado em relação a certas atitudes dos filhos; aliás, é muito possível que estes tenham necessidade desse gênero de sanção e de ajuda. O que a paciência pressupõe é que os pais suportem estas dificuldades sem perder a serenidade.

A EDUCAÇÃO DA LABORIOSIDADE

em que domina a técnica pode começar a introduzir o seu estilo pessoal. Por isso, uma maneira de conseguir que uma criança não estude é pedir-lhe que realize tarefas excessivamente difíceis; outra maneira de desmotivar uma criança é obrigá-la a fazer tarefas demasiadamente fáceis, porque nesse caso não tem de se esforçar para cumpri-las, e assim não sente qualquer satisfação no resultado.

O problema do trabalho profissional dos mais novos — o estudo — nunca é não estudarem; é não terem motivação suficiente para se esforçar ou não terem desenvolvido alguma competência de que têm necessidade para aprofundar esta ou aquela matéria. Quando isto acontece, os pais devem falar com os professores dos filhos, para tentar perceber em que podem ajudar; talvez se trate de desenvolver:

— a capacidade de compreensão da leitura;
— a capacidade de observação;
— a capacidade de síntese;
— a capacidade de relacionar dados;
— a capacidade de falar em público;
— a capacidade de distinguir fatos de opiniões.

Uma vez localizada a deficiência, terão mais facilidade em ajudar os filhos a atentar nestas tarefas. Para amar é preciso conhecer; neste caso, trata-se de saber o que significa, em cada caso, realizar bem determinada tarefa.

Dois vícios

Por último, gostaria de analisar brevemente dois vícios que se opõem à laboriosidade: a preguiça e a atividade frenética e incessante.

A EDUCAÇÃO DAS VIRTUDES HUMANAS

A preguiça não se define tanto pelo simples fato de não fazer nada, quanto pela atitude que leva a pessoa a entristecer-se com um bem espiritual por causa do esforço físico necessário para o alcançar; assim, a laboriosidade também é uma atitude espiritual que leva a pessoa a assumir os seus deveres com diligência.

A preguiça é contagiosa, e os pais têm de ter atenção àqueles aspectos da sua vida em que há mais tendência para ela. A preguiça pode manifestar-se nos deveres para com a família, por exemplo, saindo do trabalho mais tarde e negligenciando o tempo em casa, ou não ajudando nas tarefas domésticas; pode manifestar-se nos deveres para com Deus, por exemplo deixando de rezar e dar-Lhe gloria; pode manifestar-se no próprio trabalho, procurando desculpas para não o fazer ou fazendo-o mal.

E aqui deparamos com um dado curioso: uma pessoa pode parecer laboriosa porque se dedica intensamente ao seu trabalho, mas, na realidade, ser preguiçosa, porque o trabalho é um refúgio para não ter de atender de forma diligente a outros deveres.

O homem tem necessidade de agir, mas também de contemplar, e estas duas coisas são perfeitamente compatíveis; ou seja, tem necessidade de tempo para se esforçar e de tempo para realizar atividades que exigem menos esforço.

O esforço é uma das causas da fadiga que, por sua vez, exige tempo de recuperação; daí que as férias, o tempo livre e o tempo de descanso não devam ser considerados um luxo, nem um atentado à laboriosidade, mas uma componente intrínseca desta virtude; e isto não resulta apenas de a necessidade de descanso ser uma consequência da fadiga, mas também do fato de a atividade se converter numa consequência do descanso.

A laboriosidade é uma virtude de apaixonados, de pessoas que sabem que podem servir a Deus e aos homens em cada pormenor do cumprimento dos seus deveres. A pessoa não brilha pessoalmente por ser laboriosa; mas, quando esta virtude está presente na sua vida, os outros percebem o fundamento de amor que a sustenta, e é muito provável que queiram beber da mesma fonte.

A laboriosidade
Autoavaliação

Segue-se um elenco de afirmações que permitem refletir de forma sistemática sobre:

— o grau em que se vive pessoalmente esta virtude e

— o grau em que se educam os alunos e os filhos nesta virtude.

Em relação a cada afirmação, o comportamento e o esforço pessoal correspondente podem ser avaliados com base na seguinte escala:

5. Estou totalmente de acordo com esta afirmação, que reflete a minha situação pessoal.

4. A afirmação reflete a minha situação em grande parte, embora tenha algumas ressalvas a seu respeito.

3. A afirmação reflete a minha situação em parte; em parte sim e em parte não.

2. A afirmação não reflete a minha situação, embora seja possível que venha a acontecer.

1. Não me parece que a afirmação reflita a minha situação pessoal; não me identifico com ela.

A EDUCAÇÃO DAS VIRTUDES HUMANAS

As reflexões pessoais podem ser discutidas com o cônjuge ou com os colegas, de forma a identificar aspectos passíveis de uma atenção prioritária no desenvolvimento da virtude, quer a título pessoal, quer relativamente à educação dos filhos e dos alunos. De fato, é possível que o leitor vá descobrindo muitos campos em que pode melhorar; mas convém *selecionar apenas um ou dois*, a fim de tentar alcançar os progressos desejados.

A maneira pessoal de viver a laboriosidade

1. Cumpro habitualmente os meus deveres, tentando realizar as ações correspondentes de acordo com critérios objetivos de uma ação bem feita.

(*Ser laborioso não consiste em preencher o tempo com atividades, mas em realizar bem o que se faz; é muito fácil substituir a qualidade da ação pela quantidade de ações.*)

2. Ao agir, ofereço a alguém o correspondente esforço; cumpro para alguém, ao serviço dos outros.

(*Trata-se de realizar as ações com amor e por amor. O cristão oferece a Deus aquilo que faz; cumpre por amor a Deus.*)

3. Reconheço os diferentes campos em que tenho deveres a cumprir.

(*A laboriosidade aplica-se ao trabalho profissional, mas também se aplica aos deveres para com a família, os amigos, os concidadãos etc.*)

4. Reconheço que uma atividade laboral tem de ser realizada com disciplina, tem de implicar esforço e tem de servir para alguma coisa.

(*Isso quer dizer que não faz sentido falar de laboriosidade naquelas atividades que se realizam de acordo*

A EDUCAÇÃO DA LABORIOSIDADE

com o capricho do momento, que não implicam qualquer esforço, nem servem para o progresso pessoal, próprio ou alheio.)

5. Empenho-me em realizar as ações que são próprias da minha condição, sem procurar desculpas quando as coisas não saem bem.

(*A laboriosidade também pressupõe ser responsável e, quando se cometem erros, procurar soluções.*)

6. Esforço-me para que todas as minhas ações tenham um sentido autenticamente humano.

(*São especialmente relevantes aquelas ações rotineiras que é necessário realizar com frequência; é importante conferir--lhes uma certa originalidade, seja pelo estilo pessoal com que as fazemos, seja pelo sentido que lhes damos.*)

7. Procuro formas de me aperfeiçoar, para poder realizar melhor os meus deveres habituais.

(*Igualmente importante é a pessoa tornar-se capaz de realizar tarefas e atividades novas, a fim de aumentar o possível campo da sua atuação.*)

8. Tenho uma hierarquia de valores que me permite atentar mais nas coisas que exigem mais atenção.

(*Uma pessoa casada, por exemplo, tem de pôr em primeiro lugar as suas obrigações com o cônjuge, depois as suas obrigações com os filhos, com a família em geral, e finalmente com os outros; mas temos de fazer o possível por chegar a todos.*)

9. Reflito sobre os meus atos para verificar se estou dando uma atenção harmoniosa ao conjunto.

(*Pode acontecer que vivamos a laboriosidade em determinado domínio de forma quase exclusiva; nem sempre é fácil alcançar esta harmonia.*)

10. Faço o possível para evitar um comportamento de tristeza quando percebo o esforço pessoal

A EDUCAÇÃO DAS VIRTUDES HUMANAS

que terei de fazer para cumprir adequadamente os meus deveres. *(Quando uma pessoa deixa de cumprir por este motivo, é porque caiu no vício da preguiça.)*

A educação da laboriosidade

11. Dou bom exemplo no que se refere ao cumprimento dos diferentes deveres que me incumbem. *(Não se trata de dar um exemplo de perfeição, mas de lutar nas mesmas coisas que propomos aos nossos filhos e aos nossos alunos.)*

12. Habituo os mais novos a executarem diferentes atividades em conformidade com determinadas regras. *(Quando damos ordens às crianças pequenas, é conveniente esclarecermos os critérios da ação bem feita em cada caso; por exemplo, o que significa «arrumar o armário» ou «estudar o capítulo 3»?)*

13. Quanto mais complexas, do ponto de vista técnico, são as ações que solicito aos meus filhos e aos meus alunos, mais informação lhes dou, e com a máxima clareza. *(Ninguém pode realizar bem uma tarefa se não souber o que tem de fazer; para isto, precisa de receber informações claras e adequadas. É comum os educadores não darem informações suficiente, ou darem-nas de forma confusa.)*

14. Quando exijo que um filho ou um aluno realize determinada ação, tento perceber se tem capacidade para cumpri-la de forma digna. *(Se uma criança não é capaz de fazer determinada coisa, é preciso ensiná-la. Além do mais, é muito provável que uma criança que fracassa com frequência em razão da falta de*

A EDUCAÇÃO DA LABORIOSIDADE

capacidade ou de conhecimentos se sinta desmotivada para cumprir ações futuras.)

15. Começo por exigir dos mais novos em ações que lhes agradam.

(A criança precisa aprender a fazer bem, antes de mais, aquilo que lhe agrada e que aprecia fazer; posteriormente, será possível exigir-lhe em tarefas que lhe custem mais.)

16. Quando as crianças precisam perceber melhor o porquê dos seus atos, dou-lhes as explicações correspondentes.

(Os menores fazem as coisas simplesmente porque o educador mandou. Posteriormente, contudo, é preciso explicar--lhes a razão de ser dessas ações; de outra maneira, é muito provável que cumpram quando o educador está presente, mas deixem de cumprir quando este se ausenta.)

17. Tento motivar os mais novos por via do reforço que consiste em estar fisicamente presente a seu lado, e faço o possível para que as ações que eles realizam estejam relacionadas com áreas de interesse na sua vida.

(Este reforço do educador — sorrindo à criança, fazendo uma expressão de reprovação ou simplesmente acompanhando-a na ação que está a realizar — gera um certo grau de laboriosidade na vida dos mais novos.)

18. Tento motivar os mais crescidos, estimulando o trabalho em equipe, ajudando-os a cumprir bem os seus deveres ou conseguindo que se interessem sinceramente pela tarefa que estão a realizar.

(A motivação é geralmente um problema; mas uma das motivações mais relevantes neste domínio é a satisfação do trabalho bem feito.)

19. Coordeno os meus esforços com os professores ou os pais, a fim de que cada um dos meus filhos ou dos meus alunos receba a atenção de que precisa.

A EDUCAÇÃO DAS VIRTUDES HUMANAS

(*A relação pais-professores é sempre importante, mas o é ainda mais nas matérias que dizem respeito à laboriosidade.*)
20. Tento criar um ambiente em que os jovens possam entusiasmar-se com a vida, empenhando-se em tudo o que fazem.

(*Não podemos esquecer que os adolescentes têm uma capacidade elevadíssima de se entusiasmarem com as coisas; contudo, se não canalizamos este entusiasmo de forma positiva, ele pode orientar-se para ações destrutivas.*)

XIV

A EDUCAÇÃO DA PACIÊNCIA

«Uma vez conhecida ou apresentada uma dificuldade a superar ou um bem desejado que tarda em chegar, suporta os incômodos com serenidade.»

* * *

A virtude cardeal da fortaleza tem duas partes: acometer e resistir. No domínio da resistência, há uma série de virtudes anexas que se relacionam umas com as outras: a paciência, a longanimidade, a perseverança e a constância. Nesta altura, interessam-nos as duas primeiras. Em sentido estrito, a paciência consiste em suportar um mal para repelir outro mal superior, enquanto a longanimidade ajuda a suportar os incômodos necessários para se alcançar um bem. Mas, dado que, na linguagem corrente, estas duas virtudes aparecem reunidas sob a designação de «paciência», optamos por combinar os seus elementos constitutivos na definição desta virtude.

Inicialmente, a paciência parece ser uma virtude com mais importância para os pais do que para os filhos; nenhum pai tem dificuldade em recordar situações em que os filhos o tenham feito perder a paciência. Mas não podemos identificar a paciência com o estado em que os pais se abstêm de reagir perante o comportamento dos filhos. Com efeito, tal como acontece nas outras virtudes, há dois vícios que se opõem à paciência: a impaciência e a insensibilidade ou dureza de coração.

A EDUCAÇÃO DAS VIRTUDES HUMANAS

É indubitável que os pais têm de desenvolver a virtude da paciência, e dedicaremos uma parte deste capítulo a esse tema. Mas os filhos também têm de aprender a ser pacientes, por muitas razões. De fato, uma pessoa que não reconhece os limites das suas possibilidades corre o risco de desejar chegar longe muito depressa. Ora, o adulto prudente sabe refletir sobre a própria realidade e relacioná-la adequadamente com o futuro desejado; os jovens, ao contrário, geralmente têm menos facilidade em viver a prudência, devido à idade e à capacidade intelectual mais limitada, acabando por se colocar em situações em que se torna impossível exercer a paciência. Um exemplo desta falta de prudência é a do menino de dez anos que decide poupar a semanada para comprar uma moto quando tiver dezesseis anos.

A paciência pressupõe que se pode esperar e que compensa esperar; e pressupõe igualmente que se vençam de forma serena os incômodos que vão surgindo.

A influência do meio ambiente

Talvez convenha refletir um pouco mais sobre o que é ou não razoável uma pessoa propor-se fazer ou decidir suportar. Não se trata propriamente de estabelecer normas concretas, mas de salientar umas quantas características da sociedade e dos jovens do nosso tempo.

Existem atualmente muitas pessoas que preenchem o tempo com uma atividade frenética incessante, na busca de resultados imediatos. Estas pessoas gostam de ver os resultados do que fazem, e não têm capacidade de ver as coisas a longo prazo: não se interessam pelo que vai acontecer daqui a dez anos, apenas

A Educação da Paciência

pelo que vai acontecer no dia ou na semana seguinte. Em consequência deste comportamento, o valor real que mais procuram é o rendimento, a economia, ou seja, a possibilidade de obterem os mesmos resultados em menos tempo ou com menor esforço, ou de conseguirem mais ou melhores resultados no mesmo tempo etc. O que não conseguem alcançar rapidamente acaba — quase sem perceberem isso — por perder a importância e por não ter efeito no comportamento dessas pessoas.

Quais são as coisas que levam mais tempo a alcançar? São as coisas mais naturais, como por exemplo todas as virtudes intelectuais ou humanas — a sabedoria, a justiça etc. —, numa palavra, a maturidade intelectual do homem. Inicialmente, isto é um grande obstáculo, porque ninguém pode afirmar: «Já sou generoso»; podemos sempre melhorar, e é esta luta de superação pessoal que tem valor.

Em relação às condições naturais de base que o homem pretende para a sociedade, encontramos o desejo de resolver os problemas *já*: de conseguir uma sociedade totalmente justa e livre *já*. Em consequência, alteram-se as estruturas uma vez e outra, sem se reconhecer que só é possível conseguir uma sociedade justa quando cada membro dessa sociedade for justo, e que isto leva tempo. É raro pensarmos em começar a mudar as coisas para que os nossos netos vivam melhor; pelo contrário, queremos resultados imediatos. E não pretendo dizer que não se devam procurar resultados imediatos; saliento apenas que pode ser um perigo atentarmos exclusivamente naquilo que podemos conseguir a curto prazo, ou enganarmo-nos pensando que podemos conseguir a curto prazo coisas

A EDUCAÇÃO DAS VIRTUDES HUMANAS

que, pela sua natureza, exigem mais tempo. É admirável, por exemplo, pensar nos nossos antepassados que souberam começar a construir uma catedral que nunca chegariam a ver concluída, ou planejar um jardim pensando no aspecto que ele teria duzentos anos depois, já com as árvores crescidas.

Outra característica da sociedade atual que convém levar em conta é a tendência para não perceber que é importante saber suportar incômodos. Na verdade, a fuga da dor gera o hedonismo e a busca do prazer, de tal maneira que tudo o que signifique controlar os instintos e as paixões básicas parece «antinatural»; assim, o autodomínio implica um certo incômodo, e por isso não é aceito. O fato é que conviver com outros seres humanos implica sempre autocontrole, a fim de se respeitar a autonomia dos outros; a única maneira de compatibilizar uma vida descontrolada com uma vida em que os outros estão presentes é uma situação em que o indivíduo perde a sua identidade e passa a fazer parte de um todo amorfo.

Seja como for, é fato que o prazer, lícito ou não, pode ser atrativo, e que o jovem precisa da ajuda dos seus educadores para ser capaz de distinguir os prazeres lícitos dos ilícitos. Por outro lado, convém ajudá-lo a perceber que a felicidade não pode ser só prazer, tem de ter um componente de dor. A paciência necessária para se ir alcançando a felicidade pouco a pouco é um elemento relevante. O prazer superficial é imensamente atraente; mas talvez seja interessante considerarmos a maneira de apresentar de modo atraente a verdadeira felicidade, isto é, a combinação de prazer e dor, pois aí poderá residir, em parte, a motivação para o desenvolvimento da virtude da paciência.

A Educação da Paciência

Por fim, convém ter em conta como são as crianças. As mais novas têm pouca capacidade de *concentração*, e muitas vezes deixam uma brincadeira ou uma tarefa pela metade por falta de paciência; têm dificuldade de *perceber* por que não podem obter imediatamente aquilo que desejam; e têm pouca *força de vontade* para levar a cabo os seus propósitos. Isso que não é natural que uma criança pequena seja, por natureza, paciente. Por este motivo, não devemos exigir a paciência às crianças pequenas como se fosse um direito, mas compreendê-las e proporcionar-lhes as ajudas pertinentes para que desenvolvam a virtude a pouco e pouco. O mal é quando se encontram na adolescência, ou mesmo nos 30 e nos 40 anos, sem terem capacidade de se concentrar nem força de vontade para o fazer.

Por outro lado, a partir da puberdade, convém ter em conta que muitas expressões típicas de impaciência por parte dos jovens — irritações, discussões, confrontos etc. — estão relacionadas com as alterações biológicas pelas quais estão passando, e que portanto não devem ser tratadas com excessiva dureza; ou pelo menos é preciso acompanhar essa dureza com provas claras de compreensão. Na adolescência, os jovens precisam de ajuda para resistirem aos fortes estímulos com que a sociedade de consumo os presenteia. Os jovens têm necessidade de viver novas situações, de interpretar pessoalmente a realidade. Por outro lado, são praticamente incapazes de apreciar os matizes da realidade, tendo a tendência de ser muito compreensivos com algumas pessoas e totalmente impacientes com outras; assim, suportam uma série de incômodos em domínios a que dão importância, mas não estão dispostos a suportar incômodos bem menores em outros domínios.

Com esta análise da situação, percebemos que a paciência é relevante enquanto virtude, mas também que não é nada fácil desenvolvê-la.

Introdução à educação da virtude

Há alguma atividade que os pais possam fazer com os filhos e que promova o desenvolvimento da virtude da paciência? Referindo-se a uma atividade específica, observava Isaac Walton em 1600: «Trata-se de uma forma de passar o tempo de lazer que descansa a mente, anima o espírito, afasta a tristeza, acalma os pensamentos intranquilos, modera as paixões, dá gosto e permite desenvolver hábitos de paz e de paciência.» A que atividade estava se referindo? À pesca. Não pretendemos sugerir que os pais devem levar os filhos à pesca; mas podemos refletir sobre as características desta atividade, nas quais podemos nos inspirar para aproveitar situações que permitam desenvolver esta virtude, de acordo com os nossos gostos e as nossas possibilidades.

Trata-se de uma atividade que requer um certo tempo; por outro lado, implica uma espera — que consiste em deixar passar o tempo — sem fazer nada, implica aguentar os incômodos impostos pelas condições climáticas; implica ficar quieto, sem fazer barulho; e finalmente o incômodo supremo de que o peixe nunca chegue a morder o anzol. Além disso, impede que a mente se ocupe de modo ativo e continuado noutros assuntos.

A EDUCação Da Paciência

Resumindo, podemos pensar que as atividades idôneas para estimular positivamente a paciência são as que obrigam a suportar alguns incômodos, a fim de alcançar o que se pretende ou para evitar incômodos maiores; ou seja:

— que exista uma certa distância temporal entre aquilo que se faz e o fim previsto;

— que seja preciso dominar as paixões;

— que a pessoa tenha de se esforçar para superar um incômodo físico, ou o desejo de se mexer, de agir desnecessariamente;

— que a pessoa tenha de dominar a tendência para uma atividade mental inútil;

— que, em consequência da atividade, se perceba a conveniência do autodomínio que ela implicou.

As motivações

A paciência exige uma motivação adequada, que só pode resultar de um temperamento sereno. Na nossa descrição operativa, afirmamos que «suporta com serenidade os incômodos presentes»; com efeito, a serenidade prepara o terreno para um comportamento paciente com sentido. «Serenos, nem que seja para poder agir de forma inteligente: a pessoa que mantém a calma está em condições de pensar, de estudar os prós e os contras, de analisar judiciosamente as consequências das ações previstas. E depois intervém sossegadamente e com decisão.»[1] Assim, cair na tentação do ativismo impede-nos de agir com serenidade e leva-nos à impaciência com a própria atividade.

---

1   Escrivá de Balaguer, J., *Amigos de Deus*, 79.

A EDUCAÇÃO DAS VIRTUDES HUMANAS

«A serenidade de ânimo não é desinteresse nem insensibilidade, não é isolacionismo nem resistência à mudança. A serenidade consiste em dar a primazia à razão, em ser vigoroso no discurso, em considerar os dados de um problema, os prós e os contras de uma decisão, com atenção e objetividade; pressupõe saber distinguir o principal do acessório, o que é importante daquilo que é simplesmente estridente. Com serenidade, evita-se a reação precipitada, nervosa e assustadiça, e facilita-se uma atuação responsável e prudente, bem como a descoberta da solução mais adequada.»[2]

A serenidade é uma condição necessária para o desenvolvimento da paciência, ainda que ser paciente não implique dominar constantemente as paixões. A ira pode ser prejudicial, mas também pode ser justa, e ser uma ajuda educativa para os filhos; mas convém salientar que essa ira tem de estar dominada, e está dominada quando a pessoa que se aborrece tem consciência de que está aborrecida e pretende continuar a estar com vista a um fim nobre, em vez de se esforçar por se acalmar.

Já dissemos que o domínio das paixões por parte do intelecto, o temperamento sereno, é uma condição de desenvolvimento da virtude da paciência. Mas que motivações uma pessoa pode ter para desenvolver a paciência? Falaremos adiante das motivações por idades; para já, quero salientar a motivação mais geral.

Só faz sentido aceitar incômodos em função do bem que se alcança posteriormente; doutra maneira, seria um exercício de masoquismo. Assim, a motivação resulta de se considerar que o ato de paciência fará derivar

---

2 Ponz, F., Discurso proferido na abertura do ano acadêmico de 1978-79 na Universidade de Navarra.

322

A Educação da Paciência

algum bem para a própria pessoa, para os outros, ou em honra de Deus. Na realidade, estes três aspectos acabam por coincidir, embora seja possível que, dependendo das situações, cada pessoa tenha mais ou menos consciência do objeto do seu esforço. Por isto, podemos dizer que a principal motivação — mas não necessariamente a mais consciente — é a conformidade com a vontade de Deus, que sabe melhor do que nós o que nos convém, e por isso permite que tenhamos problemas, dores e tribulações. Como dissemos, este bem final traduz-se em bens parciais, de acordo com a situação de cada pessoa. Assim, um pai pode ser paciente com um filho para o educar melhor; uma pessoa pode ser paciente com um conhecido, ouvindo-o e tentando compreendê-lo, porque percebe a angústia pela qual essa pessoa está a passando e quer ajudá-la; uma criança pode passar pelo incômodo de ensinar a um amigo as regras de um jogo com o objetivo de se divertirem juntos.

Como se vê, para haver virtude tem sempre de haver uma finalidade. E é importante reconhecer que a paciência é uma virtude que precisa da sensibilidade; de fato, se não sentíssemos as dores, as alegrias, os êxitos e os fracassos de todos os dias, a paciência não teria onde se aplicar. Já dissemos que a insensibilidade é um vício contra a paciência, porque leva a pessoa a não se preocupar nem se deixar impressionar pela aquisição de um bem ou pela presença de um incômodo.

A paciência e as idades: as crianças pequenas

Poderíamos pensar que um remédio para a impaciência é justamente essa indiferença ou dureza de coração

Nestas idades, podemos começar a fornecer critérios e a raciocinar mais com os filhos. Será especialmente importante reforçar o ambiente adequado para permitir essa paz interior que mencionamos, mas agora os filhos podem reconhecer melhor o sentido dos esforços que lhes sugerimos ou exigimos; e terão de aprender a aceitar positivamente as dificuldades e os incômodos com que deparam, e a aguardar com expectativa razoável o advento das coisas que lhes agradam.

Que tipo de atividade pode ser interessante criar ou aproveitar para este fim? Mencionamos antes umas quantas características a se levar em conta, e se voltarmos a lê-las verificaremos que existe um sem-número de oportunidades. Algumas delas — uma doença prolongada, a perda de um bem especialmente querido, as contínuas implicações de um colega, o reconhecimento das próprias insuficiências e incapacidades, o esforço em determinada disciplina que tem como consequência nova reprovação — serão impostas e por isso mais difíceis de aceitar. Tais situações — em que o carinho, o afeto e o acompanhamento dos pais levarão os filhos a perceber a conveniência de dominarem a tristeza e a impaciência — deverão ser complementadas com atividades *gratas*, mas que também precisam de paciência.

Podemos pois voltar ao exemplo da pesca e acrescentar-lhe muitos mais. Aprender uma competência, seja ela qual for — tocar um instrumento musical, falar uma língua, escrever à máquina —, exige paciência e perseverança. Outras atividades que vão no mesmo sentido: o colecionismo, o aeromodelismo, o cumprimento de um plano de aperfeiçoamento pessoal concebido pelo próprio jovem. Mas a paciência que mais nos interessa é aquela que está ao serviço dos outros.

A EDUCAÇÃO DA PACIÊNCIA

A paciência com os filhos

São Tomás afirma que a paciência é a virtude pela qual os males presentes (em especial os que são infligidos pelos outros) se suportam de tal maneira, que deles não deriva nunca uma tristeza sobrenatural.[3] A chave do papel do educador é a paciência, pelo simples fato de que, em geral, os resultados da sua atuação não são visíveis a curto prazo; ou, pelo menos, aquilo que se vê a curto prazo não é o mais importante. Além disso, a tarefa de educar o comportamento de outra pessoa coloca uma série de dificuldades, e é necessário ultrapassar uma multiplicidade de incômodos para se alcançar o fim desejado (quando se consegue alcançá-lo).

O grau ideal de paciência que muitos pais ambicionam é uma resignação à situação, sem queixas nem impaciências. O certo é que todos os dias terão de se esforçar por dominar o desejo de alcançar resultados imediatos, de conseguir que os filhos tenham um comportamento que se adeque à sua concepção daquilo que caracteriza um bom filho. Porém, quando os pais percebem que o importante não é tanto alcançar o que eles desejam, mas aplicar os meios necessários para os filhos se tornem aquilo que Deus quer deles, torna-se mais fácil serem pacientes, aceitando as contrariedades não só de forma resignada, mas também com paz e serenidade. Esta atitude implica ultrapassar a tristeza e a melancolia, que parece ser inseparável da simples resignação[4]. Quando um pai se dá conta do valor dos

---

3 Cf. *Sum. Th.* II-II, q. 136, as. 4 a 12.
4 Cf. Royo Marín, A., *Teología de la perfección cristiana*, Madri, Ed. Católica, SA, 1968, pp. 592-593.

329

incômodos e das dores que os filhos lhe causam, tem a possibilidade de sentir verdadeira alegria na sua aceitação, alcançando uma situação em que a dor e o prazer de certa maneira coincidem. «Cheguei a não poder sofrer, pois que todo o padecimento me é doce», afirmava Santa Teresinha do Menino Jesus. Isto a propósito da atitude dos pais em relação aos filhos. E os filhos devem perceber essa paciência dos pais na sua atuação cotidiana? Em termos de aceitação e de compreensão, sim; os filhos têm de perceber que os pais estão dispostos a ouvi-los e que se preocupam com eles; têm de perceber que os pais querem que eles sejam felizes. Esta aceitação pressupõe que os pais não deem a entender aos filhos que estes são um peso indesejável, mas lhes mostrem que são o objeto imprescindível do seu amor. E os pais nem sequer podem limitar-se a esta atitude, mas devem ensinar os filhos a fazer o mesmo com eles (pais), com os irmãos e com os amigos.

Isso não significa que os pais devam resignar-se passivamente a aceitar tudo o que os filhos fazem e dizem. Os pais têm o dever e o direito de fazer ver aos filhos se o comportamento destes foi bom ou mau. Por esse motivo, a ira, a alegria e outras paixões são lícitas, desde que sejam controladas pela vontade: a ira que se transforma em justa indignação, a alegria quando o filho se comportou bem com os outros, por exemplo.

Os filhos precisam de tipos de atenção diferentes por parte dos pais: de mais ou menos afeto, de mais ou menos tempo, de mais ou menos exigência etc. Mas todos eles precisam da mesma compreensão. E é a virtude da paciência «que nos impele a ser compreensivos com os outros, por estarmos convencidos

A Educação da Paciência

de que as almas, como o bom vinho, melhoram com o tempo»[5].

A paciência

Autoavaliação

Segue-se um elenco de afirmações que permitem refletir de forma sistemática sobre:
— o grau em que se vive pessoalmente esta virtude e
— o grau em que se educam os alunos e os filhos nesta virtude.

Em relação a cada afirmação, o comportamento e o esforço pessoal correspondente podem ser avaliados com base na seguinte escala:

5. Estou totalmente de acordo com esta afirmação, que reflete a minha situação pessoal.

4. A afirmação reflete a minha situação em grande parte, embora tenha algumas ressalvas a seu respeito.

3. A afirmação reflete a minha situação em parte; em parte sim e em parte não.

2. A afirmação não reflete a minha situação, embora seja possível que venha a acontecer.

1. Não me parece que a afirmação reflita a minha situação pessoal; não me identifico com ela.

As reflexões pessoais podem ser discutidas com o cônjuge ou com os colegas, de forma a identificar aspectos passíveis de uma atenção prioritária no desenvolvimento da virtude, quer a título pessoal, quer em relação à educação dos filhos e dos alunos. De fato, é possível que o leitor vá descobrindo muitos campos em que pode melhorar; mas convém

---

5   Escrivá de Balaguer, J., *op. cit.*, 79.

selecionar *apenas um ou dois*, a fim de tentar alcançar os progressos desejados.

A maneira pessoal de viver a paciência

1. Esforço-me por dominar as minhas inquietações atuais, na esperança do advento de melhores momentos. (*A vida presenteia-nos com uma sucessão de acontecimentos difíceis de assimilar: um filho que não consegue concluir uma disciplina, outro que não aprende a arrumar o quarto, um terceiro que não aprende a pensar nos outros. E os pais têm de aprender a esperar pelo momento em que ele conclui a disciplina, passa a arrumar regularmente o quarto, deixa de ser tão egoísta.*)

2. Sei suportar e sofrer as consequências de uma decisão em que procurei o melhor para um filho ou um aluno. (*Não é fácil suportar o mau humor, ou mesmo um comportamento hostil de um jovem, como consequência de os pais o terem proibido de fazer alguma coisa que, na opinião dos mesmos pais, poderia constituir um perigo físico ou moral excessivo.*)

3. Fujo da indiferença e da passividade face às coisas negativas da vida. (*Às vezes, confundimos paciência com indiferença. A pessoa indiferente é aquela que não reage, que não sabe distinguir o bem do mal, ou a quem, pelo menos, não interessa viver de acordo com esta distinção.*)

4. Diferencio aquelas coisas em que compensa esperar daquelas que não merecem o esforço correspondente. (*A paciência, como todas as virtudes, tem limites; não podemos esquecer que se trata do justo meio. Em determinadas*

A EDUCAÇÃO DA PACIÊNCIA

matérias, pode ser mais adequado tentar alterar ou evitar uma situação do que esperar pacientemente que ela mude.)

5. Distingo aquelas coisas que de fato se podem esperar daquelas em que esperar não é razoável.

(Não é bom falsear as realidades da vida e traduzi-las num exercício de «paciência». A paciência não é ingenuidade, nem assenta na teimosia em face a situações irreais.)

6. Em geral, analiso os acontecimentos com serenidade, evitando o ativismo, a fim de ser capaz de refletir sobre aquilo que é importante em cada momento.

(O ativismo é contrário à paciência, uma vez que deseja resultados imediatos ou quase imediatos.)

7. Entendo que, para esperar o advento de coisas positivas e para ultrapassar as dificuldades implícitas em suportar um mal para evitar outro mal maior é preciso sofrer; aceito esse sofrimento com serenidade.

(O sofrimento faz parte da realidade. Trata-se de aprender a assumi-lo com um sorriso, com a consciência de que vale a pena esperar e de que vale a pena suportar um mal para evitar outro maior.)

8. Reconheço que o ativismo e o excesso de ruído são duas formas de evadir a responsabilidade de esperar e de suportar.

(A paciência exige-nos que tenhamos uma noção muito clara dos nossos valores e das nossas metas na vida; doutra maneira, por que haveríamos de esperar? Acontece que é frequente as pessoas quererem evitar o esforço implícito na paciência aumentando a sua atividade ou fazendo muito barulho.)

9. Faço o possível para compreender os outros, a fim de poder ajudá-los da melhor maneira.

(Temos tendência para ser menos pacientes com certas pessoas, que têm um temperamento que nos aborrece, ou com certos filhos e certos alunos em determinados momentos da

vida — *por exemplo na adolescência, uma altura em que é especialmente difícil compreendê-los.*)

10. Entendo que é preciso compreender e aceitar os outros sempre, mesmo que não detectemos resultados positivos no seu processo de aperfeiçoamento.

(*Um dos principais problemas da paciência é que os seres humanos levam muito tempo para mudar em questões importantes — por exemplo, na aquisição das virtudes humanas.*)

A educação da paciência

11. Dou habitualmente exemplo de serenidade e de paz interior.

(*O contágio educativo e antieducativo é muito significativo; e não há dúvida de que o fato de um educador dar provas de paciência tem um efeito positivo nas crianças.*)

12. Exijo aos mais novos que aprendam a superar os seus caprichos e a esperar o advento das coisas agradáveis.

(*O principal problema do exercício da paciência pelos mais novos reside na falta de força de vontade, ou seja, no fato de se deixarem levar pelas suas tendências mais básicas. É certo que eles não compreendem a necessidade de ser pacientes, mas convém que aprendam a esperar antes de receberem uma coisa que querem muito e que não vejam todos os seus caprichos imediatamente satisfeitos.*)

13. Ajudo os meus filhos e os meus alunos a compreenderem as necessidades das pessoas que lhes são mais próximas, a fim de que percebam a conveniência de ser pacientes.

(*As crianças têm mais facilidade em compreender as necessidades dos avós, dos irmãos ou dos amigos do que as necessidades dos outros em geral.*)

A EDUCAÇÃO DA PACIÊNCIA

14. Apoio os meus filhos e os meus alunos adolescentes em tudo o que posso quando a situação exige uma paciência que eles ainda não tiveram oportunidade de adquirir.

(*Exemplos deste tipo de situação: uma doença, o fato de não terem conseguido passar num exame, o fato de perderem alguma coisa que apreciavam especialmente etc.*)

15. Tento conseguir que os mais novos se interessem por atividades que lhes agradam, mas que exigem alguma paciência.

(*Exemplos: aprender a tocar um instrumento, a usar um computador, a fazer aeromodelismo, a colecionar um certo tipo de coisas etc.*)

16. Tento conseguir que os meus filhos e os meus alunos adolescentes se habituem a estar serenos e a não fazer barulho.

(*As saídas para o campo, para a montanha e para o mar podem ser especialmente benéficas neste sentido.*)

17. Vou formando os jovens, de acordo com a sua idade e a sua capacidade de compreensão, para que percebam progressivamente o sentido da paciência em cada situação.

(*Neste processo formativo, convém não abusar de grandes raciocínios, e informar da maneira mais clara e concreta possível; é preciso dar tempo ao jovem para refletir sobre aquilo que lhe foi comunicado.*)

18. Tento introduzir os jovens em atividades que exijam paciência, mas que também sejam agradáveis.

(*Trata-se de atividades cujo desenvolvimento exige algum tempo, cuja realização impõe algum incômodo, e em que é necessário dominar algumas paixões.*)

19. Tento conseguir que os jovens tenham paixões fortes, mas dominadas pela vontade, e que não caiam na indiferença.

A EDUCAÇÃO DAS VIRTUDES HUMANAS

(*A sociedade moderna está tão cheia de situações negativas exageradas que é fácil a pessoa impor-se um estado de indiferença, para evitar o sofrimento.*)

20. Ajudo os jovens a perceberem melhor a razão de ser da paciência.

(*A paciência tem como principal finalidade permitir um progresso, próprio e alheio, na capacidade de aceitação da vontade de Deus.*)

XV
A EDUCAÇÃO DA JUSTIÇA

«Esforça-se continuamente por dar aos outros o que lhes é devido, de acordo com o cumprimento dos seus deveres e de acordo com os seus direitos, enquanto pessoas (a vida, os bens culturais e morais, os bens materiais), enquanto pais, enquanto filhos, enquanto cidadãos, enquanto profissionais, enquanto governantes etc.»

* * *

Na qualidade de virtude a comentar, a justiça apresenta algumas dificuldades e tem outras tantas vantagens. Por um lado, é uma das poucas virtudes que se pode dizer que estão na moda; mas, quer por este motivo, quer pela sua natureza própria, é uma das virtudes mais complexas de considerar.

Esta virtude introduz ordem nas nossas relações com Deus e com os outros; leva-nos a respeitar mutuamente os nossos direitos; leva-nos a cumprir os nossos deveres; pede simplicidade, sinceridade e gratidão — em suma, se todos os membros da sociedade tivessem esta virtude desenvolvida, reinaria um bem-estar quase completo, e também um ambiente de paz; ainda que, como observa São Tomás, a paz seja um fruto apenas indireto da justiça, na medida em que esta afasta os obstáculos à instauração daquela. A paz é uma consequência da caridade, que produz a união dos corações[1].

---

1 Cf. São Tomás de Aquino, *Summa Theologica*, II-II, 29, 3.

A EDUCAÇÃO DAS VIRTUDES HUMANAS

Outro problema relacionado com o modo de tratar esta virtude resulta da circunstância de ela ter uma série de virtudes anexas, cada uma das quais tem um interesse muito especial para os educadores; refiro-me à obediência, à piedade (que trata dos deveres dos filhos para com os pais e também para com a pátria), à sinceridade, à amizade, à religião etc. Por este motivo, é conveniente esclarecer desde já que neste estudo trataremos apenas da virtude da justiça, deixando as virtudes anexas para outra oportunidade.

Alguns esclarecimentos sobre o conceito de justiça

Para não confundir a justiça com outras virtudes, convém ter em mente três aspectos que estão presentes em qualquer ato justo: a alteridade, o direito estrito e a igualdade.

Só há justiça a respeito de terceiros. Assim, se uma criança estragar um brinquedo de outra, isso será uma falta de justiça se ela não remediar a situação, por exemplo, comprando-lhe outro ou arrumando aquele que estragou; mas, se a criança partir um brinquedo que lhe pertence, já não haverá falta de justiça, mas falta de pobreza. O direito estrito significa que não se trata de um dom, mas de algo que é devido à pessoa; precisamente por isso, a justiça está em função da capacidade de o indivíduo reconhecer o débito. Ao mesmo tempo, é manifesto que, tratando-se de dar a alguém exatamente aquilo que lhe é devido, a exigência poder ser muito elevada; tudo depende do estado afetivo da pessoa. Por isso, quando refletimos sobre a virtude da justiça, não podemos nos esquecer de

338

A EDUCAÇÃO DA JUSTIÇA

a fazer acompanhar permanentemente pela caridade. Quando falamos de igualdade, referimo-nos à adequação exata entre aquilo que é devido e aquilo que é entregue; para o ato ser justo, não pode haver excesso nem defeito.

Também convém salientar que a justiça encontra o seu pleno cumprimento em três estruturas:
— na relação dos indivíduos entre si;
— na relação do todo social com os indivíduos;
— na relação dos indivíduos com o todo social.

Estas estruturas costumam ser designadas, respectivamente, por justiça comutativa, justiça distributiva e justiça legal.

Vale lembrar que ser justo não significa agir com justiça em atos isolados; significa ter o hábito de agir de forma permanente de acordo com as normas da justiça. E também que esta virtude não reside no entendimento, mas na vontade; ou seja, não dirige atos cognitivos, como a virtude da prudência, mas pretende alcançar o comportamento mais correto nas ações.

A relação dos filhos com outras pessoas

Determinar padrões de comportamento dos educadores a propósito da educação desta virtude implica pensar em objetivos parciais para alcançar um razoável desenvolvimento da mesma. Mas, para isso, devemos ter em conta algumas características dos filhos, de acordo com a sua idade, com o desenvolvimento da sua capacidade cognitiva e com a dinâmica das suas relações com os outros.

Observando os filhos em diferentes idades, nota-se com grande facilidade que os mais novos praticam atos

A EDUCAÇÃO DAS VIRTUDES HUMANAS

injustos; deve-se esta circunstância ao fato de não terem qualquer interesse em ocultar esses atos, porque não os consideram injustos. Quando uma criança pequena quer uma coisa que é de outra pessoa, o simples fato de a querer lhe parece uma razão suficiente para se apoderar dela. Por outro lado, depois de uma criança chegar à idade da razão e de começar a ter uma noção mais clara daquilo que é razoável neste domínio, quando realiza um ato injusto prefere ocultá-lo ou procurar uma justificação para ele.

De acordo com os estudos realizados por Piaget sobre o desenvolvimento da noção de justiça nas crianças[2], a norma mais importante para uma criança de sete ou oito anos é o que os pais lhe dizem. A partir desta idade, a criança vai descobrindo a necessidade de tratar todos da mesma maneira, e só a partir dos 11 começa a perceber que a maneira mais justa de tratar as pessoas não é impor-lhes normas igualitárias, mas tratá-las de forma equitativa, ou seja, tendo em conta as responsabilidades e as circunstâncias específicas de cada pessoa. Estes dados devem fazer-nos pensar que o papel dos pais deve variar de acordo com o conceito de justiça que os filhos têm em cada momento.

Como dissemos, só pode haver justiça quando o indivíduo reconhece o débito; e também só pode haver atos justos se, uma vez reconhecida a necessidade do débito, o indivíduo consegue adequar a sua atuação a esta situação — o que pressupõe o uso da inteligência e da vontade.

---

2   Cf. Piaget, J., *Le jugement moral chez l'enfant*, Paris, Alcan, 1932.

A EDUCAção Da JUSTIça

A justiça até os nove anos

As crianças menores não conseguem agir conscientemente com justiça, mas podem aprender, com a ajuda dos pais e dos irmãos mais velhos, que o que é injusto «não se faz»; e podem começar por aprendê-lo na sua relação com os irmãos e com os colegas da mesma idade. É o momento ideal para insistir nas regras do jogo: os pais dão início a esse processo, e depois surgem as regras impostas pelo grupo. Na verdade, todos os pais terão observado que as crianças mais novas recorrem com frequência aos mais velhos para resolver problemas de justiça no contexto das suas brincadeiras. Pelo contrário, a partir aproximadamente dos dez anos as crianças passam a discutir as regras entre si e só recorrem aos pais quando acontece alguma coisa que elas não conseguem controlar; aliás, preferem desistir de determinada brincadeira a recorrer à intervenção dos pais.

Estas reflexões permitem-nos concluir que, até os oito ou nove anos, convém optar por uma educação da justiça que destaque as regras do jogo e que, ao mesmo tempo, aponte claramente aquilo que não é justo. Isto não se fará procurando uma compreensão profunda das motivações, mas ajudando as crianças a adquirir os hábitos à força de carinho, de compreensão e de exigência. Em concreto, podem-se considerar os seguintes tipos de objetivos:

— aprender a estabelecer um acordo com um irmão ou com um amigo e depois cumpri-lo;

— aceitar as regras de um jogo, uma vez conhecidas;

— dizer a verdade, na medida em que sejam capazes de perceber em que consiste;

— respeitar a propriedade alheia: não roubar, não quebrar etc.;

— respeitar certas necessidades e certos direitos alheios: os quartos dos irmãos, o silêncio nos períodos de estudo, a intimidade dos outros (bater à porta antes de entrar, não interromper uma conversa). Estes aspectos permitirão prepará-los para o momento em que começam a perceber que existem direitos e deveres. De certa maneira, este é um problema com que terão de se confrontar até o fim da vida; com efeito, uma pessoa justa é aquela que percebe quais são os direitos e os deveres próprios e dos outros, de acordo com a sua situação de membros da mesma família, de pais, de cidadãos, de membros de uma sociedade etc.

Esta afirmação pode fornecer-nos uma pista para continuarmos a incentivar o desenvolvimento da virtude quando os filhos já contam com mais uso da razão e com mais vontade.

Dos nove aos treze anos

Mencionamos, antes, aquele período da vida da criança em que esta exige ser tratada como os outros, sem reconhecer que cada pessoa tem de ser tratada de acordo com a sua situação específica, e portanto sem distinguir igualitarismo de justiça; apreciaremos as consequências desta atitude quando referirmos a justiça dos pais. A compreensão das crianças sobre o que é justo terá resultado, pelo menos em parte, de terem aprendido a respeitar as regras do jogo em diversas atividades, com os irmãos e com os amigos. Pouco a pouco, ir-se-ão apercebendo de que estas regras e as regras morais em geral são — em termos pragmáticos —

A EDUCAÇÃO DA JUSTIÇA

medidas destinadas a permitir a cooperação entre iguais; nesta altura, a justiça adquire um novo sentido para elas: permite e facilita a convivência; produz ordem e um certo bem-estar. E começam a perceber a noção de injustiça pela sensação de rebelião que as situações injustas geram nelas; nestas alturas, percebem que a ordem combinada foi posta em causa.

Mas o problema mencionado antes continua presente: querem ser justas mas não sabem o que é a justiça. Poder-se-ia pensar, portanto, que a justiça é uma virtude que só pode se desenvolver a partir de certa idade; ora, não é assim. A compreensão daquilo que é justo orienta corretamente o ato justo. Para ser justa, a pessoa deve ter adquirido o hábito de se comportar com justiça, mesmo que os seus critérios sejam falsos. É precisamente por isso que a virtude da obediência tem tanta importância; com efeito, através da obediência aos pais, as crianças comportam-se com justiça e aprendem a ser justas com os irmãos e com os amigos. Sem este treino, o processo de aquisição desta virtude será muito mais difícil.

Pelo que fica dito, pode-se considerar que a atenção dos pais aos filhos nesta segunda etapa deverá centrar-se em quatro aspectos:

1. continuar a insistir em comportamentos justos e explicar o que são comportamentos injustos;

2. ajudá-los a compreender e a viver melhor as motivações para serem justos;

3. explicar-lhes as diferenças entre as condições e as circunstâncias das diferentes pessoas;

4. ensiná-los a retificar e, portanto, a reparar.

5. Os pontos 1) e 4) têm a ver com a vontade; o ponto 3) está relacionado com o entendimento;

A EDUCAÇÃO DAS VIRTUDES HUMANAS

e o ponto 2) tem a ver com o entendimento e com a vontade.

Vamos analisar primeiramente os pontos relacionados com a vontade: que atos de justiça pode realizar um jovem entre os 10 e os 13 ou 14 anos? Podemos, naturalmente, repetir a lista de possibilidades que enunciamos para as crianças mais novas, mas também podemos incluir mais algumas, como por exemplo:

— ajudá-los a refletir sobre o comportamento mais adequado a ter depois de serem vítimas de uma injustiça por parte de outra pessoa (observa Diógenes de Laércio: «Há três coisas que oferecem especial dificuldade: guardar um segredo, aceitar o ultraje de uma injustiça e utilizar bem o tempo de que dispomos para o ócio»[3]). Nestes casos, o mais justo poderá ser comunicar a injustiça sofrida a uma pessoa com competência para resolver o assunto, tentar que a pessoa que cometeu a injustiça proceda à correspondente reparação, tomar medidas compensatórias, ou até perdoar, porque a outra pessoa precisa ser perdoada. O essencial é evitar atos de vingança, ou seja, cometer uma injustiça em resposta a outra, porque, em última análise, a pessoa que comete uma injustiça prejudica-se a si própria;

— falar dos outros com respeito, procurando sempre os aspectos positivos. Evidenciar a falta de justiça que preside à murmuração e à calúnia, bem como àquilo a que os antigos chamavam «sussurro», que consiste em «difamar secretamente alguém perante um amigo seu, ação que constitui uma falta de especial

---

3   Diógenes Laércio, *Vidas e opiniões de grandes filósofos* I, 69.

A EDUCAÇÃO DA JUSTIÇA

gravidade contra a justiça, porque ninguém pode viver sem amigos»[4];

— devolver aquilo que se emprestou nas mesmas condições em que foi recebido;

— fazer-lhes ver que os outros podem realizar atos bons, e que portanto podem ser ajudados a portar-se de modo responsável;

— cumprir as ordens expressas dos pais e de outras autoridades;

— não realizar pequenos atos injustos, que parecem não ter importância mas que, pela repetição, geram um ambiente em que se torna difícil realizar atos positivamente bons (andar num transporte público sem pagar, entrar no cinema quando não se tem idade para ver o filme em exibição, dizer «pequenas» mentiras para escapar de algum esforço etc.).

No que diz respeito à capacidade de retificar, e portanto de reparar, será evidentemente necessário desenvolver também a virtude da prudência, para que tal não suceda com demasiada frequência; e, quando sucede, trata-se de ensinar os filhos a pedir perdão e a reparar (alguns filhos terão mais facilidade em pedir perdão que em reparar, e outros ao contrário). O exemplo dos pais é fundamental, mas também é necessário apresentar aos filhos motivações que os levem a realizar esse esforço tão importante.

As motivações para ser justo

As crianças parecem ser, desde muito pequenas, conscientes da presença de algo a que podemos chamar

---

4   Citado em Pieper, J., *Las virtudes fundamentales*, Madri, RIALP, 1976, p. 101.

A EDUCAÇÃO DAS VIRTUDES HUMANAS

justiça, embora não se trate de uma visão totalmente correta desta virtude. Piaget explica que, entre os sete e os nove anos, as crianças têm uma noção daquilo a que ele chama justiça imanente[5]; isto é, que a justiça provém do ato cometido. Piaget testou esta hipótese contando a um número elevado de crianças de diferentes idades a história de um rapaz que rouba uma maçã; ao voltar para casa, o rapaz tem de atravessar uma ponte, e esta desmorona-se no mesmo momento, de maneira que ele cai ao rio. A grande maioria das crianças com menos de nove anos considera que o desmoronamento da ponte é uma consequência direta do roubo da maçã; esta porcentagem vai baixando à medida que a idade das crianças vai aumentando. Este senso de justiça significa que as crianças pequenas reconhecem, de algum modo, a conveniência de uma ordem nas coisas, pelo que a motivação principal que podemos apresentar-lhes para serem justas é reconhecerem em que consiste essa mesma ordem em cada momento e por que razão deve existir.

Por outro lado, como dissemos noutras ocasiões, não basta uma explicação, também será preciso o apoio afetivo dos pais, que pode consistir numa atitude exigente em certos momentos e em mais carinho noutros momentos. Também é necessário o apoio dos irmãos; com efeito, quando a criança reconhece a conveniência do ato justo, é possível que, a princípio, o realize por medo dos pais, mas depois começará a fazê-lo porque sabe que é o seu dever ou por um autêntico desejo de cumprir, para bem dos outros.

---

5   *Op. cit.*

A Educação da Justiça

Ser justo com cada pessoa, de acordo com a sua condição e as suas circunstâncias

Mencionamos que só por volta dos 11 anos a criança começa a reconhecer que a justiça não significa necessariamente dar o mesmo a toda a gente. Até os 13 ou 14 anos, é possível que não se verifiquem grandes progressos neste domínio, embora convenha dar os primeiros passos para que depois, já dotados de maior capacidade de compreensão, os jovens possam realizar atos autenticamente justos, de acordo com as suas possibilidades.

Nas idades que estamos a analisar, o importante é sobretudo ajudar os jovens a perceber que as pessoas são todas diferentes, o que implica que eles aprendam a ser mais sensíveis. Uma pessoa não se limita a fazer coisas: também tem uma alma, também tem sentimentos e pensamentos; por esse motivo, não faz sentido ter o mesmo comportamento com toda gente. Só faria sentido agir dessa maneira se as pessoas fossem máquinas.

Trata-se, pois, de ajudar os jovens a distinguir
— irmãos de diferentes idades;
— irmãos com diferentes necessidades (de receber ajuda, de ouvir exigências etc.);
— as pessoas de acordo com o seu estado de espírito; com efeito, um ato justo pode ser realizado num momento oportuno ou inoportuno.

Os filhos mais velhos

Até agora, centramos a nossa atenção na justiça dentro da família, e portanto em atividades que podem

A EDUCAÇÃO DAS VIRTUDES HUMANAS

ser realizadas em função das pessoas que ali convivem. Pressupõe-se que, com o passar do tempo, a vontade estará mais forte, permitindo a realização dos atos justos em diferentes contextos, que já podem ser mais compreendidos pelos jovens. Também é preciso ter em conta que os adolescentes tendem, por natureza, a ser muito idealistas, procurando grandes soluções para problemas de peso e preocupando-se com a justiça mais como ideal do que como conjunto de atos que têm como alvo a pessoa que mora na casa ao lado.

É preciso explicar aos adolescentes quais são os seus deveres enquanto filhos, irmãos, colegas, cidadãos, para que eles estabeleçam uma relação adequada entre as suas preocupações e o seu comportamento do dia a dia. Não se trata já de exigir ao jovem que se comporte desta ou daquela maneira, mas de o ajudar a *compreender* aquilo que é justo em cada momento.

Na sequência dos estudos de Piaget mencionados antes, vários psicólogos prosseguiram a investigação da noção de justiça e de moralidade nas crianças e nos jovens. Num destes estudos, Rest sugere (com base na obra de Kohlberg) que há seis etapas na capacidade de avaliação moral[6]; as duas últimas apenas são atingidas depois dos 20 anos, e por isso não as analisaremos aqui. O desenvolvimento destas etapas refere um primeiro estádio em que a criança aprende por obediência aos adultos. Numa segunda etapa, isto traduz-se na percepção de que é conveniente estabelecer acordos com os outros; de que pode existir um dever e uma realidade devida por ambas as partes,

---

6   Rest, J., *Development in Judging Moral Issues*, Minneapolis, University of Minnesota Press, 1979, p. 22.

348

mas apenas como intercâmbio. Em seguida, a criança reconhece que, para conviver com os outros, tem de se comportar de forma justa com eles, e estabelece um esquema básico de colaboração. Segue-se a quarta etapa, em que o indivíduo reconhece a lei e os seus deveres relativos à ordem social; embora as idades correspondentes a cada etapa não estejam definidas, esta quarta etapa coincide com a adolescência. Estes estudos reforçam a ideia de que convém ensinar aos adolescentes em que consiste a lei. E eu acrescentaria que não se trata apenas da lei civil, mas também da lei natural: as crianças precisam de ter critérios que lhes permitam tomar decisões em relação a uma série de problemas de justiça que surgem na vida cotidiana.

A justiça dos pais

Uma das dúvidas mais frequentes dos pais de família é saberem se foram justos com os filhos. A civilização romana representava a justiça como uma mulher cega procurando equilibrar uma balança. Os pais devem, evidentemente, fazer o possível por ser objetivos em suas relações com os filhos; mas a verdade é que há momentos em que ser justo pode ser imensamente doloroso, quer para os pais, quer para os filhos, razão pela qual a justiça deve andar sempre acompanhada pelo carinho. Os pais desempenham um papel que pode ser integrado naquilo a que chamamos a justiça distributiva; ora, agir bem pressupõe tentar ultrapassar as eventuais simpatias ou antipatias que os filhos possam suscitar. Os filhos são todos diferentes e têm de ser tratados de maneira diferente; mas estas diferenças têm de ser harmonizadas com normais gerais de comportamento aplicáveis ao conjunto da sociedade familiar.

As normas aplicáveis a toda a família serão certamente definidas por critérios básicos, relacionados com:
— o direito à intimidade;
— o direito ao respeito por parte dos outros;
— o direito à ajuda dos outros para alcançar a cada dia uma maior plenitude humana e sobrenatural;
— o direito de participar, de acordo com as capacidades de cada um;
— o direito de conviver com ordem;
— o direito à intimidade.

Estes direitos são, evidentemente, compensados pelos correspondentes deveres. Mas a interpretação que se dá a cada um destes direitos e deveres pode variar, de acordo com as características e as circunstâncias de cada membro da família. Por isso, é importante exigir e orientar as atividades de cada filho com grande flexibilidade.

Quando os filhos não fazem o que devem, os pais confrontam-se com o problema dos castigos. É absurdo uma pessoa dizer que é contra ou a favor dos castigos, porque a verdade é que estamos permanentemente a sancionar os outros, quer sorrindo-lhes e ouvindo-os (sanções positivas), quer lendo jornal e olhando para o relógio quando estão a contar-nos coisas importantes (sanções negativas). O mais importante é que as sanções sejam adequadas, permitindo que os filhos melhorem; com efeito, não basta que os pais sejam justos, também têm de sê-lo de tal maneira que promovam um progresso pessoal nos

A EDUCAÇÃO DA JUSTIÇA

filhos. As crianças e os jovens esperam que os pais se comportem de forma justa com eles, e isto inclui os castigos nos momentos oportunos.

As crianças menores costumam mesmo salientar que esperam um castigo severo quando violaram alguma regra, porque querem expiar esse mau comportamento. Esta ideia só se altera quando o controle e as exigências diretas dos pais começam a transformar-se em cooperação entre todos; nesta altura, as crianças começam a perceber que o castigo mais adequado a uma falta é a correspondente reparação (assim, por exemplo, se uma criança quebrou uma janela, o castigo a lhe dar não deve ser proibi-la de ver televisão durante uma semana, mas obrigá-la a pagar uma janela nova).

Por último, os pais também têm de aprender a retificar. Não é fácil ser justo, em especial quando não temos toda a informação ou quando estamos sob a influência de uma paixão não devidamente controlada.

Considerações finais

Pretendemos que as crianças adquiram a virtude da justiça não só para que ajam bem no seio da família, mas também para que venham a ser cidadãos responsáveis. Neste sentido, devemos ter em conta que «opor-se e criticar por princípio, censurar e acusar às cegas, sem qualquer consideração prévia, é um ato de injustiça, um atentado contra a justiça distributiva, que é a única virtude que permite que os Estados mantenham a ordem»[7].

---

7 Pieper, J., *op. cit.*, p. 153.

A EDUCAÇÃO DAS VIRTUDES HUMANAS

Queremos ser justos e compreender em que consiste a justiça em cada momento e com cada pessoa, cientes de que a Sagrada Escritura menciona mais de 800 vezes a justiça e o justo, expressão que na linguagem bíblica significa o bom e o santo.

A justiça
Autoavaliação

Segue-se um elenco de afirmações que permitem refletir de forma sistemática sobre:
— o grau em que se vive pessoalmente esta virtude e
— o grau em que se educam os alunos e os filhos nesta virtude.

Em relação a cada afirmação, o comportamento e o esforço pessoal correspondente podem ser avaliados com base na seguinte escala:

5. Estou totalmente de acordo com esta afirmação, que reflete a minha situação pessoal.

4. A afirmação reflete a minha situação em grande parte, embora tenha algumas ressalvas a seu respeito.

3. A afirmação reflete a minha situação em parte; em parte sim e em parte não.

2. A afirmação não reflete a minha situação, embora seja possível que venha a acontecer.

1. Não me parece que a afirmação reflita a minha situação pessoal; não me identifico com ela.

As reflexões pessoais podem ser discutidas com o cônjuge ou com os colegas, de forma a identificar aspectos passíveis de uma atenção prioritária no desenvolvimento da virtude, quer a título pessoal, quer em relação à educação dos filhos e dos alunos. De fato, é possível que o leitor vá descobrindo muitos

A EDUCAÇÃO DA JUSTIÇA

campos em que pode melhorar; mas convém *selecionar apenas um ou dois*, a fim de tentar alcançar os progressos desejados.

A maneira pessoal de viver a justiça

1. Reconheço os direitos das pessoas com quem me relaciono.

(*A justiça assenta nos direitos e nos deveres das pessoas. Cada pessoa — o cônjuge, o filho, o aluno, o professor, o pai, a autoridade pública etc. — tem de receber aquilo que lhe é devido.*)

2. Tento analisar as situações com objetividade, a fim de adotar a atuação mais justa em cada caso.

(*A justiça não consiste em agir sempre da mesma maneira nas mesmas circunstâncias, já que as pessoas são todas diferentes.*)

3. Mesmo reconhecendo o que seria uma atuação justa da minha parte, estou disposto a substituí-la pela caridade quando considero que isso pode beneficiar a outra pessoa.

(*A vida de família, em especial, seria terrivelmente dura se os pais tivessem sempre um comportamento estritamente justo, sem amor.*)

4. Reconheço os direitos do meu cônjuge.

(*Para além do débito matrimonial, o cônjuge tem direito a receber ajuda para melhorar durante toda a sua vida.*)

5. Reconheço os direitos dos outros membros da família.

(*Por exemplo, o direito à intimidade, o direito de participar, o direito de conviver com ordem, o direito de receber ajuda para melhorar.*)

353

A EDUCAÇÃO DAS VIRTUDES HUMANAS

6. Reconheço e vivo os direitos dos outros no meu local de trabalho, na minha cidade, no meu país.

(*Neste contexto, surgem outras virtudes, como a honradez, a lealdade e o patriotismo.*)

7. Reconheço os compromissos que adquiri com os meus amigos; reconheço que se estabeleceu entre nós um pacto que tenho obrigação de cumprir.

(*Tenho deveres para com os meus amigos, porque adquiri o compromisso de os ajudar a melhorar durante toda a vida e de aprender com eles.*)

8. Informo-me adequadamente, para saber quais são os direitos que tenho de respeitar porque se referem ao direito natural.

(*Neste campo, há princípios que são absolutamente básicos, como o direito a nascer, o direito a ter alimentos e um teto, o direito a um trabalho digno e o direito a adquirir e a possuir bens.*)

9. Sei cumprir as minhas promessas, os pactos e os acordos que estabeleço.

(*Embora se possam estabelecer pactos e acordos solenes, com assinatura de papéis perante uma autoridade, não devemos menosprezar o valor da palavra dada.*)

10. Reconheço que criticar e censurar sistematicamente os outros é uma falta de justiça.

(*As pessoas têm o direito à verdade e ao seu bom nome.*)

A educação da justiça

11. Ensino os meus filhos menores a cumprir os acordos que fizeram com os irmãos ou com os amigos.

(*Antes de começarem a reconhecer o que é o direito natural e quais são os direitos das pessoas de acordo com a*

A EDUCAÇÃO DA JUSTIÇA

sua condição, as crianças mais novas podem aprender a ser justas nos pactos que estabelecem.)

12. Ensino os mais pequenos a cumprirem as regras do jogo que foram estabelecidas.

(*Embora as regras do jogo assentem na ideia de que todos devem ser tratados da mesma maneira — isto é, de forma igualitária —, convém que as crianças aprendam a cumpri-las, já que a convivência entre as pessoas exige que haja regras.*)

13. Ajudo as crianças a respeitar a propriedade alheia: a não roubar, a não quebrar, a não sujar.

(*As crianças pequenas não dispõem de uma noção abstrata de justiça; por isso, fazem o que os educadores lhes exigem em cada situação.*)

14. Ajudo as crianças a reconhecer certas necessidades e certos direitos dos outros.

(*Como respeitar períodos de silêncio, não interromper, bater à porta antes de entrar.*)

15. Raciocino mais com os meus filhos e os meus alunos dos 9 aos 13 anos, para que comecem a compreender em quê consiste a justiça e a injustiça em diferentes circunstâncias.

(*Nestas idades, as crianças estão muito centradas nas regras do jogo; mas já podem começar a compreender alguma variedade de situações.*)

16. Dou-lhes informação, a fim de reconhecerem alguns motivos para serem justos com os outros.

(*Convém indicar quais são os comportamentos dos alunos que indiciam respeito pelos professores, quais são os comportamentos dos filhos que indiciam respeito pela mãe etc.*)

17. Raciocino com os meus filhos e os meus alunos, para que reconheçam que a justiça exige saber retificar, reparar etc.

A EDUCAÇÃO DAS VIRTUDES HUMANAS

(*Não se trata apenas de aprender a dizer uma frase feita — lamento muito —, mas de reconhecer o mal que se fez.*)

18. Consigo que os meus filhos e os meus alunos façam acordos em grupo, e que cada membro do grupo cumpra o que foi acordado.

(*O trabalho em equipe é um procedimento excelente para demonstrar a necessidade de cumprir os deveres que estão relacionados com acordos ou pactos.*)

19. Consigo que os jovens participem na formulação das regras do jogo necessárias à convivência na família e na escola.

(*Se tiverem oportunidade de participar no processo de confecção destas regras, os jovens compreenderão melhor a sua importância e sentir-se-ão mais motivados para o seu cumprimento.*)

20. Ensino os jovens em que consistem as leis civis e como podem comportar-se como pessoas responsáveis, e também em que consiste a lei natural.

(*Eles precisam desta informação; se não forem os pais a dar-lha, é duvidoso de que a encontrem por conta própria.*)

XVI

A EDUCAÇÃO DA OBEDIÊNCIA

«Aceita, assumindo como decisões próprias, as decisões de quem tem e de quem exerce autoridade, desde que não se oponham à justiça, e compreende com prontidão o que foi decidido, empenhando-se em interpretar fielmente a vontade de quem mandou.»

* * *

É interessante pensar nas razões pelas quais a virtude da justiça está na moda e, pelo contrário, uma parte potencial desta virtude — a obediência — não está. A obediência desperta em certas pessoas a incômoda sensação de terem a própria vontade dominada pelo poder de outra pessoa. Consideram que, pelo fato de obedecerem, estão a sacrificar a sua personalidade; e que a obediência constitui uma negação da liberdade, da iniciativa e da criatividade. É precisamente por terem estas dúvidas quanto à justificação da obediência que certos pais permitem muitas coisas aos filhos.

Acontece que a obediência, entendida como virtude, não é a submissão cega do escravo; pelo contrário, se a pessoa obedece exteriormente, mas mantendo um estado de rebeldia interior, não há virtude. Como também não há virtude quando a pessoa obedece pelo simples fato de ter simpatia por quem lhe deu a ordem. Em sentido estrito, há virtude em obedecer quando se obedece por se reconhecer a autoridade da pessoa que manda.

A principal razão para a recusa desta virtude, em especial entre os adultos, talvez seja a dúvida generalizada sobre a própria necessidade de haver «autoridades». Seria fácil concluir que este estado de coisas é uma consequência evidente de uma soberba descontrolada, mas parece-me que temos de refletir um pouco mais sobre algumas características da sociedade em que vivemos, para podermos compreender melhor o que significa «obedecer».

A sociedade permissiva

Numa sociedade em que as necessidades materiais de base — alimentação, alojamento, vestuário — estão todas cobertas, pelo menos para a grande maioria dos cidadãos, as pessoas têm uma certa segurança, que lhes permite pôr em dúvida a conveniência de apoiar, ou não, as estruturas que sustentam as suas relações com os outros. E, quando o poder aquisitivo diminui, e se consegue adquirir menos com o mesmo esforço, ou se pretende conseguir o mesmo — ou mais! — com o mesmo esforço, os cidadãos começam a pôr em causa a atuação das autoridades que controlam esta situação de bem-estar. Nestas circunstâncias, as pessoas questionam o poder das autoridades e os indivíduos procuram soluções para estes problemas, tentando alterar a estrutura ou as autoridades, sem perceber que (desde que as autoridades estejam a ser justas) a solução reside nos comportamentos pessoais: se cada um for mais responsável, se trabalhar mais ou melhor, poderá conseguir aquilo que procura. E tudo isto num domínio como o do bem-estar, em que a pessoa reconhece o valor daquilo que procura.

A EDUCação Da OBEDiÊNCia

Porém, se a pessoa não percebe que há outras coisas que valem a pena (refiro-me aos valores imateriais), nem sequer coloca o problema; e é razoável que, nestes domínios, as autoridades percam por completo a relevância e que a obediência deixe de ter sentido. Por exemplo, quando uma pessoa deixa de ter interesse pela Verdade, e não acredita que a Igreja é a depositária da Verdade, que sentido tem obedecer às indicações do Papa? Se não está interessada num mundo onde haja mais ordem, mais justiça e mais bondade, que sentido tem obedecer aos filósofos? No passado, os filósofos tinham um papel imensamente relevante na resolução dos problemas das sociedades, mas atualmente o seu papel parece estar em crise. Se a pessoa não dá importância nem percebe o que é o amor e o serviço, que sentido tem obedecer aos pais, que são as pessoas delegadas por Deus para educar os filhos no amor?

Quando os valores permanentes — que são, todos eles, reflexos parciais do Bem supremo — deixam de ter interesse, as autoridades, cujo papel consiste em ajudar os outros a descobri-los e a vivê-los melhor, percebem que têm de convencer os cidadãos da importância daquilo que estes possuem. E isto não é fácil.

Uma sociedade permissiva é uma sociedade em que o único valor é o bem-estar material, o prazer centrado no presente; é uma sociedade em que nem o passado nem o futuro têm relevância, e em que a melhor coisa que uma pessoa pode fazer é obedecer cegamente aos seus instintos.

Ora, a obediência só tem sentido em relação com os valores que cada um aceita para a sua vida. Os exemplos abundam: jovens que se recusam a obedecer

359

A EDUCAÇÃO DAS VIRTUDES HUMANAS

aos pais em relação à roupa que vestem, mas que obedecem à moda do grupo, porque o valor mais importante para eles é serem iguais aos outros; jovens em cuja vida não se vislumbra qualquer vestígio de ordem, mas que, quando praticam um esporte, obedecem cegamente ao treinador; jovens que recusam as autoridades civis, mas que aceitam as ordens dos líderes das manifestações de rua. Qual é o nosso problema? É o fato de os jovens não obedecerem ou de obedecerem a autoridades que representam contravalores ou valores pobres? A moral desta história é muito clara. Os pais têm de promover o desenvolvimento da virtude da obediência nos seus filhos em relação aos valores que consideram importantes na vida; se estes valores forem pobres, é provável que a exigência dos pais não produza o desenvolvimento da virtude nos filhos, porque estes obedecerão por motivos que não incluem o respeito pela autoridade dos pais. Os filhos que não aprendem a reconhecer o valor da obediência quando são jovens terão mais dificuldade em descobri-lo posteriormente e em adquirir esta virtude como hábito.

Só mais uma observação: a obediência não é uma virtude apenas para as crianças, para facilitar a vida aos pais; é uma virtude — como todas — para a vida toda.

As motivações para viver a obediência

Podemos distinguir motivos profundos, que os pais têm de reconhecer para depois os explicarem aos seus filhos, e motivos parciais, que as crianças e os jovens têm de conhecer a fim de adquirirem o hábito de

A EDUCAÇÃO DA OBEDIÊNCIA

obedecer, em caminho para uma compreensão plena desta virtude.

Para um cristão, obedecer às legítimas autoridades é o mesmo que obedecer a Deus; e não há motivação maior que esta para fazer o bem. O motivo é a certeza de que, mediante a obediência, não podemos enganar-nos. Quem manda pode enganar-se; quem obedece nunca se engana, a não ser que faça alguma coisa que se oponha à justiça.

Por outro lado, a obediência é uma fonte de verdadeira liberdade. O apego à própria vontade é uma fonte de escravidão. Com efeito, sabemos que, pela sua natureza própria, a vontade tende para o bem; mas muitas vezes o entendimento não consegue discernir aquilo que é realmente bom. Por isso, somos obrigados a recorrer às autoridades competentes para ficarmos com a certeza de que existe uma relação adequada entre aquilo que queremos e aquilo que é realmente bom. Nestas condições, a obediência apoia a fortaleza e a perseverança na perseguição dos fins que nos propomos alcançar na vida.

Estas motivações são profundas, mas não são, evidentemente, as mais comuns na casuística do dia a dia, em especial com as crianças mais novas. Mas, se os pais não se recordarem frequentemente destas razões, correm o risco de promover a obediência dos seus filhos por motivos pobres.

Que motivações podemos sugerir aos filhos mais novos para que sejam obedientes, e qual é o procedimento motivador mais adequado por parte dos pais? Uma criança pequena pode obedecer porque reconhece intuitivamente a autoridade dos pais; porque os pais lhe comunicam segurança, amor, bem-estar, e isto a leva a realizar os seus desejos, embora também se sinta inclinada a desobedecer para experimentar a sua força e a sua capacidade de agir com independência. Com efeito, as crianças reconhecem, de forma inconsciente, a sua própria vontade, e é nesta altura que se manifesta a chamada «idade dos nãos». Assim, por volta dos três ou quatro anos, tem início um processo — muito aborrecido para os pais — de desenvolvimento da vontade da criança; se, anteriormente, o pai sabia tudo, agora o pai já não sabe assim tanto e a criança começa a exigir que os pais a convençam a obedecer. Começa a compreender a necessidade das regras do jogo e, quando conhece bem estas regras, tem mais facilidade em cumpri-las, porque tem a experiência de que é necessária uma certa ordem para se poder conviver. A partir dos cinco anos, as motivações alteram-se: inicialmente, a criança pode obedecer por respeito à autoridade dos pais, uma motivação que é válida para que a obediência seja uma virtude; e, embora esta autoridade nunca chegue a desaparecer por completo, é preciso utilizar meios complementares para que o jovem volte a obedecer por respeito à autoridade paterna, mas compreendendo as circunstâncias de acordo com a sua capacidade de cada momento.

A partir dos cinco anos, será preciso combinar as exigências diretas dos filhos com o raciocínio acerca destas exigências, de modo que os filhos obedeçam porque percebem que é razoável fazê-lo; e também por perceberem que a obediência é uma maneira de exprimirem o amor que têm pelos pais. Quando tratarmos dos problemas específicos desta idade no domínio da obediência, voltaremos a esta questão.

A EDUCAÇÃO DA OBEDIÊNCIA

A partir dos treze anos, aproximadamente, convém que a obediência resulte de uma atitude reflexiva; e os motivos para obedecer devem coincidir com os valores que os jovens começam a viver de forma mais consciente.

Antes de prosseguirmos, façamos um pequeno esclarecimento: temos estado a falar da relação obediência-autoridade entre pais e filhos. Trata-se contudo de uma relação que, em sentido estrito, não é gerida pela virtude da obediência, mas pela virtude da *piedade*, que obriga a honrar e a servir os pais. Para o nosso propósito, é irrelevante que combinemos as duas virtudes; mas esta distinção pode ajudar-nos a reconhecer a importância de ajudar os filhos a aprender a obedecer às autoridades alheias à família, obediência que constitui o campo específico desta virtude. É lógico, pois, que os filhos correspondam à autoridade-serviço dos pais com uma obediência por amor e que, pelo contrário, correspondam à autoridade de outras pessoas com uma obediência de justiça.

Trata-se, em ambos os casos, de procurar uma obediência em função da autoridade de outrem, não só porque a referida pessoa possui tal autoridade (que lhe foi conferida), mas também porque a exerce.

A *obediência até aos treze anos*

Até aos treze anos, aproximadamente, as faltas de obediência não costumam gerar grandes problemas — a não ser a irritação dos pais. Em muitos casos, as desobediências poderão produzir riscos físicos, mais do que morais (é o caso da criança a quem os pais proíbem de ir brincar em determinado

A EDUCAÇÃO DAS VIRTUDES HUMANAS

local porque pode magoar-se, que desobedece, e que de fato se magoa).

Em contrapartida, este é o período mais útil para ensinar as crianças a obedecer por motivos elevados, a fim de adquirirem o hábito de obedecer antes de chegarem à adolescência. Neste sentido, o importante não é conseguir que os filhos obedeçam sem mais; é conseguir que obedeçam bem. E neste domínio pode-se melhorar muito, tendo em consideração as falhas mais comuns.

É fácil os pais contentarem-se com uma obediência mais ou menos cega, porque este tipo de obediência produz os frutos desejados: a paz e a ordem. E não percebem que «é grande o risco de mera colaboração não voluntária em todas as exigências de obediência que não apelam à consciência do indivíduo»[1]. Não basta a criança fazer o que mandamos; ou pelo menos essa atitude não a ajuda a desenvolver a virtude da obediência.

Neste sentido, podemos considerar algumas das falhas mais frequentes no modo como as crianças obedecem, e depois especificar possíveis critérios de atuação dos pais. Alguns destes problemas são:

— o fato de as crianças cumprirem de forma rotineira, com uma simples execução exterior, sem pretenderem cumprir bem ou atentar nos desejos reais de quem deu a ordem;

— o fato de as crianças fazerem o mínimo necessário para justificar a obediência, em vez de cumprirem de forma generosa, fazendo até mais do que aquilo que se lhes pediu;

---

1 Dürr, O., *La obediencia del niño*, Barcelona, Herder, 1968, p. 342.

A EDUCAÇÃO DA OBEDIÊNCIA

— o fato de obedecerem, mas criticando a pessoa que lhes deu a ordem;

— o fato de se esquivarem, para não terem de obedecer, ou de enganarem com desculpas imaginárias, apoiando-se por vezes na autoridade de terceiros («a mãe tinha dito que não era preciso fazer isso»);

— o fato de tentarem convencer a pessoa que lhes mandou fazer determinada coisa a mandar outra pessoa ou de tentarem convencê-la de que não é necessário fazer o que foi mandado;

— o fato de obedecerem pensando no mérito desse ato e depois se gabarem disso;

— o fato de prometerem que vão cumprir, mas depois não cumprirem;

— o fato de procurarem o apoio dos irmãos ou dos colegas para constituírem um grupo de oposição.

Cientes destes problemas, mas com o desejo de desenvolverem a virtude da obediência nos filhos, quais são os critérios de uma atitude razoável por parte dos pais? Já falamos da questão das exigências dos pais e da forma de exigir; a seguir, vamos analisar alguns aspectos desta atuação.

O comportamento dos pais

A obediência é facilitada por um comportamento ordenado por parte dos pais. Isso quer dizer que, se os pais se comportam de acordo com a sua disposição do momento, de tal maneira que um dia exigem uma coisa e noutro dia exigem outra coisa diferente, é pouco provável que os filhos desenvolvam a virtude da obediência. Observa Otto Dür que «a falta de

365

A EDUCAÇÃO DAS VIRTUDES HUMANAS

unanimidade no pensamento pedagógico e a falta de unidade na intenção e na atuação educativa mata os gérmens da obediência». Dito isto, é certo que a unidade é importante, mas também é fato que somos humanos e que não é de esperar que tenhamos um comportamento totalmente uniforme e congruente. O mais relevante é que nos esforcemos por nos vencer nas coisas que consideramos importantes, e que informemos os nossos filhos com grande clareza sobre a natureza destes valores.

Isto implica que, em princípio, os pais solicitem obediência aos filhos em menos coisas do que seria de supor à primeira vista. Com efeito, se querem que os filhos obedeçam de forma a crescerem qualitativamente, evitando o que é mau, não devem desperdiçar esforços, procurando uma obediência supérflua, ou pelo menos pouco importante, em coisas que não prejudicam os filhos — ou seja, em coisas que os aborrecem, porque não coincidem com a sua maneira de ser, mas que na realidade são discutíveis.

Deste modo, poderão informar muito claramente os filhos acerca daquilo que pretendem nas coisas que são realmente fundamentais, tendo a certeza de que foram ouvidos, e depois mandar, especificando *quando* e talvez mesmo *como* pretendem ser obedecidos.

Também dissemos que não interessa uma obediência cega, reduzida ao mínimo. E, neste domínio, é de toda a conveniência contar com o apoio do cônjuge, dos irmãos mais velhos e de outros parentes, para explicar à criança que não se trata de fazer o mínimo, mas de tentar fazer mais do que o estritamente necessário, isto é, do que a simples vontade de quem mandou, manifestada de forma expressa ou tácita.

366

A EDUCAÇÃO DA OBEDIÊNCIA

Deste modo, os pais conseguem que os filhos progridam nos três graus clássicos da obediência:
a) simples execução exterior;
b) submissão interior da vontade;
c) submissão rendida do próprio juízo interior.

A educação da obediência também precisa de contar com a capacidade de observação e a sensibilidade dos pais, porque podem existir muitos fatores que contribuam para gerar uma atitude rebelde e desobediente nos filhos.

Com as crianças pequenas, costuma dar bom resultado dar informações claras no momento oportuno, e depois apoiar a ordem com carinho, exigindo com perseverança e num ambiente ordenado.

Contudo, por volta dos 13 ou 14 anos, parece repetir-se a «idade do não» que foi vivida aos três ou quatro. As causas desta segunda rebelião podem ser múltiplas: uma excessiva insistência por parte dos pais em coisas secundárias; uma desordem generalizada na maneira de viver; nervosismo por parte dos pais; o recurso abusivo a ameaças e promessas vãs. Igualmente relevantes poderão ser uma série de fatores da parte dos filhos; convém refletir sobre a possível relação entre a falta de pureza e a desobediência, ou entre a injustiça (da criança que copiou numa prova) e a desobediência. Com efeito, quando as crianças têm consciência de que nem tudo está bem no seu foro interior, não se sentem à vontade, e é possível que deem provas disso desobedecendo.

Os pais têm de estar atentos aos pormenores de comportamento dos filhos, principalmente para terem a noção do que esta acontecendo; têm de lhes transmitir informações adequadas a respeito dos problemas

A EDUCAÇÃO DAS VIRTUDES HUMANAS

relacionados com a obediência a que fizemos referência, e a seguir apoiar os filhos, dando provas de confiança neles.

Quando os filhos percebem que devem conhecer e cumprir a vontade dos pais, mesmo que esta não tenha sido expressa abertamente, e o fazem, os pais devem dar-lhes provas de um afeto agradecido. Na verdade, os pais têm o direito de ser obedecidos, mas os filhos terão mais interesse em obedecer quando perceberem que os pais têm a noção dos esforços que eles fazem nesse sentido.

A obediência com os filhos mais velhos

Até agora, centramos a nossa atenção na obediência aos pais, porque é nesta relação — a par da relação com os professores — que residem as maiores hipóteses de se desenvolver esse hábito operativo bom que é a obediência. Mas não podemos esquecer a obediência que os filhos têm obrigação de prestar às autoridades. Nestas idades, de uma maneira geral, os jovens obedecem a estas autoridades — ao capitão do time, ao treinador, a um parente que toma conta deles, ao policial de trânsito que os manda esperar para atravessarem a rua no melhor momento — porque os pais ou os professores lhes explicam que devem fazê-lo; e obedecem a Deus se os pais e demais educadores os tiverem ajudado a formar a consciência nesse sentido.

Quando chegam à adolescência, é possível que comecem a pôr em causa a necessidade de continuar a obedecer a estas autoridades, e também podem,

A EDUCAÇÃO DA OBEDIÊNCIA

em certos casos, começar a obedecer, consciente ou inconscientemente, a outras pessoas.

Na nossa definição inicial da virtude, dissemos que se trata de aceitar, «assumindo como decisões próprias, as decisões de quem tem e de quem exerce autoridade, desde que não se oponham à justiça»; esta atitude pressupõe reconhecer a autoridade real de diversas pessoas, saber distinguir o que é justo e o que não é, e saber assumir essas decisões alheias. A capacidade de assumir as decisões de terceiros está em função do hábito desenvolvido anteriormente, em função de se ter reconhecido que a outra pessoa tem autoridade e de se ter reconhecido que a ordem ou indicação é justa e razoável.

E é nestas questões que convém insistir na adolescência. Põe-se um primeiro problema, que consiste em saber distinguir entre:

1. pessoas com autoridade e que a exercem;

2. pessoas com autoridade e que não a exercem;

3. pessoas sem autoridade conferida, mas com grande capacidade de influenciar os outros.

Os pais têm uma autoridade que lhes foi conferida por Deus para educar os filhos, e têm de a exercer. A autoridade dos pais deve ser uma «influência positiva que sustenta e acrescenta a autonomia e a responsabilidade de cada filho; trata-se de um serviço aos filhos no seu processo educativo, um serviço que pressupõe o poder de decidir e de sancionar; é uma ajuda que consiste em orientar a participação dos filhos na vida familiar, bem como a sua crescente autonomia, responsabilizando-os; trata-se de uma componente essencial do amor aos filhos, que se manifesta de diversas maneiras e em diferentes circunstâncias, na

A EDUCAÇÃO DAS VIRTUDES HUMANAS

relação pais-filhos»[2]. Quando os pais não exercem a sua autoridade de forma razoável, é provável que os filhos não considerem que têm de lhes obedecer, nem a eles, nem a qualquer outra autoridade.

Podemos ajudar os nossos filhos a reconhecer as pessoas que têm autoridade, seja na Igreja, seja na vida civil, na vida social ou na vida cultural. Uma pessoa detém autoridade real quando protege e promove a vivência dos valores que valem a pena; quanto mais pobres e equívocos forem os valores que pretende transmitir, ou quanto mais incongruência houver entre aquilo que diz e aquilo que faz (é o caso, por exemplo, de autoridades que apregoam a paz mas promovem guerras injustificadas), menor influência positiva poderá ter sobre os jovens.

E é aqui que deparamos com o principal perigo: que os jovens não aceitem a autoridade de terceiros com base na validade dos valores que estas pessoas promovem, mas pela sua capacidade de os influenciar. Esta capacidade pode ser descrita da seguinte maneira: «sem ter autoridade conferida, consegue entusiasmar e mover muitas pessoas à ação com a sua presença, as suas palavras e a sua capacidade de organização, e mantém-nas em atividade até conseguir os objetivos visados»[3]. Pode tratar-se de uma pessoa que brinca com os instintos ou com as paixões dos outros, ou que consegue convencer com recurso a meias verdades ou a informações falsas mas bem apresentadas; em suma, trata-se de uma pessoa manipuladora.

---

2 Fernández Otero, O., *Antonomía y autoridad en la família*, Pamplona, EUNSA, 19905, p. 21.

3 Isaacs, D., *Cómo evaluar los centros educativos*, Pamplona, EUNSA, 1977, p. 236.

A EDUCAÇÃO DA OBEDIÊNCIA

Perante todas estas dificuldades, que recursos têm os educadores? Parece-me que se trata de conseguir educar os filhos em matéria de obediência num aspecto fundamental: que eles *pensem* antes de agir. O desenvolvimento da virtude da prudência e de uma série de competências — em especial a capacidade crítica — colocará os filhos em melhores condições para distinguir entre o que é verdadeiro e o que é falso, entre o que é bom e o que é mau, entre uma autoridade à qual se deve obedecer e um manipulador que visa a fins alheios ao melhoramento pessoal.

A obediência é uma parte potencial da virtude da justiça, e é importante apreciá-la nesse contexto. É preciso raciocinar com os filhos para lhes explicar por que razão devem obedecer, por que razão os pais e outras autoridades têm o direito de ser obedecidos; deste modo, as crianças e os jovens poderão obedecer por amor e por um profundo senso de dever.

A obediência
Autoavaliação

Segue-se um elenco de afirmações que permitem refletir de forma sistemática sobre:
— o grau em que se vive pessoalmente esta virtude e
— o grau em que se educam os alunos e os filhos nesta virtude.

Em relação a cada afirmação, o comportamento e o esforço pessoal correspondente podem ser avaliados com base na seguinte escala:
5. Estou totalmente de acordo com esta afirmação, que reflete a minha situação pessoal.

4. A afirmação reflete a minha situação em grande parte, embora tenha algumas ressalvas a seu respeito.
3. A afirmação reflete a minha situação em parte; em parte sim e em parte não.
2. A afirmação não reflete a minha situação, embora seja possível que venha a acontecer.
1. Não me parece que a afirmação reflita a minha situação pessoal; não me identifico com ela.

As reflexões pessoais podem ser discutidas com o cônjuge ou com os colegas, de forma a identificar aspectos passíveis de uma atenção prioritária no desenvolvimento da virtude, quer a título pessoal, quer em relação à educação dos filhos e dos alunos. De fato, é possível que o leitor vá descobrindo muitos campos em que pode melhorar; mas convém *selecionar apenas um ou dois*, a fim de tentar alcançar os progressos desejados.

A maneira pessoal de viver a obediência

1. Entendo que tem de haver autoridades, e que portanto é preciso obedecer durante toda a vida.

(*Este aspecto tornar-se-á evidente se reconhecermos que temos de obedecer em todas as coisas em que nós próprios não constituímos autoridade; e também que uma autoridade é uma pessoa que defende e protege de forma competente valores que são partilhados por outros.*)

2. Aceito decisões tomadas pelas autoridades que têm influência na minha vida, desde que não se oponham à justiça.

(*A obediência é relacional: se reconheço que determinada pessoa tem uma função especial de preservar um valor que*

A EDUCAÇÃO DA OBEDIÊNCIA

aceito, o melhor que posso fazer é obedecer, seja no trabalho, numa associação, na minha paróquia etc.)

3. Tento interpretar a vontade de quem manda.

(A obediência real não é simplesmente cumprir à risca a lei ou uma ordem; significa igualmente compreender o sentido da ordem que se recebeu, a fim de realizar a correspondente ação com a máxima qualidade.)

4. Quando recebo uma ordem, tento cumpri-la com o máximo de prontidão, sem procurar desculpas para adiar o assunto.

(É fácil inventar motivos para não cumprir ordens que são especialmente custosas de acatar, ou que são desagradáveis; trata-se de procurar detectar aqueles momentos em que tendemos a enganar-nos a nós próprios.)

5. Tento cumprir o que as autoridades me ordenam, assumindo esta ordem de forma positiva dentro de mim.

(A obediência que leva a cumprir exteriormente, mas em estado de rebeldia interior, é uma obediência muito pobre.)

6. Tento obedecer a todas as pessoas que detêm uma real autoridade sobre mim.

(É fácil acabar por obedecer apenas às pessoas com quem simpatizamos.)

7. Reconheço que as pessoas que têm autoridade em função de valores materiais a perdem quando deixam de ser competentes.

(Seria insensato obedecer a um instrutor de condução que é mau condutor ou a um leigo em escalada relativamente às medidas de segurança a tomar na prática desse desporto.)

8. Reflito sobre os valores imateriais que quero viver, e procuro autoridades que me ajudem nesse percurso.

(Teremos sempre necessidade de recorrer a pessoas competentes, a fim de progredirmos na nossa vida de fé,

A EDUCAÇÃO DAS VIRTUDES HUMANAS

em questões relacionadas com a apreciação de dados culturais e na maneira adequada de viver as nossas relações com os outros.)

9. Percebo que, numa sociedade permissiva, o bem--estar material se converte praticamente no único valor, o que leva a que outros valores sejam tendencialmente ridicularizados.

(*Esta é certamente uma das causas mais relevantes da falta de atenção e de aceitação de que a obediência é alvo na atualidade.*)

10. Entendo que obedecer à autoridade legítima é o mesmo que obedecer a Deus, desde que tal não se oponha à justiça e à verdade.

(*A obediência às autoridades depende, em grande medida, da nossa capacidade de identificar as verdadeiras autoridades.*)

A educação da obediência

11. Consigo que as crianças pequenas obedeçam por ter mandado bem.

(*Quando são mais pequenas, basta exigir-lhes na ação, ordenando uma coisa de cada vez; à medida que vão crescendo, é preciso ir-lhes dando mais explicações.*)

12. Ensino as crianças a reconhecerem as diferentes autoridades a que devem obedecer.

(*As autoridades são variadas: os pais, os professores, os polícias de trânsito, um irmão mais velho na ausência dos pais etc.*)

13. Tento fornecer informações claras aos mais novos, para que saibam exatamente o que têm de fazer.

A EDUCAÇÃO DA OBEDIÊNCIA

(Entre as muitas coisas que «explicam» a desobediência, conta-se o fato de as crianças não saberem o que se espera delas; é importante dar-lhes esta informação de forma concreta e clara, e mandá-las fazer uma coisa de cada vez.)

14. A partir dos dez anos, tento explicar aos meus filhos e aos meus alunos alguns dos motivos das ordens que lhes dou.

(Estas explicações destinam-se a evitar um cumprimento rotineiro, que não tem em consideração os reais desejos da autoridade.)

15. Raciocino com os adolescentes, para que não tentem arranjar desculpas ou transferir para outra pessoa a responsabilidade de cumprir uma ordem dada.

(Convém reconhecer que muitas coisas que ordenamos aos adolescentes não são agradáveis, e que lhes custa cumpri-las; por exemplo, arrumar o quarto pode parecer muito importante para a mãe, mas não é nada interessante para os filhos.)

16. Explico aos adolescentes que é uma falta de justiça afirmar que se vai fazer determinada coisa e depois não a fazer.

(Este gênero de comportamento é especialmente prejudicial, pois engloba dois erros: não fazer, mas também falsear a situação, de maneira que se torna impossível procurar outra solução.)

17. Explico aos jovens em que consiste a responsabilidade pessoal, de tal maneira que, se não conseguem realizar determinada tarefa, comuniquem à autoridade competente.

(Trata-se sobretudo de evitar a formação de grupos de pressão, que se defendem mutuamente.)

18. Ajudo os jovens a reconhecerem as pessoas a quem efetivamente obedecem.

A EDUCAÇÃO DAS VIRTUDES HUMANAS

(*Embora eles argumentem que a obediência se opõe à sua liberdade, a verdade é que obedecem ao treinador, ao grupo, ao líder de uma manifestação de rua.*)

19. Tento não insistir em comportamentos que são secundários para poder concentrar-me nas questões de especial relevância em cada idade. (*O importante é conseguir ser obedecido, antes de mais, em matérias que podem gerar grandes riscos físicos ou morais.*)

20. Se, em algum momento, tenho de recorrer a castigos, faço o possível por que sejam educativos. (*Quer os castigos físicos, quer castigos como ficar proibido de sair durante duas semanas, passar uma semana sem ver televisão ou ficar sem a mesada, são geralmente interpretados pelos filhos como gestos de vingança por parte dos pais. Trata-se de falar com eles, explicando-lhes as coisas e insistindo com firmeza nelas, evitando ao máximo a violência física ou verbal.*)

376

XVII
A EDUCAÇÃO DA PRUDÊNCIA

«No trabalho e nas relações com os outros, recolhe informação que avalia com base em critérios retos e verdadeiros, pondera as consequências favoráveis e desfavoráveis para ele e para os outros antes de tomar uma decisão, e depois age ou deixa agir de acordo com o que foi decidido.»

* * *

Quando tratamos das outras virtudes, vimos que é imprescindível esclarecer o que significam, para depois nos esforçarmos de forma racional na educação dos nossos filhos nessas mesmas virtudes. Pode haver virtudes cuja educação nos pareça inicialmente muito simples, mas depois de pensarmos melhor no tema percebemos que encerram muitas hipóteses de desenvolvimento que até então nos eram desconhecidas. Além disso, os pais que procuram o bem dos filhos e que conhecem o sentido do que procuram talvez não tenham em conta os possíveis resultados da insistência nessa matéria, esquecendo outras; ou não tenham em conta a situação específica de cada filho, com as suas características, as suas qualidades e as suas potencialidades. A prudência é a virtude que facilita uma adequada reflexão antes de se fazer um juízo sobre cada situação e de, consequentemente, se tomar uma decisão acertada com base em critérios retos e verdadeiros. Os pais precisam da virtude da

A EDUCAÇÃO DAS VIRTUDES HUMANAS

prudência «para ser justos, para viver a caridade, para servir com eficácia a Deus e a todas as almas. Com muita razão se chama à prudência *genitrix virtutum*[1], mãe das virtudes, bem como *auriga virtutum*[2], a condutora de todos os hábitos bons»[3]. Naturalmente que esta virtude não consiste na tendência para evitar compromissos, não vá alguma coisa correr mal, embora seja verdade que há pessoas que não estabelecem nenhum tipo de finalidade para a própria vida e passam todo o seu tempo e empregam todos os seus esforços a «proteger-se» da responsabilidade de assumirem o que são. Tanto a negligência como a imprudência são vícios que se opõem à virtude da prudência. Mais adiante, trataremos das dificuldades que se colocam ao desenvolvimento desta virtude; para já, gostaria de insistir na sua importância para os pais.

A prudência dos pais

Um dos grandes problemas dos pais de família reside no fato de a vida familiar exigir uma atividade contínua, atividade que dificulta o processo de reflexão; consequentemente, os pais têm tendência para reagir às novas situações, em vez de as encarar com serenidade para poderem tomar decisões acertadas. Pode acontecer que um casal não tenha de tomar nenhuma daquelas decisões chamadas «importantes» durante algum tempo; mas tem de tomar um conjunto de pequenas decisões, que devem ser congruentes com critérios assimilados anteriormente. E pode acontecer

---

1 São Tomás de Aquino, *In III Sententiarum*, dist. 33, a. 2, a. 5.

2 São Bernardo, *Sermones in Cantica Canticorum*, 49, 5 (PL 183, 1018).

3 Escrivá de Balaguer, J., *Amigos de Deus*, 164.

378

A EDUCAÇÃO DA PRUDÊNCIA

que algumas destas decisões não sejam consistentes com os valores que querem viver na família porque a ação realizada não foi analisada previamente; e também é possível que os pais tenham uma atuação e uma influência tecnicamente muito eficaz sobre os seus filhos, mas que visa alcançar objetivos pobres ou mesmo egoístas. A virtude da prudência «é cognoscitiva e imperativa. Apreende a realidade para depois, por sua vez, "ordenar" o querer e o agir»[4]. Deste modo, os pais que desenvolvem esta virtude estão em melhores condições de perceber com clareza aquilo que procuram e depois encontrar as vias mais adequadas para alcançar estes fins, determinando assim a atuação mais correta.

Os problemas que os pais podem ter para agir com prudência são os mesmos que pode ter qualquer outra pessoa no seu trabalho ou nas relações com os outros. Por um lado, temos aquilo a que podemos chamar «falsa prudência», que «está ao serviço do egoísmo, que aproveita os recursos mais adequados para alcançar fins torpes. Nestas circunstâncias, a perspicácia utilizada serve apenas para agravar a má disposição»[5]. Os pais devem refletir seriamente sobre os fins que consideram importantes, para eles e para os filhos, para que possa haver uma atuação educativa congruente. A missão do educador consiste, em parte, em ajudar o educando a assimilar livremente uma série de valores, de tal maneira que tenham para ele um sentido específico e real; se estes valores não forem muito claros, a prudência, enquanto virtude, perde o seu sentido.

---

4 Pieper, J., *Las virtudes fundamentales*, Madri, Rialp, 1976, p. 44.

5 Escrivá de Balaguer, J., *op. cit.*, 85.

A EDUCAÇÃO DAS VIRTUDES HUMANAS

Os outros problemas dos pais podem estar relacionados com as capacidades necessárias para recolher as informações adequadas sobre a situação em que têm de agir, para identificar com objetividade o interesse de cada componente destas informações, para distinguir o importante do secundário, para discernir fatos de opiniões etc.; e, depois de terem estabelecido os critérios adequados para avaliar uma situação, fazê-lo de forma correta.

A imprudência — que inclui a precipitação, a falta de atenção e a inconstância — está muito relacionada com a falta de domínio das paixões. A imprudência pode levar os pais a julgar mal os filhos, ou a classificá-los, esquecendo que os seres humanos são dinâmicos e todos os dias mudam. Todos nós temos manias, grandes ou pequenas, e esse fato pode afetar a visão objetiva que temos de cada situação: há pais que insistem cegamente para que os filhos tenham a mesma profissão que eles; outros que, por excesso de ira ou por inveja, exigem que os filhos tenham comportamentos injustos; e outros que, sabendo bem o que pretendem, se convencem de que um fim bom justifica todos os meios para o alcançar.

É pois manifesto que há muitas áreas em que podemos melhorar a virtude da prudência. Mas, para isso, precisamos de motivações. E a verdade é que há uma única motivação de peso para sermos prudentes: o desejo de fazer coincidir as decisões que tomamos e a atuação correspondente com o fim que estabelecemos para a nossa vida. Podemos orientar a virtude para a concórdia social ou para o êxito profissional; mas um cristão deve ter como motivo fundamental o cumprimento da vontade de Deus.

A EDUCAÇÃO DA PRUDÊNCIA

O desenvolvimento da virtude da prudência

Estas considerações talvez permitam perceber melhor que a virtude da prudência precisa de um certo desenvolvimento intelectual; trata-se de discernir, de ter critérios, de ajuizar e decidir. Mas isto significa que não convém tentarmos conseguir que uma criança pequena adquira esta virtude? Em certo sentido, sim. Com efeito, uma criança pequena terá grandes dificuldades em agir com prudência. De maneira geral, a atitude mais prudente para uma criança pequena é obedecer aos seus educadores; quando tiver aprendido os critérios necessários para ser capaz de decidir em situações concretas, pode começar a desenvolver esta virtude, com o apoio adequado. Deste modo, o processo de aprendizagem vai de uma obediência em quase tudo até a decisão pessoal que assenta em conselhos voluntariamente solicitados pela criança. Nesta altura, os pais terão de explicar claramente à criança quais são as coisas em que pode decidir livremente e aquelas em que deve pedir conselho; a criança precisará de ajuda, nomeadamente, em matérias em que não dispõe de informação adequada, nem pode possuí-la, devido, quer à sua idade, quer à dificuldade e complexidade da própria situação; e também precisará de ajuda em situações novas, com que nunca teve oportunidade de se confrontar.

A partir desse momento, o processo de desenvolvimento da virtude centrar-se-á na gradual aceitação, por parte do jovem, da responsabilidade de agir com prudência na tomada de decisões num número cada vez maior de tipos de situações. Para isso, terá de aprender a conhecer bem a realidade, a identificar os critérios adequados para a avaliar e a tomar decisões acertadas.

Conhecer a realidade

No decurso da nossa análise dos diferentes aspectos desta virtude, centraremos a nossa atenção nos jovens de 15 a 20 anos, porque é a idade em que pode haver maior capacidade de raciocínio, ainda que façamos referência a crianças de outras idades em função destas considerações.

Embora a prudência se aplique a situações concretas, não há dúvidas de que convém assentar este hábito em disposições que facilitem o seu desenvolvimento. Para conhecer a realidade é preciso, em primeiro lugar, querer conhecê-la, e reconhecer que não se está na posse de toda a verdade. Uma pessoa autossuficiente e soberba terá tendência para considerar que a sua própria capacidade de conhecer a verdade é tão superior, que não tem necessidade de pôr em dúvida as suas apreciações iniciais nem de tentar corroborar a informação que eventualmente possua. A atitude que procuramos é aquela em que, sem deixar de reconhecer o valor das próprias apreciações, a pessoa reconhece as suas limitações e se esforça por apreciar de forma objetiva os dados de que dispõe.

De maneira geral, os adolescentes apreciam a realidade sem grandes matizes, atitude que se deve, muito provavelmente, à tendência para fazerem juízos de situação sem procurarem refletir sobre a adequação da informação de que dispõem. Podem, por exemplo, acusar outras pessoas de cometerem atos injustos sem terem a certeza da verdade dessa

A Educação da Prudência

atribuição de responsabilidades; ou fazer juízos sobre as pessoas com base nas informações incompletas e parciais que leem nos meios de comunicação. E também acontece de decidirem empreender determinada linha de atuação sem terem em consideração as suas capacidades reais nem as possíveis implicações desses atos.

Tudo isto nos leva a salientar a necessidade de desenvolver nos jovens uma série de capacidades:

— a capacidade de observação;

— a capacidade de distinguir fatos de opiniões;

— a capacidade de distinguir o importante do secundário;

— a capacidade de procurar informação;

— a capacidade de selecionar fontes;

— a capacidade de reconhecer os próprios preconceitos;

— a capacidade de analisar criticamente a informação recebida e investigar os seus aspectos menos precisos;

— a capacidade de relacionar causa e efeito;

— a capacidade de reconhecer qual é a informação necessária em cada caso;

— a capacidade de recordar.

Qualquer capacidade relacionada com a informação pressupõe, num momento ou em outro, uma seleção; e, quando analisamos este termo percebemos que, para selecionar, é sempre necessário adotar critérios.

Já dissemos que temos de fugir à seleção da informação com base no critério, talvez inconsciente, do preconceito. É possível que a pessoa recorra a determinada fonte de informação movida pela simpatia e não a outra por razões de antipatia, ou porque exige maior

A EDUCAÇÃO DAS VIRTUDES HUMANAS

esforço. Ora, o que se pretende é uma informação o mais objetiva, completa e adequada possível.

A possibilidade de selecionar adequadamente a informação vai aumentando à medida que as crianças conseguem dominar as competências de base necessárias à sua aquisição — a capacidade de observação, mas também a capacidade de ler e de reter informação, e a capacidade de ouvir. Observando, lendo e ouvindo, a pessoa vai adquirindo uma visão mais completa da realidade; mas, como já mencionamos, também é importante saber o que se deve observar, o que se deve ler e a quem se deve ouvir.

Em relação ao conhecimento da realidade, convém fomentar a capacidade de observação das crianças mais novas, ajudando-as a descobrir novos aspectos da vida, a fixar a sua atenção e a ter mais sensibilidade. Neste sentido, os pais podem chamar-lhes a atenção para as aves, por exemplo, ajudando-as a identificá-las pelas suas características; desta maneira, aprendem igualmente a classificar os animais e as plantas, o que constitui um juízo de certos fatos com base em determinados critérios. Assim, a informação relevante para o reconhecimento de uma ave pode ser a sua forma, a sua cor, o seu canto etc., e a informação secundária o local onde estava pousada; e, se a ave foi avistada por dois irmãos, tal circunstância permitirá mostrar que cada um deles viu aspectos diferentes, um centrando-se mais na forma, outro no tamanho ou na cor etc. Desta forma, as crianças descobrem que as opiniões são distintas dos fatos, mas que diferentes pessoas podem ver os fatos de diferentes maneiras. Anotando os fatos observados, podem depois ir à procura do animal numa obra de referência, ou perguntar a um especialista; e

A EDUCAÇÃO DA PRUDÊNCIA

com isto aprenderão que, quando há fontes diversas, pode haver uma que é mais segura que as outras: por exemplo, e, a não ser que seja versada na matéria, que a mãe talvez não seja a pessoa mais indicada para identificar um animal. Temos estado a exemplificar algumas capacidades já enunciadas, e podíamos prosseguir a análise do mesmo exemplo até a última, a capacidade de recordar. Como consequência de todo este processo, a criança ficará em condições de analisar corretamente, de acordo com critérios adequados.

Fixando a sua atenção neste tipo de interesses, os pais contribuirão para o desenvolvimento da capacidade de observação dos filhos com jogos e brincadeiras simples, ou mesmo pedindo-lhes, no final de um programa de televisão, que façam um resumo do que viram.

A capacidade de ler pode contribuir para o desenvolvimento da virtude da prudência como base para distinguir fatos de opiniões (do que vem nos jornais, por exemplo), para distinguir o importante do secundário, para perceber a necessidade de ter em conta múltiplas fontes etc. Mas a leitura talvez sirva principalmente para se apreenderem os critérios necessários ao juízo; e, para tal, as crianças precisam do apoio dos pais e dos professores.

Ao ouvir, a criança terá de aprender a discernir a fiabilidade da pessoa que a informou — um amigo, os pais etc.; e terá de ouvir com atenção, para tentar reter os aspectos mais importantes do que foi comunicado.

Em síntese, tentamos explicar de que maneira se pode estimular a capacidade de conhecimento da realidade nas crianças pequenas, tendo em consideração que a observação, a leitura e a capacidade de

A EDUCAÇÃO DAS VIRTUDES HUMANAS

ouvir podem dar início a um processo que culmina no juízo.

Quando se trata de crianças mais velhas, o processo será o mesmo, embora os centros de interesse sejam mais complexos; assim, os adolescentes gostam de ter opinião, por exemplo, sobre a conveniência das centrais nucleares, sobre a liberdade de ensino, sobre um livro ou um filme em voga. Ora, ter uma opinião prudente sobre estas matérias pressupõe seguir os passos mencionados, que os pais podem traduzir nas seguintes perguntas aos filhos adolescentes:

— que informação você tem sobre esse assunto?

— quais são as suas fontes? São de confiança? São suficientes?

— já tem uma opinião formada sobre o tema, independentemente da informação de que dispões? Isto é, tem algum preconceito?

— há lacunas nas informações recolhidas?

— como pode complementar essa informação?

— distinguiu, no quadro da informação que se tem, fatos de opiniões, o importante do acessório?

E finalmente, a pergunta-chave:

— quais foram os critérios que você selecionou para fazer um juízo sobre esta situação? São critérios corretos[6]?

Saber fazer um juízo

A capacidade de emitir juízos inclui dois elementos: estabelecimento dos critérios adequados e apreciação

---

6 Todas as capacidades mencionadas podem ser desenvolvidas nos adolescentes por recurso ao método do caso que é usado como base de discussão em grupos de jovens. Há experiências muito positivas neste sentido, em que grupos de jovens devidamente orientados discutem temas relacionados com a justiça, o amor, a liberdade etc.

A EDUCAÇÃO DA PRUDÊNCIA

da situação de acordo com esses critérios. Até aqui, estamos a falar de uma capacidade a que se dá o nome de «capacidade crítica», e que pode ser descrita da seguinte maneira: «uma vez estabelecidos os critérios adequados para ajuizar uma dada situação, reconhece os elementos da situação e aprecia-a corretamente, com base nos referidos critérios».

A capacidade técnica de avaliar um fato com base num critério é uma competência imprescindível; e pode ser ensinada aos jovens partindo das situações do dia a dia, por exemplo os anúncios de televisão. Saliento que se trata de uma capacidade técnica e portanto que, de momento, não nos interessa saber se os critérios a que recorremos para treinar os filhos são corretos, desde que a situação que será ajuizada não exija critérios retos e verdadeiros. Relativamente aos anúncios televisivos, os pais podem considerar possíveis critérios para definir em que consiste um anúncio bom: que a música de fundo seja viva, que o nome do produto seja repetido várias vezes, que os aspectos em que este produto é diferente de outros parecidos sejam evidentes (não pretendemos dizer com isto que estes sejam os critérios *corretos* para definir o que é um bom anúncio; estamos apenas fazendo um exercício). Tendo estabelecido estes critérios, podem então proceder a uma análise de diferentes anúncios, atribuindo-lhes uma pontuação de acordo com os critérios estabelecidos; feito este exercício, podem alterar-se os critérios e recomeçar. Desta maneira, os filhos treinam-se a analisar, a estabelecer critérios e a apreciar as situações de acordo com os critérios estabelecidos. Além disso, poderão ter oportunidade para refletir na influência que os anúncios têm sobre os

A EDUCAÇÃO DAS VIRTUDES HUMANAS

telespectadores e nos critérios com base nos quais os publicitários fazem os anúncios. Partindo desta base, pode-se pensar em critérios de avaliação de livros, de filmes, de artigos de jornal ou de acontecimentos que exigem que os filhos tomem posição. Mas isto não se aplica apenas aos filhos mais velhos. Os pais podem perguntar aos filhos mais novos o que caracteriza um bom presente de Natal e, trocando impressões com eles, estabelecer, por exemplo, os seguintes critérios: que não quebre facilmente, que não seja caro, que permita fazer muitas coisas, que possa ser utilizado pelos outros irmãos. E depois, pensando em diferentes jogos e brinquedos, podem proceder à avaliação de cada objeto com base nestes critérios.

Neste caso, é evidente que também estamos a tentar estabelecer critérios corretos; já voltaremos a esta questão. Mas primeiro convém salientar que é muito importante ajudar os filhos a compreender quando estão a fazer apreciações válidas e quando estão a emitir críticas desprovidas de fundamento e de justificação. Com efeito, estamos constantemente a utilizar palavras que têm de ser esclarecidas. Assim, por exemplo, quando afirmamos: «isto é importante», ou «a experiência foi interessante», o que entendemos por «importante» e «interessante»? O esforço que é necessário fazer para descrever o significado do termo sintético («importante», «interessante») contribui para o desenvolvimento da capacidade crítica. Isso significa que a pessoa tem de ter uma consciência clara dos diferentes critérios que utiliza para avaliar a realidade.

A prudência enquanto virtude adquire o seu sentido pleno quando a pessoa reconhece a razão de ser da sua própria vida. Observa Pieper: «aquele que *ama*

A EDUCAÇÃO DA PRUDÊNCIA

e quer o bem pode ser prudente, mas só aquele que já é prudente pode *executar* o bem. Mas como, por outro lado, o amor do bem cresce em consequência da ação, os fundamentos da prudência tornam-se tanto mais sólidos e mais profundos quanto mais fecunda ela é»[7]. Amar o bem pressupõe reconhecer os valores permanentes que o compõem. Só desta maneira pode o jovem chegar a fazer juízos corretos. Por exemplo, se um jovem não reconhece a importância da justiça, pode agir de forma egoísta, aplicando a sua capacidade crítica na perfeição, mas não deixando de ser imprudente, bem como injusto com os outros; assim, por exemplo, pode recorrer a múltiplos artefatos destinados a criar um prazer superficial, e optar eficazmente entre eles exclusivamente em função dos seus gostos, em vez de escolher entre uma ampla gama de atividades que poderia realizar a favor dos outros, utilizando as necessidades alheias como critério de decisão.

Isto quer dizer que nós, os pais, temos de ir dando critério aos nossos filhos, de tal forma que eles saibam a que critérios devem recorrer em cada momento. Referem-se alguns exemplos, desde a primeira infância até a adolescência:

— critérios de comportamento em casa: a relação entre o trabalho, o tempo livre, a ajuda aos outros etc.;

— critérios para avaliar o comportamento dos outros: as injustiças dos colegas, quem tem razão numa discussão etc.;

— critérios para avaliar se é conveniente ler um livro ou ver um filme;

---

7   *Op. cit.*, p. 75.

— critérios para ajuizar questões sociais e pessoais;
— critérios para saber se estão sendo justos, generosos, sinceros, respeitosos etc., e também prudentes.

Em síntese, trata-se de ajudar os filhos a ajuizar com base *nas regras do jogo estabelecidas, nas leis comuns e segundo princípios mais elevados.*

A decisão

A prudência requer que se façam atos em prol do bem. Não basta fazer juízos; é necessário que as decisões sejam consequentes.

No momento de decidir, é preciso ter em conta o tipo de informações e de avaliações que descrevemos, sabendo que a decisão propriamente dita poderá ser, ou não, tomada no momento oportuno. Em segundo lugar, é necessário prever as consequências das decisões tomadas, porque a ação nem sempre se segue claramente ao juízo. Por exemplo, uma situação em que há falta de lealdade entre homem e mulher pode ser avaliada, com base em critérios retos e verdadeiros, como algo intrinsecamente mau; mas nem por isso convém necessariamente informar a pessoa que está a ser enganada. Será preciso ter em conta as diferentes alternativas; e é esta a base da decisão: a consideração das diferentes alternativas para alcançar determinado fim, de acordo com uma avaliação correta da situação.

Podemos pensar que o homem prudente é o que nunca se engana, porque nunca toma decisões; mas isto é falso. O homem prudente é aquele que sabe retificar os seus erros: «É prudente porque prefere não acertar vinte vezes a deixar-se levar por um cômodo abstencionismo. Não se comporta com precipitação

A EDUCAÇÃO DA PRUDÊNCIA

desvairada nem com temeridade absurda, mas assume o risco das suas decisões e não renuncia a alcançar o bem por receio de não acertar.»[8] As decisões que os filhos têm de aprender a tomar estarão relacionadas com o trabalho, com as relações familiares, com as relações sociais. Serão decisões a tomar depois de terem apreciado pessoas e acontecimentos, perante situações de conflito, pela necessidade de se adaptarem à mudança, depois de refletirem sobre os valores que consideram importantes para a sua vida, relativos ao planeamento do futuro profissional etc.[9] E os pais podem ajudar os seus filhos: primeiro, procurando que estes entendam e assumam pessoalmente as suas ordens; depois, ajudando-os a considerar diferentes alternativas; e por fim, fazendo-lhes perguntas para terem a certeza de que os filhos consideram seriamente as suas opções antes de tomarem uma decisão. Neste domínio, não há receitas; o risco de permitir que os filhos tomem decisões sozinhos tem de ser calculado.

Por último, convém ter em consideração que, de acordo com a natureza do problema, o mais difícil, o que implica mais tempo e mais esforço, pode ser a coleta de informação, a avaliação das situações ou a procura da decisão mais adequada. Em determinadas matérias, o homem prudente passa imediatamente à ação, porque já está na posse da informação adequada ou porque, se não o fizer, pode prejudicar os outros ou prejudicar-se a si próprio; noutras matérias, terá de despender mais tempo na preparação da questão.

---

8   Escrivá de Balaguer, J., *op. cit.*, 88.

9   Cf. Rogers, K., Task and organisation, Nova York, Wiley and Sons, 1976, p. 351.

A EDUCAÇÃO DAS VIRTUDES HUMANAS

Há duas virtudes que são parte integrante da virtude da prudência e centram-se nestas duas possibilidades: a sagacidade e a razão.

Para ser prudente, o jovem tem de ser orientado e tem de pedir conselho; e os pais têm de aprender a dar esse conselho sem o impor desnecessariamente. Nota-se que um jovem está a desenvolver a virtude da prudência quando pede conselho, quando procura as fontes mais adequadas de informação, quando pondera a informação e a discute com os pais e com outras pessoas, quando se torna uma pessoa de critério e quando age ou deixa de agir depois de considerar as consequências do ato, para si próprio e para os outros.

A prudência
Autoavaliação

Segue-se um elenco de afirmações que permitem refletir de forma sistemática sobre:
— o grau em que se vive pessoalmente esta virtude e
— o grau em que se educam os alunos e os filhos nesta virtude.

Em relação a cada afirmação, o comportamento e o esforço pessoal correspondente podem ser avaliados com base na seguinte escala:

5. Estou totalmente de acordo com esta afirmação, que reflete a minha situação pessoal.

4. A afirmação reflete a minha situação em grande parte, embora tenha algumas ressalvas a seu respeito.

3. A afirmação reflete a minha situação em parte; em parte sim e em parte não.

2. A afirmação não reflete a minha situação, embora seja possível que venha a acontecer.

A EDUCAÇÃO DA PRUDÊNCIA

1. Não me parece que a afirmação reflita a minha situação pessoal; não me identifico com ela.

As reflexões pessoais podem ser discutidas com o cônjuge ou com os colegas, de forma a identificar aspectos passíveis de uma atenção prioritária no desenvolvimento da virtude, quer a título pessoal, quer em relação à educação dos filhos e dos alunos. De fato, é possível que o leitor vá descobrindo muitos campos em que pode melhorar; mas convém *selecionar apenas um ou dois*, a fim de tentar alcançar os progressos desejados.

A maneira pessoal de viver a prudência

1. Tenho boa memória, no sentido em que recordo as coisas tal como aconteceram, e faço uso desta informação para compreender melhor as situações atuais.

(A prudência se apoia, em grande medida, na memória, já que, se não me lembrar de acontecimentos passados, daquilo que estudei, daquilo que observei, por exemplo, não tenho bases para avaliar as situações presentes. É importante dar mais atenção ao desenvolvimento da memória na escola.)

2. Em geral, consigo superar o meu desejo de não sofrer, a fim de conhecer situações difíceis.

(Outro motivo para a pessoa fugir à realidade é a preguiça.)

3. Estudo com regularidade, a fim de saber mais sobre as realidades que me dizem respeito enquanto pai, mãe e professor.

(O estudo é um bom modo de adquirir informação; mas também é preciso desenvolver uma «sensibilidade situacional», a que podemos chamar intuição.)

A EDUCAÇÃO DAS VIRTUDES HUMANAS

4. Desenvolvo a minha capacidade de observação, a fim de conhecer melhor a vida dos diferentes membros da minha família e da minha escola.

(*Também é necessário criar as situações adequadas para poder ouvir os outros.*)

5. Sei distinguir o que é importante do que é secundário, quer em casa, quer na escola.

(*Na verdade, uma coisa importante é algo que pode ter uma influência significativa, positiva ou negativa, nos valores da família e nos valores da escola.*)

6. Verifico a fiabilidade das minhas fontes de informação antes de aceitar as informações que me dão, e tento recolher informação de fontes diversificadas, a fim de ter uma visão mais objetiva da realidade quando a matéria é relevante.

(*Não é fácil ter uma visão objetiva da realidade, principalmente em situações inesperadas.*)

7. Tento reconhecer os meus preconceitos e luto contra eles.

(*Os preconceitos geram uma informação tendenciosa e incompleta, levando-nos por exemplo a ouvir apenas as pessoas que nos são simpáticas ou a não conceber que um jovem possa dar uma contribuição interessante para determinado tema.*)

8. Reflito sobre os critérios que devo utilizar para avaliar cada situação.

(*É fácil tomar decisões, ou simplesmente reagir com base em critérios inadequados ou incompletos; por exemplo, decidir mandar um filho estudar fora do país apenas com base no critério da eficácia, como a conveniência de que aprenda a respectiva língua, quando um bom educador tem de ter em consideração outros critérios, como o bem do filho, o seu grau de maturidade, o tipo de lugares que vai frequentar etc.*)

A EDUCAÇÃO DA PRUDÊNCIA

9. De maneira geral, tomo as decisões que mais se relacionam com o bem dos jovens, mesmo que me causem dor ou sofrimento.

(*Todos sabemos que corremos o risco de tomar decisões inadequadas por termos em conta o sofrimento que as decisões adequadas podem provocar nos nossos filhos ou nos nossos alunos. Mas, se pensarmos um pouco melhor no assunto, percebemos que, em geral, se não queremos que os nossos filhos e os nossos alunos sofram, é porque também sofremos com eles.*)

10. Em geral, consigo apreciar uma situação no seu conjunto.

(*Há pessoas que são tão analíticas que se perdem nos pormenores, deixando de captar o essencial e acabando por tomar más decisões.*)

A educação da prudência

11. Preocupo-me com o desenvolvimento das competências de leitura dos meus filhos e dos meus alunos.

(*A leitura é um instrumento necessário para obter informação; esta competência pode e deve ser promovida pelos pais e por todos os professores, independentemente da disciplina que ensinam.*)

12. Ajudo as crianças a desenvolver as suas capacidades de observação.

(*A observação é especialmente relevante para se compreenderem situações de relações humanas. Há jogos simples que podem ser aplicados ao desenvolvimento desta capacidade.*)

13. Crio situações em que as crianças tenham de aprender a ouvir.

A EDUCAÇÃO DAS VIRTUDES HUMANAS

*(Ouvir os outros é uma grande fonte de informação.
Quando as crianças são pequenas, é especialmente relevante
que ouçam os pais e os professores.)*

14. A partir da adolescência, ajudo os jovens a distinguir fatos de opiniões, bem como o importante do secundário.

(A prudência é uma virtude essencialmente intelectual, que exige uma capacidade crítica, onde se incluem estes tipos de competências.)

15. Ajudo os jovens a identificarem os seus preconceitos, a fim de terem uma visão mais objetiva da própria realidade.

(Este processo torna-se especialmente difícil na adolescência, porque os jovens tendem a ser radicais nas suas apreciações, incapazes de identificar nuances e de dizer coisas como «em parte sim e em parte não», ou «é possível».)

16. Ajudo os jovens a reconhecer a diferença entre as fontes de informação que são fiáveis e as que não o são, ou que só o são em parte.

(Que é o mesmo que ensiná-los a reconhecer quem são e quem não são as autoridades em cada domínio.)

17. Insisto em que os meus filhos e os meus alunos recolham informações completas sobre temas importantes antes de assumirem posição ou de tomarem decisões.

(É muito frequente as pessoas assumirem posições com base em informações muito limitadas ou em frases feitas, muitas vezes ouvidas nos meios de comunicação.)

18. Exijo que os jovens memorizem as informações relevantes.

(Os jovens precisam e devem memorizar determinadas informações; caso contrário, nunca serão prudentes,

A EDUCAÇÃO DA PRUDÊNCIA

porque serão excessivamente influenciados pelos sentimentos do momento presente.)

19. Quando se torna necessário assumir posição ou tomar uma decisão, ajudo os jovens a pensarem nos critérios que vão utilizar para esse efeito, e depois a aplicarem-nos ao processo de avaliação.

(*É muito frequente os jovens limitarem-se a reagir perante as situações, em vez de se informarem adequadamente e refletirem nos critérios a adotar.*)

20. Em geral, insisto para que os jovens atuem na sequência das decisões tomadas, depois de terem considerado as possíveis consequências das mesmas, para eles e para os outros.

(*O processo intelectual tem de culminar na ação. A prudência não consiste em recusar a ação, mas em fazer aquilo que é mais adequado.*)

XVIII
A EDUCAÇÃO DA AUDÁCIA

«Empreende e realiza ações que parecem pouco prudentes, por estar convencido, depois de uma avaliação serena da realidade, com as suas possibilidades e os seus riscos, de que pode alcançar um bem verdadeiro.»

* * *

Antes de analisarmos a audácia como virtude, vamos analisá-la como paixão, porque o desenvolvimento da virtude depende, em grande parte, da força da paixão correspondente. A audácia é uma paixão do apetite irascível, que acomete a luta pelo domínio de um mal ou pela consecução de um bem. Enquanto tal, a paixão é cega, o que significa que poderá gerar resultados pouco prudentes; é precisamente por isso que, no contexto da educação, a virtude é mais importante que a paixão. Esta é um simples movimento instintivo, que resulta de uma apreensão imediata do objetivo possível, mas que pode desvanecer-se a qualquer momento.

É necessário ter prudência, mas também é necessário que a paixão seja forte. É certo que a pessoa pode encontrar uma motivação que a convença a ser audaz na busca do bem; mas se já tem, à partida, uma força inata, terá muito mais hipóteses de chegar mais longe. Como observa São Tomás, «a audácia aumenta com o vigor físico, a saúde e a juventude».

Mas esta mesma audácia pode conduzir a pessoa a situações prejudiciais ao seu próprio progresso. Como

399

faz notar Horácio, «a humanidade, que se atreve a tudo, aventura-se até àquilo que é totalmente proibido»[1]. A virtude da audácia, que é uma parte da virtude da magnanimidade, ajuda a pessoa a visar o bem e a acometer grandes empreendimentos, convencida de que é capaz de alcançar coisas que valem realmente a pena; mas, para ser virtude, tem de contar com a prudência. «A pessoa que se expõe a todo o gênero de perigos, de forma indiferente e não premeditada, já não é corajosa, porque ao comportar-se desta maneira dá a entender claramente que há uma realidade — que não analisou convenientemente — que tem para ela mais valor que a sua integridade pessoal, e que está disposta a pôr em risco a integridade pessoal em função dessa realidade[2].»

Conviria então perguntar: porque se correm riscos? E como justificar um ato que parece imprudente? Muito simplesmente, pelo conhecimento certo do resultado. É precisamente por isso que o cristão é a pessoa que tem mais motivos e mais razões para viver esta virtude; com efeito, o cristão faz assentar a sua audácia numa esperança sobrenatural, pela qual recebeu a promessa de bens que ultrapassam todas as expectativas humanas e que devem ser procurados independentemente de qualquer risco.

Feitas estas considerações, talvez estejamos em melhores condições de avaliar os problemas que se colocam na educação desta virtude. Inicialmente, parece tratar-se de conseguir criar nos jovens condições adequadas à existência de paixões fortes; por

---

1   Horácio, *Odes* 3, 25.

2   Pieper, J., *Las virtudes fundamentales*, Madrid, Rialp, 1976, p. 194.

A EDUCAÇÃO DA AUDÁCIA

outro lado, trata-se de os ajudar a ver o fim ou os fins que são autenticamente valiosos, e de procurar, em seguida, uma decisão consciente, refletida, enraizada em convicções e não em intuições nem em caprichos. São estas as questões de que vamos tratar a seguir.

As condições para o desenvolvimento da audácia

De maneira geral, o ser humano é capaz de fazer muito mais e muito melhor do que a sua inteligência lhe diz; o que significa que está constantemente a limitar-se, por vezes de forma inconsciente, seja por falsa prudência, por preguiça, por falta de confiança nas suas possibilidades ou por não ter desenvolvido todas as suas potencialidades — o corpo, a inteligência e as capacidades em geral — de forma a empreender ações que correspondam às suas oportunidades de desenvolvimento. Por esse motivo, a audácia pressupõe que o jovem aprenda a reconhecer e a experienciar as suas possibilidades; só assim poderá confiar razoavelmente em si mesmo.

Uma das principais condições para o desenvolvimento da audácia é o domínio do próprio corpo. E isto por duas razões: primeiro, porque uma pessoa que se deixa levar pelos instintos e que visa o prazer superficial nunca será capaz de avistar com clareza o verdadeiro bem; em segundo lugar, porque o corpo precisa de uma certa atenção para que os outros atributos se desenvolvam. Com efeito, a saúde, a boa forma física, favorece os bons propósitos — quer o seu estabelecimento, quer a sua realização; isto não significa, evidentemente, que uma pessoa doente não possa ser audaz, mas significa que uma pessoa que pode contar com o apoio do seu

A EDUCAÇÃO DAS VIRTUDES HUMANAS

corpo em boas condições deve fazer o necessário para que isso aconteça, pois de forma estará a desprezar um instrumento importante para empreender ações com vista ao verdadeiro bem. A educação do corpo é um tema pouco conhecido dos pais de família. Em geral, os pais limitam-se a dar vitaminas aos filhos quando percebem que estes andam mais fracos. Ora, os jovens precisam ter oportunidades para se esforçar, seja em atividades desportivas, seja noutras atividades que exigem esforço físico e mental, para obrigarem o seu corpo a fazer mais do que aquilo que ele está disposto a fazer por instinto. Mantemos o corpo em forma fazendo os exercícios necessários, e desenvolvemo-lo com um esforço razoável e com uma alimentação adequada. Neste sentido, não convém esquecer a importância de um regime alimentar equilibrado, não só para a saúde física, mas também para o desenvolvimento moral dos jovens.

Há dois vícios que contrariam a virtude da audácia: a temeridade ou intrepidez, e a pusilanimidade ou covardia. Deixaremos a temeridade para mais tarde e trataremos da pusilanimidade. Uma pessoa que não confia nas suas próprias capacidades e possibilidades pode tornar-se pusilânime, porque não se atreve a empreender qualquer ação de relevo. Como já vimos, esta desconfiança pode ter fundamento na realidade ou ser uma simples consequência da imaginação do jovem; ou seja, pode ser que o jovem não possua as necessárias capacidades ou qualidades, mas também pode acontecer que as tenha em forma latente, não se tendo ainda apercebido delas. O papel dos pais consiste em ajudar os filhos a descobrirem as suas potencialidades. Já referimos as componentes

A Educação da audácia

físicas, mas convém atentar igualmente noutros domínios da educação.

Não é minha intenção procurar resumir todos os campos em que se pode empreender a educação desta virtude; gostaria de salientar apenas um critério para ajudar os pais a refletir sobre este processo de luta dos filhos por se vencerem numa série de situações. Convém que os pais ajudem os filhos a melhorar numa capacidade ou numa qualidade específica, a fim de que eles compreendam até onde podem ir com empenho e diligência. E também convém orientá-los para que façam experiências e conheçam, em parte, a amplitude das suas possibilidades e dos seus limites.

Seja como for, é imprescindível que os jovens se esforcem para desenvolver um conjunto de virtudes humanas, sem as quais a audácia não é possível. Com efeito, a pessoa comporta-se com audácia no desenvolvimento das outras virtudes sendo justa, generosa, paciente etc.; ou seja, a audácia aumenta na medida em que a pessoa aprende a expressar o amor.

Por último, e a propósito das condições para viver a audácia, convém recordar que a pessoa se sentirá mais capaz de ser audaz se contar com o apoio dos outros. Um jovem pode ser audaz sozinho, ou pode apoiar uma ação audaz dos pais, dos irmãos ou de toda a família. A confiança, que resulta do amor incondicional que deve vigorar no seio da família, da permanência das relações e da possibilidade de a pessoa ser aceite por aquilo que é, produz as condições de possibilidade para que cada membro da família seja capaz de se desenvolver segundo o seu estilo pessoal. A unidade da família promove e simultaneamente resulta do empenho de todos os seus membros na

A EDUCAÇÃO DAS VIRTUDES HUMANAS

luta por ideais nobres. Hoje, mais do que nunca, a sociedade precisa de famílias empreendedoras, de famílias audazes.

A descoberta de fins nobres

Para uma criança pequena, é muito importante ter oportunidade de se pôr em contato com ações, situações, objetos etc. que tenham algum valor. Deste modo, poderá ter — orientada pelos pais — a experiência necessária para ser capaz de reconhecer, em ocasiões futuras, ações, situações e objetos com os mesmos valores: notará um pequeno ato de generosidade, reconhecerá a diferença entre um quarto desarrumado e um quarto arrumado, conseguirá perceber as características específicas de uma ação útil, mesmo que não seja capaz de discernir o valor subjacente.

A seguir, convém ajudar a criança a aceitar, ou pelo menos a tolerar estas experiências, sem tentar fugir-lhes por preguiça ou porque os resultados das mesmas não lhe agradam. Há muitas experiências que, embora tenham valor, são incômodas enquanto não se percebe o seu sentido profundo; e não fugir a elas será, de início, uma consequência do apoio manifesto dos pais e de outras pessoas que têm influência sobre a criança, como os irmãos, outros parentes ou os professores.

Se a princípio a criança vive diferentes experiências sem perceber a diferença entre valores diversos, o passo seguinte consiste em dar um nome a cada valor, distinguindo-os entre si. Os pais poderão perguntar aos filhos que significado têm para eles as diferentes experiências, e depois pedir-lhes que repitam atos bons.

A Educação da audácia

Uma consequência lógica deste treino é os filhos começarem a empreender determinadas ações por vontade e iniciativa próprias, relacionando-as com os valores referidos, ainda que, naturalmente, as relacionem também com valores pobres ou com contravalores que tenham vivido. O que é relevante nesta altura é que as crianças sintam uma real satisfação por ter empreendido as ações adequadas; e aqui temos de salientar a importância da sanção positiva por parte dos educadores.

Em consequência destes passos, as crianças começarão a ser capazes de agir de forma coerente com os valores que estão a descobrir, tentando estabelecer um bom clima de trabalho com os colegas, por exemplo, ou esforçando-se por ouvir e aceitar os outros.

Nesta altura, precisarão aprofundar intelectualmente os valores que começam a viver; e os pais devem conversar com eles sobre o assunto, apresentando-lhes diferentes pontos de vista, para que os filhos sejam obrigados a pensar, conseguindo assim fundamentar as suas opiniões. É manifesto que o processo de que temos estado a falar, sem se adaptar propriamente a uma idade específica, acabará por sedimentar-se na adolescência; é nesta altura que o jovem tem a possibilidade de exprimir de forma clara e com convicção os valores que defende, e de agir com decisão em benefício das suas crenças.

A partir deste momento, terá de descobrir a inter-relação entre estes valores, em unidade de vida, identificando os mais importantes para conseguir estabelecer uma verdadeira hierarquia entre eles[3].

---

3   Cf. Krathwohl, D., «Dominio afectivo», in *Taxonomía de los objetivos de la educación*, Buenos Aires, El Ateneo, 1971.

A EDUCAÇÃO DAS VIRTUDES HUMANAS

Naturalmente que, se os pais conseguirem que os seus filhos vão assimilando uma série de valores, para depois os interiorizarem como um todo unido, os filhos terão a experiência da relação dos seus próprios atos com os valores, e irão descobrindo o que é e o que não é prudente em cada momento. Deste modo, não terão uma visão mesquinha da vida, e a audácia terá sempre sentido porque perceberão com clareza que vale a pena realizarem determinados atos em nome do bem que procuram; conhecerão melhor as suas capacidades e qualidades reais, e tentarão chegar mais longe que os outros.

Uma pessoa que realiza uma ação valiosa convencida do êxito da mesma por saber que conta com os meios para tal não é imprudente; mas, se não compreende o valor da referida ação nem conta com os meios adequados à sua realização, será duplamente imprudente.

O problema da prudência

Em relação à virtude da audácia, tem de verificar--se a procura de um bem autêntico, como dissemos. A audácia sustenta-se na prudência e na justiça, mas permite que a pessoa veja com clareza os meios de que efetivamente dispõe, em função da realização de empreendimentos nobres e grandes. Na prática, a pergunta a fazer é a seguinte: partindo do princípio de que o empreendimento vale a pena, como calcular o risco? (Convém recordar que estamos a analisar a audácia enquanto virtude humana; mais adiante, analisá-la-emos como virtude cristã.)

Não compensa ser audaz para procurar uma realidade que não conduz o homem à sua plenitude neste

A EDUCAÇÃO DA AUDÁCIA

mundo; não compensa, não vale a pena o risco. Por outro lado, «quanto maior é o empreendimento que o homem deseja e espera realizar, quanto maior é a reta estima deste bem e mais clara a sua relação com o fim último, maior deve ser a audácia»[4]. Portanto, o primeiro critério a aplicar consiste em analisar serenamente o mérito da ação em função do fim do homem.

Em seguida, é necessário elencar os riscos e as possibilidades da ação a empreender, bem como as ajudas com que se pode contar, e portanto a força total disponível para vencer as dificuldades. De maneira geral, dispomos de mais meios do que nos parece à primeira vista, desde que lutemos por nos desenvolver com base em critérios retos e verdadeiros, porque isso nos permite alcançar uma série de virtudes humanas e encontrar amigos que nos ajudem a lutar; e, sobretudo, teremos experiência de vida.

O jovem que vive determinados valores e que quer ser audaz empreende uma série de coisas; em algumas sai-se bem, noutras, não. O que os pais têm de fazer é animá-lo em seus esforços, mesmo que lhes pareçam pouco prudentes, desde que o risco não seja de peso. Desse modo, ele poderá aprender com os próprios erros, e principalmente descobrir as suas reais possibilidades; e acabará por surpreender os próprios pais.

Pretender influenciar um grupo de amigos e conseguir que se portem melhor, ou explicar a um professor, com respeito e delicadeza, que foi injusto, pode parecer uma imprudência; mas a verdade é que todos temos o dever de ajudar os outros a melhorar. E tudo isto a um nível meramente humano.

---

4 Celaya Urrutia, I., «Audacia», in *Gran Enciclopedia Rialp*, tomo 3, Madri, Rialp, 1971, p. 348.

A virtude cristã

O cristão faz assentar a sua audácia na esperança sobrenatural: sabe que todas as coisas são para bem, mesmo que nem sempre as compreenda. Sabe que conta com a ajuda de Cristo, através dos sacramentos e da oração; sabe que conta com a ajuda da Mãe de Cristo e nossa Mãe. O cristão deve estar disposto a correr os maiores riscos, ciente de que conta com a ajuda de Deus em todos os momentos. «Deus e audácia! A audácia não é imprudência. A audácia não é temeridade[5].» É evidente que estes comportamentos «carecem de sentido para quem não vive de fé e de esperança, e não são compreensíveis no quadro da prudência humana — parecem loucuras —, mas apresentam-se ao cristão com a nitidez e a certeza que lhe vêm da vivência das virtudes teologais»[6].

A audácia
Autoavaliação

Segue-se um elenco de afirmações que permitem refletir de forma sistemática sobre:
— o grau em que se vive pessoalmente esta virtude e
— o grau em que se educam os alunos e os filhos nesta virtude.

Em relação a cada afirmação, o comportamento e o esforço pessoal correspondente podem ser avaliados com base na seguinte escala:

5. Estou totalmente de acordo com esta afirmação, que reflete a minha situação pessoal.

---

5   Escrivá de Balaguer, J., *Caminho*, 401.

6   Celaya Urrutia, I., op. cit., p. 349.

A EDUCAÇÃO DA AUDÁCIA

4. A afirmação reflete a minha situação em grande parte, embora tenha algumas ressalvas a seu respeito.

3. A afirmação reflete a minha situação em parte; em parte sim e em parte não.

2. A afirmação não reflete a minha situação, embora seja possível que venha a acontecer.

1. Não me parece que a afirmação reflita a minha situação pessoal; não me identifico com ela.

As reflexões pessoais podem ser discutidas com o cônjuge ou com os colegas, de forma a identificar aspectos passíveis de uma atenção prioritária no desenvolvimento da virtude, quer a título pessoal, quer em relação à educação dos filhos e dos alunos. De fato, é possível que o leitor vá descobrindo muitos campos em que pode melhorar; mas convém *selecionar apenas um ou dois*, a fim de tentar alcançar os progressos desejados.

A maneira pessoal de viver a audácia

1. Tento conseguir que as minhas paixões sejam fortes, mas dominadas pela vontade.

(Em determinado tipo de educação existe uma tendência para querer esmagar as paixões, para agir apenas racionalmente, sem reagir com intensidade nem ao mal nem ao bem. Para ser audaz é preciso responder com paixão, tanto ao bem, como ao mal.)

2. Centro a minha atenção naquelas coisas que mais podem servir os outros e servir a Deus, a fim de dar início a ações de real valor.

(As obras audazes podem estar mais orientadas para o fim a ser atingido ou para os meios para alcançar este fim.)

A EDUCAÇÃO DAS VIRTUDES HUMANAS

3. Emprego um esforço que poderia ser considerado fora do comum para dominar influências ou ações objetivamente más.

(A audácia não implica apenas a busca do bem, mas também a defesa heroica do mal; às vezes, não resistimos ao mal de forma operativa por comodismo, por preguiça ou por medo.)

4. Tento manter-me em forma, ciente de que, dessa maneira, estarei em melhores condições para empreender ações audazes.

(Segundo São Tomás, a audácia aumenta de acordo com o vigor físico, a saúde e a juventude. Convém ter em conta que podemos manter-nos «jovens» desde que tenhamos projetos de futuro na nossa vida; estes projetos são um sinal de verdadeira juventude.)

5. Informo-me e reflito seriamente sobre possíveis projetos a fim de não me expor a perigos desnecessários.

(É evidente que a pessoa não deve correr riscos absurdos. Há projetos que podem pôr em risco a integridade pessoal e outros que podem exigir o apoio de terceiros.)

6. Tento conhecer o máximo possível as minhas capacidades e as minhas limitações.

(É natural que, quanto mais e melhor desenvolver uma série de capacidades e qualidades necessárias para empreender um projeto, menos riscos corra o desenvolvimento do mesmo.)

7. Ao pensar num projeto, tenho em consideração a importância do empreendimento, bem como o seu grau de ligação aos fins da minha vida.

(Se o projeto for muito benéfico para os outros, é mais razoável que eu seja audaz na sua concretização.)

8. Reconheço que os projetos mais relevantes são os que se orientam para o cumprimento do fim do homem, ou seja, a glória de Deus.

(A audácia não tem grande sentido para quem não acredita em Deus. Quase todos os comportamentos que, para um cristão, são audazes porque contam com o apoio divino, são vistos pelos não crentes como temerários.)

9. Conto com o apoio de Deus, frequentando os sacramentos e através da oração, a fim de empreender atividades de autêntico valor.

(A audácia é essencial à vida cristã; sem audácia, os santos nunca teria realizado as ações que os caracterizam.)

10. Reconheço que tenho a missão intransmissível de glorificar a Deus e de O amar o máximo que puder.

(As ações audazes visam, em muitos casos, expressar este dever de forma palpável, e podem implicar, por exemplo, participar num debate nos meios de comunicação com pessoas que pretendem ridicularizar a fé, desenvolver uma atividade política com o objetivo de ter uma influência positiva na sociedade, ou promover uma peregrinação aos lugares santos.)

A educação da audácia

11. Ajudo os meus filhos e os meus alunos a conhecerem as suas capacidades e as suas qualidades e, quando são mais velhos, a verificarem se as suas virtudes estão desenvolvidas.

(A audácia requer o desenvolvimento das outras virtudes, para se ter a certeza de que se consegue levar a cabo os projetos idealizados.)

12. Crio situações em que os meus filhos e os meus alunos possam conhecer as suas possibilidades, em consequência de terem sido postos à prova em diferentes atividades e situações. Incito-os a concentrarem as suas atenções num domínio específico, para que

A EDUCAÇÃO DAS VIRTUDES HUMANAS

conheçam as suas capacidades quando se empenham de modo especial em alguma coisa.

(*De uma maneira geral, as crianças não têm consciência das suas capacidades: sobrevalorizam-se ou subvalorizam-se; precisam pois de se abrir a diferentes possibilidades e de aprofundar num ou noutro domínio específico.*)

13. Ajudo os adolescentes a reconhecerem as tendências básicas que não estão a controlar adequadamente. (*As faltas de temperança impedem o conhecimento do Bem, que é uma componente imprescindível da audácia.*)

14. Presto atenção no desenvolvimento físico dos meus filhos e dos meus alunos, procurando que façam exercício, que pratiquem esportes, que tenham uma dieta alimentar adequada. (*O ser humano é uma unidade. Quando o corpo não está bem, esse fato tem influência sobre o espírito; e quando o espírito não está bem, esse fato tem influência sobre o corpo.*)

15. Tento criar um ambiente favorável ao desenvolvimento da audácia na família e na escola, procurando viver ideais nobres. (*São bem conhecidos os efeitos do exemplo no domínio da educação. Relativamente à audácia, é necessário evitar a instalação de um estado de espírito mesquinho e temeroso, onde falta o empenho pela realização de obras grandes e onde se prefira sempre jogar pelo seguro.*)

16. Tento conseguir que os meus filhos e os meus alunos participem em atividades que estejam relacionadas com fins elevados. (*Por exemplo, clubes juvenis, atividades na paróquia, ajuda numa ONG.*)

17. Oriento os jovens para que tenham iniciativas pessoais e ponham a sua vontade ao serviço das decisões que tomaram.

(A capacidade de ter iniciativa também resulta do desenvolvimento de um hábito. Se são os educadores a tomar todas as iniciativas, sem proporcionar aos seus filhos e aos seus alunos a possibilidade de ter a sua parte nas mesmas, estes não aprenderão nunca a fazê-lo — nem aprenderão a ser audazes.)

18. Dou informações teóricas aos jovens e apresento-lhes a realidade, para que eles vão adquirindo convicções pessoais.

(Uma pessoa que não está profundamente convencida da importância de coisa alguma não tem razões para ser audaz. Não basta conseguir que os jovens realizem ações no contexto dos projetos audazes de terceiros; é preciso que eles próprios os tenham.)

19. Raciocino com os jovens, para lhes fazer ver que vale a pena arriscar, em proporção ao grau de bem que é previsível alcançar em consequência da ação empreendida.

(É preciso conversar frequentemente com os jovens, ajudando-os a pensar e a raciocinar. Recorde-se que, embora a audácia não deva opor-se à prudência, é preciso estabelecer objetivos elevados e exigentes.)

20. Ajudo os jovens a perceber que têm de conhecer a importância do que pretendem fazer e conhecer bem os meios de que dispõem.

(Quando a pessoa não compreende o valor de uma ação, nem dispõe dos meios necessários para a sua realização, e mesmo assim a empreende, está a ser duplamente imprudente.)

XIX
A EDUCAÇÃO DA HUMILDADE

«Reconhece as suas próprias insuficiências, as suas qualidades e as suas capacidades, e aproveita-as para fazer o bem sem chamar a atenção e sem exigir aplausos.»

* * *

A virtude da humildade ajuda a pessoa a dominar o apetite desordenado pela própria excelência, e por isso cria, em parte, um ambiente adequado para o convívio entre as pessoas. No entanto, a nossa descrição operativa refere o reconhecimento das próprias insuficiências, qualidades e capacidades, o que parece contrariar a negação de si próprio. Ora, não é assim, porque a soberba não é o único vício que se opõe à humildade; há outro vício contrário a esta virtude, que consiste numa abdicação desordenada da própria honra e da própria fama. Por isso é manifesto que, para sermos humildes, temos de ser realistas, conhecendo-nos tal como somos; só assim poderemos aproveitar tudo o que temos para fazer o bem.

Seja como for, convém refletir nas consequências de nos analisarmos com realismo. Haverá sempre coisas em nosso ser que não nos agradam, capacidades que não estamos aproveitando e qualidades que não estamos desenvolvendo. A verdade é que, quando começamos a olhar para nós a sério, percebemos que valemos muito pouco; a reação mais razoável a este estado de coisas consiste, naturalmente, em aceitarmos a situação e

A EDUCAÇÃO DAS VIRTUDES HUMANAS

tentarmos lutar para nos superar, embora seja verdade que algumas pessoas se refugiam na soberba, chamando constantemente a atenção para aquilo que têm e para aquilo que fazem melhor que os outros, como forma de justificarem a sua existência. A virtude da humildade adquire o seu sentido mais pleno quando a pessoa se aprecia na sua relação com Deus, pois desta maneira as suas insuficiências são compensadas pela grandeza da filiação divina. «A humildade consiste em nos vermos tal como somos, sem paliativos, com verdade; e, ao perceber que valemos muito pouco, abrimo-nos à grandeza de Deus: essa é a nossa grandeza[1].»

De acordo com São Tomás, a medida da realidade do homem não lhe vem da sua relação com outros homens, mas sobretudo da sua relação com o Criador. «O mesmo se passa com a soberba, que não consiste principalmente numa forma de a pessoa se exaltar diante dos outros homens, mas numa atitude perante Deus. O que a humildade afirma principalmente é este caráter de criatura, inerente ao homem; e é isto que, na prática, a soberba nega e destrói[2].»

Por tudo o que fica dito, é manifesto que a humildade é uma virtude fundamental para o desenvolvimento da fé. Dizia Santa Teresa: «A humildade é andar na verdade; a soberba é andar na mentira[3].» A humildade é uma virtude que os pais podem desenvolver nos seus filhos por muitas razões. Com efeito, podem tentar conseguir que os seus filhos «andem

---

1   Escrivá de Balaguer, J., *Amigos de Deus*, 96.

2   Rodríguez, P., *Fe y vida de fe*, Pamplona, EUNSA, 19903, p. 56.

3   Santa Teresa, Sexta Morada, 10, 7. «Andar na verdade diante da própria Verdade»: *Livro da vida*, 40, 3.

416

A EDUCAÇÃO DA HUMILDADE

na verdade» a um nível exclusivamente natural, ou podem procurar inconscientemente a negação do jovem, para não terem de comparar o seu próprio valor com o dele; mas, dado que esta última situação é patológica, não nos interessa considerá-la aqui. A humildade se aplica tanto à vida sobrenatural como à vida natural. «A verdadeira disposição para a fé é o reconhecimento de que, na vida humana, está presente tudo o que tem uma natureza de retidão natural, de amor à verdade, de abertura ao que é nobre, justo e belo. Ou seja, na ordem natural, a disposição do homem para a fé é a humildade[4].»

São muitos os autores ascéticos que escreveram sobre a humildade, e muitos deles distinguem uma série de graus de desenvolvimento desta virtude. Talvez nos ajude ter em consideração uma distinção clássica, introduzida por São Bernardo: «Há um tipo de humildade que é a humildade suficiente, outro que é a humildade abundante e outro que é a humildade superabundante. A suficiente consiste em a pessoa se submeter ao que é superior a si e em não se impor ao que é igual a si; a abundante consiste em se submeter ao que é igual a si e em não se impor ao que é menor; a superabundante consiste em se submeter ao que é menor[5].»

Se tivermos em consideração estes três tipos de humildade e os relacionarmos com a vida de família e com a educação em geral, poderemos tirar uma série de consequências a respeito da educação dos filhos nesta virtude.

---

4   Rodríguez, P., *op. cit.*, p. 51.

5   *Sententiae*, n. 37, PL 183, 755.

A EDUCAÇÃO DAS VIRTUDES HUMANAS

A humildade suficiente

Neste grau, o homem submete-se a Deus reconhecendo a superioridade divina, ao mesmo tempo que obedece às autoridades competentes nos diversos aspectos da vida; por outro lado, tenta cumprir fielmente os seus deveres e, quando consegue, evita a vanglória de ter realizado «uma coisa tão bem feita». Do ponto de vista da educação, é interessante considerar a possibilidade de este grau coincidir com as reais capacidades das crianças mais pequenas. A humildade natural das crianças — pois é evidente que sabem menos, que sabem fazer menos, que fazem as coisas menos bem feitas que os adultos — poderá traduzir-se num medo de Deus e num medo da vida em geral; ora, o medo não é uma base adequada para o desenvolvimento do amor. Com as crianças menores, não temos de gastar tempo a destacar a sua inferioridade por falta de desenvolvimento; temos de as informar carinhosamente sobre aquilo que fazem bem e aquilo que fazem mal, para poderem apreciar a realidade de forma objetiva e poderem aceitá-la. Até aos sete ou oito anos, a criança costuma reconhecer a necessidade de obedecer à autoridade alheia, embora faça experiências para tentar perceber até que ponto tem efetivamente de ir tal obediência. Na criança pequena, a humildade é uma consequência da sua vivência espontânea; deste modo, mais do que procurar desenvolver a humildade, o que os pais devem fazer com as crianças pequenas é evitar que o orgulho se desenvolva. Neste sentido, podemos analisar pequenas incidências domésticas. Quando uma criança caminha distraída e bate em uma

418

mesa, há mães que dizem: «mesa má!»; parece uma atitude inócua, mas um somatório de pormenores deste tipo pode levar a criança a pensar que nunca se engana. Ora, as crianças têm de aprender que podem enganar-se e não cumprir as regras do jogo. Quando isso acontece, é importante que aprendam a obedecer às normas estabelecidas, o que poderá significar, por exemplo, pedir perdão; trata-se de um exercício de humildade, porque a criança tem de declarar explicitamente que se enganou. Ou seja, para uma criança pequena, a humildade consiste em aprender a obedecer e a retificar, aceitando a competência de uma autoridade ou a existência de regras do jogo.

Para os pais, isto implica informarem os mais novos sobre as regras e sobre a autoridade competente em cada caso; e ajudarem os filhos a reconhecer a sua própria realidade, sem os elogiar quando não fazem bem nem exagerar os elogios quando fazem o que devem, para não estimular a soberba. Por seu turno, os filhos terão de ser simples, sinceros e verazes.

A humildade abundante

A base deste segundo grau de humildade é reconhecer que Deus está presente em cada pessoa, e que portanto não nos podemos considerar superiores a ninguém. Por um lado, há sempre qualidades ocultas; por outro, tudo o que somos é um dom de Deus. A nossa missão consiste em nos esforçarmos para Lhe devolver o que Ele nos deu. Compreendendo tudo isto, a pessoa não se impõe ao que está abaixo de si, porque não o reconhece como tal.

A EDUCAÇÃO DAS VIRTUDES HUMANAS

À medida que os anos vão passando, vão aumentando as hipóteses de a pessoa perder a sua humildade e tornar-se soberba. Há uma multiplicidade de formas sutis e frequentes de a pessoa se tornar soberba na sua relação com os outros: «O orgulho de preferir a própria excelência à do próximo, a vaidade nas conversas, nos pensamentos e nos gestos, uma suscetibilidade quase doentia, que se sente ofendida com palavras e atos que não são de modo algum um agravo[6].»

Consideremos alguns dos problemas que mais frequentemente se colocam ao desenvolvimento deste grau de humildade.

A autossuficiência

A autossuficiência resulta geralmente de a pessoa ter uma confiança exagerada nas próprias capacidades, enquanto orientações seguras para a vida. Trata-se de um desejo de recusa de qualquer tipo de ajuda, para a pessoa não ter de aceitar as suas próprias insuficiências; e resulta, de certa maneira, do endeusamento do próprio intelecto. A consequência manifesta da autossuficiência é a pessoa falar apenas de si mesma, porque a única coisa que lhe interessa na vida é ela própria; e, mesmo quando ouve os outros, fá-lo apenas para ter oportunidade de continuar a expor as suas próprias «qualidades superiores». Quando esta atitude não se exprime na comunicação verbal, manifesta-se noutros comportamentos, por exemplo no fato de a pessoa nunca pedir ajuda nem considerar que deve ser orientada por terceiros. Deste modo, acaba muitas

---

6   Escrivá de Balaguer, J., *op. cit.* 101.

A Educação da Humildade

vezes por ler tudo o que lhe passa pelas mãos, por viver todo o tipo de experiências e por ter orgulho na quantidade de saber que acumulou, saber esse que é muitas vezes inútil; como observava Cowper, «o "saber" tem orgulho no muito que aprendeu; a "sabedoria" tem a humildade do pouco que sabe[7]».

Seja como for, esta atitude torna-se um problema na adolescência, momento em que os jovens querem ser mais independentes. Os educadores podem salientar que o jovem não tem capacidade para fazer uma crítica racional das diferentes posições sobre um mesmo tema, por exemplo. Mas estes exercícios não têm grande utilidade se não se tiverem estabelecido critérios sãos quanto à finalidade da própria vida; pelo contrário, se tais critérios existirem, é possível mostrar a adequação ou não adequação de atos concretos. Por isso, convém voltar a salientar a importante missão dos pais na partilha de uns quantos valores de base, que depois se traduzem em critérios para os filhos. Naturalmente que, se um jovem compreende e assimila que Deus é a Verdade, terá mais hipóteses de vir a ser humilde; em contrapartida, se não aceita este fato, a humildade apenas lhe servirá para lhe garantir maior eficácia na consecução das suas metas pessoais na sociedade.

Os pais têm de apoiar eficazmente a luta dos seus filhos pelo domínio das suas paixões naturais, dando-lhes provas de um amor incondicional, para que eles aprendam a não falar tanto do que fizeram, a aceitar a ingratidão dos outros e a esquecer-se de si mesmos para se darem generosamente ao serviço dos outros por amor a Deus.

---

7 Cowper, W., *The winter walk at noon*, 1.96.

Nas relações com os outros

Embora não exista uma distinção muito clara entre os problemas que afetam o interior da pessoa e aqueles que dizem respeito às suas relações com os outros, salientamos que a humildade se manifesta na própria vida, quer solitariamente, quer nas relações com as outras pessoas. A pergunta a fazer é: como ajudar os jovens a serem humildes nas suas relações com os outros, em especial com os colegas?

No grau de que estamos a tratar, a humildade consiste em a pessoa não se considerar superior a ninguém; e isto pressupõe reconhecer as qualidades, talvez ocultas, dos outros. Por sua vez, este reconhecimento pressupõe que há qualidades que podem ser apreciadas. Mas a verdade é que pode acontecer que o jovem não valorize essas qualidades. Por exemplo, se for um jovem que não aprecia música, o fato de ter um colega que é um excelente músico ser-lhe-á indiferente; pelo contrário, como pratica esportes, é capaz de apreciar as competências dos colegas nessa área. Sendo bom esportista, a sua atitude em relação colega que é músico poderá ser de desprezo, porque não é capaz de reconhecer o valor dessa atividade. Ou seja, a capacidade de aceitação dos outros resulta de se compreenderem os valores que eles desenvolvem; o que significa que é importante ajudar os jovens a admirar os dotes naturais e sobrenaturais das outras pessoas. Na verdade, esta atitude exclusivista e negativa é bastante comum. A soberba gera o desejo de a pessoa ser mais ou melhor em algum aspecto das suas relações com os outros; assim, o médico que, nos seus contatos sociais, só fala de medicina, está a

A Educação da Humildade

mostrar — talvez sem querer — que não tem interesse por mais nada, que despreza outros temas e que só a medicina lhe importa.

É importante ensinar os jovens a interessarem-se pelos outros pelo fato de os outros serem interessantes. Interessar-se significa interrogar os outros sobre os seus interesses, mas também exigir com delicadeza o direito a ser ouvido. Há pessoas que não falam nem se esforçam por falar porque acham que os outros não estão ao seu nível; ou que não aceitam opiniões nem sugestões sobre os assuntos em discussão, porque estão convencidos de que são especialistas na matéria.

No fundo, a pessoa que é humilde nas suas relações com os outros é a pessoa que sabe que pode aprender com eles; que procura as suas qualidades e esquece os seus defeitos.

Mas vamos tentar concretizar ainda mais, para enunciar um elenco de situações em que possamos ter tendência para o orgulho, e portanto oportunidade para aprender a ser mais humildes.

1. A posse ou o desejo de posse de objetos, como dinheiro, brinquedos, equipamentos, utensílios de trabalho, roupa, joias etc., ou seja, coisas que os outros não possuem.

2. A posse ou o desejo de posse de qualidades e capacidades, como saber ler e fazer contas, praticar um esporte, falar etc., que os outros não têm ou que têm em menor grau.

3. Ter realizado ou ter o desejo de ter realizado coisas que os outros não realizaram.

4. Ser ou querer ser o primeiro em tempo, em «mérito» ou em quantidade.

A EDUCAÇÃO DAS VIRTUDES HUMANAS

Para ser humilde, a pessoa pode contar, em todas estas ocasiões, com a ajuda de outras virtudes muito relacionadas com a humildade: a modéstia, a mansidão, a estudiosidade, a sobriedade, a flexibilidade etc., que pressupõem comportamentos de acordo com critérios retos e verdadeiros. E os pais têm a missão de ajudar os seus filhos a interiorizar estas regras, que lhes permitirão agir corretamente. Com as crianças menores, é importante não promover a soberba exaltando as proezas dos filhos, comparando-os exageradamente com outras crianças ou instigando-os a procurar o êxito em vez de procurarem ajudar e servir os outros, sem exigir aplausos. A modéstia permite controlar a tendência para chamar a atenção no modo de vestir e noutras expressões sensíveis da própria personalidade (gestos, posturas etc.); ora, se os pais se vestem de maneira a chamar a atenção e promovem esse tipo de atitude nos filhos, o mais certo é que promovam a falta de humildade neles. A mansidão permite obedecer e evita a ira descontrolada que tem como missão chamar a atenção sobre a própria força. A estudiosidade permite controlar a tendência do apetite para o conhecimento por excesso de curiosidade. Em última análise, os pais terão de perguntar a si próprios se preferem que os filhos busquem um êxito público clamoroso, ou se consideram preferível que eles façam um trabalho oculto mais eficaz, em conformidade com as suas reais possibilidades.

Por outro lado, é necessário compatibilizar o trabalho bem feito, que têm êxito e que produz êxito, com as relações com os outros, que também podem ser uma fonte de faltas de humildade. Neste domínio, a única coisa que pode nos orientar é a retidão de intenção,

424

A EDUCAÇÃO DA HUMILDADE

que nos leva a evitar ao máximo aquilo que é estridente e invulgar; e a utilizar os meios correntes sem exageros, aprendendo a retificar a intenção quando surgem desvios. Uma última palavra sobre os filhos que não costumam fracassar, porque são inteligentes, bons alunos, bons colegas, bons desportistas etc.: é importante que as pessoas tenham a possibilidade de fazer bem as coisas e ter a noção de que as fizeram bem; mas também é importante que aprendam a perder, a reconhecer que nem sempre fazem bem as coisas, que não são imprescindíveis, que têm os dons que têm porque Deus assim quis. Com estes jovens, é preciso encontrar maneira de viverem pequenos fracassos e, naturalmente, exigir-lhes de acordo com as suas possibilidades; com efeito, só quando se captam as reais insuficiências pessoais se torna possível alcançar o mais elevado grau da humildade.

A humildade superabundante

«A humildade alcança a sua máxima perfeição nos homens que se consideram piores que os outros. Todos os santos se consideraram grandes pecadores; esta consideração tem fundamento objetivo no poder da graça de Deus, sem a qual, por um lado, ninguém seria capaz de agir sempre com toda a retidão, e por outro, todos os homens estariam sujeitos a cometer os piores pecados[8].» Na Sagrada Escritura, deparamos constantemente com exemplos de humildade no comportamento de Cristo. Em consequência destes

---

8   Gutiérrez Comas, J. J., «Humildad», in *Gran Enciclopedia Rialp*, tomo 12, Madri, Rialp, 1973, p. 245.

A EDUCAÇÃO DAS VIRTUDES HUMANAS

ensinamentos, os santos nos explicam o que significa a humildade em nós, pecadores; diz por exemplo São Paulo: «De bom grado, portanto, prefiro gloriar-me nas minhas fraquezas, para que habite em mim a força de Cristo. Por isso me comprazo nas fraquezas, nas afrontas, nas necessidades, nas perseguições e nas angústias, por Cristo. Pois quando sou fraco, então é que sou forte[9].»

O homem verdadeiramente humilde só pode sê-lo por amor a Deus; de outra maneira, a humildade não terá grande sentido. Submetermo-nos à vontade de Deus, agradecermos continuamente a sua bondade, dependermos confiadamente dele são atitudes que contribuirão para o reconhecimento da nossa miséria, ao mesmo tempo que nos permitem ter a noção da grandeza da nossa filiação divina.

Nesta vida, o cristão precisa de fé e precisa de humildade. A disposição *humana* do edifício sobrenatural, que se apoia na fé, é a humildade[10].

A humildade
Autoavaliação

Segue-se um elenco de afirmações que permitem refletir de forma sistemática sobre:

— o grau em que se vive pessoalmente esta virtude e

— o grau em que se educam os alunos e os filhos nesta virtude.

Relativamente a cada afirmação, o comportamento e o esforço pessoal correspondente podem ser avaliados com base na seguinte escala:

---

9   2 Cor 12, 9-10.

10   Cf. São Tomás de Aquino, II-II, q. 4., a 7, ad 2.

426

A EDUCAÇÃO DA HUMILDADE

5. Estou totalmente de acordo com esta afirmação, que reflete a minha situação pessoal.

4. A afirmação reflete a minha situação em grande parte, embora tenha algumas ressalvas a seu respeito.

3. A afirmação reflete a minha situação em parte; em parte sim e em parte não.

2. A afirmação não reflete a minha situação, embora seja possível que venha a acontecer.

1. Não me parece que a afirmação reflita a minha situação pessoal; não me identifico com ela.

As reflexões pessoais podem ser discutidas com o cônjuge ou com os colegas, de forma a identificar aspectos passíveis de uma atenção prioritária no desenvolvimento da virtude, quer a título pessoal, quer em relação à educação dos filhos e dos alunos. De fato, é possível que o leitor vá descobrindo muitos campos em que pode melhorar; mas convém *selecionar apenas um ou dois*, a fim de tentar alcançar os progressos desejados.

A maneira pessoal de viver a humildade

1. Reconheço a minha grandeza como filho de Deus e, simultaneamente, a minha miséria em comparação com Ele.

(*A humildade implica ser realista, não abdicar da própria honra e da própria fama, mas também não procurar indevidamente a própria excelência.*)

2. Reconheço as minhas insuficiências e esforço-me por ultrapassar algumas delas.

(*Todos temos insuficiências; o sinal de que este reconhecimento é autêntico reside precisamente no fato de se tentar fazer alguma coisa para as ultrapassar.*)

A EDUCAÇÃO DAS VIRTUDES HUMANAS

3. Em geral, não me comparo com as outras pessoas; pelo contrário, tento conhecer-me e conhecer o grau de aperfeiçoamento que alcancei depois de ter realizado um esforço nesse sentido.

(As pessoas são todas diferentes, e não tem interesse nenhum a pessoa considerar-se superior ou inferior aos outros; o importante é aproveitar ao máximo aquilo que cada um é.)

4. Procuro submeter-me às pessoas que têm autoridade sobre mim e não me impor àqueles que, em princípio, posso considerar meus inferiores.

(A atitude ideal é aquela que permite descobrir e aproveitar ao máximo os talentos dos colaboradores: contamos com eles porque sabemos que não somos superiores a eles.)

5. Tento conseguir que as pessoas que dependem de mim alcancem os êxitos que lhes são devidos, e prefiro que assim seja a cultivar a minha própria excelência.

(Não é raro haver pessoas que, por inveja, tentam desvalorizar os atos dos outros, levantam obstáculos aos seus planos ou, muito simplesmente, não atribuem mérito às suas vitórias.)

6. Em geral, tento não perturbar os outros com as minhas próprias qualidades, reais ou fingidas.

(Esta vaidade pode refletir-se nas conversas, nos gestos, numa suscetibilidade quase doentia, no fato de a pessoa se sentir ofendida sem razão.)

7. Reconheço que há autoridades autênticas que tenho de ter em conta, em vez de endeusar o meu próprio intelecto.

(Este é indubitavelmente um dos tipos mais frequentes de abuso da humildade no nosso tempo; as pessoas que nele caem costumam ser intolerantes com os outros.)

428

A EDUCAÇÃO DA HUMILDADE

8. Percebo que posso aprender muito com os outros se os ouvir com atenção.

(*A autossuficiência, que leva a pessoa a desprezar os outros, é uma falta de justiça, mas também uma expressão de soberba.*)

9. Tenho consciência dos diferentes campos em que posso faltar à humildade e procuro não abusar.

(*Os principais campos em que isto pode acontecer são: na posse ou no desejo de posse de bens materiais superiores aos dos outros; na posse ou no desejo de posse de qualidades ou capacidades que os outros não têm; em fazer ou ter feito coisas que os outros não fizeram; em querer ser o primeiro em termos de tempo, de mérito ou de quantidade.*)

10. Reconheço que a melhor maneira de conseguir não fazer as coisas por vaidade, por soberba etc., é ter uma atitude reflexiva, que me permitirá retificar a intenção.

(*Ser realista é saber retificar, porque não há ninguém que seja perfeito.*)

A educação da humildade

11. Tenho o cuidado de evitar que os objetivos que estabeleço na educação dos meus filhos e dos meus alunos se reduzam ao êxito profissional, social ou desportivo.

(*É importante ajudar os filhos e os alunos a aprenderem a servir os outros em conformidade com os talentos de cada um; uma insistência indevida em qualquer tipo de êxito conduz à vaidade.*)

12. Dou indicações aos mais novos, para que vão percebendo o que fazem bem e o que fazem mal, tratando-os com amor e instigando-os a serem melhores.

A EDUCAÇÃO DAS VIRTUDES HUMANAS

(É certo que as crianças mais novas nunca conseguirão viver cabalmente a humildade, mas podem ir descobrindo as suas possibilidades com realismo.)

13. Habituo os mais novos a obedecerem e a reconhecerem as autoridades que têm de ter em consideração.

(Quando os pais convencem os seus filhos de que estes são iguais a eles, por exemplo pedindo-lhes opinião em temas em que eles são incompetentes ou não os mandando para a cama no horário, é muito possível que as crianças acabem por se sobrevalorizar. O mesmo acontecerá se os professores derem demasiada confiança aos seus alunos ou lhes pedirem opinião em temas em que eles são ignorantes.)

14. Tenho o cuidado de evitar que os adolescentes pensem que têm mais capacidades e qualidades do que efetivamente têm.

(A atitude contrária produz adolescentes convencidos e antipáticos. Os elogios podem dizer respeito aos conhecimentos — «Que menino inteligente!» —, ao aspecto físico — «Que menina esperta!» — ou mesmo aos valores morais: «Você é tão bom!»)

15. Ensino os jovens a refletirem sobre o seu comportamento, a fim de retificarem ou pedirem perdão quando for necessário.

(Muitas vezes, a atuação dos educadores pode resumir-se a «exigir na reflexão»: fornecer informações claras, curtas e concisas, e fazer perguntas para obrigar a pensar.)

16. Ajudo os adolescentes a reconhecer que são filhos de Deus.

(Não é fácil compreender o sentido da humildade se não se reconhece a existência de Deus Pai; para desenvolver esta virtude, é preciso ser realista.)

430

A EDUCAÇÃO DA HUMILDADE

17. Informo os jovens, a fim de que disponham de critérios que lhes permitam relacionar-se adequadamente com os outros.

(*Trata-se de outro tipo de informação que é preciso dar aos jovens. Critérios e sugestões que os educadores podem dar-lhes: não falar demais dos seus próprios êxitos, aprender a aceitar a ingratidão alheia, esquecer os próprios sentimentos quando se consideram injustiçados.*)

18. Tento dar bom exemplo de vivência da humildade.

(*Um pai ou um professor que se gaba constantemente dificilmente será capaz de ajudar os seus filhos ou os seus alunos a serem humildes.*)

19. Ajudo os jovens a reconhecerem os diferentes aspectos que podem apreciar nas outras pessoas, a fim de as valorizarem positivamente.

(*Pode acontecer que um jovem não aprecie um colega, ou até o despreze, pelo simples fato de não reconhecer o valor de algum talento que ele tem, como por exemplo um talento para a música, ou outro.*)

20. Ajudo os jovens a ultrapassarem os seus fracassos quando passam por momentos em que têm a tentação de se subvalorizar.

(*Há pessoas que sofrem demasiados fracassos na vida e temos de as ajudar a descobrir as suas qualidades. Por outro lado, há outras que só têm êxitos, e a quem convém muito serem colocadas em situação de fracassar; sem conhecer o fracasso, é difícil que a pessoa seja humilde.*)

IX
A EDUCAÇÃO DA SIMPLICIDADE

«Tem o cuidado de que o seu comportamento habitual no falar, no vestir e no agir esteja de acordo com as suas intenções íntimas, de maneira que os outros possam conhecê-lo claramente, tal como é.»

* * *

A virtude da simplicidade é uma expressão da atitude autêntica da pessoa; autêntica é aquela pessoa que tem o devido valor humano. Significa isto que a simplicidade exige clareza na inteligência e retidão na vontade.

De um ponto de vista mais prático, podemos perceber o que é a simplicidade contrastando-a com alguns vícios que se lhe opõem. Cada pessoa corre o risco de, no seu interior, perder de vista o verdadeiro fim do homem e gerar dentro de si uma complicação ou duplicidade nos pensamentos e nos desejos; e também é possível que a pessoa, mesmo reconhecendo bem a finalidade da sua vida, depois se manifeste com duplicidade por razões variadas. Deste modo, as intenções mais íntimas podem expressar-se por via de manifestações turvas, complexas ou falseadas no comportamento, no modo de vestir e no modo de falar — na ironia, no pedantismo e na hipocrisia. Mencionamos alguns vícios que exprimem o contrário da virtude, mas também pode haver vício por excesso de simplicidade: é a ingenuidade. No fundo, o que procuramos é a clareza e transparência do homem na sua atitude íntima perante os outros e perante Deus.

Estamos a falar de uma virtude que afeta de forma relevante o desenvolvimento da intimidade da pessoa. E não se trata apenas da intimidade, mas também, e de um modo especial, da concordância entre o agir e aquilo que a pessoa tem no coração; com efeito, a simplicidade opõe-se à duplicidade, que significa ter uma coisa no coração e exteriorizar uma coisa diferente. Pelo que dissemos, é então manifesto que esta virtude está intimamente relacionada com as virtudes da humildade e da sinceridade.

Deixar-se conhecer

A virtude da simplicidade permite que a pessoa seja conhecida no mais íntimo de si própria. Mas não haverá aqui um risco de falta de pudor? Não, porque a simplicidade pressupõe que a pessoa refletiu sobre aquilo que quer dar a conhecer; e a prudência dir-lhe-á se é ou não conveniente dar a conhecer aspectos concretos da sua intimidade. A simplicidade ajuda a pessoa a comportar-se de forma congruente com as suas intenções mais íntimas; refiro-me às intenções pessoais, e não a intenções impostas por regras e costumes alheios às convicções da pessoa.

Assim, esta virtude adquire o seu máximo sentido nas relações com Deus e nas relações com os outros membros da família e com os amigos, porque estas relações dependem da inter-relação entre intimidades. Não é que a simplicidade não seja necessária nas relações com outras pessoas; é que, nas relações que acabamos de mencionar, a qualidade depende

A EDUCAÇÃO DA SIMPLICIDADE

da simplicidade. Ou seja, nas relações profissionais às vezes é necessário utilizar uma certa duplicidade para conseguir alcançar resultados positivos, quer para o próprio, quer até mesmo para a outra pessoa; nas relações de amizade, porém, se não há simplicidade, a amizade desaparece automaticamente, porque a relação se desenvolve exclusivamente em redor de normas exteriores que permitem um convívio aparente. Temos de nos deixar conhecer para podermos ajudar os outros a melhorar e podermos melhorar nós também. Ora, se o aperfeiçoamento que se pretende alcançar não afeta a intimidade da pessoa, a simplicidade é secundária; assim, um instrutor pode ensinar um aluno a guiar sem ter de trazer à conversa aspectos da sua intimidade. Contudo, é possível em qualquer relação, mesmo naquelas em que não existe de início a meta de se alcançar grande intimidade, estabelecer um certo grau de conhecimento mútuo e tentar partilhar aquilo que se considera importante na vida: a felicidade, a alegria, o trabalho bem-feito, a serenidade etc.

A simplicidade das crianças

Em geral, as crianças sabem comportar-se com uma naturalidade tal, que geram uma reação de abertura e simplicidade nos outros: dizem o que pensam e o que sentem, e ainda bem que assim é; mas os adultos têm de ensiná-las a identificar as ocasiões mais oportunas para se manifestar. O problema do educador consiste em identificar a maneira de ajudar os mais jovens a continuarem a proceder com simplicidade, mas sem abusarem da espontaneidade, ao mesmo tempo que dão a conhecer as suas intenções íntimas sem as esconder

A EDUCAÇÃO DAS VIRTUDES HUMANAS

sob uma capa de sofisticação ou duplicidade desnecessária. E já estamos a falar na questão da descoberta da intimidade e da correta apreciação da mesma.

Ao analisar o comportamento de crianças de diferentes idades, percebemos que chega um momento em que determinados modos deixam de ter graça, ou seja, em que a «naturalidade» da criança já não justifica a existência destes comportamentos. Nesta altura, os educadores confrontam-se com a necessidade de corrigir a criança e de conseguir que ela exiba um tipo de comportamento considerado correto pela generalidade das pessoas; é o caso da criança pequena que entra na sala despida ou que dá um arroto em público: há um momento em que estes comportamentos deixam de ter graça e têm de ser corrigidos. E isto acontece porque os jovens não absorvem os valores sozinhos; precisam de ajuda para serem capazes de perceber como devem comportar-se, de acordo com determinados valores objetivos. Em particular, as maneiras à mesa podem parecer pouco naturais; mas a verdade é que permitem que as pessoas comam de um modo esteticamente satisfatório e simultaneamente eficaz. Assim, pois, fazer as coisas com simplicidade não significa fazê-las espontaneamente quando esta espontaneidade se opõe à verdade, à beleza, à bondade ou à ordem. Para ter a virtude da simplicidade, a pessoa precisa aplicar o intelecto e a vontade com retidão.

O que acabamos de dizer permite-nos tirar algumas conclusões com vista à educação das crianças menores: por um lado, precisam da vivência real e natural dos valores objetivos; por outro, precisam aprender a relacionar os seus atos com aquilo que sabem que é o bem.

A EDUCAÇÃO DA SIMPLICIDADE

A experiência da naturalidade

Muitas vezes, quando se fala da educação, dá a sensação de que se trata de organizar uma série de meios «artificiais», com a finalidade de alcançar determinados progressos pré-estabelecidos nos jovens. Mas não podemos esquecer a profunda relevância que tem a vivência de diferentes situações em que a criança capta diversos valores no mais profundo do seu ser. A norma natural pode ser reconhecida como consequência da própria experiência; uma via alternativa, e complementar, será seguir a norma natural, e em seguida detectar o sentido da mesma.

A criança pequena pode captar o valor da beleza convivendo desde muito cedo com objetos belos: objetos visíveis, como as cores e as formas; sons harmoniosos, como o vento, os cantos dos pássaros e a música produzida pelos seres humanos (em formato simples, numa canção entoada pela mãe, ou em formato mais complexo, numa obra musical); pode compreender o valor da ordem, vivendo-a em casa ou participando numa atividade ordenada. E isto aplica-se a quaisquer valores, em cuja vivência a criança poderá identificar múltiplos sentimentos, não tanto pelo fato de os reconhecer objetivamente, mas pela circunstância de os viver subjetivamente. Refiro-me ao sentimento de segurança, de saber que é amada, que as coisas estão no seu lugar, que tem importância para alguém, que os outros contam com ela; esta experiência permitir-lhe-á abrir-se mais a estas influências, de tal maneira que absorve coisas que vale a pena partilhar com os outros. E esta atitude também a ajudará na vida de fé: «A naturalidade e a

A EDUCAÇÃO DAS VIRTUDES HUMANAS

simplicidade são duas virtudes humanas maravilhosas, que tornam o homem capaz de receber a mensagem de Cristo. Pelo contrário, tudo aquilo que é emaranhado e complicado, as voltas e reviravoltas em torno de si, constroem um muro que, muitas vezes, impede a pessoa de ouvir a voz do Senhor[1].»

Como mencionamos, estas experiências facultam a compreensão daquilo que é valioso. Mas esta não é a única via para captar aquilo que é natural; com efeito, as regras do jogo em diferentes domínios da vida, os múltiplos estilos de comportamento, as regras de composição e mistura de cores na pintura, as diferentes normas para o cumprimento de certas atividades etc. — tudo isto pode parecer pouco natural. Mas, se estas normas encarnarem um comportamento com valor e com sentido, o seu cumprimento fiel permitirá compreender o seu sentido.

De acordo com o que dissemos até agora, é evidente que a função essencial dos educadores em relação às crianças mais novas consistirá em as confrontar com experiências nas quais possam captar e vibrar com aquilo que é genuíno. Isto poderá produzir-se por reação a uma vivência pessoal ou em consequência de se terem seguido certas normas preestabelecidas. Ora, estes dois caminhos também podem levar-nos a descobrir alguns riscos inerentes a este processo.

Se as intenções íntimas dos jovens assentam numa experiência de contravalores ou de valores pobres, a simplicidade não fará sentido. Mais ainda, se as normas que eles aprendem se referem a aspectos secundários do ser humano, pode acontecer que

---

1   Escrivá de Balaguer, J., *Amigos de Deus*, 90.

A EDUCAÇÃO DA SIMPLICIDADE

acabem por interiorizar conteúdos que os levam a uma vida estéril e superficial.

A simplicidade na adolescência

Não nos parece útil introduzir divisões artificiais, de acordo com as idades das crianças; mas vamos centrar a nossa atenção naquela idade em que as crianças começam a ter consciência da sua própria intimidade. Assim, refletiremos sobre alguns dos problemas que podem surgir quando os aspectos interiores do próprio ser vêm à superfície e o jovem, começando a utilizar a sua inteligência e a sua vontade com mais intensidade, tem oportunidade de se comportar com simplicidade porque está convencido de que isso é bom, e não tanto em consequência da espontaneidade em relação às experiências positivas orientadas pelos seus educadores. Não existe, evidentemente, uma passagem rígida de um estado a outro; desde pequena que a criança terá de ir aprendendo como pode ser *simples* e que motivos tem para tal, mas é na adolescência que podem surgir as maiores dificuldades.

O importante é a pessoa dar a conhecer, com prudência, a concordância que deve haver entre as suas intenções íntimas e o seu comportamento habitual no falar, no vestir e na ação. Esta virtude está intimamente relacionada com a virtude da veracidade, que inclina a pessoa a dizer sempre a verdade, e também com a virtude da fidelidade, que inclina a vontade a cumprir o que prometeu, conformando os fatos com as promessas.

Talvez devamos perguntar-nos: que motivações poderá ter uma pessoa para ter manifestações exteriores

A EDUCAÇÃO DAS VIRTUDES HUMANAS

que se opõem às suas reais intenções? Eis algumas das motivações possíveis dos adolescentes (provocadas em parte pela insegurança):

— quererem ser como outras pessoas, e portanto tentarem imitá-las, esquecendo as suas próprias convicções;

— considerarem o meio de expressão como um fim em si mesmo, e portanto adotarem esse meio sem pensarem na sua adequação a uma comunicação autêntica;

— considerarem-se superiores, inferiores ou simplesmente diferentes daquilo que realmente são e comportarem-se de acordo com essa imagem falseada do seu ser;

— viverem continuamente em ambientes superficiais, onde as pessoas têm muito poucas hipóteses de se exprimirem tal como são, por causa das barreiras impostas pelo comportamento dos outros;

— quererem esconder as próprias intenções.

Vamos analisar estes problemas, mas primeiro convém refletir sobre as possíveis motivações para se tentar adquirir o bom hábito da simplicidade.

Se a pessoa cultivar a simplicidade, terá abertura aos valores permanentes que enriquecem a vida e não colocará dificuldades nem desculpas à aceitação do mais fundo do seu próprio ser; deste modo, poderá tornar-se uma pessoa íntegra e nobre, fazendo aumentar a sua eficácia por ser fiel à sua natureza.

Em segundo lugar, poderá estabelecer relações simples com os outros, possibilitando o nascimento de relações de amizade, de que todos temos necessidade, bem como de relações conjugais e paterno-filiais em que os aspectos irrepetíveis do ser de cada um — a sua própria intimidade — entram em contato. E, como

440

A EDUCAÇÃO DA SIMPLICIDADE

mencionamos antes, estabelecerá as bases necessárias para receber a Deus no seu coração.

Uma terceira motivação é saber que a simplicidade levará a pessoa a esforçar-se com vista ao desenvolvimento de todas as virtudes humanas, em busca de uma maior maturidade humana. «Este comportamento poderá ser difícil, mas nunca será estranho. Se alguns se espantam, é porque olham com olhos turvos, nublados por uma secreta covardia e falta de rijeza[2].»

Uma última motivação para o desenvolvimento da simplicidade é «não fazer figuras ridículas»; com efeito, qualquer pessoa que pretenda ser o que não é acabará por evidenciar uma atitude extravagante, e pode mesmo ser objeto de troça.

Dificuldades no desenvolvimento da simplicidade

Ao considerar os problemas inerentes ao desenvolvimento desta virtude, teremos em conta as expressões da mesma no falar, no vestir e no agir.

A imitação cega de outra pessoa ou de um certo modo de fazer as coisas pode ser contrariada com uma ajuda ao processo de reflexão do jovem; muitas vezes, bastará mostrar-lhe que tem um comportamento falho de autenticidade — uma qualidade que os jovens geralmente têm muito em conta — e ajudá-lo a reorientar este mesmo comportamento. Naturalmente que, se o problema de fundo consiste na vontade que o jovem tem de esconder as suas intenções, porque deseja alcançar determinados resultados por meio de uma tática preconcebida, estamos perante uma situação que

---

2   Escrivá de Balaguer, J., *ibid.*

A EDUCAÇÃO DAS VIRTUDES HUMANAS

cai sob o vício da astúcia, que é um vício dificilmente ultrapassável. Mas o mesmo se pode dizer de qualquer problema para cuja resolução não se pode contar com uma certa boa vontade por parte do jovem. Nesta altura, pretendemos centrar as nossas atenções naqueles jovens que, cometendo os mesmos erros que os outros, continuam a ter uma atitude positiva de base.

No quadro desta ajuda à reflexão, há uma série de situações típicas que pode ser conveniente levar em consideração para precisar a informação que vamos dando, e para termos a certeza de que não caímos na tentação de uma certa duplicidade em algumas das nossas atuações:

— em relação ao vestir: querer parecer mais rico, mais pobre, mais jovem, mais velho, ou simplesmente diferente do que se é. É o caso do sujeito que, sabendo que vai a um jantar relativamente formal onde os homens vão de gravata, aparece propositadamente vestido da forma menos convencional possível; refiro-me, evidentemente, a excessos que tendem a desnaturalizar a pessoa;

— em relação ao falar: querer parecer muito inteligente, usando para isso um vocabulário complicado; simular que não se possuem certas qualidades que são manifestas; citar muitos autores que não foram lidos, para parecer mais erudito; parecer mais rico e mais culto do que se é pelo tom de voz e as «experiências» que se narram; escandalizar-se, dando mostras de uma repulsa que não se sente; atribuir a si próprio qualidades que não se possuem etc.;

— em relação ao agir: tentar passar por aquilo que não se é; simular que se tem muito trabalho quando não é o caso; organizar uma vida o mais completa

A EDUCação Da SIMPLICIDaDE

possível, para não ter tempo para o essencial; ler tudo, ver tudo, ouvir tudo, com o pretexto de estar atualizado, em vez de aprofundar o mais importante; gastar tempo, dinheiro e esforços por capricho, para ficar bem etc.

Convém ainda ter em conta outro domínio em que pode haver falta de simplicidade, embora não seja fácil detectá-lo a partir de fora; refiro-me aos pensamentos. Na vida íntima, pode aparecer uma série de escrúpulos, que obscurecem os aspectos mais importantes da vida de cada um. Na medida do possível, os pais devem ajudar os seus filhos a distinguir entre aquilo que é importante e aquilo que é secundário, de tal maneira que a sua atuação seja simples. Neste sentido, convém reconhecer que é possível uma pessoa comportar-se de um modo falsamente simples nas relações com os outros, recorrendo a essa atitude como tática para esconder os seus problemas interiores.

Por último, vamos considerar a própria vida social como uma das causas de falta de simplicidade nas pessoas. O trato com os outros pode realizar-se a um nível profundo, querendo conhecer e deixando-se conhecer prudentemente com vista ao interesse mútuo. Ou então pode funcionar apenas ao nível das formas superficiais, em que se fala e se escuta, simulando um interesse ou uma preocupação que não se sentem. Isto pode acontecer quando se cumprem os deveres sociais como obrigação estéril, e quando se consideram os outros como objetos, sem direito ao respeito que corresponde à sua natureza humana.

Convém perguntar ainda em que medida se podem simular interesses para permitir em seguida uma relação mais profunda. Trata-se naturalmente de

443

encontrar um equilíbrio entre a tática que consiste em me interessar por uma coisa que é claramente alheia aos meus interesses pessoais e o objetivo lícito de me interessar pela pessoa do outro, e portanto por aquilo que interessa a ele. Este desejo deverá levar a pessoa a incorporar nas suas vivências e nos seus pensamentos temas que, à partida e por gosto pessoal, não lhe surgiriam; temas que a pessoa torna seus a fim de poder comunicar e interessar-se pelos outros. Desta maneira, o esforço torna-se natural.

As manifestações de simplicidade

As manifestações de simplicidade variam de acordo com as intenções das pessoas. Se uma pessoa tem uma série de objetivos, como tornar-se melhor filho de Deus, melhor filho, melhor pai, melhor cônjuge, melhor amigo, melhor colega, melhor profissional etc., e ajudar os outros a fazer o mesmo, a simplicidade tornar-se-á manifesta no seu comportamento habitual: nas suas relações delicadas com os outros, nas suas expressões de alegria quando encontra um amigo, na paciência de que se revela em situações difíceis, no fato de andar sempre à procura dos aspectos positivos de cada situação, na tendência para evitar discussões estéreis, em saber fazer e desaparecer, no elogio cordial e sem exageros, no agradecimento entusiasta, em saber retificar, no modo elegante de se apresentar, na relação confiada e respeitosa que tem com Deus.

Por isso, a simplicidade não é uma virtude que tenha um campo limitado de atuação; é uma virtude que se aplica a todas as outras e que faz delas algo imensamente atraente e genuíno.

A EDUCAÇÃO DA SIMPLICIDADE

Os pais terão de observar os seus filhos para perceber em que aspectos devem melhorar no domínio desta virtude: onde residem os problemas de cada um? Num será mais na sua capacidade de expressão oral ou escrita, noutro será nas suas relações familiares ou de amizade, ou ainda no seu foro íntimo. Para cuidarem adequadamente dos seus filhos, os pais também têm de ser simples, e talvez tenham muito especialmente de dar provas de confiança e de carinho. Não basta confiar nos filhos e amá-los; é preciso também saber dar-lhes provas de confiança e de amor. A simplicidade deve levar os pais a ter uma atitude que venha do coração; e, se forem cristãos, terão na Sagrada Família uma fonte permanente de inspiração.

A simplicidade
Autoavaliação

Segue-se um elenco de afirmações que permitem refletir de forma sistemática sobre:

— o grau em que se vive pessoalmente esta virtude e

— o grau em que se educam os alunos e os filhos nesta virtude.

Em relação a cada afirmação, o comportamento e o esforço pessoal correspondente podem ser avaliados com base na seguinte escala:

5. Estou totalmente de acordo com esta afirmação, que reflete a minha situação pessoal.

4. A afirmação reflete a minha situação em grande parte, embora tenha algumas ressalvas a seu respeito.

3. A afirmação reflete a minha situação em parte; em parte sim e em parte não.

A EDUCAÇÃO DAS VIRTUDES HUMANAS

2. A afirmação não reflete a minha situação, embora seja possível que venha a acontecer.
1. Não me parece que a afirmação reflita a minha situação pessoal; não me identifico com ela.

As reflexões pessoais podem ser discutidas com o cônjuge ou com os colegas, de forma a identificar aspectos passíveis de uma atenção prioritária no desenvolvimento da virtude, quer a título pessoal, quer em relação à educação dos filhos e dos alunos. De fato, é possível que o leitor vá descobrindo muitos campos em que pode melhorar; mas convém *selecionar apenas um ou dois*, a fim de tentar alcançar os progressos desejados.

A maneira pessoal de viver a simplicidade

1. Procuro agir com clareza e transparência nas atividades íntimas, face aos outros e face a Deus.
(*A vivência da simplicidade depara com dois grandes problemas: em primeiro lugar, a pessoa tem de saber o que quer da vida; mas também convém evitar ter uma coisa no coração e expressar uma coisa diferente.*)
2. Reflito sobre os fins da minha vida e tenho-os presentes.
(*É impossível ter simplicidade no comportamento se não houver ordem nos pensamentos.*)
3. Entendo que a simplicidade é necessária para conhecer a verdade, para viver relações autênticas com os outros, e mesmo para não cair no ridículo.
(*Tentar ser o que não se é, simular ou agir com duplicidade são maneiras seguras de suscitar a piedade ou mesmo a troça nos outros.*)
4. Procuro que o meu comportamento habitual seja congruente com aquilo que digo e aquilo que penso.

A EDUCação Da SIMPLICIDaDE

(Não é fácil ter sempre um comportamento congruente, mas tal atitude gera um estilo pessoal que é reconhecido pelos outros enquanto tal; desta maneira, poderão ter mais confiança em nós e apreciar a sua relação conosco.)

5. Procuro vestir-me de uma forma elegante, que retrate a minha maneira de ser e não gere nos outros a impressão de que sou uma pessoa diferente do que realmente sou.

(Alguém disse que a elegância consiste em a pessoa saber adaptar a peça de roupa ao próprio corpo e ambos às circunstâncias. Não pretendemos dizer com isto que a pessoa não deva arrumar-se, por exemplo em ocasiões especiais; mas convém evitar excessos.)

6. Exprimo-me numa linguagem adequada ao tema e às pessoas com quem estou a falar.

(A ironia, o pedantismo e a hipocrisia são maneiras de faltar à simplicidade. Outras maneiras de o fazer são usar uma linguagem que não está em conformidade com os princípios de quem fala, ou simular, por meio da linguagem que se usa, que a pessoa é diferente do que realmente é.)

7. Esforço-me por me deixar conhecer intimamente em família, e ainda mais nas minhas relações com Deus; pelo contrário, uso de prudência na partilha da minha intimidade com os outros.

(Converter a própria intimidade em domínio público é contrário à simplicidade; seria uma prova de ingenuidade.)

8. Nas relações com os outros, tento interessar-me seriamente pelos temas que lhes interessam, a fim de não cair na tática do interesse simulado.

(As pessoas que simulam interesse denunciam-se imediatamente, porque recorrem a frases feitas como «Que interessante!»; perguntam pela família quando o interlocutor sabe que não estão minimamente interessados nesse tema; ou então,

A EDUCAÇÃO DAS VIRTUDES HUMANAS

quando o interlocutor está a responder-lhes, interrompem-no para falar com outra pessoa ou para dar uma ordem.)

9. A minha simplicidade nota-se em alguma das manifestações seguintes: delicadeza nas relações com os outros; manifestações de alegria quando encontro uma pessoa conhecida na rua; paciência nas situações difíceis; procurar os aspectos positivos das outras pessoas; evitar discussões; elogiar de forma cordial e sem exageros; agradecer com entusiasmo e saber retificar; vestir-me com elegância; ter uma relação confiada e respeitosa com Deus.

(Há outras formas de viver a simplicidade, mas estas são aspectos concretos de reflexão.)

10. Em geral, dou provas de confiança e afeto pelos outros.

(As pessoas desconfiadas ou egoístas não podem ser simples, porque são dúplices.)

A educação da simplicidade

11. Esforço-me por criar ou aproveitar situações em que os mais novos possam compreender e viver aquilo que é genuíno, conseguindo assim impregnar-se de valores positivos.

(A simplicidade está relacionada com a naturalidade; a experiência de ter vivido manifestações de bondade, de beleza, de verdade e de ordem ajudará a criança a interiorizar os valores com naturalidade. Isto pode acontecer no contexto de uma excursão ao campo, da visita a uma exposição, do acompanhamento de um doente, no ambiente alegre do convívio familiar etc.)

12. Ensino os mais novos a cumprir certas normas, inspiradas nestes valores.

A EDUCAÇÃO DA SIMPLICIDADE

(*O que procuramos é, uma vez mais, a experiência de ações relacionadas com os valores, mas neste caso porque há normas concretas nesse sentido.*)

13. Consigo criar um ambiente de espontaneidade e naturalidade com os mais novos, embora lhes exija que controlem as suas tendências mais básicas através da vontade.

(*A espontaneidade descontrolada não tem qualquer valor. As crianças mais novas terão alguma dificuldade em se vencer neste domínio, mas convém que, pouco a pouco, vão descobrindo quais são as ações mais adequadas às diferentes circunstâncias.*)

14. Ajudo os meus filhos e os meus alunos um pouco mais velhos a refletir sobre aquilo que fazem, para que vejam se está relacionado com algum dos valores veiculados na família ou na escola.

(*A exigência no saber passa à exigência no pensar. A simplicidade não exclui o uso da razão; pelo contrário, tem necessidade dele.*)

15. Tento conseguir que vivam a simplicidade nas suas relações com a família e com Deus, para que possam ouvir a voz do Senhor.

(*Uma pessoa que tenha ideias confusas, que tenha preocupações interiores ou que não queira ser quem é dificilmente conseguirá viver uma vida cristã cabal.*)

16. Ajudo os adolescentes a detectarem em si mesmos possíveis tendências para desejarem parecer mais ricos ou mais pobres do que são, ter mais ou menos anos do que têm, ou ainda para imitarem os colegas em vez de serem autênticos.

(*É frequente vermos jovens de 13 ou 14 anos vestidas e maquiadas como se tivessem 18; ou vestidas como os outros membros do seu grupo, ainda que esse não seja propriamente*

A EDUCAÇÃO DAS VIRTUDES HUMANAS

o seu estilo; ou fazendo relatos fictícios para parecer que são «mais» do que realmente são.)

17. Ajudo os adolescentes a não simularem matérias que dizem respeito à sua inteligência ou à sua competência.

(Trata-se de maneiras de viver com duplicidade, que correm o risco de se arrastar o resto da vida: mencionar livros que não foram lidos, usar um tom de voz que não é o próprio, atribuir a si mesmo uma série de qualidades que não são reais, ou ainda comportar-se com uma ingenuidade absurda.)

18. Ajudo os jovens a refletirem sobre o conjunto das suas atividades, para que consigam distinguir o que é essencial, o que é importante, o que é secundário e o que é negativo; isto é, tento conseguir que não tenham uma vida excessivamente complexa, resultante de um cúmulo de atividades de valor diverso.

(Há jovens que leem tudo, com o pretexto de estarem atualizados, que veem qualquer filme para não ficarem atrás dos colegas, que empenham um esforço e um tempo excessivo a ouvir música, a falar ao telefone e a sair à noite, ou ainda que dormem muito mais do que precisam.)

19. Ajudo os jovens a conhecerem-se, a fim de se proporem pequenos pontos de luta.

(É preciso ter algum cuidado com isto, porque há jovens que são muito sensíveis, e que podem acabar por criar escrúpulos.)

20. Coloco os jovens em situações que lhes permitam refletir sobre a relação entre os seus comportamentos habituais e as suas intenções íntimas.

(É muito fácil enganarmo-nos a nós próprios, e não são só os jovens que se enganam. Todos precisamos que os outros — o cônjuge, o pai, a mãe, um filho, um colega, um amigo, um professor, um sacerdote — nos ajudem a melhorar.)

450

XXI
A EDUCAÇÃO DA SOCIABILIDADE

«Aproveita e cria canais adequados para se relacionar com diferentes pessoas e grupos, conseguindo comunicar com elas em razão do interesse e da preocupação que demonstra pelo que são, pelo que dizem, pelo que fazem, pelo que pensam e pelo que sentem.»

* * *

A sociabilidade adquire todo o seu sentido quando se considera o ser humano como ser social. A pessoa tem necessidade dos outros para o seu próprio processo de aperfeiçoamento, e tem o dever de ajudar os outros a aperfeiçoarem-se o melhor possível. Se não houver comunicação entre os diferentes membros de uma sociedade ou de um grupo, também não poderá haver relações mais profundas e específicas, como a amizade e a relação conjugal. A própria possibilidade de agir a favor de outros depende de se ter procedido previamente a uma comunicação das correspondentes necessidades.

Por um lado, a sociabilidade é uma virtude que permite o desenvolvimento de muitas outras virtudes a nível das relações pessoais; por outro lado, traduz-se em dados concretos a favor de diferentes grupos de pessoas, reconhecidas como semelhantes, sem chegar a estabelecer uma relação de intimidade com elas. Neste sentido, a sociabilidade orienta-se para uma solidariedade altruísta, assente nos princípios supremos

A EDUCAÇÃO DAS VIRTUDES HUMANAS

da caridade e do amor ao próximo, ultrapassando a atitude utilitária.

Vamos comentar quatro aspectos no desenvolvimento desta virtude:

— como educar os filhos para que aprendam a conviver com um grupo de pessoas e a interessar-se por elas;

— como desenvolver nos filhos a capacidade de comunicar com os outros;

— como aproveitar e criar os canais adequados à sociabilidade;

— como relacionar a sociabilidade com a solidariedade.

Conviver e interessar-se pelos outros

A criança pequena estabelece os seus primeiros contatos com os outros membros da sua família num ambiente de intimidade, e só algum tempo depois começa a estabelecer contato com outras crianças, fora do seu ambiente familiar. Por outro lado, nesta primeira etapa, a criança não costuma ter em consideração a existência de outras crianças; ou seja, poderá partilhar com outros um espaço de brincadeiras, mas não brinca *com* eles: os contatos limitam-se a reações afetivas quando o seu próprio espaço vital é invadido, ou a observações (escassas) sobre as atividades dos outros. À primeira vista, podemos ter a sensação de que estas atividades preparam os mais novos para conviverem com os outros e para se interessarem por eles, mas não é assim. Primeiro, a criança tem de aprender a partilhar um espaço físico com os outros,

452

A EDUCAÇÃO DA SOCIABILIDADE

mesmo que não haja comunicação intencional entre eles; posteriormente, aprenderá que tem de contar com os outros para a realização de determinadas atividades interessantes — como um jogo ou a consecução de um objetivo comum — e é então que a comunicação se torna necessária. Nestes momentos, podemos observar que a criança começa a aceitar as regras do jogo e a reconhecer que, dentro da semelhança que tem com os outros, é diferente deles; ou seja, que os companheiros de brincadeira têm qualidades variadas, o que a fará recorrer a companheiros diferentes quando quer realizar diferentes atividades, de acordo com as qualidades que descobriu em cada um deles e com as simpatias que foram nascendo. Assim, o capitão de uma equipe escolhe os companheiros que são mais capazes naquele jogo específico, ou então os que lhe são mais simpáticos; com efeito, as crianças descobrem muito cedo estes dois aspectos do outro: a competência e a simpatia. O reconhecimento da simpatia conduz a criança aos primeiros passos da amizade, e o reconhecimento da eficácia mais à sociabilidade. É que a sociabilidade não pressupõe a partilha da intimidade, mas apenas interessar-se pelos outros, aprender com eles e ajudá-los.

A convivência entre crianças pequenas será comandada principalmente pelas regras do jogo impostas pelos educadores. Por isso, um dos estímulos mais importantes para conseguir que uma criança aceite sem problemas comunicar-se com um grupo de desconhecidos (quando entra para a escola, por exemplo) é o pai ou a mãe apresentarem-na com afeto, dando-lhe a conhecer a pessoa que vai substituí-los — neste caso, o professor — e explicando-lhe rapidamente algumas

A EDUCAÇÃO DAS VIRTUDES HUMANAS

praticando algum esporte ou um passatempo de grupo. Mas estas atividades não são um fim em si mesmas; melhor dizendo, podem ser utilizadas não apenas para o fim imediato da atividade, mas também para ensinar o jovem a preocupar-se e a interessar-se pelos outros. Com efeito, os jovens aprenderão a interessar-se pelas outras pessoas se compreenderem que podem aprender coisas interessantes com elas. Porém, para isso, têm de aprender a perguntar. A verdade é que muitas pessoas têm a tentação de pôr aos outros o rótulo de «entediantes», por exemplo, pelo simples fato de nunca os terem interrogado sobre as suas opiniões e as suas experiências. É sempre possível aprender com os outros, e os jovens podem ter a noção disto se os pais tiverem o cuidado de lhes mostrar que vantagens podem retirar do seu interesse pelas outras pessoas.

Em síntese, o que dissemos até agora é que a missão dos pais na educação desta virtude será:

— introduzir os filhos, desde pequenos, em grupos alheios à família, onde terão oportunidade de aprender as regras do jogo;

— ajudar os filhos a superar a sua eventual timidez, apoiando-os afetivamente e explicando-lhes as regras do jogo para a vivência correspondente;

— ajudar os filhos a reconhecer que todas as pessoas são interessantes, e que o importante é procurar os meios adequados para obter de cada um o melhor que tem, sem deixar de os estimular para que adquiram amigos mais íntimos.

Mas a sociabilidade depende, em grande parte, da capacidade de a pessoa se relacionar adequadamente com os outros; e para tal é preciso saber comunicar.

A EDUCAÇÃO DA SOCIABILIDADE

A comunicação com os outros

Na descrição inicial da virtude, dissemos que se tratava de comunicar com os outros com base no interesse e na preocupação com aquilo que são, com o que dizem, com o que fazem, com o que pensam e com o que sentem. Mas ninguém pode expressar um interesse deste gênero se não tiver aprendido a expressar-se, quer verbalmente, quer por meio de gestos; nem ninguém é capaz de oferecer os seus pensamentos e sentimentos de forma atrativa se não tiver estas competências. Numa palavra, é importante *saber perguntar e saber informar com graça sobre temas interessantes*. E eu diria que é mais importante aprender a perguntar do que aprender a informar, ainda que tenha, evidentemente, de haver um equilíbrio entre as duas coisas.

Para perguntar é necessário, como dissemos, conhecer a outra pessoa; com efeito, se não dispomos de alguns dados básicos sobre a sua profissão, as suas origens, os seus interesses, os seus passatempos etc., não teremos qualquer possibilidade de a interrogar sobre temas em que ela possa ter coisas interessantes a dizer. Por exemplo, se começamos por perguntar a um desconhecido a sua opinião sobre as vantagens e os inconvenientes do mercado comum, é muito possível que cheguemos à conclusão de que ele não tem qualquer opinião sobre o assunto, e nem sequer sabe grande coisa sobre ele. É por isso que as conversas entre desconhecidos começam geralmente por uma troca de informações básicas, ou pela discussão de temas — educação, política, vida social, as características da religião comum — com que todos estão familiarizados, mesmo que de modo superficial e sem um

A EDUCAÇÃO DAS VIRTUDES HUMANAS

conhecimento profundo das matérias. Quando versa sobre um tema acerca do qual todos sabem pouco, a conversa costuma ser bastante insatisfatória; e se, pelo contrário, um dos presentes é especialista no tema da conversa, pode acabar por fazer uma «conferência» aos outros.

Podemos tirar uma série de consequências destas considerações: a sociabilidade pressupõe saber compatibilizar a atenção personalizada, através da qual se permite que a outra pessoa fale do que sabe e do que lhe parece ser importante, com a atenção ao grupo, procurando maneira de ouvir várias opiniões sobre temas de interesse geral.

Saber perguntar implica, por exemplo, pensar antecipadamente em perguntas ou temas possíveis, e depois *ouvir as respostas*, voltando a fazer perguntas para fazer progredir a conversa e, se necessário, dando brevemente a própria opinião. Neste sentido, para ser sociável a pessoa tem de ser generalista, isto é, tem de ser uma pessoa com interesses amplos.

Por outro lado, não podemos esquecer os sentimentos dos outros. Não é fácil prever como cada pessoa reagirá diante de cada tema em discussão; mas a sociabilidade exige que a pessoa se preocupe com os sentimentos de todos.

Estas capacidades podem ser desenvolvidas em situações familiares, por exemplo, sugerindo aos mais novos que se interroguem mutuamente sobre um programa de televisão ou suscitando uma conversa sobre um acontecimento conhecido por todos; ou então, quando os pais convidam alguém para jantar, explicando aos mais velhos de quem se trata e sugerindo-lhes possíveis perguntas. Deste modo,

458

A EDUCAÇÃO DA SOCIABILIDADE

os jovens poderão ganhar confiança, aprender a perguntar e começar a interessar-se pelos outros, porque lhes ouvem coisas interessantes. Dissemos também que é importante que aprendam a expressar-se. Trata-se de uma competência que, em geral, é esquecida nas escolas, onde as crianças não adquirem desenvoltura e capacidade de expressão oral. As causas desta situação são múltiplas: a insistência na memorização dos conhecimentos, sem estimular o pensamento próprio; a aceitação pelos jovens de umas quantas frases e ideias feitas, que são depois repetidas sem nuances; o recurso frequente a bengalas da comunicação e a expressões mais ou menos vulgares; e finalmente o desejo de convencer mais pela força com que se fala do que com a força dos argumentos que se expõem.

Conscientes desta situação, os pais podem estimular os filhos a aprender a expressar-se entre si, por exemplo, contando histórias aos irmãos; organizando brincadeiras em que tenham de falar durante um certo tempo sobre um tema aleatório; pedindo-lhes que repitam o que ouviram num programa de televisão; dando-lhes a ler o jornal e depois solicitando que exponham os acontecimentos mais relevantes do dia etc. Isto sem nunca esquecer que o importante é a leitura, para que os jovens adquiram vocabulário e estilo comunicativo. E nem vale a pena insistir uma vez mais na necessidade de orientar as leituras, não só em relação à forma, mas também ao estilo do autor.

Já mencionamos os problemas resultantes da timidez na convivência; mas um jovem também pode ser «antissocial» porque não sabe calar-se. Quando isto acontece a um filho, é importante os pais

A EDUCAÇÃO DAS VIRTUDES HUMANAS

conversarem com ele a sós e tentarem conseguir que ele seja mais reflexivo; e, na medida do possível, estender este esforço aos amigos.

Resumindo, os problemas mais importantes no contexto da capacidade de comunicar são: informar demais ou informar mal, por falta de vocabulário ou de reflexão; informar sobre os próprios interesses sem ter em consideração os interesses dos outros; não informar, por timidez ou por soberba; não saber perguntar; não ouvir; não ser capaz de fazer progredir uma conversa; não saber falar de temas interessantes.

O aproveitamento e a criação de canais adequados à sociabilidade

Citamos de passagem diferentes situações que são canais naturais para o desenvolvimento da virtude da sociabilidade, como por exemplo a própria família, as famílias dos amigos e a escola. Mas também se pode favorecer o desenvolvimento desta virtude criando canais ou aproveitando outros que surjam por iniciativa alheia.

As crianças menores habituar-se-ão a conviver com os outros vivendo em diferentes grupos criados pelos seus pais e os seus educadores; mas a partir de certa altura a vida social dos filhos tem de começar a desenvolver-se por sua iniciativa. Este processo inicia-se geralmente nas festas de aniversário, em que os filhos convidam os amigos para sua casa ou para um lugar onde possam estar todos juntos; são atividades que não constituem grande esforço para os filhos — são um esforço maior para os pais! — porque estes já conhecem os convidados. A prova da

A EDUCAÇÃO DA SOCIABILIDADE

sociabilidade surge quando se trata de desconhecidos, ou quase desconhecidos, como acontece quando uma criança faz anos no verão e está a passar férias longe de casa; ou na adolescência, quando os jovens começam a relacionar-se com pessoas que não andam na mesma escola ou não frequentam o mesmo bairro. É bom orientar os filhos para a organização destas atividades sociais, desde que os pais afirmem o seu direito a estar presentes, ou pelo menos perto, a fim de poderem controlar alguma atuação que «saia dos trilhos». Há pais que consideram que não devem estar presentes quando os filhos, já crescidos, convidam os seus amigos para sua casa. Mas eu não tenho a mesma opinião. Naturalmente que não é preciso estar sempre presente, nem estar presente o tempo todo; mas estar com eles de vez em quando, perguntar-lhes a sua opinião, fazê-los pensar etc., pode ajudar os jovens nas suas relações mútuas.

Por outro lado, convém que os pais estejam informados de iniciativas como atividades de clubes, excursões da paróquia e atividades esportivas adequadas aos jovens, a fim de incitarem os filhos a participarem em grupos de pessoas menos conhecidas, mas em ambientes de confiança. O mesmo se pode dizer com respeito às festas organizadas pelos amigos dos filhos. Com efeito, é pouco prudente permitir que os adolescentes vão a uma festa onde não vai estar presente nenhum adulto ou outra pessoa de confiança; não se trata de confiar ou deixar de confiar nos jovens, mas de ter a responsabilidade de garantir que, na medida do possível, estes convivem em condições adequadas. Aliás, as atividades sociais dos pais também devem estar regidas por esta preocupação por um ambiente adequado.

A sociabilidade e a solidariedade

No final destas considerações sobre a virtude da sociabilidade, convém fazer um esclarecimento sobre a relação da mesma com a solidariedade, porque este conceito está hoje muito na moda. Em geral, a solidariedade é entendida como o apoio entre diferentes pessoas com interesses comuns, com o objetivo de manterem ou reivindicarem os seus direitos. Neste sentido, a solidariedade entre um grupo de pessoas confronta-se automaticamente com a solidariedade entre outro grupo, limitando o conceito a um contexto exclusivista e temporário: assim que o objetivo é alcançado, a solidariedade dilui-se, porque foi estabelecida como um meio para alcançar um fim delimitado no tempo. Ora, a solidariedade pode ser entendida como algo muito superior a isto. Para quem reconhece a transcendência do homem e a sua ordenação a Deus, a questão centra-se na fraternidade humana: a unidade de origem, natureza e destino entre todas as coisas permite que a pessoa conheça o campo ilimitado de que dispõe para se unir aos outros; por outro lado, em termos educativos, a solidariedade leva o ser humano a relacionar-se com todas as pessoas a quem possa servir. Neste sentido, podemos afirmar que «a solidariedade é, pelo menos do ponto de vista lógico, anterior à própria sociabilidade humana. Os homens não são solidários porque são sociáveis, mas são sociáveis porque primeiro são solidários»[1].

Por tudo o que fica dito, percebe-se que a sociabilidade tem de assentar num profundo respeito pelos

---

1   Gutiérrez García, J. L., «Solidaridad», in *Gran Enciclopedia Rialp*, tomo 21, Madri, Rialp, 1975, p. 597.

A EDUCAÇÃO DA SOCIABILIDADE

outros. E este respeito pressupõe não só não fazer nada que os prejudique, como também beneficiá-los sempre que possível[2].

A sociabilidade
Autoavaliação

Segue-se um elenco de afirmações que permitem refletir de forma sistemática sobre:
— o grau em que se vive pessoalmente esta virtude e
— o grau em que se educam os alunos e os filhos nesta virtude.

Em relação a cada afirmação, o comportamento e o esforço pessoal correspondente podem ser avaliados com base na seguinte escala:

5. Estou totalmente de acordo com esta afirmação, que reflete a minha situação pessoal.

4. A afirmação reflete a minha situação em grande parte, embora tenha algumas ressalvas a seu respeito.

3. A afirmação reflete a minha situação em parte; em parte sim e em parte não.

2. A afirmação não reflete a minha situação, embora seja possível que venha a acontecer.

1. Não me parece que a afirmação reflita a minha situação pessoal; não me identifico com ela.

As reflexões pessoais podem ser discutidas com o cônjuge ou com os colegas, de forma a identificar aspectos passíveis de uma atenção prioritária no desenvolvimento da virtude, quer a título pessoal, quer em relação à educação dos filhos e dos alunos.

---

2   Cf. vid. Cap. VII.

De fato, é possível que o leitor vá descobrindo muitos campos em que pode melhorar; mas convém *selecionar apenas um ou dois*, a fim de tentar alcançar os progressos desejados.

A maneira pessoal de viver a sociabilidade

1. Compreendo que preciso dos outros para crescer como pessoa e que tenho o dever de ajudar os outros a melhorar.

(*É este o sentido da expressão «ser social». Entendida como virtude, a sociabilidade só faz sentido quando permite que a pessoa se torne melhor.*)

2. Na minha vida corrente, esforço-me por me relacionar com diferentes pessoas e grupos.

(*Estes contatos favorecem a vivência de outras virtudes, como a amizade, a responsabilidade social e a compreensão. De uma maneira geral, à medida que os anos vão passando, as pessoas vão restringindo cada vez mais os novos contatos, muitas vezes devido ao esforço que têm de fazer para se adaptarem a pessoas e a situações novas.*)

3. Quando me ponho em contato com pessoas desconhecidas ou pouco conhecidas, interesso-me por elas, por aquilo que fazem, por aquilo que dizem e aquilo que sentem.

(*Se não temos este interesse em conhecer os outros, ou não o expressamos, não poderemos dar início a nenhum tipo de comunicação ou de relação.*)

4. Aproveito diferentes situações da vida habitual para estabelecer este tipo de relações.

(*As oportunidades são múltiplas; uns aproveitam-nas, outros não. Por exemplo, nas reuniões de pais da escola, há pais que falam sempre com aqueles que já conhecem, e*

A EDUCAÇÃO DA SOCIABILIDADE

há outros que, pelo contrário, se esforçam por conhecer uma gama mais ampla de casais; o mesmo se passa nas reuniões sociais, nas reuniões de condomínio, nos congressos científicos etc.; há pessoas que aproveitam as suas viagens para conhecer pessoas novas e há outras que preferem não falar com ninguém.)

5. Crio situações com o objetivo específico de conhecer mais pessoas.

(Uma coisa é aproveitar as situações que vão surgindo, outra coisa é organizar atividades com essa finalidade — ou seja, convidar pessoas que se conhecem mal, convidar um colega para praticar um desporto, organizar uma viagem à Terra Santa em grupo, promover um passeio de pais da escola etc.)

6. Esforço-me por ultrapassar a minha timidez e a minha insegurança, a fim de me relacionar com os outros.

(A falta de sociabilidade pode ter muitas causas: as referidas, mas também a preguiça, a autossuficiência etc.)

7. Em geral, esforço-me por fazer perguntas aos outros, a fim de conhecê-los melhor, e ouço-os com atenção.

(Em termos muito práticos, isto significa pensar em perguntas que se podem fazer antes dos encontros, até esta capacidade estar desenvolvida e a conversa fluir naturalmente.)

8. Procuro expressar-me de forma atraente, a fim de suscitar o interesse dos outros por aquilo que estou a dizer.

(Naturalmente que a sociabilidade exige a comunicação entre duas pessoas. Se a outra pessoa não tem espírito de iniciativa, eu tenho de ajudá-la; por outro lado, se tem iniciativa, não teremos grandes problemas em desenvolver uma relação de sociabilidade.)

465

A EDUCAÇÃO DAS VIRTUDES HUMANAS

9. Preocupo-me em ser uma pessoa culta, com interesses amplos.

(*A comunicação exige que haja interesses comuns. Se tivermos interesses muito limitados, só poderemos ser sociáveis com aquelas pessoas que têm os mesmos interesses que nós — um médico com outros médicos, por exemplo.*)

10. Observo as reações das outras pessoas, a fim de acertar nos temas que trago para a conversa, e para perceber se estou a falar demais ou de menos.

(*Um dos problemas da sociabilidade é não saber falar; outro problema, talvez ainda mais difícil de ultrapassar, é falar demais.*)

A educação da sociabilidade

11. Ensino os mais novos a cumprirem as regras necessárias para conviver com outros no mesmo espaço.

(*É o primeiro passo no caminho da sociabilidade: saber estar com os outros.*)

12. Organizo atividades em que os mais novos tenham de aprender a contar com os outros.

(*As crianças começam a brincar sozinhas, mas quando surgem os jogos em equipe precisam dos outros; neste caso, terão de ser os educadores a intervir.*)

13. Estimulo as crianças a conhecerem melhor os seus companheiros.

(*Por exemplo, quando escolhem este ou aquele colega para fazer parte da sua equipe, estão descobrindo critérios para conhecerem e se relacionarem com os outros; neste caso, o critério pode ser a competência do colega naquela atividade, ou a sua simpatia.*)

A EDUCAÇÃO DA SOCIABILIDADE

14. Ajudo as crianças tímidas a desenvolverem capacidades específicas, que lhes permitirão integrar-se num grupo.

(*Se a falta de sociabilidade tem como raiz a timidez, convém não forçar a criança à sociabilidade, pois é muito provável que o resultado seja um fracasso; o importante é que ela aprenda a fazer coisas que sejam úteis aos outros.*)

15. Ajudo os filhos únicos ou autossuficientes a perceberem a necessidade de se adaptar ao grupo, explicando-lhes que não é o grupo que tem de se adaptar a eles.

(*Os filhos únicos têm pouca experiência de adaptação aos outros, e os autossuficientes nunca precisaram dos outros; por isso, muitos deles têm dificuldades com a sociabilidade.*)

16. Tento conseguir que os adolescentes tenham amigos íntimos — é natural que assim seja —, mas insisto também em que se mantenham abertos aos outros.

(*Cada idade tem as suas dificuldades em matéria de sociabilidade. Nesta etapa, o exclusivismo é certamente a mais preocupante, porque leva os jovens não só a ignorarem os outros, mas também a desprezarem-nos.*)

17. Ensino os jovens a perguntar, a fim de poderem conhecer os outros.

(*Através das perguntas, podem descobrir que os outros são interessantes, que têm coisas interessantes a dizer.*)

18. Ensino os jovens a expressarem-se em público.

(*Os jovens têm necessidade de ter coisas interessantes para contar e de saber contá-las. A expressão oral é uma matéria a que se presta pouca atenção nas escolas.*)

19. Ensino os jovens a conversar sobre temas conhecidos de todos quando estão em grupo.

A EDUCAÇÃO DAS VIRTUDES HUMANAS

(*Para haver integração num grupo, tem de haver temas de interesse comum.* Ora, é frequente formarem-se subgrupos, *que começam a conversar sobre temas que só lhes interessam a eles, o que faz com que os outros se sintam postos de lado; além de ser um comportamento mal-educado, esta atitude também constitui uma falta de sociabilidade.*)

20. Ensino os jovens a aproveitarem e a criarem situações com vista ao desenvolvimento da sociabilidade.

(*Por exemplo, reuniões destinadas a celebrar determinado acontecimento, viagens, atividades na paróquia, atividades num clube, excursões, atividades desportivas etc.*)

XXII
A EDUCAÇÃO DA AMIZADE

«Estabelece, com pessoas que já conhecia por razões de interesses profissionais ou de passatempos comuns, contatos periódicos pessoais que assentam numa simpatia mútua, interessando-se ambos pela pessoa do outro e por seu progresso.»

* * *

À primeira vista, não é óbvio que a amizade seja uma virtude; com efeito, como é possível considerar a amizade um hábito operativo bom? Contudo, no seu primeiro comentário ao livro VIII da *Ética a Nicômaco*, de Aristóteles, São Tomás observa que a amizade é uma espécie de virtude, dado tratar-se de um *habitus electivus* que se enquadra no gênero da justiça, na medida em que testemunha de uma proporcionalidade entre os amigos; no entanto, difere da justiça, na medida em que esta contempla a amizade sob o aspecto do débito legal, ao passo que a amizade assenta no débito moral, ou melhor, no benefício gratuito. Neste caso, estamos a falar de um afeto recíproco desinteressado.

Antes de entrarmos no tema específico da educação da amizade, talvez convenha fazer mais alguns esclarecimentos. Na nossa descrição operativa, fazemos referência aos contatos periódicos em consequência de uma simpatia mútua; mas não esclarecemos se a condição da amizade reside unicamente nestes contatos, ou se a pessoa que os realiza tem de possuir alguma qualidade especial. Em outras palavras: pode haver amizade entre duas pessoas que tenham um comportamento moral deficiente? A amizade mantém-se através da virtude e cresce na medida em que a virtude vai crescendo; ao mesmo tempo, este crescimento torna o sujeito mais amável e mais capaz de amar. Assim, «os maus podem ser agradáveis uns aos outros, não enquanto são maus, mas na medida em que todos os homens têm coisas boas e podem estabelecer acordos entre si. Onde falta a virtude a amizade não é possível[1].

Um terceiro ponto a se levar em conta é que a amizade tem a ver com uma relação de intimidade; o que significa que não pode haver uma amizade profunda enquanto a pessoa não descobre a sua intimidade e não aprende a partilhá-la com os outros. Neste sentido, convém distinguir a amizade de outros atos que se lhe assemelham; com efeito, «a sociabilidade engloba todas as pessoas; o amor ao próximo alcança aqueles que nos rodeiam; a amizade diz respeito aos íntimos»[2]. Na vida real, é pouco provável que surjam amizades quando não se presta uma atenção adequada aos outros em geral. O importante é manter uma relação social ampla e praticar a caridade cristã com todos, porque só desse modo pode nascer a simpatia mútua que conduz à amizade.

A amizade: condições e características

Na nossa vida de todos os dias, nós, os adultos, encontramo-nos em múltiplas situações de relação humana, que têm por base atividades de trabalho e

---

1   Vázquez de Prada, A., *Estudio sobre la amistad*, Madri, Rialp, 1975, p. 203.

2   *Op. cit.*, p. 162.

A EDUCAÇÃO DA AMIZADE

de tempos livres e que podem servir para despertar amizades. Quando convidamos para visitar a nossa casa uma pessoa que veio recentemente viver na cidade, por exemplo, estamos a criar uma situação deste gênero; na conversa, procuramos naturalmente temas comuns que possam servir de base a uma primeira troca de impressões: os filhos, as escolas, as diferenças entre as várias regiões do país etc. Por outro lado, é natural que procuremos informar o recém-chegado dos interesses e do trabalho profissional dos outros convidados (embora haja pessoas que, por timidez ou por soberba, não se interessam pelos outros nem querem conhecê-los). Este conhecimento é necessário para que possa haver uma maior compenetração entre os presentes; na verdade, se as pessoas que comunicam entre si não conseguem identificar qualquer interesse ou experiência comum, é pouco provável que nasça entre elas uma amizade. Por isso, podemos afirmar que as condições necessárias para poder surgir uma amizade são: haver interesses em comum e haver um mínimo de homogeneidade na condição das pessoas e nas competências de ambas em relação às matérias em discussão. Se entre os interesses comuns se inclui o interesse das duas pessoas uma pela outra, e se as conversas os conduzem a uma maior maturidade pessoal, terá início uma amizade que se tornará manifesta no desejo de comparar e partilhar experiências, sentimentos, pensamentos e projetos.

Os jovens também estão mergulhados em múltiplas situações de relação humana, como a família, a escola, os clubes juvenis etc. Não serão amigos de todos os colegas, embora realizem muitas atividades com eles; com o tempo, estas relações irão assumindo diferentes matizes e, ao tratar o tema da amizade, será necessário ter em consideração a natureza de cada relação, como a maneira de entender a amizade entre pais e filhos e entre rapazes e moças.

Pelo que fica dito, será já evidente que ser amigo não é o mesmo que ter umas quantas atividades em comum com outra pessoa, ou conhecê-la há muito tempo. A amizade pressupõe um tipo de vínculo, que poderá resultar de um longo processo ou de um encontro de meia hora; trata-se de «uma união espiritual e livre de amor humano mútuo, expansivo e criativo, de um vínculo que é alheio ao sexo e ao instinto da carne»[3]. Neste contexto, é evidente que pode haver amizade entre pais e filhos; mas é igualmente óbvio que a relação entre pais e filhos não pode ficar reduzida à amizade. Na medida em que pais e filhos têm contatos periódicos com vista ao aperfeiçoamento mútuo, pode haver amizade; porém, um pai que se mostra interessado no que faz um filho, que conversa com ele e o apoia afetivamente, mas que não procura nem encontra reciprocidade nessa relação, está a desenvolver um relacionamento que não é de amizade. É comum afirmar que os pais devem ser amigos dos filhos, no sentido em que devem interessar-se pelas suas coisas, a fim de criarem um ambiente de aceitação e de comunicação aberta em que o filho possa relatar fatos da sua intimidade. Mas parece-me que a formação que os pais podem dar aos filhos em matéria da amizade implica conseguirem que eles correspondam de algum modo a este movimento, procurando o bem deles. Quando um filho se preocupa com o pai, poderá fazê-lo

---

3   *Op. cit.*, p. 188.

A Educação da amizade

mais como filho ou mais como amigo: estes dois papéis são complementares, mas convém salientar que o filho continua a ser filho do pai, mesmo que nunca chegue a ser seu amigo.

A relação entre rapazes e moças coloca outro tipo de problemas. De acordo com a nossa descrição operativa inicial, pode haver uma amizade muito natural — com contatos periódicos, simpatia mútua e interesse de cada um pela pessoa do outro e o seu aperfeiçoamento — entre rapazes e moças. A verdade, porém, é que há outro fator que se interpõe entre pessoas de sexo diferente, ou seja, a atração fundamental ou a possibilidade radical de que esta relação se concretize na entrega do corpo. Para um jovem que quer ter um comportamento reto, esta evolução vai dar ao casamento, que é um convénio natural entre um homem e uma mulher, «totalmente distinto, não só das ligações animais produzidas exclusivamente pelo instinto cego da natureza, sem razão nem vontade deliberada, mas também das uniões inconstantes dos homens, que carecem do vínculo verdadeiro e honesto das vontades, e estão destituídas do direito à convivência doméstica»[4].

A razão de ser do homem e da mulher fica patente no Livro do Gênesis 1, 27-28: «Deus criou o homem à sua imagem, homem e mulher os criou, e abençoou-os dizendo: crescei e multiplicai-vos, e enchei a terra.»

Por isso, na sua relação com uma pessoa de outro sexo, o jovem coloca-se numa situação em que se levanta a possibilidade, criada por Deus, de que o compromisso com essa pessoa abranja todo o seu ser, a alma e o corpo. Um jovem de critério poderá

---

4 Pio XI, encíclica *Casti Connubii*, 31-XII-1930, 4.

A EDUCAÇÃO DAS VIRTUDES HUMANAS

considerar que é capaz de distinguir estas dimensões, mas terá de reconhecer, pelo menos, que se trata de um risco que tem de ter em consideração. Quando encontra uma pessoa que lhe parece que pode vir a ser o seu cônjuge, deve tratá-la com o respeito que merece uma pessoa que pode vir a ser coparticipante de um empreendimento abençoado por Deus. Se não compreender que a componente física está implícita na dimensão pessoal, talvez tente separar os dois aspectos, acabando por fomentar essa aberração que são as experiências pré-matrimoniais.

Por outro lado, é perfeitamente lícito que pessoas dos dois sexos se unam em torno de uma determinada atividade, reconhecendo que a razão de ser dessa relação consiste em realizar determinada tarefa (estudar para as provas, por exemplo); neste caso, não se trata propriamente de amizade, mas de uma relação entre colegas, e basta ter em consideração os limites da relação.

Os filhos aprendem facilmente as regras do jogo em atividades onde participam pessoas do mesmo sexo — como as atividades esportivas, entre outras —, mas é frequente os pais e os educadores não lhes explicarem as regras do jogo que vigoram em ambientes que permitem a participação de todos. Quando não utiliza a sua vontade, o homem assemelha-se a um animal; por isso, é necessário treinar os filhos no uso adequado da vontade num campo tão mal compreendido como o das relações entre homens e mulheres.

Os amigos e as idades

Não pretendemos fazer uma descrição psicológica das relações humanas em diferentes momentos da

A EDUCAÇÃO DA AMIZADE

vida, mas pensar sobre uns quantos fatores de base, do ponto de vista da atuação dos pais.

Quando os pais vão à escola falar com os professores e lhes perguntam se os filhos têm amigos, geralmente não têm uma noção muito precisa do que pretendem dizer. É desejável que as crianças tenham amigos, mas analisemos o que isto significa quando se trata de crianças pequenas.

Não estamos, evidentemente, a falar de uma amizade que assenta num compromisso pessoal. O que os pais pretendem saber é se os seus filhos brincam com as outras crianças, conversam com as outras crianças, têm interesses em comum com elas, são generosos com elas, e finalmente se passam mais tempo na companhia de determinados colegas do que na companhia de outros.

Esta interação permite que a criança vá desenvolvendo duas facetas importantes da sua personalidade. Por um lado, começa a reconhecer o seu papel dentro de um grupo; começa a perceber que pode dar alguma coisa ao grupo e receber alguma coisa dele; começa a obedecer às regras do jogo, e será chamado à atenção pelos colegas se não o fizer; em suma, aprende a ser um ser social. No decorrer desta aprendizagem, vai reconhecendo que há outras crianças que são mais fortes, mais espertas ou mais influentes do que ela, ou que é ela que tem estas qualidades; nesta etapa, o importante é que a criança vá aprendendo a comprometer-se com o grupo, principalmente através da aceitação positiva do seu papel e dos papéis dos outros no mesmo. Nesta fase, as crianças chamam amigos às crianças que apreciam as mesmas atividades que elas, e colegas às que preferem outras atividades. As crianças mais problemáticas são as tímidas, as que não se atrevem

A EDUCAÇÃO DAS VIRTUDES HUMANAS

a fazer parte de um grupo, e as mimadas, que muitas vezes sofrem bastante porque descobrem subitamente que os outros não estão dispostos a satisfazer-lhes os caprichos.

À medida que os anos vão passando, os «amigos» — que são os membros de um grupo com interesses e gostos comuns — vão mudando, e surge a tendência para procurar amigos mais íntimos, pessoas em quem o pré-adolescente possa confiar e a quem possa contar os seus problemas. O grupo continua a ser importante, mas o jovem já consegue distinguir os colegas dos amigos; contudo, ainda não aprendeu que tem o dever de dar o seu contributo à relação, e por vezes a amizade serve-lhe apenas como meio para desafogar os seus sentimentos.

Mais adiante, quando quer tornar-se independente dos pais, o jovem tenta conhecer muitas pessoas a quem possa chamar amigos, embora continuem a ser apenas colegas com interesses em comum, que se reúnem para estudar, para passear, etc. À medida que vai amadurecendo, porém, começa a selecionar estas relações, distinguindo as mais descontraídas daquelas que implicam um compromisso da sua parte. Em geral, as pessoas não têm muitos amigos; o mais comum é conhecerem muita gente, com quem estabelecem relações de uma certa proximidade, em que partilham alguns aspectos da sua vida.

A amizade e as outras virtudes humanas

Já dissemos que, onde falta a virtude, não há amizade. O que significa que o desenvolvimento das virtudes humanas é imprescindível à amizade. Bastarão uns

A EDUCAÇÃO DA AMIZADE

quantos exemplos para demonstrar esta tese: a lealdade é a virtude que ajuda a pessoa a aceitar os vínculos implícitos na sua adesão ao amigo, de tal maneira que reforça e protege, ao longo do tempo, o conjunto de valores que esta relação representa; a generosidade facilita a atuação do amigo em favor do outro, tendo em consideração aquilo que é útil e necessário ao seu progresso pessoal; o pudor controla a entrega de aspectos da intimidade; a compreensão ajuda a reconhecer os diferentes fatores que têm influência na situação específica do amigo, no seu estado de espírito etc.; a confiança e o respeito levam os amigos a mostrarem interesse um pelo outro, dando provas de que acreditam um no outro e na sua capacidade de melhorar continuamente. Podemos afirmar, pois, que um bom amigo é uma pessoa que se esforça por crescer num conjunto de virtudes. O problema consiste em conseguir que os jovens escolham como amigo este tipo de pessoa, e depois mantenham esta relação.

O problema inverso é o das más influências. Em que consistem estas influências?

Por um lado, temos de ser realistas e reconhecer que não tem grande utilidade estar constantemente a proteger os jovens de influências externas, porque há um momento em que eles têm de se confrontar com elas e, se não estão preparados para isso, tais influências serão muito mais prejudiciais. Mas também não se trata, evidentemente, de os abandonar, com base na ideia de que os educadores não podem ou não devem ajudá-los.

Uma má influência é uma influência que consegue introduzir uma mudança no comportamento da pessoa, de tal maneira que esta deixa de ter por base critérios

A EDUCAÇÃO DAS VIRTUDES HUMANAS

retos. O resultado mais nefasto de uma má influência é uma radical alteração dos critérios da pessoa, que implica uma destruição ou um abandono da verdade. Em outras palavras, a má influência tende a favorecer o desenvolvimento de vícios em vez de promover o desenvolvimento das virtudes nos jovens. Se aceitarmos este esclarecimento, percebemos que a influência ocasional de uma pessoa não tem grande importância, desde que a alteração produzida na criança se reflita num comportamento esporádico. Por exemplo, se um colega de um filho lhe comunica as razões pelas quais apoia o controle da natalidade e o jovem aceita estas razões porque não tem critérios claros sobre a matéria, não tem grande relevância que comunique aos pais que é a favor do controle da natalidade; pelo contrário, é uma atitude que permite que os pais lhe esclareçam a questão. Em contrapartida, se esta ideia é complementada por outras, que se traduzem numa visão do mundo e num comportamento habitual, a situação torna-se mais grave.

Por isso, podemos afirmar que a «amizade» mais perigosa que uma pessoa pode ter é aquela relação que se baseia numa dependência de outrem, de tal maneira que o jovem aceita por completo a influência desta pessoa, sem a matizar com os seus próprios critérios. Assim, os pais deverão dar especial atenção às «amizades» entre os filhos ainda pouco maduros e pessoas muito seguras de si, mas com critérios errados.

Em segundo lugar, convém ter em atenção as relações que os jovens possam estabelecer com terceiros, não por causa das suas características pessoais, mas com base nas atividades atraentes que possam proporcionar-lhes — como a atração que se gera em

A Educação da Amizade

torno de uma moto de grande potência, que em si mesma não tem nada de mal, mas que pode revelar que o seu proprietário ou os pais não se preocupam com a virtude da sobriedade.

Por último, é conveniente prestar atenção àqueles filhos adolescentes que não são capazes de se comprometer numa relação, que mudam continuamente de amigos sem qualquer critério, que não pensam no que querem nem no que esperam dos outros. A amizade pressupõe espírito de serviço; um jovem que não tenha aprendido a servir dificilmente será capaz de criar uma amizade fundamentada na relação humana de melhoramento mútuo.

Mas ainda não respondemos à pergunta que formulamos atrás: como conseguir que os jovens escolham bons amigos?

Os jovens escolhem aquilo que lhes parece atraente; e essa atração dependerá, em parte, daquilo que os pais ensinaram aos filhos desde pequenos. Se os pais levam uma vida frívola, centrada no prazer superficial, é possível que os filhos procurem «amigos» entre aquelas pessoas que podem proporcionar-lhes o mesmo tipo de prazer; pelo contrário, se os pais tentam viver a generosidade, preocupando-se com os outros, é possível que os filhos absorvam este calor e o assimilem à sua vida.

Por isso, o importante é orientar os filhos no tipo de atividades que estes realizam, sabendo que há grupos onde quase todos os membros poderão vir a ser seus amigos, e outros grupos em que se verifica o contrário. Naturalmente que terão mais hipóteses de arranjar amigos num clube que promova atividades saudáveis do que num grupo que se reúne

A EDUCAÇÃO DAS VIRTUDES HUMANAS

com o simples objetivo de fumar, beber e falar dos colegas do outro sexo em tom pouco respeitoso. A verdade, porém, é que o primeiro grupo pode parecer-lhes entediante — e é aqui que reside a função dos pais: organizar ou promover atividades que sejam interessantes em si, que façam apelo ao desejo de aventura dos jovens, aos seus interesses artísticos, à sua preocupação com os outros etc.

Nestas circunstâncias, os jovens costumam começar a selecionar os amigos e é importante orientá-los nesse processo, para que cumpram o seu papel, visitando os amigos quando estão doentes, animando-os quando se sentem tristes, acompanhando-os no cumprimento de alguma tarefa que lhes foi imposta, partilhando a sua intimidade com eles, e procurando manter o contato, não só nos períodos normais — os períodos de aulas —, mas também nas férias, escrevendo-lhes ou telefonando-lhes. É este esforço que permite que algumas pessoas mantenham as amizades da juventude.

O papel da família

Às vezes, parece que a vida em família entra em conflito com os amigos, por exemplo quando os pais querem fazer um passeio com toda a família e um dos filhos prefere ir sair com os amigos. É bom organizar atividades em que a família possa sentir-se unida, mas também é preciso respeitar os gostos pessoais dos filhos.

Se consideramos que os nossos filhos devem ter amigos, devem ter colegas e devem ter vida em família, um pouco de bom senso permitirá resolver os problemas.

A Educação da Amizade

Mas há outro papel que a família, em especial os pais, tem de desempenhar. Com efeito, os pais querem que os filhos tenham amigos, mas também querem que as suas amizades sejam convenientes. A sua missão consiste em não apresentar a família como um castelo onde só podem entrar os que a ela pertencem, mas como um grupo disposto e desejoso de receber outras pessoas no seu seio. Os pais não têm o direito de entrar na intimidade dos filhos (e as relações com os amigos fazem parte dessa intimidade), mas têm o dever de criar um ambiente e situações sedutoras, que lhes permitam conhecer os amigos dos filhos. Quando os conhecem, têm de ter o cuidado de não os julgar pelo simples fato de terem uma atitude superficial ou um modo de vestir que não lhes agrada; o importante é saber o que pensam e que critérios têm. Em alguns casos, não haverá problemas; noutros, os filhos poderão fazer muito bem aos amigos, e os pais devem permitir o desenvolvimento dessa amizade depois de ter uma conversa com eles, no caso de se tratar de jovens já maduros; mas haverá ocasiões em que os pais terão de declarar categoricamente aos seus filhos que determinada pessoa é uma influência perigosa, e explicar-lhes o motivo. Os pais têm de ter o cuidado de não estar permanentemente a dizer que não — coisa que, aliás, não será necessária se tiverem conseguido formar adequadamente os seus filhos acerca da verdadeira natureza da amizade.

Por outro lado, a sua casa é o local onde os filhos podem sentir-se seguros; quando começam a relacionar-se com os outros, sofrem desgostos e desenganos, e o seu desenvolvimento social será facilitado pelo fato de terem a segurança de ser aceites dentro de casa.

Resumindo, a família deve prestar aos filhos o serviço de lhes permitir convidar os amigos para sua casa, a fim de terem oportunidade de contatar com o seu estilo de vida e de serem positivamente influenciados por ele. Por outro lado, deve manter os braços abertos para que os filhos, quando começam a forjar o seu futuro em múltiplas relações, possam regressar sempre que quiserem, sabendo que a relação que têm com os pais é mais do que de amizade, é uma relação filial. Neste sentido, convém esclarecer que os pais não podem nem devem tentar substituir os amigos dos filhos. Os filhos esperam que os pais sejam isso mesmo: pais.

O exemplo dos pais

Nós, os adultos, tendemos a relacionar-nos com os outros com base em critérios muito próprios. Há casais que centram a sua vida social na família alargada, outros num clube, outros que acham que sequer têm tempo para fazer amigos, e outros que só se encontram com terceiros em situações estritamente profissionais.

Por outro lado, os casais têm problemas específicos que as pessoas sozinhas não têm, como o fato de um dos seus membros ser amigo de uma pessoa cujo cônjuge não se dá bem com o cônjuge da primeira. Contudo, e como mencionamos antes, convém distinguir as relações de amizade das relações com aquelas pessoas com quem simplesmente praticamos alguma atividade, e das relações que implicam compromissos pessoais.

Os filhos devem ver nos pais pessoas que estão dispostas a comprometer-se, a ajudar, a dar, mesmo que custe, porque é isso que torna a amizade valiosa. Os pais que centram as suas «amizades» em atividades superficiais levam os filhos a pensar que os amigos não passam de instrumentos com vista à constituição de uma vida pessoal agradável. Convidar umas pessoas para jantar, ser simpático com elas, e criticá-las quando viram costas é mostrar aos filhos uma noção totalmente equivocada do que são os seus deveres relativamente aos colegas.

Isso significa que os pais têm de ter muito respeito pelas pessoas que entram em contato com eles, avaliando os fatos e as opiniões sem criticar as pessoas, sabendo comprometer-se com muitas dessas pessoas para que cheguem a ser amigos verdadeiros, cuja presença enriquece o indivíduo e a família toda.

Conclusão

A amizade pressupõe uma certa comunidade de vida, uma unidade de pensamentos, de sentimentos e de vontade. É natural, pois, que, de uma maneira geral, os amigos tenham critérios básicos em comum, embora seja sempre possível ter amigos com critérios muito diferentes. Também nestes casos, se houver respeito, flexibilidade e o desejo de os amigos se ajudarem mutuamente, pode haver uma amizade profunda; caso contrário, a relação terá muitos obstáculos ao seu desenvolvimento, e o afeto poderá deixar de ser recíproco com alguma facilidade, transformando-se num desejo de dominar o outro, ou seja, será uma amizade frágil. A amizade assenta na luta de autossuperação das duas pessoas com vista ao desenvolvimento, pelo menos, das virtudes humanas. O bom amigo exige que o outro o compreenda, lhe dê o exemplo, lhe dê aquilo de que tem necessidade — nem mais nem menos — e arranje tempo para estar com ele. Nos nossos tempos, dedicamos pouco tempo à amizade, uma atitude que não é razoável nem humana.

A amizade
Autoavaliação

Segue-se um elenco de afirmações que permitem refletir de forma sistemática sobre:
— o grau em que se vive pessoalmente esta virtude e
— o grau em que se educam os alunos e os filhos nesta virtude.

Em relação à cada afirmação, o comportamento e o esforço pessoal correspondente podem ser avaliados com base na seguinte escala:

5. Estou totalmente de acordo com esta afirmação, que reflete a minha situação pessoal.

4. A afirmação reflete a minha situação em grande parte, embora tenha algumas ressalvas a seu respeito.

3. A afirmação reflete a minha situação em parte; em parte sim e em parte não.

2. A afirmação não reflete a minha situação, embora seja possível que venha a acontecer.

1. Não me parece que a afirmação reflita a minha situação pessoal; não me identifico com ela.

As reflexões pessoais podem ser discutidas com o cônjuge ou com os colegas, de forma a identificar aspectos passíveis de uma atenção prioritária no desenvolvimento da virtude, quer a título pessoal, quer em relação à educação dos filhos e dos alunos. De fato, é possível que o leitor vá descobrindo muitos

A Educação da amizade

campos em que pode melhorar; mas convém *selecionar apenas um ou dois*, a fim de tentar alcançar os progressos desejados.

A maneira pessoal de viver a amizade

1. Trato as pessoas com quem me relaciono em situações sociais ou de trabalho pensando que posso vir a ser amiga de algumas delas. (*A amizade implica fazer uma seleção entre as pessoas conhecidas. Se conhecemos poucas pessoas, temos menos hipóteses de fazer uma seleção. Mas temos de ter a noção de que também podemos fazer novos amigos nessas circunstâncias.*)

2. Sei que, para poder fazer amigos, tenho de encontrar uma certa congruência entre as condições da outra pessoa e as minhas, bem como uma certa homogeneidade e interesses comuns. (*É sempre possível estabelecermos relações de amizade com pessoas muito diferentes de nós, mas temos de ter algum interesse em comum.*)

3. Nas relações de amizade, preocupo-me com o bem do outro e não só com o objeto do nosso interesse comum. (*Se a outra pessoa só nos interessa como companheira de uma atividade de interesse comum, e não nos interessa como pessoa, não podemos dizer que haja amizade; nesse caso, somos apenas colegas de atividade.*)

4. Mantenho contatos periódicos com as pessoas que selecionei e que me selecionaram como amigo. Arranjo tempo para me dedicar aos meus amigos. (*A amizade é recíproca: não posso dizer que determinada pessoa é um amigo se ela não deseja aceitar-me como tal. Por outro lado, a amizade pressupõe que haja*

A EDUCAÇÃO DAS VIRTUDES HUMANAS

contatos com uma certa frequência — que as pessoas se encontrem, se telefonem, se escrevam, pensem no outro, rezem por ele etc.)

5. Entendo que a qualidade da amizade aumentará em consonância com a troca de questões íntimas e a preocupação pelo bem do outro.

(Se não houver uma certa troca de questões íntimas, não poderá haver ajuda mútua na relação; mas também não se trata, evidentemente, de abusar na entrega da intimidade, tratando temas que são mais próprios de outro tipo de relações.)

6. Tenho consciência de que devo prestar atenção nos limites da amizade nas relações com pessoas do outro sexo.

(A amizade natural leva as pessoas a partilharem a sua intimidade. Como a entrega íntima corporal entre homens e mulheres é uma possibilidade real, convém ser prudente nas relações de amizade com pessoas do outro sexo.)

7. Estabeleço relações paterno-filiais com os meus filhos, ciente de que poderão criar-se condições para o desenvolvimento de uma maior amizade com algum deles.

(É natural que um pai tenha mais interesses em comum ou maior afinidade temperamental com uns filhos do que com outros. Vale lembrar que a relação paterno-filial é superior à relação de amizade.)

8. Recordo que, para ser bom amigo e para que um amigo meu o seja, ambos temos de lutar por nos ultrapassar num conjunto de virtudes humanas.

(Por exemplo, a lealdade, a compreensão, a generosidade, o pudor, a sinceridade.)

9. Procuro dedicar a atenção necessária aos amigos que tenho e, sendo casada/o, procuro arranjar

maneira de ter casais amigos com quem possamos ambos dar-nos bem.

(Não é fácil que seja assim, porque nem sempre os cônjuges dos amigos se tornam amigos entre si. Mas vale a pena fazer um esforço nesse sentido, que ajuda os casais a crescerem juntos enquanto casal.)

10. Dou bom exemplo aos meus filhos, preocupando-me com os meus amigos.

(Visito os meus amigos quando estão doentes, não falo mal deles diante de outros membros da família, esforço-me por lhes dar atenção, dou-lhes os parabéns nos aniversários, convido-os a vir a minha casa, escrevo-lhes quando estou fora.)

A educação da amizade

11. Ensino os mais pequenos a estar com os outros, a brincar e a falar com eles, e a partilhar os seus interesses.

(Nestas idades precoces, não existe ainda uma amizade autêntica. O importante é criar situações para que os mais novos aprendam a relacionar-se com outras crianças. Mais adiante, começarão a escolher os amigos.)

12. Pelos oito anos, tento conseguir que os meus filhos e os meus alunos comecem a fazer jogos de equipe e a realizar atividades em grupo.

(Ainda não é a idade para se escolherem amigos íntimos, embora seja importante que as crianças aprendam a comprometer-se com um grupo ou uma equipe, reconhecendo o seu papel e o papel dos outros no conjunto.)

13. Tento criar situações para que os meus filhos e os meus alunos possam relacionar-se com crianças cujas famílias tenham o mesmo tipo de valores que a deles.

(*Se tiverem esta oportunidade desde cedo, é provável que, dentre estes colegas e estes conhecidos, saiam os seus futuros amigos.*)

14. Tento conseguir que os meus filhos e os meus alunos desenvolvam um conjunto de virtudes humanas que possam favorecer as suas possibilidades de serem bons amigos.

(*Ninguém pode ser bom amigo se não for virtuoso. Há pessoas que não se apercebem disso e se contentam com pouco, desejando apenas que os filhos ou os alunos tenham algum interesse em comum.*)

15. Quando chegam à adolescência, explico-lhes o que é a amizade e como devem vivê-la.

(*Não podemos esquecer nunca a importância do processo de raciocínio. Como o tema da amizade costuma ter uma carga muito afetiva, é de especial interesse esclarecer as ideias a tempo.*)

16. Tento manter relações com os meus amigos, não só porque sei que todos precisamos ter amigos, como também porque tenho a noção de que o ideal é que os filhos dos meus amigos sejam amigos dos meus filhos.

(*Este tipo de atenção é o melhor remédio contra as más influências.*)

17. Aceito que os adolescentes dediquem muito tempo aos seus amigos, com a noção de que isso é natural e necessário.

(*Os pais terão de exigir aos adolescentes que continuem a prestar atenção à família, mas sem os atazanar.*)

18. Tento introduzir os jovens em diferentes grupos, para que tenham a possibilidade de escolher os seus amigos.

A EDUCAÇÃO DA AMIZADE

(*Por exemplo, em atividades na paróquia, em clubes juvenis, em associações esportivas.*)

19. Incentivo os meus filhos a convidarem os seus conhecidos e os seus amigos para casa.

(*Também não se trata de deixar entrar qualquer um, independentemente dos seus critérios e do seu comportamento habitual; um critério operativo poderá ser recomendar aos jovens que não convidem nenhum «amigo» que não estivessem dispostos a aceitar como marido de uma irmã, e vice-versa.*)

20. Explico aos jovens quais devem ser os limites de uma relação com uma pessoa de outro sexo.

(*Como observamos várias vezes, trata-se de dar uma informação clara, curta e concisa. O mais provável é que os pais tenham de voltar várias vezes ao assunto.*)

XXIII
A EDUCAÇÃO DA COMPREENSÃO

«Reconhece os diferentes fatores que têm influência nos sentimentos e no comportamento duma pessoa, aprofunda o significado de cada fator e a interrelação entre eles e adequa o seu comportamento a essa realidade.»

* * *

Vamos analisar o tema da compreensão no contexto das relações pessoais. A descrição operativa não faz referência às consequências da compreensão; mas é evidente que, quando se compreendem os diferentes fatores que têm influência sobre o estado de espírito e o comportamento de uma pessoa, torna-se mais fácil ajudá-la a melhorar num sentido muito amplo. O simples fato de as pessoas se sentirem compreendidas pode ser uma ajuda relevante em determinados momentos.

Deste modo, uma das motivações para o desenvolvimento da virtude da compreensão é o *desejo de ajudar* outras pessoas, de acordo com as suas circunstâncias, tendo em conta os fatores mais decisivos em cada caso.

Podemos perguntar se esta é uma virtude a desenvolver nos filhos mais pequenos, ou se apenas vale a pena prestar-lhe atenção quando os filhos são mais velhos. Para respondermos a esta pergunta, temos de ter em conta aquilo que dissemos sobre a motivação da compreensão. O desejo de ajudar de acordo com as necessidades alheias só costuma manifestar-se

A EDUCAÇÃO DAS VIRTUDES HUMANAS

quando se começa a descobrir a própria intimidade — embora possa começar um pouco mais cedo, mas de forma superficial; refiro-me àquelas situações em que os filhos pequenos percebem (têm consciência) o estado de espírito de outra pessoa, ou reconhecem, pelo seu comportamento, que precisa de alguma coisa. Por exemplo, quando uma criança percebe que a mãe está cansada, é possível que se esforce por não fazer barulho ou por ajudar em alguma tarefa doméstica; quando percebe que um irmão está triste, pode emprestar-lhe ou oferecer-lhe alguma coisa sua para o consolar. Mas estes comportamentos são geralmente reações afetivas, que resultam do afeto que tem pelos outros; o seu objetivo é voltar a pôr as coisas no lugar: conseguir que a mãe descanse e que o irmão fique contente. Isso significa que compreende que falta qualquer coisa para que as relações sejam como devem ser, mas que não o preocupam as causas daquela situação anômala, nem se esforça por compreendê-la em profundidade.

Nestas idades, a missão dos pais consiste em ajudar os filhos a identificar as características de cada membro da família; a ter a noção de que há momentos oportunos e inoportunos para falar, para pedir alguma coisa etc.; a perceber os diferentes estados de espírito dos outros, introduzindo perguntas como: o que terá acontecido para ele reagir daquela maneira? O que se terá passado? Por que estará tão triste/alegre? Deste modo, a criança vai compreendendo os diversos fatores que podem ter influência sobre uma pessoa; mas a compreensão de nível mais profundo só virá quando começar a identificar em si mesma sentimentos semelhantes aos expressos pelos outros.

A EDUCAÇÃO DA COMPREENSÃO

E aqui podemos fazer uma pergunta importante: será possível compreender os outros quando a pessoa nunca teve uma experiência semelhante? Se compreender significa reconhecer os fatores que influenciam os sentimentos e o comportamento de uma pessoa, a resposta será afirmativa, pois basta a experiência de ter conhecido pessoas em situação idêntica; ou pelo menos pode-se compreender o suficiente para se ajudar essa pessoa a ultrapassar as suas dificuldades ou para ajudá-la a melhorar. Seja como for, é necessário ter em consideração o risco implícito na transferência dos sentimentos de outra pessoa pelo simples fato de as circunstâncias pelas quais está passando serem semelhantes às que se viveram. A compreensão não consiste apenas em sentir *com* o outro, isto é, em ter simpatia; consiste também em tentar ver as coisas do ponto de vista dele, ou seja, em ter empatia. Mas só se atinge este grau de compreensão quando a pessoa percebe a importância da compreensão e da sua missão de ajudar os outros.

A empatia

Para explicar bem o que entendemos por empatia, temos de fazer referência a alguns estudos de psicólogos. Em 1957, Rogers declarou que a empatia consiste em «captar com precisão o quadro interior de referência da outra pessoa, juntamente com os componentes emocionais que lhe pertencem, identificando-se com essa pessoa, mas sem perder a condição de observador»[1]. Outros psicólogos posteriores começaram, contudo, a confundir esse estado de empatia com o

---

1 Rogers, C. R., «The necessary and sufficient conditions of therapeutic personality change», *Journal of Consulting Psychology* 21 (1957), pp. 95-103.

A EDUCAÇÃO DAS VIRTUDES HUMANAS

correspondente processo; por exemplo, Truax defendeu, em 1970, que a empatia é «mais do que a capacidade de o orientador ser sensível ao mundo interior do cliente, como se fosse o seu. A empatia pressupõe, para além da sensibilidade do orientador pelos sentimentos da outra pessoa, a sua capacidade de comunicar esta compreensão numa linguagem capaz de captar os sentimentos do cliente»[2]. Não citamos estas duas posições para adotarmos uma delas, mas para salientarmos que, na virtude da compreensão, nos interessam as duas competências. No domínio da formação dos orientadores, têm-se debatido bastante os aspectos deste processo que devem ser considerados prioritários, e se há outros aspectos que devem ser levados em consideração: «a potencialidade da pessoa a respeito da empatia pode ser limitada ou impedida por problemas pessoais, por emoções contrastantes ou por uma falta de capacidade de encarar adequadamente a situação. É mais adequado tentar afastar estas dificuldades relativas à empatia do que tentar orientar a capacidade empática»[3].

Não prosseguindo os pensamentos dos filósofos, é manifesto que os pais, pensando na educação dos filhos, devem preocupar-se, em maior ou menor grau, com cada um destes problemas:

— como ajudar os filhos a estarem pessoalmente em condições ótimas para compreender os outros?

— como conseguir que aprendam a ver a outra pessoa empaticamente, reconhecendo os diferentes

---

2   Truax, C. B., «A scale for the measurement of accurate empathy», *Psychiatric Institute Bulletin*, University of Wisconsin, 1961, 1, n. 12.

3   Hackney, H., «The evolution of empathy», *Personnel and Guidance Journal* (setembro de 1978).

aspectos que afetam os seus sentimentos e o seu comportamento?

— como ensiná-los a comunicar a sua compreensão para ajudar o outro?

Condições e circunstâncias pessoais para ser compreensivo

A observação da vida de todos os dias na relação com os demais pode demonstrar muitas verdades. Uma delas tem a ver com as condições que a pessoa precisa ter para receber alguma informação. Assim, se a pessoa tenta comunicar uma informação quando a outra está preocupada com uma questão pessoal, o mais provável é que não ouça ou que não assimile; por exemplo, se um pai dá uma série de instruções a um filho quando o filho acaba de assistir a um acidente e quer muito contar-lhe o que viu, é muito provável que a criança não escute as instruções. O mesmo acontece quando se trata de compreender os outros: se as crianças estão centradas nos seus próprios problemas, é natural que não se abram o suficiente para se preocuparem com os outros. A lição é fácil de entender, mas já não é tão fácil de viver na prática. Se queremos que os nossos filhos estejam em condições de compreender os outros, temos de começar por ajudá-los a esquecer os seus problemas. Mas a palavra «esquecer» talvez não seja a mais correta; trata-se antes de reconhecer os problemas na sua justa medida — importantes ou secundários — e de aplicar os meios necessários para superá-los. Uma vez mais, a observação permite concluir que, quando se aplicam os meios para superar um problema, parte da tensão interior desaparece.

A EDUCAÇÃO DAS VIRTUDES HUMANAS

Por isso, os problemas que mais dificuldades podem colocar à virtude da compreensão são aqueles que não parecem ter solução; são problemas que suscitam um estado de espírito em que a pessoa dá voltas e voltas ao mesmo assunto sem conseguir ver uma saída, nem conseguir dispor-se a ajudar os outros.

Neste sentido, é manifesto que aqueles jovens que aprenderam a confiar razoavelmente nas suas próprias capacidades, na ajuda dos seus pais e das outras pessoas, e de um modo muito especial a acreditar na ajuda de Deus estão em boas condições para tentar compreender os outros.

Por outro lado, é importante ajudar os jovens a não terem preconceitos. Já falamos deste assunto noutra ocasião, mas convém-nos agora refletir sobre alguns problemas típicos dos filhos nesta matéria. Compreender é um ato que consiste em recolher informação sem fazer juízos sobre a pessoa; ora, quando o comportamento da outra pessoa é descartado de início, dificilmente se conseguirá prestar a devida atenção aos fatores que tiveram influência na situação em questão. Por exemplo, quando um pai se aborrece com um filho que lhe respondeu mal, a única coisa a que está a prestar atenção é à resposta do filho, e nem sequer se esforça por compreendê-lo e por compreender a razão daquele comportamento: o filho quereria realmente responder-lhe daquela maneira, ou estaria a exprimir uma dor interior, que não queria nem conseguia exprimir de outra forma?

A serenidade, a segurança, a flexibilidade e o bom humor são virtudes que nos permitem ter uma atitude positiva em relação aos outros.

A EDUCAÇÃO DA COMPREENSÃO

A educação da percepção empática

Seria absurdo pensar que nestas breves linhas o leitor vai encontrar a solução para o problema da educação da percepção empática, quando há tantos sábios que andam há tanto tempo a estudar este assunto e não conseguem chegar a um acordo sobre as conclusões operativas a tirar. De maneira geral, os psicólogos consideram que a empatia, os reforços positivos e o calor humano fazem falta às relações humanas. Mas não é evidente como se vive e se ensina a empatia; há pessoas que nascem com ela, e outras que não. O que faremos em seguida é enunciar uma série de sugestões, com o objetivo de ajudar os pais na educação dos seus filhos; não se trata de um programa, mas de um conjunto de pontos pelos quais se pode dar início à luta pelo aperfeiçoamento pessoal.

Podemos começar por alguns esclarecimentos que é necessário fazer aos adolescentes:

— As pessoas não são todas iguais, e reagem de maneiras diferentes a diferentes estímulos; assim, não podemos pensar que as outras pessoas vão sentir o mesmo que nós em determinada situação. Na verdade, este problema continua presente entre os adultos; com efeito, há muitas pessoas que raciocinam da seguinte maneira: «se isto não me incomoda, por que razão há de incomodar os outros?»

— O que as pessoas dizem e fazem não é necessariamente um reflexo fiel das suas intenções e dos seus sentimentos íntimos. Antes de averiguarmos quais são os fatores que têm maior influência em determinada situação, temos de saber qual é a situação real, e não aquela que se reflete num comportamento visível.

— É muito fácil pensar, de forma simplista, que determinado problema tem uma única causa; normalmente, há um conjunto de causas para um fato, por isso não podemos aceitar sem mais a primeira que nos aparece.

— Numa situação normal, o mais importante para a outra pessoa talvez seja ter a noção de que alguém se preocupa com ela, mas ao mesmo tempo respeita a sua intimidade.

— Por último, não podemos ter a pretensão de compreender tudo, porque isso não é possível. Esta dificuldade fica bem refletida na resposta de um pai a uma filha adolescente, depois de esta se queixar de que o pai não a compreendia: «Minha filha, como é que eu posso compreendê-la, se nem você mesma se compreende?»

Podemos resumir o que ficou dito salientando que a compreensão que pretendemos deve traduzir-se numa ajuda que leve o outro a compreender-se suficientemente a si mesmo, para poder aplicar os meios que lhe permitam ultrapassar as suas dificuldades ou empreender uma luta de aperfeiçoamento pessoal.

Seja como for, convém ter em conta diferentes tipos de fatores que podem ter influência nos sentimentos ou no comportamento de uma pessoa, o que permitirá diagnosticar o problema geral. Em relação a estes fatores, podemos ter a tentação de perguntar diretamente à outra pessoa: O que está acontecendo? Na maioria dos casos, receberemos evidentemente como resposta: "Nada".

Elementos que podem ter tido influência na situação:

— alguma coisa que fez; pode haver uma estreita relação entre a tristeza de um jovem e o fato de ter copiado num exame, por exemplo;

A EDUCAÇÃO DA COMPREENSÃO

— alguma coisa que deixou de fazer; pode haver uma estreita relação entre a tristeza de um jovem e o fato de não ter estudado para um exame, por exemplo;

— alguma coisa que outra pessoa lhe fez; pode haver uma estreita relação entre a tristeza de um jovem e o fato de um professor o ter castigado por ele ter copiado num exame, por exemplo;

— alguma coisa que outra pessoa não lhe fez;

— alguma coisa que ele pensou, viu ou ouviu.

Apresentamos alguns exemplos para mostrar que pode ser muito difícil descobrir qual é o problema real ou quais são as causas do problema. Por exemplo, quando vê um filho triste, o pai pode perguntar-lhe diretamente por que razão está assim; e o filho poderá responder-lhe que é por ter sido castigado pelo professor. Mas será realmente essa a razão? O jovem também pode estar triste porque o professor o pegou colando, ou porque percebeu que não devia ter colado, ou porque percebeu que devia ter estudado mais, ou porque um colega zombou dele por ter copiado etc.

O comportamento da pessoa que quer ajudar terá de ser adaptado à causa da tristeza. Se o jovem percebe que não devia ter colado, será necessário ajudá-lo a ultrapassar esse desgosto e a estudar mais; em contrapartida, se ele está triste porque foi apanhado pelo professor, a compreensão não deve ser solidária com esse sentimento. Em suma, a compreensão não conduz necessariamente à aceitação dos sentimentos ou do comportamento da outra pessoa; a compreensão pressupõe descobrir o que se passa realmente e depois procurar uma via de saída do ponto de vista da outra pessoa — ou seja, aceitando-a tal como é.

E como podemos desenvolver esta capacidade nos nossos filhos? Ajudando-os a reconhecer os diferentes sentimentos nos outros, e os seus múltiplos comportamentos; ou seja, educando a sensibilidade. Na prática, esta educação pode ser feita através de um conjunto de perguntas, como por exemplo: você reparou que o seu irmão está muito triste / irritado / satisfeito etc.? Por que será? Tem certeza? Não haverá outras razões? E por que ele fez isso? Além de compreenderem os irmãos, os jovens também podem aprender a compreender os colegas, os professores e os próprios pais. Tem-se observado frequentemente que os pais devem compreender os filhos; a verdade é que os filhos também devem habituar-se a compreender os pais. E isto é um ponto importante na relação de cada um deles com os filhos; assim, a mãe pode ajudá-los a compreender o pai, e vice-versa.

A comunicação da compreensão

Conforme o tipo de problema da outra pessoa, será necessário: compreendê-la e demonstrar essa compreensão; compreendê-la e não fazer nada; mostrar preocupação por ela, mas sem demonstrar demasiada compreensão. Convém compreender e não fazer nada quando o jovem tem capacidade para ultrapassar a dificuldade sem ajuda. É o que acontece, por exemplo, no caso de uma criança que está muito triste por uma coisa sem importância e que tem consciência de que isso é um disparate; dar muita atenção a ela nessas circunstâncias poderá ser contraproducente, porque implica exagerar uma coisa que a criança tem vontade de esquecer rapidamente. Noutros casos, o jovem é

A EDUCAÇÃO DA COMPREENSÃO

capaz de ultrapassar o problema, mas precisa de apoio afetivo para esse efeito, precisa saber que há alguém que se preocupa com ele; neste caso, também não é preciso fazer muitas perguntas. Temos, pois, de fazer uma distinção entre compreender a pessoa, os seus sentimentos e os seus comportamentos, e compreender as suas necessidades.

Vamos agora centrar a nossa atenção na necessidade que a pessoa tem de sentir-se compreendida. Há muitos estudos sobre técnicas de comunicação; mas o que se pretende não é que os jovens sejam especialistas na orientação dos irmãos e dos colegas. Por isso, optamos por comentar de forma breve uns quantos comportamentos que podem facilitar o processo sem propriamente o profissionalizar.

— Trata-se de mostrar que se compreendeu o outro, e não que se fez um juízo sobre ele; por isso, é preciso ter atenção à expressão verbal, evitando recorrer a frases valorativas e procurando recorrer a uma linguagem descritiva. O ser humano sente-se compreendido quando a pessoa que está a ouvi-lo repete, por vezes com palavras suas, aquilo que ouviu contar, mas sem fazer juízos de valor sobre o conteúdo.

— Trata-se de ajudar a outra pessoa a resolver um problema, pelo que convém evitar posições prévias. A reação não deve ser: «Você deve fazer isto», mas: «Então vamos ver como podemos resolver esta situação.»

— Para comunicar a compreensão, também é preciso tempo e condições adequadas. É importante dar provas de afeto e de atenção, e não é possível fazê--lo com interrupções, com telefonemas etc. Se um irmão mais velho quer ajudar um irmão mais novo,

A EDUCAÇÃO DAS VIRTUDES HUMANAS

é preferível que os dois saiam para dar um passeio, ou pelo menos que procurem um cômodo da casa onde sabem que não serão interrompidos.

— Finalmente, é importante que quem ouve não dê a impressão de que está «acima» daquela dificuldade; ou seja, não dê a entender que, embora compreenda a situação, nunca estará nas mesmas condições. Esta atitude de superioridade demonstraria, entre outras coisas, uma grande falta de capacidade de compreensão.

Por tudo isto, torna-se evidente que a virtude da compreensão é especialmente importante para os pais, mas também para os filhos, em especial na adolescência, porque os filhos podem dar uma grande ajuda aos pais na sua relação com os irmãos mais novos. Às vezes, os pais têm dificuldade em compreender os filhos, ao passo que eles se entendem às mil maravilhas uns com os outros; reconhecer este fato também é compreender.

A compreensão dos outros começa com o esforço de a pessoa tentar compreender-se a si própria. Temos de lutar para superar os nossos preconceitos e para evitar sentimentos indignos ou desnecessários, que são um obstáculo ao nosso progresso. Conhecendo as nossas próprias debilidades, teremos de evitar as circunstâncias que as provocam, ou pelo menos prepararmo-nos para não voltar a cair nos mesmos sentimentos ou nos mesmos comportamentos; é nisto que consiste saber retificar. A retificação costuma aplicar-se a atos injustos cometidos contra os outros, mas saber retificar é uma atitude imprescindível para a compreensão de si próprio. Quando chegamos ao ponto de conhecer as causas principais dos nossos estados de espírito e dos

A EDUCAÇÃO DA COMPREENSÃO

nossos comportamentos, essa compreensão dá-nos forças para procurarmos a ajuda necessária e voltarmos a começar. A verdade, porém, é que nunca chegaremos a conhecer-nos nem a compreender-nos totalmente — e muito menos a conhecer e compreender os outros —, porque o ser humano é um ser misterioso.

A compreensão
Autoavaliação

Segue-se um elenco de afirmações que permitem refletir de forma sistemática sobre:
— o grau em que se vive pessoalmente esta virtude e
— o grau em que se educam os alunos e os filhos nesta virtude.

Em relação à cada afirmação, o comportamento e o esforço pessoal correspondente podem ser avaliados com base na seguinte escala:

5. Estou totalmente de acordo com esta afirmação, que reflete a minha situação pessoal.

4. A afirmação reflete a minha situação em grande parte, embora tenha algumas ressalvas a seu respeito.

3. A afirmação reflete a minha situação em parte; em parte sim e em parte não.

2. A afirmação não reflete a minha situação, embora seja possível que venha a acontecer.

1. Não me parece que a afirmação reflita a minha situação pessoal; não me identifico com ela.

As reflexões pessoais podem ser discutidas com o cônjuge ou com os colegas, de forma a identificar aspectos passíveis de uma atenção prioritária no desenvolvimento da virtude, quer a título pessoal, quer em relação à educação dos filhos e dos alunos.

A EDUCAÇÃO DAS VIRTUDES HUMANAS

De fato, é possível que o leitor vá descobrindo muitos campos em que pode melhorar; mas convém *selecionar apenas um ou dois*, a fim de tentar alcançar os progressos desejados.

A maneira pessoal de viver a compreensão

1. Reconheço que tenho de educar cada filho e cada aluno de maneira diferente, pois são todos diferentes uns dos outros, e que portanto tenho de conhecer e de compreender cada um deles.

(Se penso que as crianças têm de ser todas tratadas da mesma maneira, a compreensão não faz qualquer sentido; às vezes, este gênero de comportamento igualitário é inconsciente.)

2. Esforço-me por estar nas melhores condições para compreender os outros.

(Por exemplo, se um educador anda muito preocupado com uma questão pessoal, dificilmente será capaz de dar a atenção adequada aos seus educandos.)

3. Ouço, observo e falo com as outras pessoas, a fim de obter informações adequadas a respeito dos meus filhos e dos meus alunos.

(Compreender significa, principalmente, conhecer; e não se trata de conhecer apenas os comportamentos, mas de indagar as causas desses comportamentos.)

4. Converso com o meu cônjuge e com os professores dos meus filhos, para conseguir ter uma visão objetiva e evitar possíveis preconceitos.

(Para haver compreensão, tem de haver uma informação atualizada; ora, pode acontecer que a compreensão seja diminuída pelo fato de se adotar uma visão rígida da situação de algum jovem.)

A EDUCAÇÃO DA COMPREENSÃO

5. Pensei nos critérios que quero utilizar para conhecer os jovens; desta maneira, consigo centrar-me no que é importante, deixando passar o que é secundário.

(*Pode acontecer que a compreensão seja diminuída pelo fato de os adultos só quererem saber, por exemplo, se o jovem é ordenado, sem levarem em conta o fato de ele ter um comportamento generoso ou de ser bom amigo.*)

6. Tento pôr-me no lugar dos jovens, a fim de ver as coisas do seu ponto de vista.

(*Isso se chama compreensão empática. Há pessoas que têm mais facilidade neste processo do que outras, mas convém sempre fazer um esforço neste sentido.*)

7. Em geral, mostro interesse pelos meus filhos e os meus alunos, de maneira que eles percebam que são importantes para mim.

(*A expressão da compreensão é importante para que a outra pessoa se sinta compreendida. É mais fácil conseguir este resultado quando existe habitualmente uma preocupação manifesta neste sentido.*)

8. Dou provas de compreensão com gestos — sorrisos, olhares — e explicando em que me parece consistir a situação, para que o jovem perceba que foi compreendido.

(*Não basta compreender; também é preciso mostrar que se compreendeu.*)

9. Exprimo o meu respeito pelos jovens, sem pretender entrar à força na sua intimidade e sabendo esperar, pacientemente, que se abram.

(*Às vezes, corremos o risco de andar depressa demais no processo de compreensão. Saber esperar que os jovens estejam dispostos a abrir-se também é uma prova de compreensão.*)

A EDUCAÇÃO DAS VIRTUDES HUMANAS

10. Procuro o momento mais oportuno para agir em favor de um jovem, ciente de que a compreensão pode significar coisas muito diferentes.

(*Por exemplo, depois de o jovem reprovar em uma matéria, compreender pode significar, de acordo com as circunstâncias, não dizer nada, chamar a atenção, animá-lo, ouvi-lo ou, muito simplesmente, acompanhá-lo.*)

A educação da compreensão

11. Ajudo os jovens a conhecerem-se, em especial quanto ao seu caráter, a fim de poderem confiar nas suas possibilidades.

(*Um jovem que não tem confiança em si mesmo nunca estará em condições de dar atenção às necessidades dos outros e de compreendê-los.*)

12. Ajudo os jovens a desenvolverem a sua capacidade de escutar, de observar e de dar atenção aos outros.

(*Estas são as capacidades básicas para se compreender os outros; só depois de se conhecer se pode compreender.*)

13. Ajudo os jovens a refletirem sobre os seus problemas para poderem esquecer-se deles e dar atenção aos outros; e ajudo-os a descobrirem os eventuais preconceitos que tenham acerca dos colegas.

(*Os problemas afetivos têm enorme relevância para os adolescentes que, nessas situações, tendem a exagerar negativamente a sua percepção dos outros.*)

14. Ajudo os adolescentes a descobrir os sentimentos e os estados de espírito dos outros.

(*Os educadores podem ajudar os seus educandos a desenvolver esta capacidade desde muito novos; basta fazerem-lhes perguntas do tipo: como você acha que sua mãe vai se sentir*

A EDUCAÇÃO DA COMPREENSÃO

se você fizer isso? Já pensou no que seu amigo está sentindo depois de perder o pai?)

15. Ajudo os jovens a descobrir as diferenças de caráter, de inteligência, de sensibilidade etc. entre os irmãos e os colegas.

(Compreender pressupõe reconhecer diferenças. Dado que somos todos diferentes, temos de fazer um esforço de compreensão dos outros e de agir em consequência.)

16. Ajudo os jovens a indagarem as causas de diferentes acontecimentos e comportamentos.

(Refiro-me, muito simplesmente, ao hábito de pensar: por que me fizeram isto? Por que ela me disse aquilo?)

17. Tento conseguir que os jovens sejam empáticos, pondo-se no lugar dos outros e vendo as coisas do seu ponto de vista.

(Não é uma atitude fácil, mesmo para um adulto. Mas vale a pena sugerir, raciocinar, chamar a atenção, para que eles percebam que existem pontos de vista que não coincidem com os deles.)

18. Informo os jovens de que têm de se adaptar a cada pessoa e a cada situação.

(Ou seja, de que o que fizeram em determinada altura a um colega poderá não ser adaptado a outro colega noutra circunstância.)

19. Em geral, dou bom exemplo, esforçando-me por compreender os outros sem preconceitos nem rigidez, a fim de conseguir que os meus filhos e os meus alunos se comportem da mesma maneira.

(Interessa conseguir que os jovens se preocupem com os outros com atitudes concretas, nas diversas situações da sua vida.)

20. Tento conseguir que os jovens compreendam cada vez melhor os pais e os professores.

A EDUCAÇÃO DAS VIRTUDES HUMANAS

(*O apoio mútuo entre os educadores pode ajudar muito o jovem a descobrir as razões que levam cada um deles a agir de formas que às vezes lhe parecem inadequadas.*)

XXIV
A EDUCAÇÃO DO PATRIOTISMO

«Reconhece aquilo que a pátria lhe deu e lhe dá. Presta-lhe a honra e o serviço que lhe são devidos, reforçando e defendendo o conjunto de valores que ela representa, ao mesmo tempo que toma como seus os afãs nobres de todos os países.»

* * *

Antes de analisar a educação desta virtude, convém esclarecer alguns elementos da descrição operativa que já mencionamos. A pátria garante ao indivíduo as condições indispensáveis ao seu desenvolvimento intelectual, moral, social e econômico; por esse motivo, a pessoa tem de reconhecer o que a pátria lhe deu e lhe dá, para ter um comportamento justo em relação a ela. Num primeiro momento, o patriotismo tem a ver com as relações pessoais de cada indivíduo com a sua pátria; só posteriormente faz sentido defender e proteger os valores que ela representa de influências alheias prejudiciais. É interessante notar que São Tomás inclui este dever para com a pátria na virtude da piedade, que também ordena as relações da pessoa com os pais e, por extensão, com a família ampliada; observa ele: «Depois de Deus, são também princípios do nosso ser e do nosso governo os pais, já que nascemos deles, e a pátria, já que nela fomos criados. Assim, depois de Deus, é aos pais e à pátria que mais devemos.»[1]

---

1   *Sum. Th.* II-II, q. 101, a. 1.

A EDUCAÇÃO DAS VIRTUDES HUMANAS

Em sentido ainda mais pleno, o conceito de piedade pode aplicar-se ao respeito e ao amor que temos pela Igreja, enquanto mãe e educadora dos homens e dos povos na vida sobrenatural, e enquanto princípio vital da sociedade humana. É curioso notar que os costumes de alguns povos do passado apoiaram este triplo dever — para com a Igreja, a família e a pátria —, orientando os jovens para profissões ou responsabilidades com ele relacionadas. Em particular, no século XVIII, o filho mais velho herdava todos os bens da família e tinha o dever de administrá-los adequadamente para bem da família; os outros filhos iam frequentemente para a Igreja ou o exército.

Por um lado, o patriotismo consiste em reconhecer o que a pátria nos deu e nos dá; por outro, significa prestar-lhe a honra e o serviço que lhe são devidos, reforçando e defendendo o conjunto dos valores que ela representa. Este aspecto da virtude é contrariado por um dos vícios capazes de a desnaturalizar: o cosmopolitismo, que consiste numa indiferença, afetiva ou de fato, pela pátria, e que pode levar o indivíduo a deixar de se preocupar com o bem comum, procurando satisfações pessoais à custa dos outros.

A última parte da descrição operativa faz referência ao respeito pelos outros países. Em relação a este tema, diz a *Gaudium et spes*, no seu ponto 75: «Os cidadãos cultivem com magnanimidade e lealdade o amor da pátria, mas sem estreiteza de espírito, de maneira que, ao mesmo tempo, tenham sempre presente o bem de toda a família humana.» Os deveres da pessoa não devem ficar limitados à atenção à própria pátria; este exclusivismo acaba por se reduzir a um nacionalismo exagerado, que pode levar ao desprezo, com palavras

A EDUCAÇÃO DO PATRIOTISMO

e com obras, pelos outros. Por outro lado, a vida nacional deve ser considerada uma realidade apolítica. «A vida nacional transformou-se num princípio de decomposição da comunidade dos povos quando começou a ser utilizada como meio para fins políticos, isto é, quando o poder central organizado de um Estado fez da vida nacional a base da sua expansão e das suas ânsias de domínio. Por esta razão, consideramos que a política nacionalista é gérmen de rivalidades e facho incendiário de discórdia[2].»

Feitos estes esclarecimentos, vamos agora centrar a nossa atenção na educação desta virtude.

O sentimento patriótico

A virtude do patriotismo, defendida como bom hábito operativo, pressupõe o desenvolvimento da capacidade intelectual para atuar com justiça, em função de valores reconhecidos e assimilados. Mas este hábito tem necessidade de contar inicialmente com uma base afetiva, que poderá desenvolver-se durante toda a vida mas deve sê-lo de modo especial na infância. O sentimento patriótico forma-se, nos primeiros anos de vida, a partir de uma disposição de atração pelo local de nascimento, que se vai alargando a estruturas mais amplas e complexas: o município, a província, a região e a nação.

Neste domínio, o dever dos pais consiste em procurar os meios necessários para que os seus filhos aprendam quais são os valores específicos do meio em que se movem; isto os ajudará a sentirem-se unidos

---

2 Pio XII, Mensagem de Natal de 1954.

aos colegas que vivem as mesmas experiências — na montanha, à beira-rio etc. — nas diferentes estações do ano; com efeito, toda a gente tem memórias de infância que vão nesta direção.

Mas este sentido de unidade que resulta da vivência de experiências comuns também tem de se abrir à unidade no conhecimento de outros aspectos culturais menos relacionados com a natureza. Neste contexto, será necessário dar a conhecer aspectos da história local e dos seus heróis e personagens famosos, e ensinar costumes típicos, de tal maneira que os mais novos sintam que estão incluídos num trajeto histórico comum. Não se trata, contudo, de reduzir esta atenção à localidade imediata, porque haverá certamente valores que se podem partilhar com todas as pessoas que habitam em determinada região, ou até no mesmo país ou no mundo inteiro. O objetivo consiste em conseguir que os jovens se sintam muito vinculados ao seu meio ambiente imediato e que, sem perderem esta vinculação, se abram aos valores comuns a outros setores geográficos mais amplos.

E aqui deparamos com aquele que é talvez um dos maiores problemas com que se confronta hoje o desenvolvimento da virtude do patriotismo: haverá efetivamente, ao nível da pátria, valores comuns que orientem o destino dos seus membros, que estes devam defender e aos quais devam ser leais?

Temos estado a dizer que o sentimento patriótico é necessário ao desenvolvimento da virtude. Porém, se uma pessoa tivesse apenas sentimentos, o patriotismo não seria operativo nem valioso; o importante é que partilhe valores com os seus compatriotas, na busca de uma situação melhor ou na defesa dos bens

A EDUCAÇÃO DO PATRIOTISMO

alcançados. Lançando um olhar à história percebemos que, em muitos países, fez-se um forte apelo ao patriotismo em tempo de guerra, num momento em que os indivíduos procuravam defender os seus direitos e os seus ideais; e quando não há guerra, haverá maneira de uma nação pluralista partilhar um conjunto generalizado de valores?

Reforçar e defender os valores

Os valores passíveis de ser vividos a nível da pátria podem ser englobados naquilo a que podemos chamar o bem comum; a realização deste bem comum exige que todos os membros dessa pátria sejam responsáveis no seu trabalho, procurem conseguir uma sociedade mais justa, e promovam a paz e o respeito pela terra, as instituições, os costumes, a história e os sucessos alcançados.

Já vimos que as crianças podem aprender com a pátria através da referência à sua história, à sua língua, à sua cultura etc. Para se sentirem participantes deste patrimônio comum terão, em primeiro lugar, de o conhecer, e depois de saber comunicá-lo, isto é, transferi-lo para outros. Neste sentido, é manifesto que a missão dos pais consiste em procurar os meios necessários para que os filhos identifiquem este patrimônio comum, levando-os aos museus, comprando-lhes livros adequados, falando-lhes sobre a história do país, salientando as suas glórias e também os seus erros etc.; e que depois consigam comunicar estes conhecimentos. Assim, por exemplo, a nível local podem sugerir aos filhos que expliquem aspectos da história local a convidados da família que não a conhecem; e,

A EDUCAÇÃO DAS VIRTUDES HUMANAS

a nível da pátria, que façam o mesmo com pessoas de outros países.

Por outro lado, os pais também podem ensinar os seus filhos a cuidar da terra onde vivem. A atenção aos pormenores de ordem e limpeza, como por exemplo não jogar lixo no chão e não pintar as paredes, costuma ser designada por civismo; mas, quando se percebe que é dever da pessoa preocupar-se com o bem comum de todos os seus compatriotas, torna-se evidente que estes atos também estão muito relacionados com o patriotismo. As pessoas que tenham a preparação científica adequada poderão dedicar-se profissionalmente a cuidar da natureza e a evitar a contaminação da poluição; outros poderão organizar atividades de tempo livre com vista ao cuidado do que é de todos — e esta também pode ser uma atitude de patriotismo, se a pessoa sentir-se responsável pelo cuidado daquilo que pertence a todos os membros do seu país, que acabarão por sentir-se orgulhosos do que foi alcançado e dispostos a identificar e solucionar os problemas. O patriota não é a pessoa que nunca se queixa do seu país; é a pessoa que sabe criticar o seu país, mas que recorre aos meios necessários e possíveis para corrigir aquilo que critica.

Por outro lado, os pais têm a obrigação de ensinar aos filhos os costumes e as instituições da pátria em geral, porque, se interessam-se apenas pela sua região, correm o risco de perder de vista o conjunto e desenvolver esta virtude de um modo exclusivista, sem compreender a necessidade do bem comum de todos os seus compatriotas.

A verdade é que tanto as crianças como os adultos têm necessidades de participar frequentemente em

A EDUCAÇÃO DO PATRIOTISMO

atos, simbólicos ou não, que os façam sentir-se membros de uma mesma pátria; para este efeito podem contribuir a participação numa festividade nacional, os êxitos de um compatriota no exterior, um jogo de futebol entre seleções, programas de televisão sobre as diversas regiões do país, assistir a desfiles militares, as reuniões nacionais de profissionais de um determinado ramo etc. Também não se devem desprezar aqueles símbolos que são usados com frequência, como o hino ou a bandeira nacional; de fato, se os pais ensinarem os seus filhos a ouvir o hino nacional com atenção, se falarem da história do seu país com gosto, se informarem os filhos sobre a natureza da sua pátria, se lhes derem a conhecer o patrimônio comum, os filhos terão a possibilidade de conhecer aquilo que a pátria lhes deu e continua a dar-lhes, respeitarão a pátria e terão gosto em se empenhar pessoalmente no seu aprimoramento.

Dissemos que o bem comum exige que todos trabalhem de forma responsável e lutem por conseguir uma sociedade mais justa e a paz necessária ao desenvolvimento. Na prática, nada disto é fácil, porque os povos acabam dividindo-se em facções, cada uma das quais procura defender os seus próprios interesses à custa dos interesses dos outros; com efeito, a política de reivindicação de direitos tende a dividir os esforços da comunidade, em vez de a unir. Trata-se portanto de perceber como se deve educar os jovens para que eles percebam a importância do seu contributo pessoal para o país. Já mencionamos a importância das virtudes da justiça e da laboriosidade, mas não mencionamos a relação destas virtudes com a virtude do patriotismo. Neste domínio, o papel dos educadores deverá consistir, por um lado, em viver com empenho os seus deveres, e por outro em transmitir aos jovens a necessidade deste tipo de empenhamento.

Aqui, nos limitaremos a sugerir alguns pontos que é conveniente tratar com os jovens:

— Um país só consegue alcançar uma situação econômica estável se todos trabalharem de forma responsável, não pensando apenas nos seus direitos legítimos, mas também nos seus deveres e no bem comum.

— A justiça exige que todos cumpram as leis comuns (desde que sejam justas); assim, o patriotismo implica cumprir estas leis, pagar os impostos, utilizar o direito de voto etc.

— A justiça exige igualmente que todos aproveitem os meios previstos para alcançar maior justiça a todos os níveis. Assim, para ter uma pátria unida e forte, as pessoas devem participar em associações de pais, em associações de bairro, no governo local etc., de acordo com as suas capacidades pessoais.

— A paz é uma consequência da caridade vivida pelos membros da sociedade. Cada um terá, portanto, de procurar modos de viver a caridade com os vizinhos e com os outros membros da sociedade, respeitando a diversidade de opiniões, alcançando acordos para produzir melhoramentos e evitando qualquer tipo de ato violento que prejudique a paz.

O reconhecimento dos afãs nobres de todos os países

Insistimos em várias ocasiões nos riscos de a pessoa se interessar exclusivamente pela «pátria pequenina»,

A EDUCação DO Patriotismo

que é a base do sentimento patriótico, mas que deve ser ampliada de forma a abarcar um bom hábito operativo a favor de todas as pátrias; este hábito pressupõe a existência, não apenas de um sentimento, mas de uma apreciação intelectual da situação. Gostaríamos agora de ir um pouco mais longe, mostrando que o patriotismo não deve restringir-se à preocupação com o próprio país. Com efeito, o ser humano é responsável pelos seus semelhantes, isto é, por todo o mundo; isto pressupõe ter uma noção — na medida do possível — dos êxitos dos diferentes países e dos verdadeiros valores que neles se cultivam. Para os jovens, significa ter uma sã curiosidade de aprender com os outros, pensando nas coisas que podem aprender com os outros países e nas coisas que podem oferecer aos outros países.

O cristão tem uma capacidade especial para entender esta virtude do patriotismo, uma vez que um dos dons do Espírito Santo que recebe no Batismo é o dom da piedade, que suscita um afeto filial por Deus, considerado como Pai, e um sentimento de fraternidade universal para com todos os homens, considerados irmãos e filhos do mesmo Pai.

Nesse sentido, o patriotismo é o fundamento da compreensão universal. «Ser "católico" é amar a pátria, sem admitir que ninguém lhe tenha maior amor, e ao mesmo tempo ter por meus os nobres ideais de todos os povos. Quantas glórias da França são glórias minhas! E, igualmente, muitos motivos de orgulho de alemães, de italianos, de ingleses... de americanos e asiáticos e africanos, são também orgulho meu. — Católico!... Coração grande, espírito, aberto.»[3]

---

3 Escrivá de Balaguer, J., *Caminho* 525.

O patriotismo

Autoavaliação

Segue-se um elenco de afirmações que permitem refletir de forma sistemática sobre:
— o grau em que se vive pessoalmente esta virtude e
— o grau em que se educam os alunos e os filhos nesta virtude.

Em relação a cada afirmação, o comportamento e o esforço pessoal correspondente podem ser avaliados com base na seguinte escala:

5. Estou totalmente de acordo com esta afirmação, que reflete a minha situação pessoal.

4. A afirmação reflete a minha situação em grande parte, embora tenha algumas ressalvas a seu respeito.

3. A afirmação reflete a minha situação em parte; diria que em parte sim e em parte não.

2. A afirmação não reflete a minha situação, embora seja possível que venha a acontecer.

1. Não me parece que a afirmação reflita a minha situação pessoal; não me identifico com ela.

As reflexões pessoais podem ser discutidas com o cônjuge ou com os colegas, de forma a identificar aspectos passíveis de uma atenção prioritária no desenvolvimento da virtude, quer a título pessoal, quer em relação à educação dos filhos e dos alunos. De fato, é possível que o leitor vá descobrindo muitos campos em que pode melhorar; mas convém *selecionar apenas um ou dois*, a fim de tentar alcançar os progressos desejados.

A EDUCAÇÃO DO PATRIOTISMO

A maneira pessoal de viver o patriotismo

1. Entendo que «depois de Deus, são também princípios do nosso ser e do nosso governo os pais, já que nascemos deles, e a pátria, já que nela fomos criados». (*Estas palavras de São Tomás podem chamar-nos a atenção para a importância do patriotismo, já que não é uma virtude que esteja na moda.*)

2. Evito pensamentos e ações que poderiam conduzir a uma visão excessivamente cosmopolita ou à estreiteza do nacionalismo exagerado. (*No patriotismo, como em todas as virtudes, procuramos o justo meio. Cada pessoa tem a sua pátria, mas o bem da pátria de cada um não pode opor-se ao bem da pátria dos outros.*)

3. Reconheço os valores relacionados com o bem comum em que o patriotismo assenta e que o justificam. (*Às vezes, o ambiente de «patriotismo» só surge em tempos de guerra, ou quando o país se sente atacado por algum motivo; acontece que o patriotismo deve assentar no bem das pessoas que constituem a sociedade.*)

4. Reconheço que um dos valores de que os países têm necessidade é uma situação econômica estável, e esforço-me pessoalmente por trabalhar com responsabilidade em favor dos outros. (*O patriotismo exige que cada cidadão se empenhe pessoalmente na procura do bem dos outros. Nos nossos tempos, há uma certa tendência para introduzir zonas estanques na vida — «trabalho para mim e depois dou uma esmola aos mais necessitados» —, atitude que põe em causa a unidade de vida.*)

5. Tento viver a justiça social, reconhecendo que é um componente do autêntico patriotismo.

519

A EDUCAÇÃO DAS VIRTUDES HUMANAS

(*Isto pressupõe ações concretas, como cumprir as leis comuns, pagar os impostos e utilizar o direito de voto.*)
6. Assumo o meu papel dentro da sociedade, procurando o bem dos outros.

(*É importante participar nas associações de pais, nas associações de vizinhos, nos órgãos de governo local etc.*)
7. Reconheço que a paz — entre os membros da sociedade, entre todas as organizações sociais, dentro da família — é um bem que o patriotismo exige.

(*Esta paz existe quando cada pessoa está em paz consigo própria, por ter a noção de que está tentando fazer bem aquilo que faz. A paz exige que se viva a caridade, o respeito pelos outros e a tolerância.*)
8. Tento cuidar dos bens materiais comuns, sabendo que pertencem a todos.

(*É daqui que resulta o cuidado pela terra, pela natureza, pelas instituições e os costumes, por exemplo.*)
9. Reconheço o interesse de praticar ações que simbolizam a unidade nacional, sabendo que é uma maneira de unir as pessoas da mesma pátria.

(*Por exemplo, celebrar as festas nacionais, apoiar o time nacional, conhecer as diferentes regiões do país e a respectiva história, respeitar os desfiles militares, apoiar as reuniões nacionais de grupos profissionais.*)
10. Entendo que o patriotismo deve ser o fundamento da compreensão universal. «Ser "católico" é amar a pátria, sem admitir que ninguém lhe tenha maior amor, e ao mesmo tempo ter por meus os nobres ideais de todos os povos.»

(*Este ponto de* **Caminho** *conclui da seguinte maneira: «Quantas glórias da França são glórias minhas! E igualmente muitos motivos de orgulho de alemães, de italianos, de ingleses... de americanos e asiáticos e africanos, são* *também orgulho meu. — Católico!... Coração grande, espírito, aberto.»)*

A educação do patriotismo

11. Tento conseguir que os mais novos conheçam o local onde nasceram, o local onde vivem, o seu município, a sua região, o seu país.

(O patriotismo começa habitualmente pela pátria pequenina porque, a partir destas experiências de infância, vai-se acumulando toda uma série de memórias vitais, que unem as pessoas.)

12. Preocupo-me com a necessidade de os meus filhos e os meus alunos conhecerem a história local, com os respectivos heróis e outras personagens.

(Este gênero de informação é necessária para a pessoa se identificar com o local; com efeito, as pessoas e as suas proezas tornam vivo aquilo que sem elas seria puramente material.)

13. Ensino aos meus filhos e aos meus alunos os costumes locais, com as correspondentes festas, esportes e danças.

(São maneiras concretas de viver os valores locais.)

14. Tento conseguir que os adolescentes se sintam integrados num trajeto histórico.

(Saber de onde vem dá segurança à pessoa, e ajuda-a a afrontar o desconhecido no futuro.)

15. Comunico aos jovens os valores típicos da localidade onde vivem e do seu país, a fim de que possam vivê-los e apoiá-los.

(Estes valores podem ser, por exemplo, a honradez, a lealdade, a alegria, a compaixão ou a seriedade no trabalho.)

A EDUCAÇÃO DAS VIRTUDES HUMANAS

16. Ensino os jovens a partilharem estes valores com os outros, com um saudável orgulho.

(Quando conseguem partilhar estes valores, todos se beneficiam. Não se trata de descriminar ou desprezar os outros com base nas diferenças, mas de procurar uma complementaridade autêntica.)

17. Animo os jovens a comunicarem as características da sua região e do seu país aos estrangeiros, a fim de estes terem oportunidade de partilhar das suas riquezas.

(O patriotismo transcende os interesses pessoais e deve procurar o enriquecimento de todos.)

18. Animo os jovens a participarem nos atos simbólicos que exprimem os valores da pátria.

(Festas típicas, eventos esportivos, de concursos de dança ou de canto etc.)

19. Tento proporcionar aos jovens os meios que lhes permitam conhecer as realidades de outros países, com as suas riquezas e as suas limitações.

(Para que o patriotismo se transforme numa preocupação com toda a humanidade, é imprescindível haver um certo conhecimento de outros países. O mais adequado, sempre que possível, será visitar esses países e conviver com os seus habitantes; à falta disso, podem-se ver documentários, ler livros ou ouvir pessoas que vivem ou que viveram noutros pontos do globo.)

20. Ajudo os jovens a refletirem sobre o que a pátria lhes deu, e portanto sobre o que eles devem à pátria.

(No mundo liberal em que vivemos, é frequente as pessoas cuidarem de si mesmas sem pensar nos outros; falta-lhes solidariedade e patriotismo.)

ANEXO I
AS VIRTUDES HUMANAS NAS ESCOLAS[1]

Algumas dificuldades existentes nas escolas

Uma consequência possível de se reconhecer o interesse de desenvolver as virtudes em todos os alunos de uma escola é implementar um plano ou programa que permita dar uma atenção sistemática a todos os alunos nesta matéria. Em algumas escolas, este programa recebe o nome de Programa de Formação.

Esta implementação levanta sérias dificuldades. É necessário ter em conta, por um lado, que o desenvolvimento de cada virtude tem de corresponder ao seu justo meio e, por outro, que os alunos têm diferentes capacidades de desenvolvimento das diferentes virtudes. Isso significa que cada pessoa dispõe, desde o nascimento, de um certo tipo de disposições que lhe facilitam mais ou menos o desenvolvimento de cada virtude: há pessoas que têm facilidade em ser ordenadas e responsáveis e dificuldade em ser sinceras ou flexíveis, e outras o contrário. Consequentemente, se uma escola estabelece um plano generalizado de desenvolvimento de uma virtude concreta em todos os alunos, os educadores correm o risco inconsciente de

---

1 Este texto foi inicialmente publicado em *Docencia y formación. Homenaje ao Profesor José Luis González-Simanca*, Pamplona, EUNSA, 1998.

A EDUCAÇÃO DAS VIRTUDES HUMANAS

fazer com que alguns deles caiam no vício que resulta de um excesso de atenção à referida virtude.

Assim, torna-se necessário personalizar o máximo possível a atenção às virtudes, tendo em conta as características específicas de cada aluno. Será igualmente necessário ter em consideração a natureza de cada virtude, já que há algumas que se prestam especialmente a ser cultivadas em diferentes fases do desenvolvimento das crianças. Assim, por exemplo, não será razoável insistir na virtude da prudência com as crianças pequenas, uma vez que esta virtude exige uma capacidade intelectual que elas ainda não têm; mas isto não significa que não se tenha de prestar atenção a aspectos parciais desta virtude em etapas anteriores.

Também não será muito razoável insistir na virtude do pudor — que exige o conhecimento da própria intimidade, fato que começa a ocorrer na adolescência — nas etapas iniciais da formação, embora se possa insistir em comportamentos relacionados com o pudor, para que os mais novos se habituem a eles. Igualmente insensato será insistir na virtude da ordem com os mais velhos, pois eles estão passando por uma fase em que têm condições para prestar atenção a virtudes que recorrem mais à inteligência; além de que insistir nesta virtude com os alunos mais velhos serve apenas para remediar um mal que já está feito.

Outro fator a ter em conta é o ambiente em que vivem os alunos; com efeito, uma coisa é viver numa cidade turística à beira-mar, outra muito diferente é viver numa aldeia de montanha, por exemplo. As diferentes situações exigem empenhos em virtudes diversas.

524

AS VIRTUDES HUMANAS NAS ESCOLAS

Por fim, como o aluno trabalha e convive no contexto específico de uma escola que é uma organização determinada e definida, em grande parte, por um conjunto de valores que configuram a sua maneira de entender a educação, é natural que seja necessário ter em conta esses valores — traduzidos em virtudes, quando for o caso — de forma prioritária.

Em resumo, na determinação das virtudes ou dos aspectos das virtudes que são prioritários para *um aluno específico*, o professor terá de ter em conta:
— as características pessoais do aluno;
— as características psicológicas da sua idade e do seu sexo;
— as exigências do meio ambiente;
— as prioridades constantes do ideário da escola.

Há outro tipo de limitações ao desenvolvimento das virtudes de um ponto de vista institucional, que é o eventual desejo dos professores de considerarem as virtudes como objetivos educativos.

Os professores estão habituados a avaliar o sucesso educativo na sua relação com a aquisição de conteúdos curriculares ou o desenvolvimento de competências instrumentais e intelectuais. Contudo, e como assinalamos, as virtudes podem ser desenvolvidas em termos de amplitude e intensidade, mas também com base *na retidão das motivações*.

O problema é o seguinte: como aceder às motivações que levaram um aluno a comportar-se desta ou daquela maneira? É impossível conhecer essas motivações, evidentemente, o que significa que é impossível conhecer o grau de desenvolvimento de determinada virtude nesse aluno, pelo menos de uma forma que permita *classificá-lo* em termos do seu desenvolvimento.

A EDUCAÇÃO DAS VIRTUDES HUMANAS

Em contrapartida, é possível avaliar a frequência com que os alunos realizam determinados atos relacionados com as virtudes; isto pode ser útil, mas não é o mesmo que avaliar o desenvolvimento de uma virtude, já que podemos conseguir que um aluno desenvolva determinado comportamento por medo, pelo interesse na obtenção de um prêmio, pela vontade de ser melhor que os outros, pelo sentido kantiano do dever, ou por outras motivações igualmente pobres. Ora, se os professores conseguem promover o desenvolvimento dos referidos comportamentos com base neste tipo de motivações, não estão a ajudar os alunos a tornar-se maduros, nem estão a encaminhá-los para a felicidade a que fizemos referência. E também não estão a ajudá-los a ser cidadãos e profissionais responsáveis.

Aspectos organizativos do desenvolvimento das virtudes humanas nas escolas

A partir do que foi dito, poderíamos concluir que não convém tentar «institucionalizar» a atenção às virtudes humanas nos centros de ensino; mas não é bem assim. O importante é personalizar o máximo possível estes procedimentos e ter em atenção o processo de formação e de aperfeiçoamento na virtude dos professores e dos diretores, já que o exemplo da sua atuação cotidiana poderá ter uma influência significativa no comportamento e nas apreciações dos alunos; com efeito, observando o comportamento dos professores e dos diretores, os alunos poderão ver e compreender que determinadas virtudes são extremamente atrativas, e receber assim uma primeira motivação para tentarem desenvolvê-las na sua vida

AS VIRTUDES HUMANAS NAS ESCOLAS

(quando as virtudes dos professores não se traduzem em comportamentos *atrativos*, o mais provável é que não sejam comportamentos virtuosos; podem mesmo ser vícios que resultam de excessos de virtude). Não queremos dizer que os professores e os diretores têm de ser *perfeitos*, pois nunca serão. Mas os alunos têm necessidade de observar em torno de si e de refletir em comportamentos que revelam um desejo permanente de autossuperação; esta luta dos educadores pela unidade do ser e do fazer tem uma influência decisiva sobre eles.

Assim, podemos aceitar como premissas iniciais a necessidade de:

— personalização

— exemplaridade.

A partir daqui, vamos aprofundar um pouco mais em alguns procedimentos que permitirão sistematizar um pouco mais o desenvolvimento das virtudes:

1. Aproveitar as atividades e os conteúdos habituais da vida da instituição.

2. Organizar atividades docentes específicas que promovam o desenvolvimento das virtudes.

3. Organizar atividades complementares que se sabe por experiência que tendem a favorecer o desenvolvimento das virtudes em geral ou de alguma virtude em particular.

O aproveitamento das atividades e dos conteúdos habituais

Neste caso, trata-se de aproveitar o comportamento habitual do professor na sala de aula, as atividades que

A EDUCAÇÃO DAS VIRTUDES HUMANAS

ele organiza com os alunos e os conteúdos da matéria para estimular o desenvolvimento de algumas virtudes. Também se podem aproveitar outras situações na escola — os intervalos, as atividades complementares, as refeições, o transporte escolar — para estimular essa atenção. Neste momento, não estamos falando da criação de atividades específicas para o cuidado das virtudes, mas do aproveitamento da vida habitual de trabalho e convivência para esse fim.

Para aproveitar estas situações, convém que os professores tenham em consideração as virtudes que se podem considerar prioritárias em cada idade e os aspectos das diferentes virtudes a que convém dedicar especial atenção.

Sem esquecer o que dissemos acerca do critério de personalização, pode-se conceber um plano genérico de prioridades, aplicável à maioria dos alunos.

Por exemplo, até os 7 anos é razoável insistir nas virtudes da ordem e da obediência, e em certos aspectos da sinceridade, do respeito e da sociabilidade. Dos 8 aos 12 anos, tendo em conta que por esta idade os jovens têm mais capacidade para usar a sua vontade e que começam a passar por momentos difíceis de tipo psicofísico, poderá ser conveniente centrar as atenções na fortaleza, na laboriosidade, na perseverança, na responsabilidade e nas virtudes que exigem atenção aos outros, como a generosidade, o companheirismo ou mesmo a responsabilidade social.

Entre os 13 e os 15 anos (para as meninas será um pouco mais cedo), poderá ser o momento de começar a insistir nas virtudes que têm a ver com a intimidade, como o pudor, a amizade e alguns aspectos da sobriedade. E, entre os 16 e os 18, num momento

AS VIRTUDES HUManaS naS ESCOLaS

em que a inteligência está mais desenvolvida, vale a pena insistir nas virtudes que exigem maior capacidade intelectual, como a prudência, a compreensão, a lealdade e a flexibilidade.

Estabelecidas estas prioridades, não haverá necessidade de — nem será conveniente — descer a pormenores de programação; o essencial é procurar procedimentos adequados para que os formadores as tenham presentes na sua atuação do dia a dia.

Podem, por exemplo, fazer reuniões periódicas em que os professores troquem experiências sobre as atividades e as ações que realizaram e que lhes pareça terem contribuído para o desenvolvimento de determinada virtude; desta maneira, mantém-se um elevado nível de *intencionalidade* entre os professores.

Também se podem traduzir alguns comportamentos necessários em objetivos para determinados períodos temporais; são as chamadas «instruções»[2]. É importante que estejam relacionadas com aspectos observáveis do comportamento e que não abarquem a virtude no seu conjunto (para que não se insista excessivamente na virtude, porque pode dar-se o caso de alguns alunos não precisarem disso).

A experiência mostra que qualquer tipo de formação exige tempo e perseverança por parte dos professores; por isso, não convém alterar as prioridades com frequência. O ideal será marcar uma meta por trimestre, insistindo em determinada virtude ou em algum aspecto da mesma.

Embora tenhamos sugerido anteriormente que não convém fazer uma programação geral pormenorizada

---

2 *Gaztelueta*, 1976, p. 77.

para o desenvolvimento das virtudes, é certamente conveniente que os professores introduzam as virtudes prioritárias nas suas programações, de tal maneira que aproveitem ou lancem situações de aprendizagem que se prestem ao desenvolvimento das virtudes, por um lado, e que pensem constantemente sobre a maneira de aproveitar os *conteúdos* das matérias que lecionam no mesmo sentido, por outro.

Parece pois conveniente estabelecer uma certa coordenação vertical destas prioridades antes de avançar para uma coordenação horizontal.

Além disto, voltamos a salientar a conveniência de não pretender classificar o desenvolvimento das virtudes, a menos que seja apenas a consecução de comportamentos frequentes, que permitem avaliar e classificar a *frequência* com que um aluno se comporta de certa maneira, mas nunca o seu grau de desenvolvimento de determinada virtude.

A organização de atividades docentes específicas e idôneas para o favorecimento do desenvolvimento das virtudes

A escola poderá querer reforçar o desenvolvimento das virtudes, em especial no que diz respeito ao processo gradual de interiorização dos valores que elas refletem. Por outro lado, e apesar do esforço no sentido de aumentar a intencionalidade dos professores a respeito do desenvolvimento das virtudes humanas nos alunos, corre-se o risco de não se conseguir um comportamento consistente.

Nestas situações, pode ser oportuno pensar em conteúdos específicos de uma forma concreta, ou

AS VIRTUDES HUMANAS NAS ESCOLAS

introduzir temas específicos dentro de certas disciplinas, a fim de promover este processo.

A principal função deste tipo de atividade é, do nosso ponto de vista, ajudar o aluno a descobrir uma série de valores, a fim de que possa apreciá-los, e que portanto tenha interesse em começar a vivê-los, ou em vivê-los melhor. Isso significa que não estamos falando de atividades que ajudam os alunos a «esclarecer os valores». A verdade é que o movimento de «esclarecimento de valores» tem mais a ver com as necessidades do que com os valores; às vezes, as necessidades coincidem com os valores, mas isso nem sempre acontece.

Neste domínio, há muito trabalho feito, principalmente nos últimos tempos, com os dilemas de Kohlberg.[3]

Também se têm feito experiências com a utilização de diferentes atividades para várias idades: jogos, contos, diálogos esclarecedores, *role playing* e técnicas de grupo, como simpósios, mesas redondas, debates, seminários etc.[4]

Do ponto de vista organizativo, convém contar com um coordenador por escola, cuja responsabilidade será recolher as experiências de todos os professores que tratam estes temas, a fim de facilitar o intercâmbio das mesmas.

Também será necessário encontrar maneira de que o interesse que estes temas despertaram nos alunos possa depois traduzir-se em ações; para isso, é preciso dar uma atenção personalizada a cada aluno.

---

3 Para um resumo das tendências mais recentes sobre os valores, veja-se Cortina, A., *et al.*, *Un mundo de valores*, Valencia, Generalitat Valenciana, 1996.

4 Carreras, Ll, et al., *Cómo educar en valores*, Madri, Narcea S.A., 1996[5].

A EDUCAÇÃO DAS VIRTUDES HUMANAS

A organização de atividades complementares, que se sabe por experiência que tendem a favorecer o desenvolvimento das virtudes em geral ou de alguma virtude em concreto

As escolas costumam organizar atividades complementares ou opcionais, sem pensar muito na relação entre tais atividades e os objetivos prioritários da instituição. Em geral, os primeiros critérios levados em consideração para a concepção de atividades deste tipo são o fato de não exigirem um grande investimento e o fato de haver alguém — seja um professor ou um pai — que possa encarregar-se da sua organização; é natural que assim seja e, em minha opinião, não convém deixar de considerar estes critérios.

Mas também se pode ter em conta a possível relação entre as atividades e o desenvolvimento das virtudes humanas.

Por exemplo, os professores de um determinado colégio decidem que a responsabilidade social é um objetivo prioritário e, em função disso, organizam atividades para alunos de todas as idades: para os mais novos, atividades que os estimulem a fazer bem aos colegas e aos avós; depois atividades de colaboração com entidades locais que se dedicam ao apoio social *aos mais carentes*; e, para os mais velhos, saídas aos finais de semana e nas férias para dar um apoio efetivo a instituições de auxílio aos mais necessitados.

Na verdade, este tipo de atividades tende a criar na escola aquilo a que poderíamos chamar uma cultura de virtudes. Por outro lado, quando realizam atividades deste tipo os alunos costumam crescer simultaneamente noutras virtudes, como a perseverança, a generosidade e a sinceridade.

Há outro tipo de atividades — como os acampamentos ou o montanhismo, por exemplo — que exigem um desenvolvimento especial da perseverança, da rijeza e da fortaleza em qualquer das suas manifestações. A constituição de um grupo de alunos — os chamados conselhos de turma[5] — cuja missão consiste em colaborar no processo de melhoramento da própria turma fazendo sugestões, ajudando os colegas etc., promove o desenvolvimento da prudência e da responsabilidade, entre outras virtudes.

A organização de um clube de teatro, além de ajudar a desenvolver a capacidade de expressão oral, de dar segurança e de ensinar a representar papéis, também proporciona uma ocasião para viver o companheirismo, a ordem, a fortaleza, a flexibilidade etc., quando o professor responsável tem consciência disso.

Não precisamos dar mais exemplos sobre a maneira de favorecer o desenvolvimento das virtudes por via da introdução de atividades específicas. Sem esquecer que a eficácia das mesmas dependerá sempre do exemplo do professor ou da pessoa responsável, que terá de saber orientar as atividades para esse fim com um elevado grau de intencionalidade. E este fato conduz-nos ao nosso último comentário.

As virtudes nos educadores

Do ponto de vista da orientação, é preciso dedicar tempo — sempre escasso — à formação e ao

---

5   *Gaztelueta*, 1976, pp. 82-86.

aperfeiçoamento dos professores nas virtudes humanas. Para isto, será necessário organizar reuniões de trabalho, ter uma biblioteca adequada, fazer entrevistas pessoais de orientação, promover sessões de aperfeiçoamento com professores convidados etc. Como mencionamos anteriormente, a exemplaridade é um aspecto crucial para motivar o desenvolvimento das virtudes humanas nos alunos.

O desenvolvimento das virtudes não pode ser tomado como um objetivo entre outros numa escola. É necessário que todas as atividades que ali se realizam estejam imbuídas de virtude; depois, este comportamento habitual poderá ser complementado com outras ações, caso seja oportuno.

Isto é um desafio para qualquer escola. Mas, quando se aceita este desafio, é muito provável que tanto os professores como os alunos se mostrem mais satisfeitos com o seu trabalho.

ANEXO II
ENUMERAÇÃO DAS DESCRIÇÕES OPERATIVAS DAS 24 VIRTUDES HUMANAS

Amizade

Estabelece, com pessoas que já conhecia por razões de interesses profissionais ou de passatempos comuns, contatos periódicos pessoais que assentam numa simpatia mútua, interessando-se ambos pela pessoa do outro e pelo seu progresso.

Audácia

Empreende e realiza ações que parecem pouco prudentes, por estar convencido, depois de uma avaliação serena da realidade, com as suas possibilidades e os seus riscos, de que pode alcançar um bem verdadeiro.

Compreensão

Reconhece os diferentes fatores que têm influência nos sentimentos e no comportamento duma pessoa, aprofunda o significado de cada fator e a inter-relação entre eles e adequa o seu comportamento a essa realidade.

Flexibilidade

Adapta o seu comportamento com agilidade às circunstâncias de cada pessoa ou de cada situação, sem por isso abandonar os próprios critérios de atuação.

Fortaleza

Em ambientes que dificultam o aperfeiçoamento pessoal, resiste às influências nocivas, suporta os incômodos e entrega-se com valentia no caso de poder contribuir de forma positiva para vencer as dificuldades e acometer empreendimentos de peso.

Generosidade

Age em favor dos outros de forma desinteressada e com alegria, tendo em conta a utilidade e a necessidade do contributo dado a essas pessoas, mesmo que lhe custe.

Humildade

Reconhece as suas próprias insuficiências, as suas qualidades e as suas capacidades, e aproveita-as para fazer o bem sem chamar a atenção sem exigir aplausos.

Justiça

Esforça-se continuamente por dar aos outros o que lhes é devido, de acordo com o cumprimento dos seus deveres e de acordo com os seus direitos, enquanto pessoas (a vida, os bens culturais e morais, os bens materiais), enquanto pais, enquanto filhos, enquanto cidadãos, enquanto profissionais, enquanto governantes etc.

Laboriosidade

Cumpre diligentemente as atividades necessárias para alcançar progressivamente a própria maturidade natural e sobrenatural no trabalho profissional e no cumprimento dos restantes deveres.

ENUMERAÇÃO DAS DESCRIÇÕES OPERATIVAS DAS 24 VIRTUDES HUMANAS

Lealdade

Aceita os vínculos implícitos na sua adesão aos outros — amigos, chefes, familiares, pátria, instituições etc. — de tal maneira que reforça e protege, com o passar do tempo, o conjunto dos valores que eles representam.

Obediência

Aceita, assumindo como decisões próprias, as decisões de quem tem e de quem exerce autoridade, desde que não se oponham à justiça, e realiza com prontidão o que foi decidido, empenhando-se em interpretar fielmente a vontade de quem mandou.

Ordem

Comporta-se de acordo com as normas lógicas necessárias à consecução de um objetivo desejado e previsto, seja na organização das coisas, na distribuição do tempo ou na realização das atividades, por iniciativa própria, sem que seja necessário cobrar.

Otimismo

Confia razoavelmente nas suas próprias possibilidades e na ajuda que os outros possam dar-lhe; e confia nas possibilidades dos outros, de tal maneira que, em qualquer situação, sabe distinguir, em primeiro lugar, o que é positivo em si e as possibilidades de progresso, e a seguir as dificuldades e os obstáculos que se opõem a esse progresso, aproveitando o que pode ser aproveitado e afrontando o resto com desportivismo e alegria.

Paciência

Uma vez conhecida ou apresentada uma dificuldade a superar ou um bem desejado que tarda em chegar, suporta com serenidade os incômodos presentes.

A EDUCAÇÃO DAS VIRTUDES HUMANAS

Patriotismo

Reconhece aquilo que a pátria lhe deu e lhe dá. Presta-lhe a honra e o serviço que lhe são devidos, reforçando e defendendo o conjunto de valores que ela representa, ao mesmo tempo que toma como seus os afãs nobres de todos os países.

Perseverança

Uma vez tomada uma decisão, leva a cabo as atividades necessárias para alcançar o que decidiu, mesmo que surjam dificuldades, interiores ou exteriores, ou apesar de a motivação pessoal ir diminuindo com o passar do tempo.

Prudência

No trabalho e nas relações com os outros, recolhe informação que avalia com base em critérios retos e verdadeiros, pondera as consequências favoráveis e desfavoráveis para ele e para os outros antes de tomar uma decisão, e depois atua ou deixa atuar de acordo com o que foi decidido.

Pudor

Reconhece o valor da sua própria intimidade e respeita a intimidade dos outros. Mantém a intimidade resguardada de estranhos, recusando tudo o que possa prejudicá-la, e só a revela em circunstâncias que promovam o melhoramento próprio ou alheio.

Respeito

Atua ou deixa atuar procurando não se prejudicar nem deixar de se beneficiar, nem a si mesmo nem aos outros, de acordo com os seus direitos, a sua situação e as suas circunstâncias pessoais.

ENUMERAÇÃO DAS DESCRIÇÕES OPERATIVAS DAS 24 VIRTUDES HUMANAS

Responsabilidade
Assume as consequências dos seus atos intencionais, que resultam de decisões que tomou ou que aceitou, bem como dos seus atos não intencionais, de tal maneira que os outros fiquem o mais beneficiados possível, ou pelo menos não fiquem prejudicados. E procura que as pessoas sobre as quais pode ter influência façam o mesmo.

Simplicidade
Tem o cuidado de que o seu comportamento habitual no falar, no vestir e no agir esteja de acordo com as suas intenções íntimas, de maneira que os outros possam conhecê-lo claramente, tal como é.

Sinceridade
Exprime, quando conveniente, à pessoa idônea e no momento adequado, aquilo que fez, aquilo que viu, aquilo que pensa, aquilo que sente etc., com clareza, e com respeito pela sua situação pessoal e a situação dos outros.

Sobriedade
Distingue aquilo que é razoável daquilo que é imoderado e utiliza de forma razoável os sentidos, o tempo, o dinheiro, os esforços etc., com base em critérios retos e verdadeiros.

Sociabilidade
Aproveita e cria canais adequados para se relacionar com diferentes pessoas e grupos, conseguindo comunicar com elas em razão do interesse e da preocupação que demonstra pelo que são, pelo que dizem, pelo que fazem, pelo que pensam e pelo que sentem.

POSSÍVEL DISTRIBUIÇÃO DAS VIRTUDES POR IDADES

	Até aos 7 anos	Dos 8 aos 12 anos	Dos 13 aos 15 anos	Dos 16 aos 18 anos
Virtude cardeal dominante	Justiça	Fortaleza	Temperança	Prudência
Virtude teologal dominante		Caridade	Fé	Esperança
Virtudes humanas preferenciais	Obediência Sinceridade Ordem	Fortaleza Perseverança Laboriosidade Paciência Responsabilidade Justiça Generosidade	Pudor Sobriedade Sociabilidade Amizade Respeito Simplicidade Patriotismo	Prudência Flexibilidade Compreensão Lealdade Audácia Humildade Otimismo
Resultado	Alegria e maturidade natural da pessoa			

Direção geral
Renata Ferlin Sugai

Direção de aquisição
Hugo Langone

Produção editorial
Juliana Amato
Gabriela Haeitmann
Karine Santos
Ronaldo Vasconcelos
Roberto Martins

Capa
Gabriela Haeitmann

Diagramação
Sérgio Ramalho

ESTE LIVRO ACABOU DE SE IMPRIMIR
A 5 DE JULHO DE 2024,
EM PAPEL IVORY SLIM 65 g/m².